U0418596

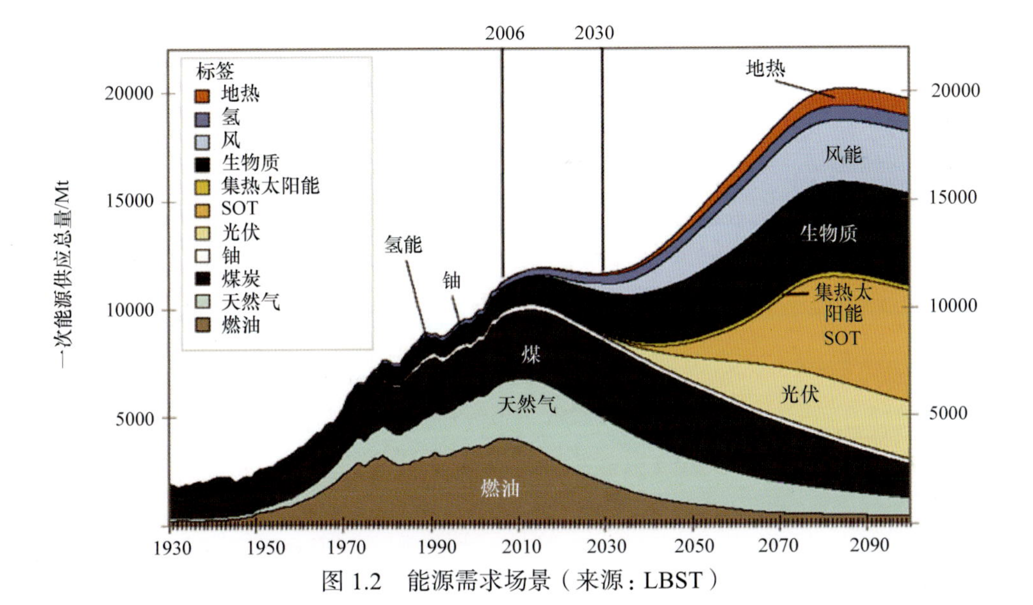

图 1.2　能源需求场景（来源：LBST）

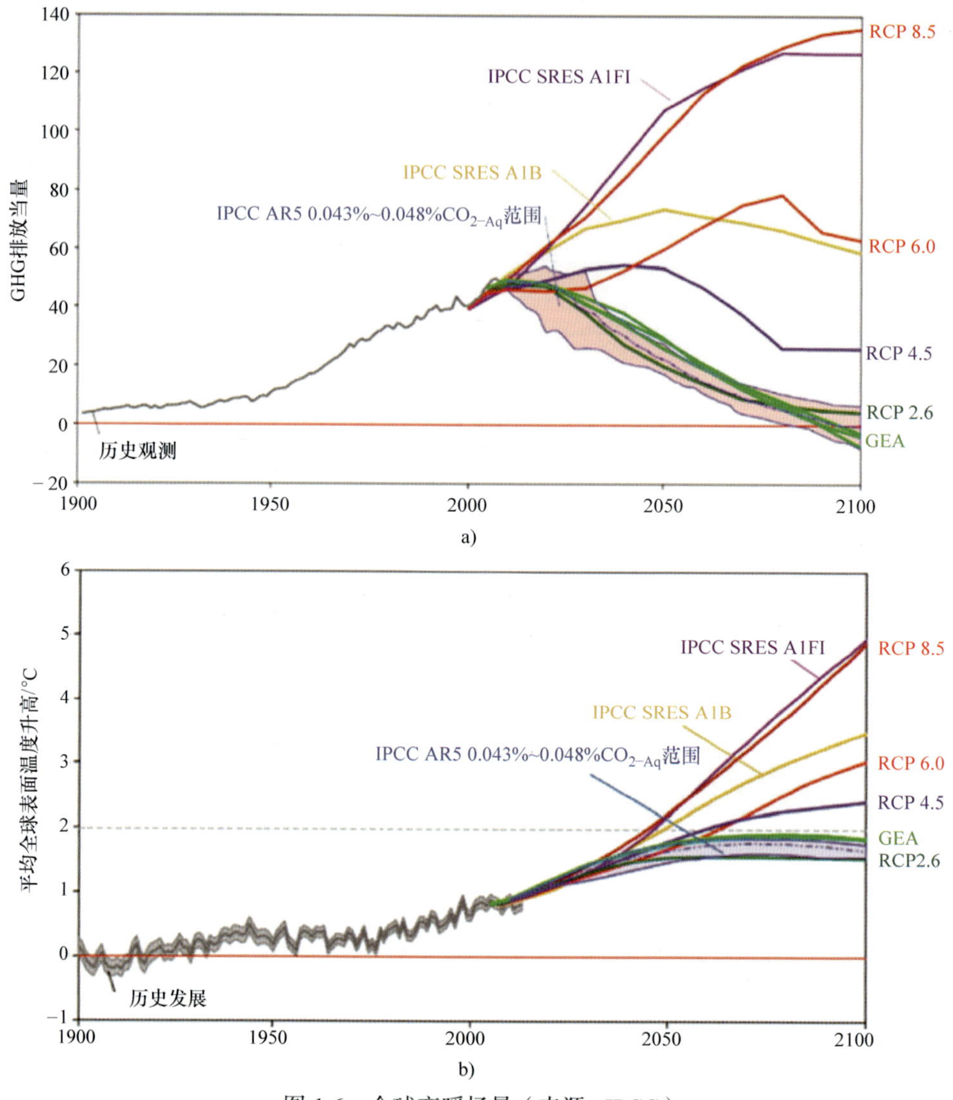

图 1.6　全球变暖场景（来源：IPCC）

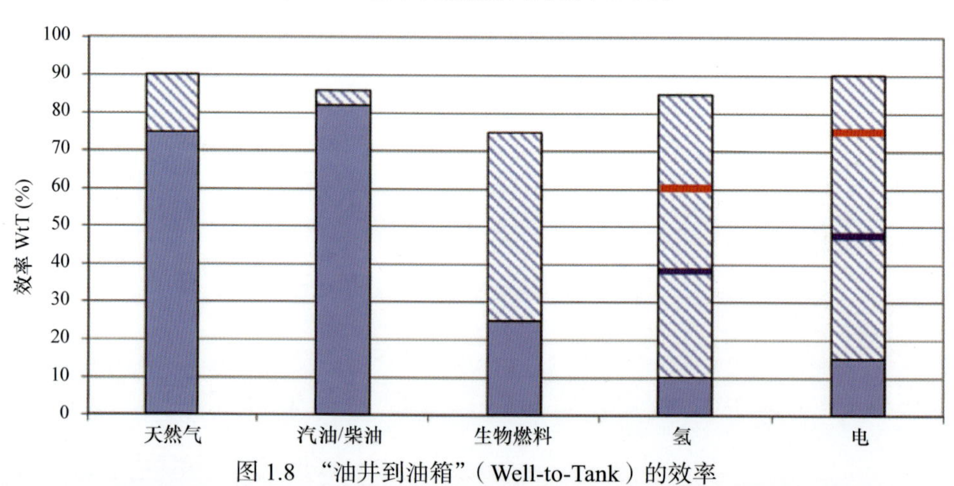

图 1.8　“油井到油箱”（Well-to-Tank）的效率

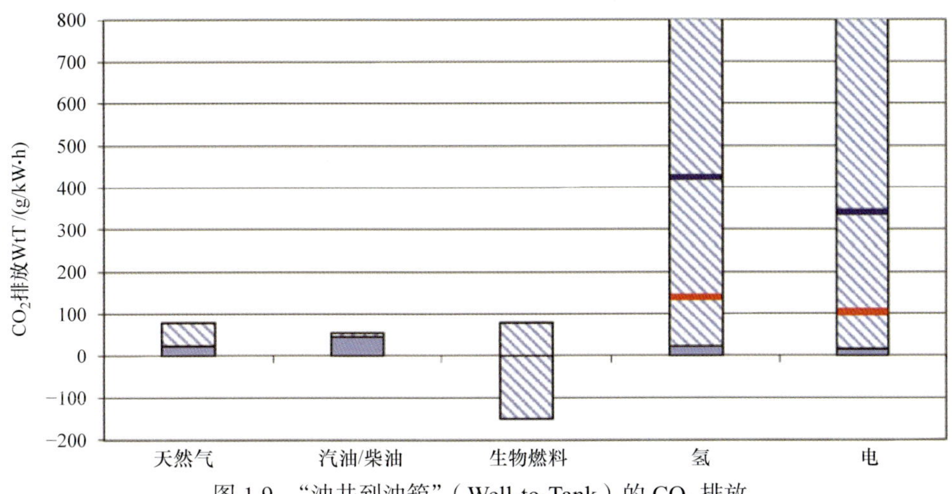

图 1.9 “油井到油箱”（Well-to-Tank）的 CO_2 排放

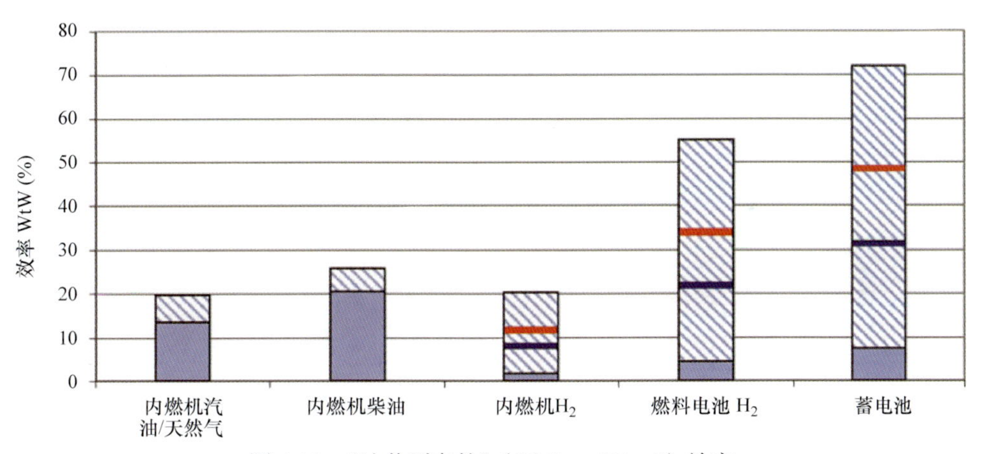

图 1.15 “油井到车轮”（Well-to-Wheel）效率

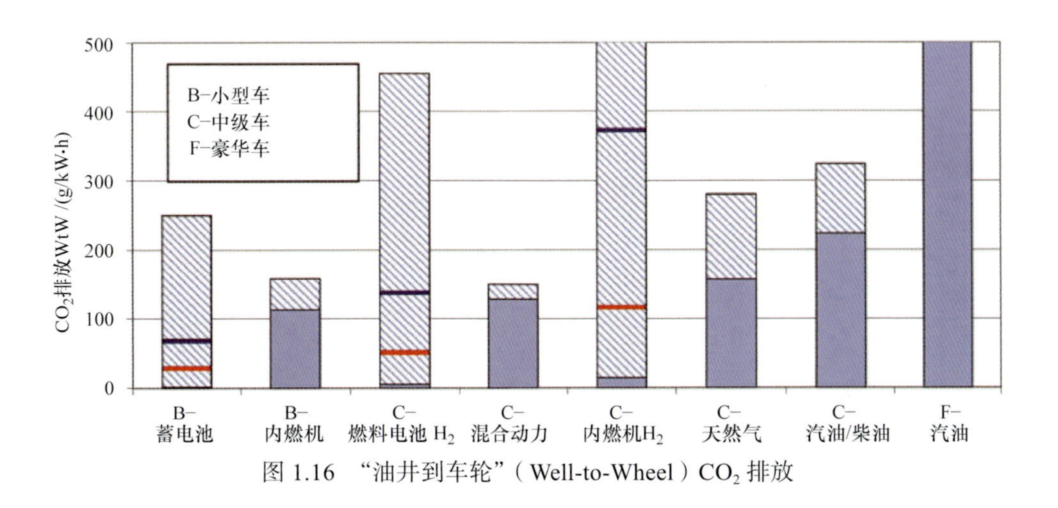

图 1.16 “油井到车轮”（Well-to-Wheel）CO_2 排放

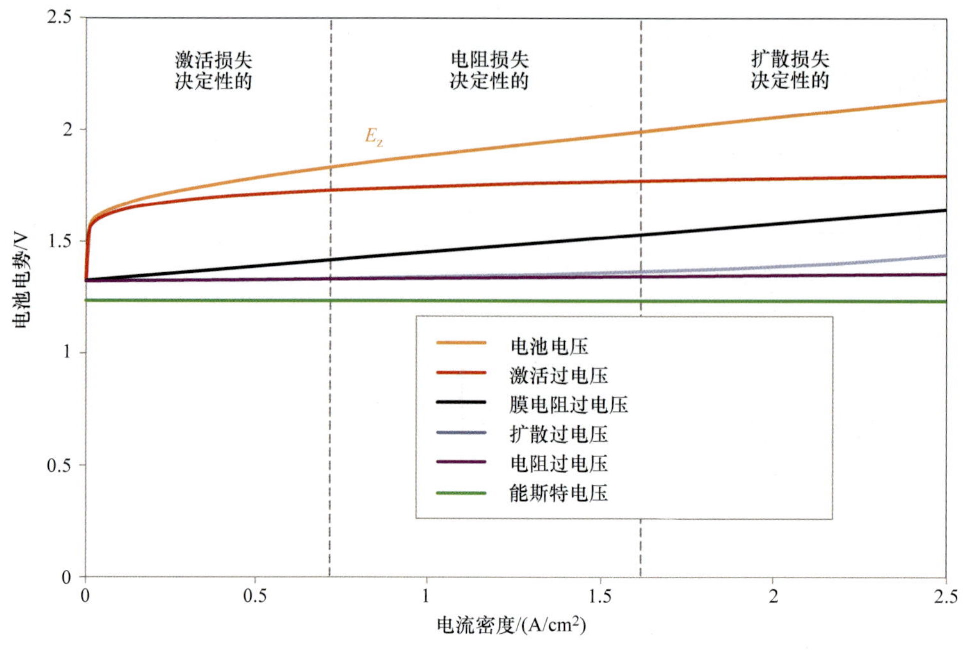

图 4.5　电解腔室的极化曲线

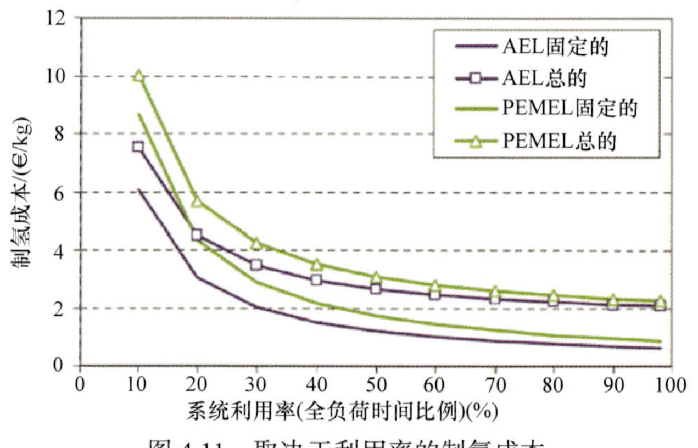

图 4.11　取决于利用率的制氢成本

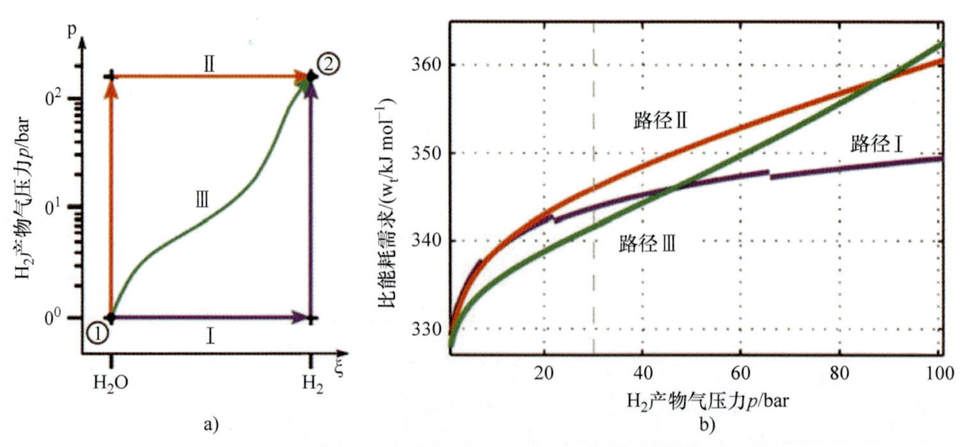

图 4.12　生产压缩氢的可能性和取决于压力的比能耗的变化过程

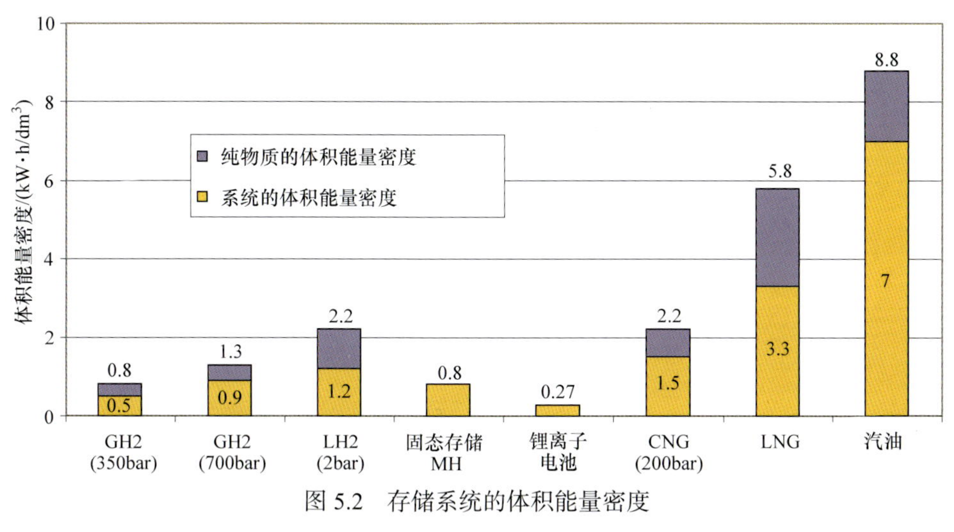

图 5.2 存储系统的体积能量密度

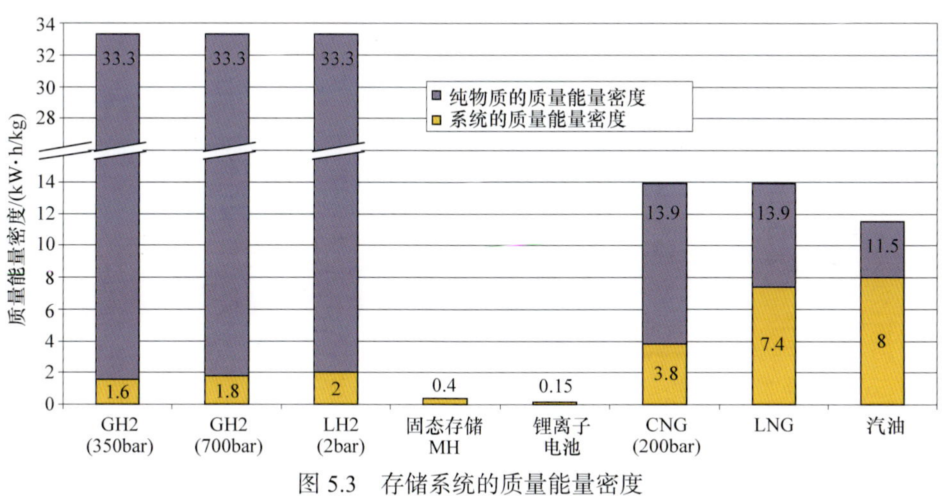

图 5.3 存储系统的质量能量密度

表 5.4 氢的压缩的功耗

等熵压缩，H_2 为实际流体							
液态，单级							
p_1 /bar	T_1 /K	p_2 /bar	T_2 /K	h_1 /(kJ/kg)	h_2 /(kJ/kg)	w_s /(kJ/kg)	P_s /kW
1. 1	20. 54	150	26. 13	273. 4	471. 3	197. 9	0. 70
1. 1	20. 56	300	30. 1	273. 4	654. 2	380. 8	1. 35
气态，单级							
1. 1	20. 56	150	139. 1	717. 8	1993. 0	1275. 2	4. 52
1. 1	20. 56	300	173. 6	717. 8	2531. 0	1813. 2	6. 42
					超临界		

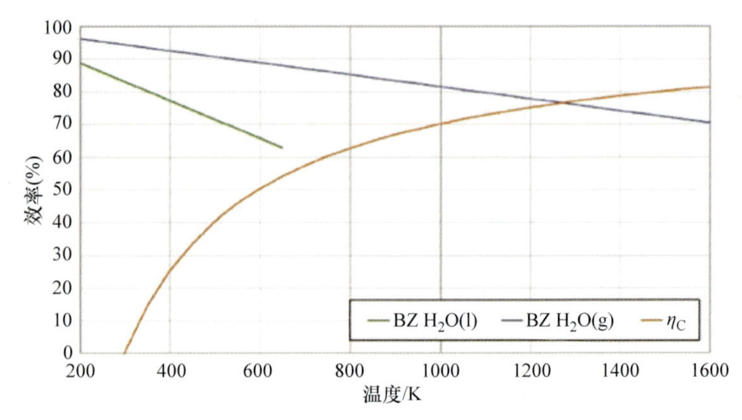

图 6.4　燃料电池和内燃机的热力学效率

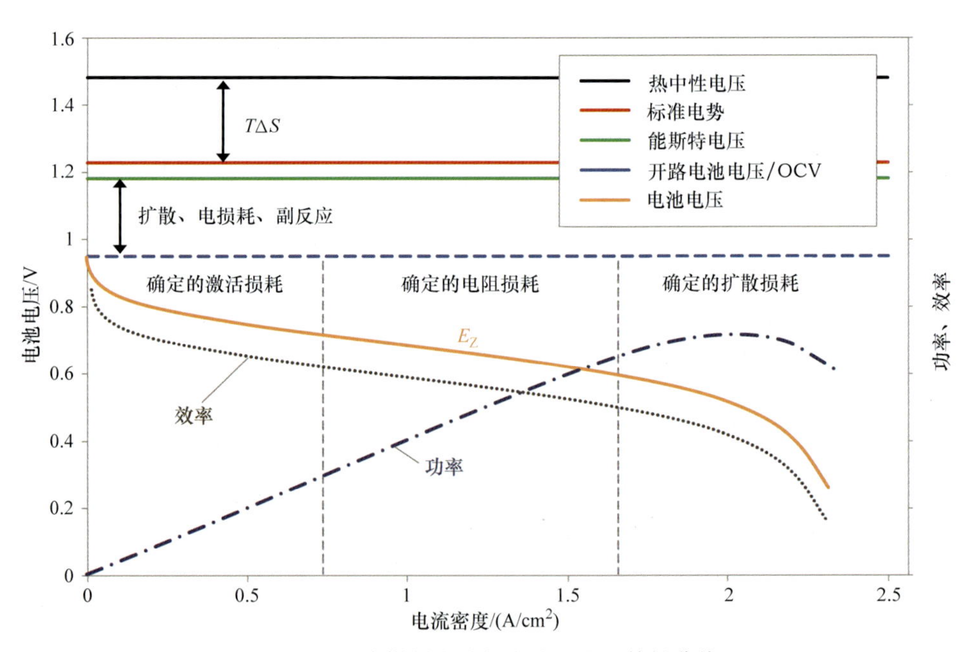

图 6.5　一个燃料电池的电流 – 电压特性曲线

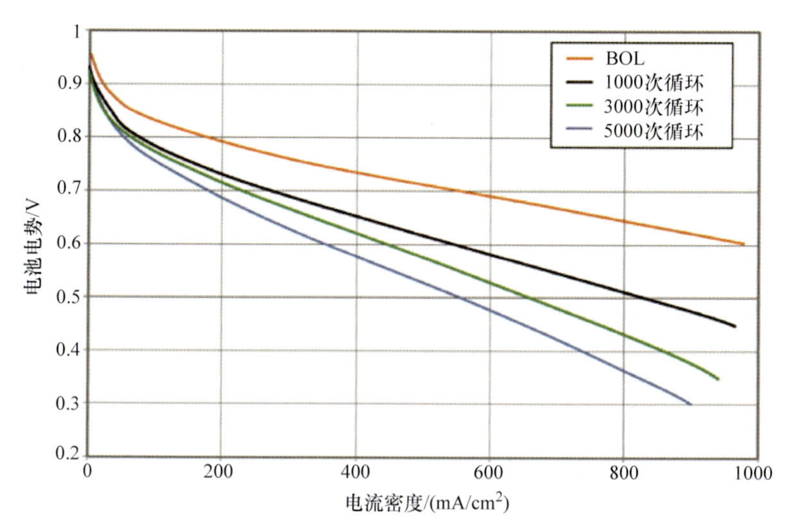

图 6.7 降解对 *UI* 特性曲线的影响

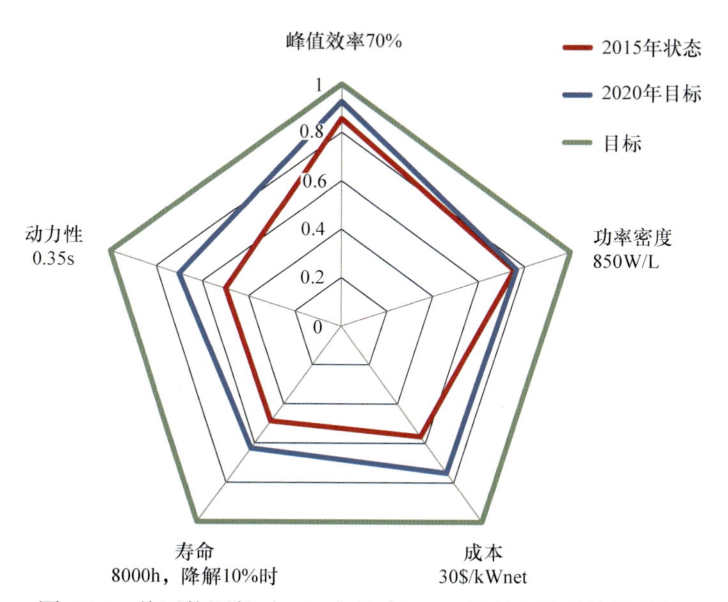

图 6.24 美国能源部（DOE）汽车 PEM 燃料电池系统的目标

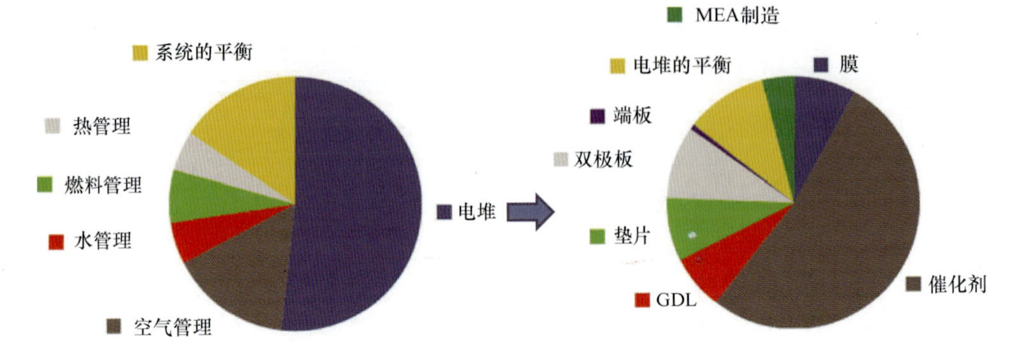

图 6.25　燃料电池系统和燃料电池电堆成本结构

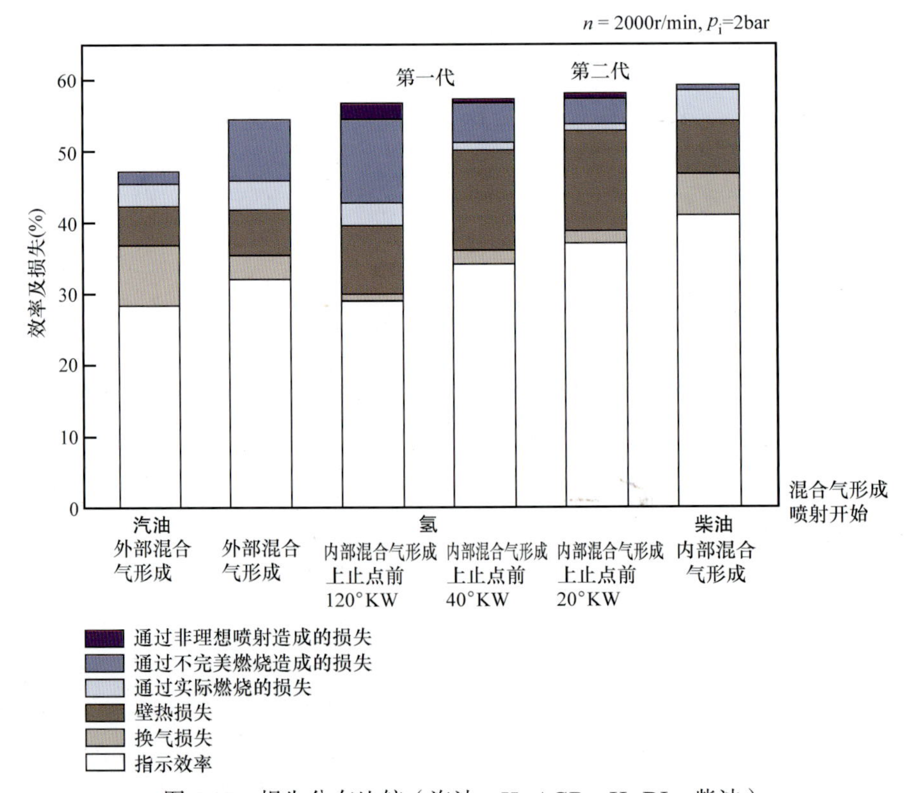

图 7.17　损失分布比较（汽油、H_2-AGB、H_2-DI、柴油）

本书由**上海舜华新能源系统有限公司**赞助出版

汽车先进技术译丛　新能源汽车系列

汽车工程中的氢

——生产、存储与应用

原书第4版

曼弗雷德·克莱尔（Manfred Klell）

［奥］赫尔穆特·艾希尔赛德（Helmut Eichlseder）　著

亚历山大·特拉特纳（Alexander Trattner）

倪计民团队　译

机 械 工 业 出 版 社

本书概述了氢的性质、生产、存储和应用的各个方面，其中重点是氢气存储的热力学原理及其在车辆技术和能源技术中的应用。本书参考格拉茨工业大学和HyCentA公司的研究项目，介绍了当前的最新技术水平。在此版本中，还增加了用于为电驱动器发电的燃料电池的相关内容。本书的内容还包括通过热解由甘油生产氢的方法，并增加了当前氢能在汽车中的最新应用——氢和甲烷混合物的内燃机以及材料、效率和二氧化碳排放问题的章节。

本书适合氢能全产业链技术人员以及内燃机和燃料电池研发人员阅读使用，也可供车辆工程专业师生阅读参考。

译者的话

自 1979 年进入大学以来，我对内燃机的节能、减排和代用燃料情有独钟。代用燃料及节能减排一直以来也都是关注和研究的重点。

在时下优化产业结构和能源结构，扎实做好碳达峰、碳中和各项任务的政策背景下，氢经济和氢能源成为了国家经济和能源发展的战略组成部分，研究和产业化工作正在积极推进中。决定翻译出版本书，也是希望能为我国的氢经济和氢能源的技术发展和进步出点力。

本书从氢的生产、储存、输配、应用、政策和安全各个环节来分析氢能源的利用以及进行效果评估。这一版本结合与应用相关的最新技术状态，以不同的角度触及氢能源广泛的应用领域。利用所有可再生能源以多种方式制氢，以不同方式存储并进行能量形式的转化，从全生命周期来评估氢能源。相信可以给读者带来多维视角和全新思路，给关键技术研发、示范和规模化应用带来启发。对于我国统筹推进氢能“制储输用”全链条发展大有裨益。

感谢上海舜华新能源系统有限公司赞助本书的出版。舜华新能源成立于 2004 年，拥有连续 14 年加氢站建设运营经验，以推动氢能技术应用为使命，已成为国内领先的新型气态能源整体解决方案引领者。经过 17 年的发展，舜华新能源已掌握高压供氢加氢核心技术，具备了围绕核心产品进行系统设计及集成并提供技术服务的整体解决方案供应能力，业务领域涵盖氢能、核能和分布式能源。舜华新能源一直致力于能源综合利用领域，围绕新能源总有一些交集，出于氢能源的推广应用，民族工业的振兴和发展的情结，共同助力本书的翻译出版。

本书的出版，要特别感谢机械工业出版社孙鹏先生，我们的合作越来越牢靠和默契，他精心组织、很快协调了版权引进，他所做的许许多多出版流程必需的工作，使得本书的出版工作顺利进行。

本书由同济大学汽车学院汽车发动机节能与排放控制研究所倪计民教授团队负责翻译：

刘勇：现为同济大学汽车学院博士生，翻译正文 1 ~5 章；

郑腾：现为同济大学汽车学院研究生，翻译正文 6 ~9 章；

倪计民翻译图片文字以及其他内容。

全书由倪计民校对。

感谢同济大学汽车学院汽车发动机节能与排放控制研究所石秀勇副教授和团队的所有成员（已毕业和在校的博士生、硕士生）为团队的发展以及本书的出版所作出的贡献。

感谢我的太太汪静女士和儿子倪一翔先生，让我更关注环境和世界的未来。同样感谢家人对我的支持和鼓励！

倪计民

2021 年 11 月于上海

前　言

非常高兴的是，自2008年第1版以来，本书已修订并增补至第4版。这一方面表明了人们对氢这个主题的持续兴趣，另一方面，这本书的概念方案获得了成功，可以对氢这个主题进行尽可能全面的概述，并详细介绍当前的发展，特别是在汽车工程领域。本书所有章节中的内容已进行了更新，尤其是在燃料电池中使用氢的主题已得到扩展和深化。

鉴于日益严重的环境负担和全球日益增长的能源需求，氢已成为化石燃料的无污染替代品。尤其是，遏制气候变化的方法通过能量转移和氢经济为脱碳愿景提供了新的动力。

格拉茨工业大学的内燃机和热力学研究所对于内燃机中氢气的燃烧过程优化方面拥有多年经验。在建立必要的测试台基础设施的过程中，必须解决有关材料选择、安全装置、气体供应等方面的问题。在与MAGNA公司和OMV公司的合作中，共同的兴趣产生了创建一个专门研究氢主题的研究设施的想法，这得到了一些来自科学和工业界的合作伙伴的支持，由此产生的倡议得到了公共部门的持续支持。因此，2005年在格拉茨工业大学校园里成立了由HyCentA研究公司运营的奥地利第一个氢研究和输送中心HyCentA（Hydrogen Center Austria）。

为了将研究和测试的经验融入教学中，2007年，格拉茨工业大学首次开设了以氢为主题的课程。在准备教学资料的过程中，产生了将这些资料装订成书公开出版的动力。这本教学参考书以氢的应用热力学及其在燃料电池和内燃机中的应用为重点，为了更全面地介绍氢的主题，书中除介绍性和历史性评论外，还包括有关氢的生产、存储和分配以及标准化、法律和安全性的章节。

这本书是在众多专家的帮助下完成的，这些专家阅读和更正了书中的部分文字，或者通过建议为丰富内容做出了贡献。在此对所有人表示衷心的感谢，特别是格拉茨工业大学内燃机和热力学研究所以及HyCentA研究公司的工作人员。

我们感谢出版商友好的、高效的和称职的支持。

本书第1章和第4章由Klell和新进入作者团队的Trattner撰写，第6章主要由Trattner撰写，第7章主要由Eichlseder撰写，其余由Klell撰写。

我们希望本书第4版也能得到爱好者和专家的好评，并希望学生和工程师可以在实践中将其作为有用的辅助工具。

作　者

2017年10月于格拉茨

公式符号、索引和缩写

拉丁字母符号[㊀]

a	声速（m/s）；比功（J/kg）；热导率（m^2/s）；内聚压力（m^6Pa/mol^2）
A	截面积（m^2）
b	协体积（m^3/mol）
B 热值	（J/kg）
c 比热容	$c=dq_{rev}/dT$（J/kg K）；真空中的光速，$c=2.997925\times10^8 m/s$
c_v，c_p	v = 常数或 p = 常数时的比热容（J/kg K）
C	常数（不同尺寸）
C_{mv}	v = 常数时的摩尔热容（J/kmol K）
C_{mp}	p = 常数时的摩尔热容（J/kmol K）
d	直径（m）
D	扩散系数（cm^2/s）
e	比能量（J/kg）；电荷 $e=1.6022\times10^{-19}C$
e_a	比外能（J/kg）
E	能量（J）；㶲（J）；势能，电池电压，电位（V）
E_a	外能（J）
E_N	能斯特电压（V）
f	频率（s^{-1}）
F	法拉第常数（As/mol）；自由能（J）
g	重力加速度，标准加速度 $g_n = 9.80665m/s^2$
G	自由焓（J）
G_m	摩尔自由焓（J/kmol）
G_m^0	在标准压力 p^0 下的摩尔自由焓（J/kmol）
h	比焓（J/kg）；普朗克的作用量子，$h=6.626\times10^{-34}$ J s
H	焓（J）
H_G	混合气热值（MJ/m^3）

㊀ 基于 DIN 1304、DIN 1345 和 DIN 1940。

H_m	摩尔焓（J/kmol）
H_m^0	在标准压力 p^0 下的摩尔焓（J/kmol）
$H_{u(,gr)}$	（质量）热值（kJ/kg）
$H_{u(,vol)}$	（体积）热值（kJ/dm^3）
$\Delta_B H$	生成焓（kJ/kmol）
$\Delta_R H$	反应焓（kJ/kmol）
I	电流（A）
K	湍动能（m^2/s^2）
l	长度（m）
m	质量（kg）或（kmol）
$\dot{m}$	质量流量（kg/s）
M	摩尔质量（g/mol）
n	物质的量，摩尔数（kmol）；运行变量
N	粒子个数
N_A	阿伏伽德罗常数，$N_A = 6.02214 \times 10^{23}$ 1/mol
p	压力，分压（bar/Pa）
p^0	标准压力，$p^0 = 1atm = 1.013bar$/通常也设为 $p^0 = 1bar$
p_i	平均指示压力（bar）
P	功率（W/kW）
q	比热（量）（J/kg）
Q	热量（J）；电荷（C）
r	汽化比热（J/kg）
R	比气体常数（J/kg K）；电阻（Ω）
R_m	通用（摩尔）气体常数：$R_m = 8314.472$J/kmolK
s	比熵（J/kg K）
S	熵（J/K）
t	时间（s）；温度（℃）
T	温度（K）
T_s	沸腾温度
u	比内能（J/kg）
U	内能（J）；电压（V）
v	比容（m^3/kg）；速度（m/s）

V 体积（m^3）

V_m 摩尔体积（m^3/kmol）

w 比功（J/kg）；速度（m/s）

W 功（J）

W_o 沃贝指数（MJ/Nm^3）

x 坐标（m）；蒸汽图

y 坐标（m）

z 坐标（m）；电荷数

Z 实际气体系数，压缩系数

希腊字母符号

α 传热系数（W/m^2K）

β 热膨胀系数（1/K）

δ 边界层厚度（m）

ε 压缩比；耗散（m^2/s^3）

η （动力）黏度（Ns/m^2/kg/ms）；效率

η_C 卡诺过程的效率

η_e，η_i 有效效率，指示（内）效率

η_g 质量等级

η_m 机械效率

$\eta_{s-i,K}$，$\eta_{s-i,T}$ 压缩机（压气机）的指示等熵效率，涡轮的指示等熵效率

η_{th} 热效率

η_v 全发动机效率

κ 等熵指数

λ 热导率，导热系数（W/mK）；波长（m）；过量空气系数，空燃比

μ 流量系数；溢流系数；化学势（kJ/kmol）

μ_i 组分 i 的质量分数

μ_{JT} 焦耳－汤姆孙系数（K/Pa）

ν 运动黏度（m^2/s）；速度函数

ν_i 组分 i 的摩尔分数

ν_{stA} 组分 A 的化学当量系数

ρ 密度（kg/m^3）

σ 锁定率；（表面）张力（N/m^2）

τ	剪应力（N/m^2）；时间（s）
ψ	曲轴转角（°KW）；速度系数；相对湿度
ψ_i	组分 i 的体积分数
ω	角速度（s^{-1}）
ζ	外向的效率；损耗系数
ζ_u	执行度
Φ	当量比（$=1/\lambda$）

运算符和标签

[P]	物种 P 的浓度（$kmol/m^3$）
d	全微分
δ	不完全的微分
∂	偏微分
Π	乘积
Σ	总计
Δ	两个数量之差；拉普拉斯算子
′	状态（在横截面中，在点处）′，一阶导数
″	状态（在横截面中，在点处）″，二阶导数
·	时间导数

其他索引和缩写

0	参考状态或标准状态
1	状态（在横截面中，在点处）1
2	状态（在横截面中，在点处）2
1D	一维
3D	三维
a	关闭，外面，外面的
ab	消散（电子热）
abs	绝对
aq	含水的
A	激活
AFC	碱性燃料电池
AGB	外部混合气形成
APU	辅助动力装置

ATEX	大气爆炸物
B	图片
BoP	植物平衡
BZ	燃料电池
C	压缩
ch	化学的
CFD	计算流体动力学
CGH2	压缩的气态氢
CZ	十六烷值
D	扩散
Da	丹科勒数，$Da = \tau_I / \tau_{ch}$
DI	直接喷射（直接注入）
DIN	德国标准化研究所
DNS	脱氧核糖核酸，直接数值模拟
e	进入，（容器）入口；带入
el	电子的，电子
engl.	英语
E	艾可萨（10^{18}）
EB	喷射开始或注入开始
ECE	欧洲经济委员会
EN	欧洲标准
EU	欧盟
fl	流体的，火焰
F	形成，成型
FS	水平，等级，液位
FTP	联邦试验程序
g	气态的
ggf.	如果有必要
gr	重力的
G	混合，吉咖（10^9）
GB	混合气形成
GDL	气体扩散层

GH2	气态氢
CGH2	压缩气态氢
GuD	气体和蒸气过程耦合
H	高压（相），行程
HF	加氢精制，氢纯化
HT	高温
i	运行变量（1，2，…，n）
i	内部的
I	积分
IPTS	国际实际温度标尺
ISO	国际标准化组织
IUPAC	国际纯化学和应用化学联合会
k	千（10^3）
konst.	常数
kr，krit	极限，标准
K	冷却，活塞
Kl	夹紧
KWK	热电联产
l	流体的（液体的）
LH2	液态氢
LOX	液氧
m	平均，摩尔
max	最大
min	最小
M	兆（10^6）
MBF	质量分数燃烧
MBT	最大制动转矩
MCFC	熔融碳酸盐燃料电池
MEA	膜电极组件
MLI	多层绝缘
MPI	多点喷射
MVEG	机动车排放小组

MZ	甲烷数
n	之后
N	正常条件
NEDC	新欧洲行驶循环
NEFZ	新欧洲行驶循环
NT	低温
Nu	努塞尔数，$Nu = \alpha l/\lambda$
o	上的，上层
OCV	开路电压
OT	上死点，上止点
ÖNORM	奥地利标准
P	拍它（10^{15}）
PAFC	磷酸燃料电池
PEMFC	高分子电解质膜燃料电池
Pr	普朗特数，$Pr = \nu/\alpha$
Re	雷诺数，$Re = \omega l/\nu$
real	真实的，实际的
rel，R	相对的
rev	可逆的
R	反应
RNA	核糖核酸
ROZ	研究辛烷值
s	等熵，硬的（固体的）
S	系统，升华，沸腾
sog.	所谓的
St	船台
st	化学当量的，材料
Sm	融化
SOFC	氧化物陶瓷燃料电池
STP	标准温度和压力，标准条件
SULEV	超级超低排放汽车
t	运输，湍流

T	涡轮机；太拉（10^{12}）
TP	露点
Tr	三相点
TS	沸点
u	下面的，周围
U	环境
UCTE	电力传输协调联盟
UEG	下膨胀极限
UN	联合国
v	之前
V	蒸发，损失
VD	真空蒸馏
VEXAT	爆炸性环境条例
vol	体积的
W	电阻，壁
WIG	钨极惰性气体
zu	供给（热）
zul.	允许的
Z	分解；电池，细胞

目　录

第1章　能源转型和氢经济

1.1　概述

气候变化对经济、生态、社会和健康的影响以及有害物对环境的负担对我们的生活质量构成了严重威胁，能源转型和氢经济通过用绿色电力和绿色氢完全替代当前主要的化石燃料，为能源系统完全脱碳提供了可持续的解决方案，见图1.1。

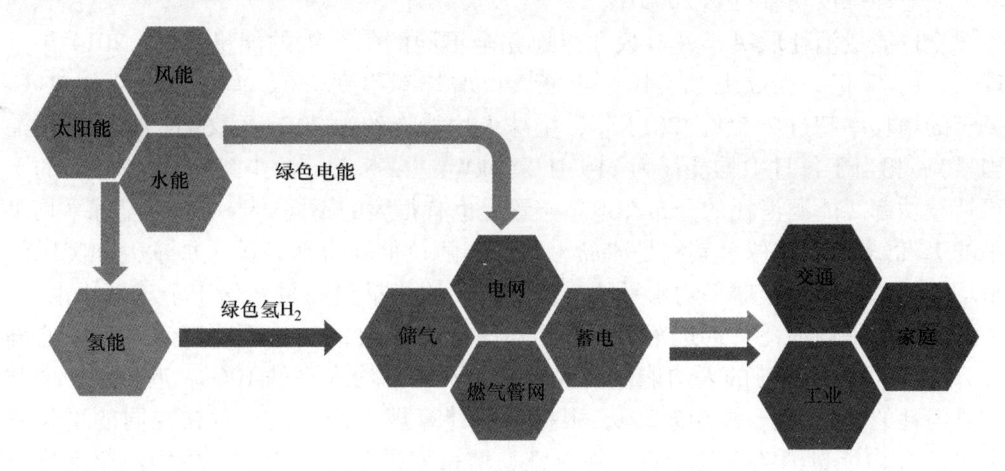

图1.1　能源转型和氢经济的景象

可持续发电和氢经济的能源转型代表了下一次重大的工业革命，它不仅为子孙后代提供了健康、宜居的环境，而且为创新的专有技术和技术领导地位提供了经济机会。

首先，需要持续和全面地扩大太阳能、风能和水能等可再生能源发电量。这种扩展保证了具有本地附加值的供应安全，并通过零排放提高了生活质量。为了缓冲电力供应波动并作为存储介质，特别是在电流峰值期间，通过水的电解产生绿色氢。氢可以存储在容器内或无限期存储在地下存储器中，或者存储在（天然气）管网中。绿色电力和绿色氢能满足交通、家庭和工业中对能源技术的所有要求。氢作为一种无碳能源，可以实现物质的封闭，以及连续零排放的能源循环。

世界范围内都在加大力度以促进经济的脱碳。2015 年 12 月在巴黎举行的气候会议（COP 21）上达成了一项协议，根据协议，到 21 世纪末，全球平均变暖应限制在“远低于 2℃”。

1.2 动机

1.2.1 人口、能源需求和资源

从生理学的角度来看，人类每天维持身体机能，特别是体温的能量基础代谢约为 7MJ（1.94kW·h，1670kcal），相当于平均持续功率 80W。在体育锻炼中，能量转换可能成倍增加。根据奥地利的相关法规，重体力劳动可能在 8 个工作小时内，男性至少消耗 8374kJ（2000kcal），女性至少消耗 5862kJ（1400kcal），这相当于 290W 以及 203W 的平均功率。运动员可以在有限的时间内提供超过 500W 的功率，而短期峰值功率可达 2000W。

全球能量消耗取决于人口数和当地完全不同的每个人的能量消耗。2014 年全球人口约 72 亿，在欧洲和美国，年度人口增长率不到 1%，而在非洲部分地区，每年的增长率超过 2.5%。2014 年，全球人均能耗约为 79GJ（22MW·h，1.9t 油当量），相当于每日平均能耗为 216MJ（60kW·h，5.2kg 油当量）或 2500W 的平均持续功率。能源消耗的分布在地理位置上也有很大的不同，卡塔尔以全球平均水平的 12 倍多而居首位，其次是冰岛、巴林和阿拉伯联合酋长国、加拿大和美国的平均消耗量几乎是全球平均水平的 5 倍，欧洲的能量消耗量 2 倍于全球平均水平，中国目前的平均消耗量远远落后，为全球平均水平的 50%，而印度为 30%，非洲为 25%。厄立特里亚的人均能量消耗最少，不到平均水平的 10%。近年来，全球能量消耗的平均增长率约为 2%，根据指数计算规则，这意味着在相同的增长率下，35 年内能量消耗将翻一番。在亚洲，增长率是 2 倍以上，而中国占全球增长的一半。

世界人口的增加和能量消耗的增加，特别是工业化程度较低国家的能量消耗的增加，导致能源需求呈指数增长。尽管对当前已知的化石能源储量和估计的未来可开采的化石能源资源的范围有不同的看法，但可以假设：其可供给性是有限的，且其稀缺性将导致相应的价格上涨。同人口增长和能量消耗一样，化石能源储量在地理上的分布非常不均。在全球能源场景中，化石能源的最大消耗量将主要在未来几十年内确定，因此，未来的需求只能通过大规模扩展替代能源的生产来满足，见图 1.2（见彩插）。

原始能量或一次能量是尚未转换的原始能源形式。图 1.3a 中的一次能量来源细分显示，2014 年全球 570EJ（158PW·h）的一次能量消耗中有 81% 被化石能源所覆盖，其中 31% 为石油，29% 为煤炭，21% 为天然气；有 14% 为可再生能源，

其中10%为生物质，3%为水力；以及5%的核能。

最终能量或二次能量是供使用的转换后的能量最终形式。2014年，全球二次能量消耗为390EJ（108PW·h），占一次能量消耗的68%，与首次转化效率相对应。全球二次能源的细分情况为：67%为化石能源，其中40%为石油产品，15%为天然气，12%为煤炭；15%为可再生能源（主要是生物质）；18%为电能，见图1.3b。71EJ（20PW·h）的电力来自以下一次能源：41%来自煤炭，22%来自天然气，4%来自石油，11%来自核能，22%来自可再生能源，其中16%来自水力。

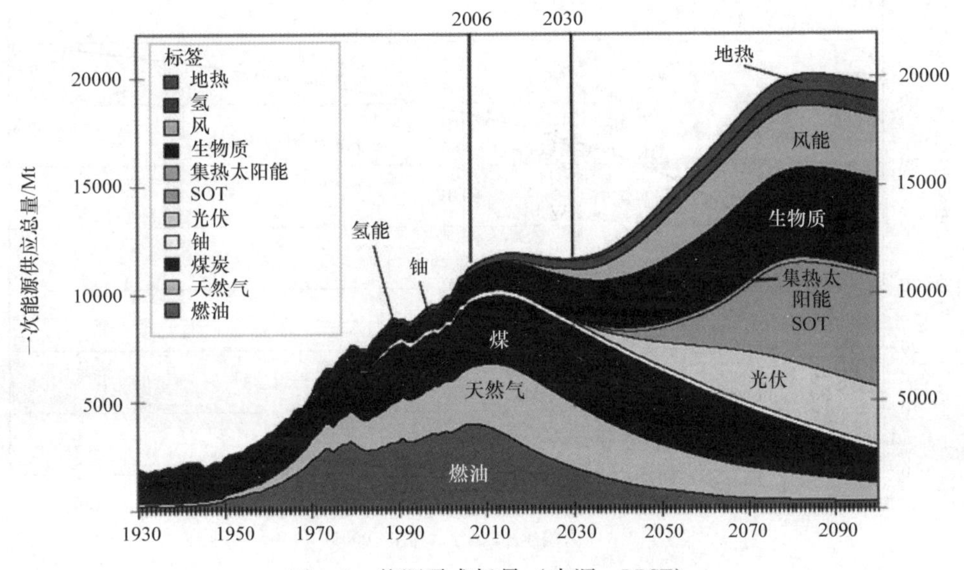

图1.2　能源需求场景（来源：LBST）

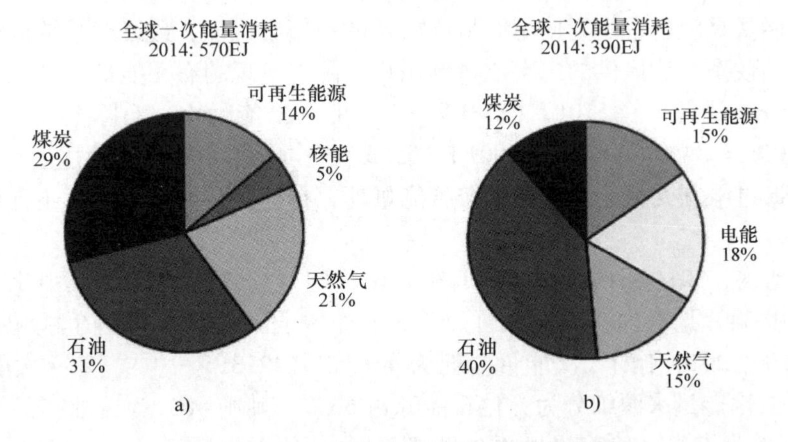

图1.3　2014年全球一次和二次能量消耗

最终能量消耗在家庭（供暖、制冷和电力）、工业和交通运输之间差不多平均分配。在交通运输部门增长率最高，每年3% ~4%，约占全球石油消耗量的62%。2010年，全球注册的乘用车的数量超过10亿辆。图1.4显示了在某些根据ISO 3166指定的国家中每100名居民中拥有的乘用车数量与国内生产总值的关系。像印度等国家每100名居民中只有不到5辆乘用车，而中欧约每2人拥有1辆乘用车，美国以每100名居民拥有75辆乘用车而据世界之首，全球平均水平是每100名居民拥有12辆乘用车。

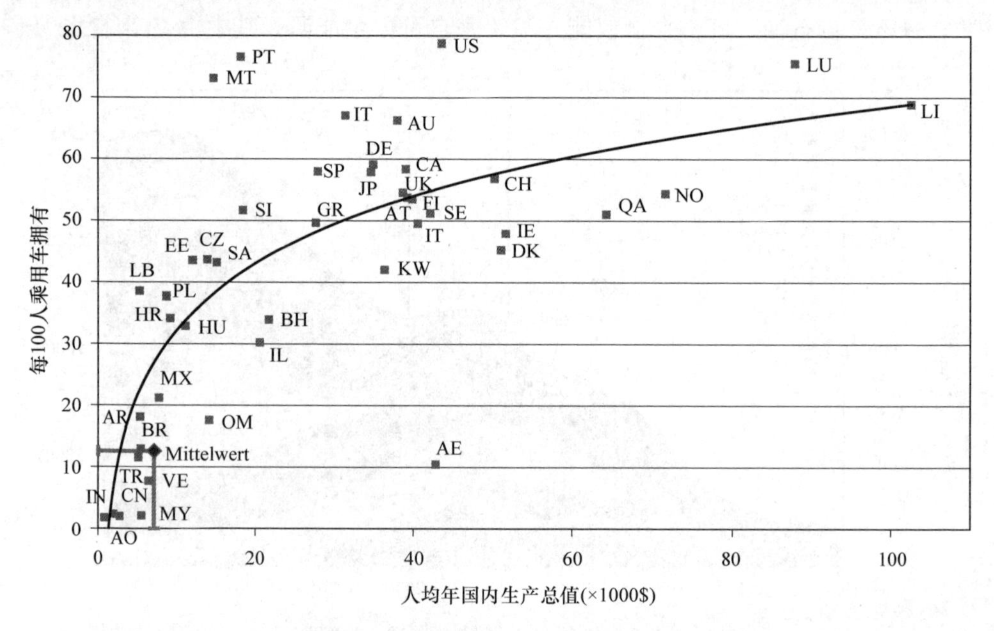

图1.4　人均GDP超过1000美元的国家每100人拥有的乘用车数量

有用能量是消费者实际使用的最终能量的一部分，即，最终能量被传输并乘以相应应用的效率。从提供的二次能量到用户实际上实现的有用能量的第二个转换效率约为50%，因此，在570EJ（158PW·h）的一次能量中，实际上只有大约1/3（68% ×50% = 34%），也就是200EJ（55.5PW·h）可由消费者使用。

除了通过限制人类能量消耗来节省能量外，在提高转换效率方面还有很大的节省潜力。

在欧盟内，2014年的一次能量消耗为67.2EJ（18.7PW·h），其中化石能源占72%，其中34%是石油，17%来自煤炭，21%来自天然气；可再生能源占14%；核能占14%。2014年的二次能量消耗为44.5EJ（12.3PW·h），是一次能量消耗的66%。二次能量来源细分为：化石能源占66%，其中40%为石油产品，22%为天然气，4%为煤炭；12%为可再生能源（主要是生物质）；22%为电力。9.8EJ（2.7PW·h）的电力来自以下一次能源：42%为化石能源，28%为核能，30%为可再生能源。

在德国，2014 年的一次能量消耗为 13EJ（3.6PW·h），80%来自化石能源，其中 34%为石油，26%为煤炭，20%为天然气；12%来自可再生能源，其中 9%为生物质，水力和风能为 3%；核能占 8%。2014 年，二次能量消耗为 8.7EJ（2.4PW·h），为一次能量消耗的67%。二次能源的细分表明67%为化石能源，其中 37%为石油产品，25%为天然气，5%为煤炭；12%为可再生能源（主要是生物质）；21%为电能。1.8 EJ（0.5PW·h）的电能来自以下一次能源：化石能源占57%，核能占16%，可再生能源占27%。

1.2.2　排放（Emission）、排入（Immission）和健康

自从我们的祖先使用火种以来，含碳燃料与空气燃烧的技术一直在进步。从工业革命开始，随着客运和货运的快速增长，来自化石燃料燃烧产生的排放增加得如此之多，以至于对环境和人类健康构成了威胁。此外，燃料化学内能的转换首先通过燃烧转化为热能，然后通过卡诺效率进一步转化为机械能，因此必须将至少 1/3 的能量作为转化过程中的废热损失释放到环境中。

碳氢化合物 C_xH_y 与空气中的氧（O_2）理想燃烧时会产生二氧化碳（CO_2）和水（H_2O）：

$$C_xH_y + \left(x + \frac{y}{4}\right)O_2 \rightarrow x\,CO_2 + \frac{y}{2}H_2O$$

由此形成的二氧化碳的量很大。当燃烧 1kg 煤（炭）时，产生 3.67kgCO_2，放热量为 32.8MJ 或 9.1kW·h（400gCO_2/kW·h）。当燃烧 1kg 汽油或柴油（C:H = 1:2）时，会产生约 3.2kgCO_2，放热量约为 43MJ 或 11.9kW·h（270gCO_2/kW·h）。丙烷（C_3H_8）或天然气（CH_4）以环保友好的方式燃烧，1kg 甲烷燃烧时产生约 2.75kgCO_2，放热为 50MJ 或 13.9kgCO_2（200gCO_2/kW·h）。理想燃烧时与能量有关的 CO_2 和 H_2O 的量如图 1.5 所示。

但是，化石能源的实际燃烧并不理想，因此除了二氧化碳之外还会产生一系列其他污染物：通过不完全燃烧产生的含碳物质，是形成炭烟和细微粒的基础；由于局部空气不足而形成气态一氧化碳和碳氢化合物；通过高温产生氮氧化物和通过燃料中的杂物转化的物质，例如硫化合物。

排放（Emission）是指来自一个源头的废气的排放，单位为 mg/s，然后排放在环境中扩散，并通过体积流量（单位为 m^3/s）来稀释。排入（Immission）是指废气对环境产生或多或少的稀释影响的术语，单位为 mg/m^3。针对那些对人类健康或生态系统和植被有重大影响的空气污染物，在奥地利，基于欧洲指导方针，在排入（Immission）保护法规（IG－L）中规定了限值、目标或阈值。目前这类限值包括二氧化硫、一氧化碳、二氧化氮、细微粒 PM10 和 PM2.5、铅和苯。

有害物对环境和健康的影响已成为众多研究和出版物的主题。对于氮氧化物和细微粒，特别是工业和交通领域的燃烧过程会导致在世界范围内某些情况下明显超

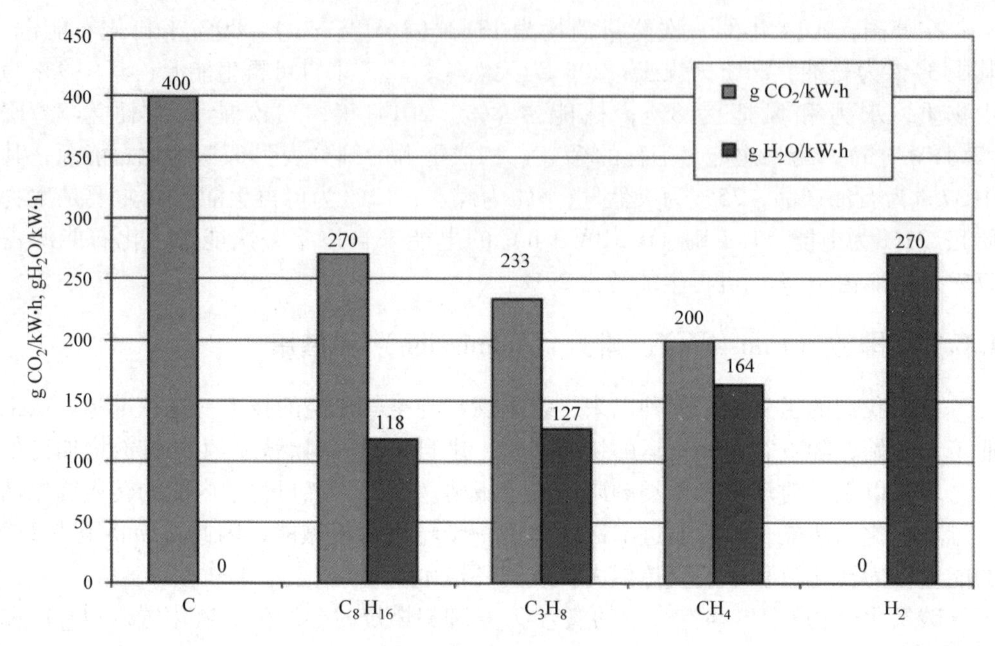

图 1.5 理想燃烧时水和二氧化碳的形成

过对健康极为危险的极限值。尽管近年来奥地利的细微粒排放量有所减少，但排放的颗粒数量却有所增加。这意味着，首先是特别小的颗粒的数量在增加。它们是由汽油机和柴油机排放的，例如，其直径为在法律上不受限制的、在 2.5μm（<PM 2.5）以下，并且由于它们是可吸入肺中的而显得特别危险，小于 1μm 的颗粒也会损害血液和大脑的健康。根据世界卫生组织（WHO）的统计，排在心脏病和中风之后，肺部疾病是全球第三大死亡的原因，在低收入国家中甚至排在第一位。根据经合组织（OECD）的数据，世界上每年有 350 万人死亡归咎于空气污染，其中 50% 是交通排放造成的，尤其是柴油机的废气。柳叶刀委员会（Lancet Commission）的一项国际研究表明，2015 年空气污染造成 600 万人死亡，其中 90% 的死亡发生在新兴工业国家。由此造成的经济的、金融的损失估计每年达数万亿美元，约为全球经济产出的 5%。

1.2.3 温室效应、气候变暖和环境

在这个世界上，生活所必需的自然的温室效应在于，地球反射到太空中的热辐射部分被大气中的分子吸收并部分反射回地球。由于这种效应，地球表面的平均温度约为 15℃，而不是 -18℃。大约 2/3 的自然的温室效应是由水引起的，而大约 1/3 是由二氧化碳和甲烷引起的，这些气体被整合到自然的循环中。

温室效应的人为部分是由所谓的温室气体的排放引起的。被授予 2007 年诺贝尔和平奖的世界气候理事会政府间气候变化专门委员会（Intergovernmental Panelon

Climate Change，IPCC）的模拟表明，人为造成的大气中温室气体的大量增加导致了全球气候变暖。

二氧化碳（CO_2，参考值）、甲烷（CH_4，有效因子21）、一氧化二氮或笑气（N_2O，有效因子310）、部分卤代碳氟化合物（H－FKW/HFC，有效因子最高为11300）、全氟化碳氢化合物（FKW/PFC，有效因子最高可达6500）和六氟化硫（SF_6，有效因子23900）被规定为与气候相关的温室气体。全球二氧化碳当量的温室气体排放来自化石燃料燃烧产生的CO_2排放占59%，而18%来自于森林砍伐产生的CO_2排放，14%来自于畜牧业甲烷排放量，8%主要来自于由于农业施肥排放的笑气，以及约1%来自于合成工业化学品。在全球范围内，目前每年排放约350亿tCO_2，相当于每天人均约13kg的CO_2排放。主要排放国是中国、美国、印度和俄罗斯等。

大气中的CO_2不断增加，自2016年以来，全年一直高于0.04%体积分数，比基准年1750的工业化前水平0.028%高出43%。自气象记录开始以来，2016年的每个月的温度都是最高的。

在20世纪，全球的平均温度上升了约1℃，而在奥地利平均温度上升达到2℃。现在，我们已经经历了更频繁的极端天气事件，例如大雨、洪水和延长的酷暑，这些对农业和林业以及（冬季）旅游业造成了负面影响。仅就奥地利而言，目前每年的经济损失估计为10亿欧元，并且这种趋势急剧上升。

图1.6（见彩插）显示了IPCC应对全球变暖的场景。根据CO_2排放的发展情况，到2100年，全球平均气温将升高2~6℃，其中，绿色标记的GEA变暖方案限制在2℃以内，是最具成本效益的方案，预计更多的温度升高将带来灾难性的后果，例如，使沿海地区无法居住的海平面上升，还有在西伯利亚解冻多年冻土时释放的大量甲烷，直至数以百万计的气候难民、对粮食和水供应的威胁以及动植物物种的广泛灭绝。

为了实现2℃这个目标，必须立即大幅度地减少CO_2排放，到2100年甚至要实现“负”排放，见图1.6a中GEA的绿色的变化曲线。在2015年12月于巴黎举行的气候会议（COP 21）上，达成了一项1997年京都议定书的后续协议，根据该协议，到21世纪末，全球平均变暖应限制在“远低于2℃”。该协议已获得195个国家的认可，但缺少达到2℃目标的相应的措施。

在国际上，实施减少CO_2排放措施是很困难的，许多措施与人们的局限性有关，因此不受欢迎。它们通常很昂贵，而且只有从长远的角度来看才有回报。将来自化石燃料经济的资金转向氢经济或进行有效的CO_2税收控制的政治意愿正在缓慢增强。讨论范围诸如环境领域，还有部门驾驶禁令或对化石动力机械的批准进行限制等具体措施。

欧盟委员会设定了2030年的目标：将温室气体排放减少至少40%（与1990年相比），将可再生能量的份额增加到至少27%，并将效率提高至少27%。为此，到2040年，温室气体进一步减少至少60%，到2050年至少减少80%，已经为所有成员国制定了适当的时间表。但是，这里也只是一个确定目标的问题，缺少具体且具有约束力的建议和实施策略，更不用说如果未实现目标将带来的后果或罚款。

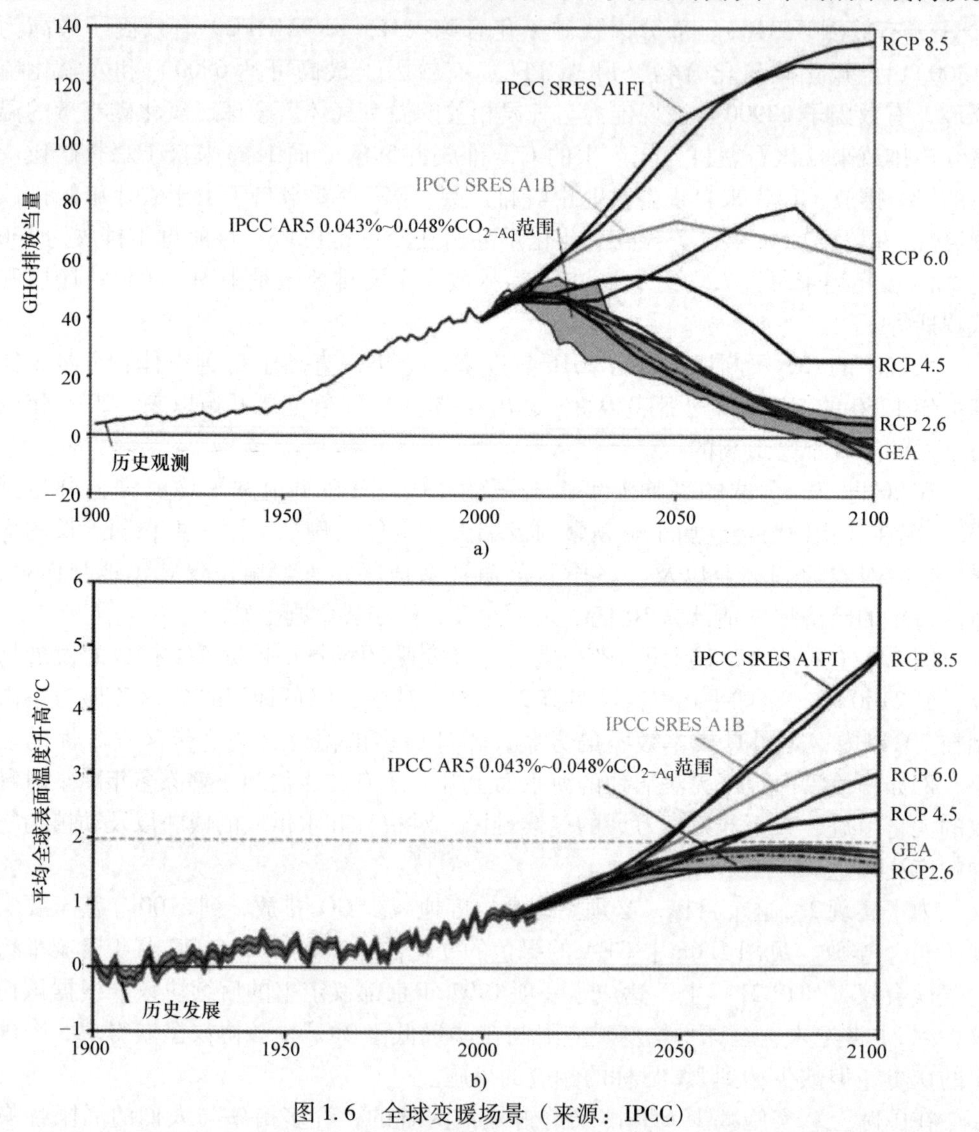

图1.6　全球变暖场景（来源：IPCC）

1.3　实施

1.3.1　技术方法

在分析和评估不同技术时，特别要关注技术、生态和经济方面。在技术评估中，效率通常起着最大的作用，尽管效率的重要性在可再生能源（无论如何仍然可以利用太阳、风和水）方面比消耗化石能源要更低一些。噪声、有害物，尤其是CO_2的排放具有生态重要性。从经济上来看，成本和价格起着最大的作用，尽管新技术当然会由于所需的开发和最初的少量生产而导致更高的成本。通常，所考虑的因素还包括安装相关装置和机械的费用以及在生命周期分析（LCA，Life Cycle Analysis）中对其进行回收和处置所需的费用。在移动性方面，这些分析通常分为从一次能源到二次能源的转换，即从能量的源头到在插座盒或燃油泵处的输送（Well - to - Tank/Well - to - Pump，油井到油箱/油井到油泵），以及从二次能源到可用能量（Tank - to - Wheel，油箱到车轮）和整个链条的转换（Well - to - Wheel，油井到车轮）。

从技术上讲，能源转型和氢经济意味着化石经济的根本性转变，即将热力发动机（例如涡轮机和内燃机）转换为绿色电力、绿色氢和电化学机械（例如电解槽、电池和燃料电池）。这些电化学机械具有更高效率和零排放的优点。燃料的化学能以100%的理论效率直接转换为电能，而不是像热力发动机那样，需要通过热量转换，根据卡诺效率，热力发动机的效率限制在66%左右，这里还有提高效率的潜力。电化学机械在很大程度上没有移动部件，这在维护和噪声污染方面具有优势。当使用绿色电力和绿色氢运行时，电化学过程是完全零排放的，不会释放任何有害物，既不排放危害健康和环境的毒素，也不排放二氧化碳。电化学机械的主要障碍是它们的成本仍然很高，但是可以通过研究和增加产量来降低成本。

能源转型的第一步是从化石的一级能源向太阳、风、水等可再生能源，以及生物能源和可能的地热的持续的、全面的转换。为此所需的技术是全球可供的，并且技术上已经成熟；水力发电厂、风力涡轮机和光伏发电设备可以供电，太阳能热电厂也可以供热。

由于来自可再生资源的电能有波动且不能满足需求，因此在供应高峰时需要大规模储能。由于不能长期无损失地存储电能，因此大规模使用氢作为新的能源为成功实现能源转型提供了绝对必要的先决条件。电解槽用电将水化学分解成氧和氢。电解产生的氢作为一种能源是零排放的，效率可以达到50%～80%，首批动力制气或动力制氢工厂已成功运行，目前功率可达兆瓦范围，首个吉瓦级工厂正在规划中。氢实际上几乎可以无限期地存储在容器中、地下存储器中或气体管网中。对于电解槽和燃料电池，氢作为一种无碳能源，可实现物质封闭和连续零排放的能源循环。

绿色电力和绿色氢可以分布在电网和气体管网中，并且在可再生能源领域耦合的意义上，可以作为电、热和燃料用于所有应用。

在工业中，化石能源的替代必须根据流程单独考虑，例如在钢铁行业，氢可以替代碳作为还原剂，首批中试装置正在运行中。

在家庭中，电气设备和机械正在全球范围内使用，结合可再生能源发电、电解、储氢和燃料电池用于电力回收的地区性能量和热量供给装置已投放市场，尤其是在亚洲。

移动性在化石能源中所占份额最高，超过90%，其增长率也是最高的。带有电池和燃料电池的电动车辆本身就是一种零排放技术。

如果可以廉价获得，则生物的和合成的“CO_2中性”能源也可作为补充而适用于热力发动机。但是，必须始终按照时间和地点严格审查所谓的CO_2中性，即使化石能源数百万年前也是从环境中获取了CO_2。无论如何，仍然存在燃烧过程低效率和局部排放的缺点。

1.3.2 电动车辆

电动车辆（EV）通常理解为由来自蓄电池的能量供给的电力驱动，因为可再充电，其电池也被精确地称为蓄电池。但是燃料电池汽车也算作电动汽车，其中燃料电池仅用作能量转换器，而储能装置是氢罐。

在轻型车辆的短途旅行中，电能从充电的蓄电池到道路（Tank - to - Wheel，油箱到车轮）的优化效率水平高达85%。充电是蓄电池的问题之一，它要花费数小时，并且由于物理的限制而不能任意缩短。高的充电功率会损坏蓄电池，特别是蓄电池的使用寿命，目前最强的快速充电站可提供约120kW的功率，对此，只有在优化的条件下和开始充电时才能达到这个功率。另外，在从“油井到车轮”（Well - to - Wheel）的转换中，充电效率常常被不可接受地忽略了。由于不能将电能局部存储，因此必须直接提供充电能量和充电功率，这意味着给电力基础设施带来了沉重的负担。蓄电池的化学过程也与温度密切相关，特别是对于锂离子蓄电池，在低温下的充电受到严重制约。

乍一看，燃料电池技术似乎更加复杂：燃料氢在高压状态下储存在一个储罐中，在电池堆中与空气中的氧进行氧化，并提供电力，在PEM燃料电池中，工作温度约为80℃，唯一的排放物是纯净的水。通过能量存储器和能量转换器的分离实现了更高的能量密度，从而可以提高车辆的续驶里程。即使在低温下，燃料电池的功能也可以完全保留。目前，在车辆（Tank - to - Wheel，油箱到车轮）中的有效效率约为50%。与常规的燃料一样，燃料是从加注站的储罐中流出来的，这意味着可以显著提高加注的功率：如果按照目前常规的SAE J2601的规定，在乘用车中，在3min内用加注泵灌注5kg的氢，则在0.05h内输送600MJ（167kW·h）的能量，相当于3.3MW的加注功率。通过将氢存储在加注站，几个加注泵也可以并联运行。对于蓄电池而言，这种充电功率在物理上是不可想象的，并且就时间和位置而言，也无法提供所需的电能。

采用蓄电池的电动车辆是短距离低负荷行驶的理想选择，而燃料电池则适用于较短的加注时间和较长的续驶里程的“重型电动车辆”，包括大型乘用车、载货车、公共汽车和火车以及船舶和飞机，见图1.7。

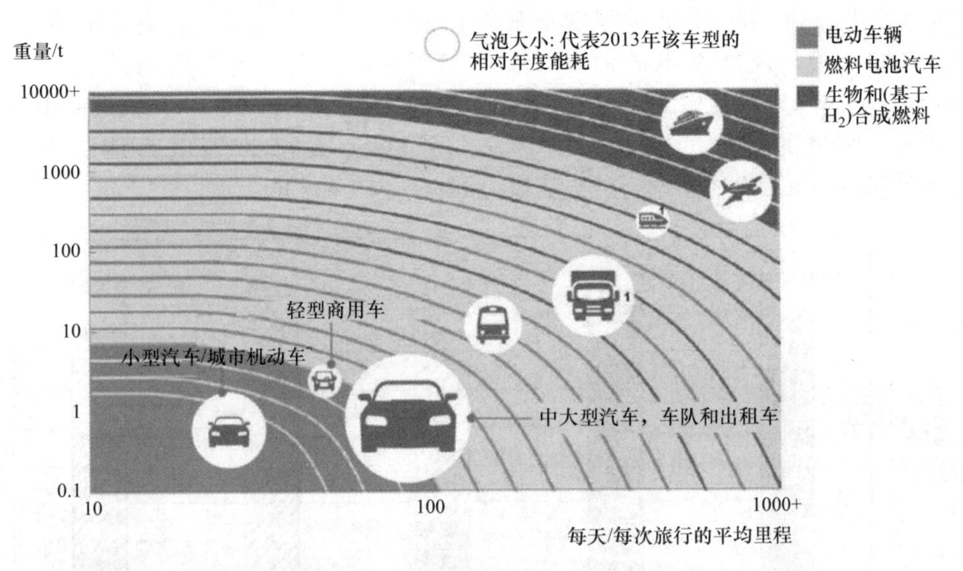

图 1.7 采用蓄电池和燃料电池的电动车辆（资料来源：氢气理事会）

(1)“油井到油箱”(Well – to – Tank) 效率和 CO_2 排放

图 1.8 显示了提供的二次能源“油井到油箱”(Well – to – Tank) 的转换效率。只需相对较低的花费，就可以通过干燥和脱硫来处理原始气体，效率约为 90%。来自石油的化石燃料（例如汽油和柴油）的生产和供应的效率也高达 85%。生物质气态的（生物质甲烷）和液态的（醇、油）燃料的生产效率在很大程度上取决于原材料和加工方法，通常可达到 15% ~ 50% 的效率，氢的生产效率在 10% ~ 80% 之间，而无论是从甲烷生产还是电解生产，其效率都可达到 80%，包括提供甲烷或电力的效率。根据加工方法的不同，生产电力的效率在 15% ~ 90% 之间。在图 1.8（见彩插）中，最小值或固定值以纯蓝色显示，值的范围以蓝色阴影线标记，在这些区域中，也许可能还有欧盟电力结构（EU Strommix）的值，用深蓝色表示，奥地利电力结构的值用红色标记表示。由此，欧盟电力结构效率为 48%，奥地利电力结构效率为 76%。来自欧盟电力结构的电解制氢的效率约为 38%，来自奥地利电力结构的电解制氢的效率约为 61%。

图 1.9（见彩插）显示了供给的二次能源关于“油井到油箱”（Well – to – Tank）与能量相关的 CO_2 当量的温室气体排放。化石燃料生产的汽油排放约 $47gCO_2/kW \cdot h$，柴油排放约 $54gCO_2/kW \cdot h$。生物燃料通常被称为 CO_2 中性，因为燃烧过程中释放的 CO_2 在生长过程中通过光合作用被吸收了。除了可能的食品生产竞争外，生物质原料的种植、施肥、收割、运输和加工有时还会产生相当数量的 CO_2 当量排放，因此，根据所使用的原料和加工方法，温室气体排放的范围比较广。某些生物质燃料的生产所产生的温室气体是汽油或柴油的 2 倍，而某些生物质燃料所产生的温室气体要少于植物在生长时吸收的温室气体，因此其值为“负”。

电和氢产生的 CO_2 排放在很大程度上取决于生产，随后将对其进行更详细的分类。对于电能来说，风能发电的值在 15gCO_2/kW·h 左右，褐煤发电的值则超过 1000gCO_2/kW·h，而适用于欧盟电力结构的值为 340gCO_2/kW·h。如果使用电解生产氢，则氢的排放负担为 21～1400gCO_2/kW·h，而欧盟电力结构的值为 425gCO_2/kW·h，奥地利电力结构的值为 129gCO_2/kW·h。

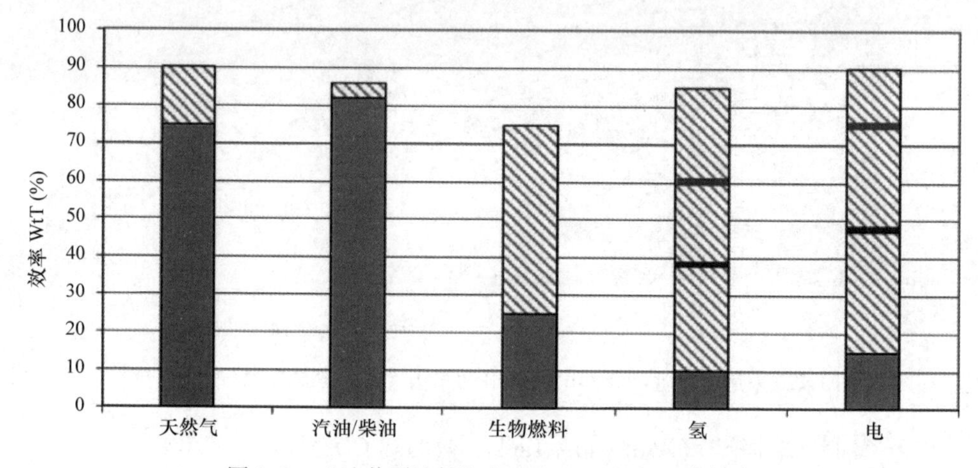

图 1.8　“油井到油箱”（Well－to－Tank）的效率

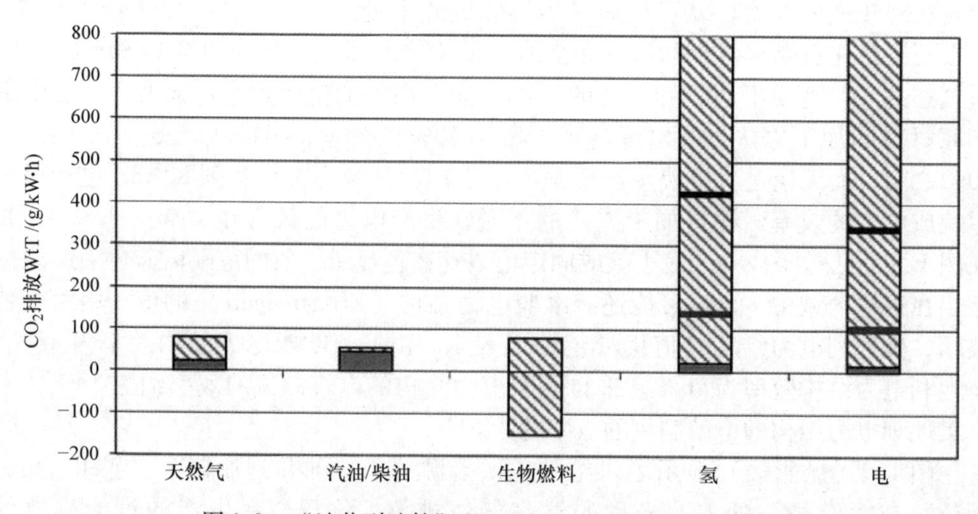

图 1.9　“油井到油箱”（Well－to－Tank）的 CO_2 排放

由于电能的重要性（也用于通过电解生产氢）以及产电方式的多样性，因此需要对产电进行更详细的分析。水力发电装置的效率最高，达到 90%，风力发电装置的效率达到 50%，光伏装置的效率达到 15%，核反应堆的发电效率大约为 30%，热电厂的发电效率为 20%～30%，使用热电联产（KWK）时的总利用率可达到 50%，带有气体和蒸汽过程耦合（GuD）的天然气发电厂的效率可高达 60%。

由于工厂设计、过程类型和燃料质量的形式多样，各个数值存在很大的差异，图 1.10 提供了产电的示例性效率的概述。

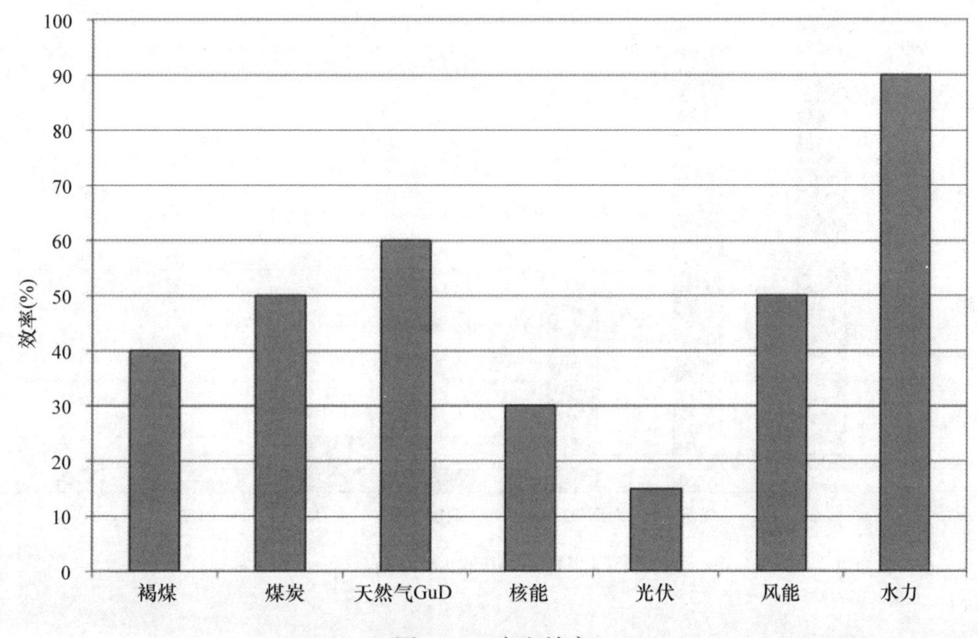

图 1.10　产电效率

为了确定产电时的 CO_2 负担，在化石能源中，必须将燃烧加上生产中与能量相关的 CO_2 排放除以相关电厂的效率。不同方式产电时的排放如下：对于效率为 40% 的褐煤产电，插座处的 CO_2 负担约为 1000g/kW · h，对于效率为 50% 的煤炭产电，则约为 800g/kW · h，具有 60% 效率的 GuD 天然气发电厂则为 333g/kW · h。核能和可再生能源产电通常被评为 CO_2 零排放技术。但是如果包括工厂建设以及运行设备的采购和运输，则 CO_2 当量排放为 15～100g/kW · h，见图 1.11。

2014 年，全球产电效率达到约 54%，CO_2 负担约为 500g/kW · h，放射性废物为 0.286mg/kW · h。2014 年产电 20PW · h，这意味着产生 10Gt 的 CO_2 和 5720t 的放射性废物。

在欧盟，2014 年的产电效率约为 48%，CO_2 负担约为 320g/kW · h，放射性废物为 0.75mg/kW · h。年产电 2700TW · h，这意味着 2014 年产生 849Mt 的 CO_2 和 2019t 的放射性废物。

在德国，2014 年的产电效率约为 44%，CO_2 负担约为 520g/kW · h，放射性废物为 0.42mg/kW · h。年产电 504TW · h，这意味着 2014 年产生 262Mt 的 CO_2 和 212t 的放射性废物。

可再生能源的扩张是根据 2009/28/EG 指导方针，以促进来自可再生能源的能量的利用，在德国，通过 EEG 2017 来实施，在奥地利，通过《绿色电力法》来

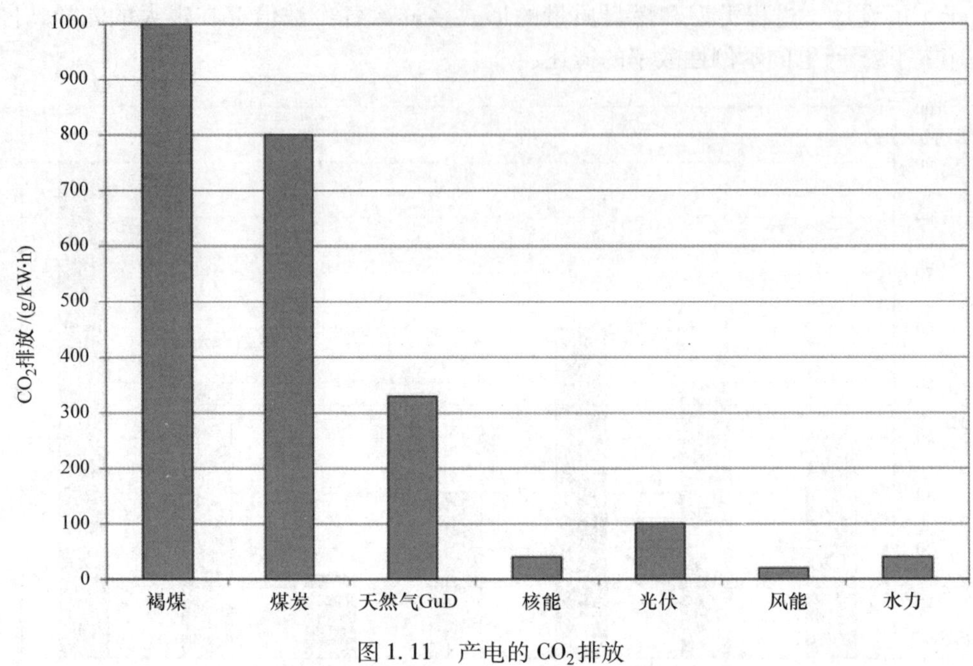

图 1.11　产电的 CO_2 排放

实施。

鉴于世界范围内大量的煤炭储量，人们正在为实现能源循环而进行大量的努力，以实现不排放 CO_2 使用煤炭。这种有效方法的一个例子是基于格拉茨循环（Graz Cycle）的富氧燃料方法，将煤气化的合成气与纯氧一起燃烧，通过将废气中的水冷凝，可以保留纯净的二氧化碳，可以将其分离、液化并存储在地下存储设备中。关于 CO_2 地质封存的欧盟指导方针 2009/31/EG 规范了 CO_2 封存设施的选择、批准方法和运行。一些采用 CCS（Carbon Capture and Sequestration，碳捕获和封存）的复杂试点项目正在测试阶段。有时会促进将核能作为无碳技术进行扩展，但是高昂的设备成本、安全风险以及最重要的放射性废物最终处置悬而未决的问题引起了人们的怀疑。

（2）“油箱到车轮”（Tank – to – Wheel）效率和 CO_2 的排放

“油箱到车轮”（Tank – to – Wheel）的分析涉及车辆中的能量从燃油泵或充电站到道路或铁路的转换。

在传统的内燃机中，柴油机最佳工况点的效率高达 45%，汽油机的效率高达 35%。氢燃料电池的效率超过 60%，蓄电池 – 电驱动（锂离子电池、永久励磁同步电动机、轮毂电动机）超过 85%。

但是，在动态行驶过程中，这些效率远未达到。为了评估效率和排放，车辆在确定的行驶循环内行驶，在欧盟，根据欧盟的 93/116 EWG 指导方针，采用新的欧洲行驶循环（NEFZ）。这个行驶循环包括一个平均速度为 19km/h 的时长 780s 的城市循环和一个平均速度为63km/h的时长400s的市郊循环。效率是所产生的功与燃料能量的比率。图1.12显示了具有不同驱动系统的车辆在NEFZ中从典型的效率到优化的效率。随着欧6c/6d排放等级的推出，NEFZ有望被更接近实际的行驶循环WLTP（world wide light duty test procedure，全球轻载车试验程序）所取代。此外，应检查在道路上行驶产生的实际行驶排放（Real Driving Emissions，RDE），以防止关闭内燃机（VKM）中的废气净化系统。

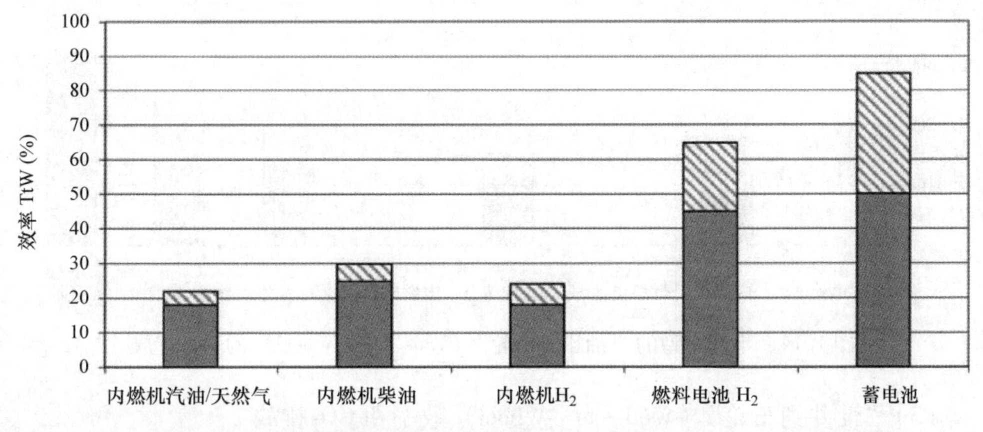

图1.12　不同车辆的“油箱到车轮”（Tank - to - Wheel）的效率

作为与效率的倒数成比例的、清楚的数字，为了评估化石燃料驱动的汽车，用比油耗（L/km）作为ECE或MVEG的NEFZ循环的标准消耗量，分别以城市/乡村/总油耗给出，也可以转换为单位为MJ/km的热值或为了更好地与电驱动比较的单位为kW·h/km的热值。汽油1L/100km的能量对应于0.33MJ/km或0.09kW·h/km；柴油1L/100km的能量对应于0.36MJ/km或0.1kW·h/km；天然气1kg/100km对应0.5MJ/km或0.14kW·h/km。图1.13显示了具有不同驱动系统的车辆在NEFZ循环中每千米从优化的到典型的能量需求。

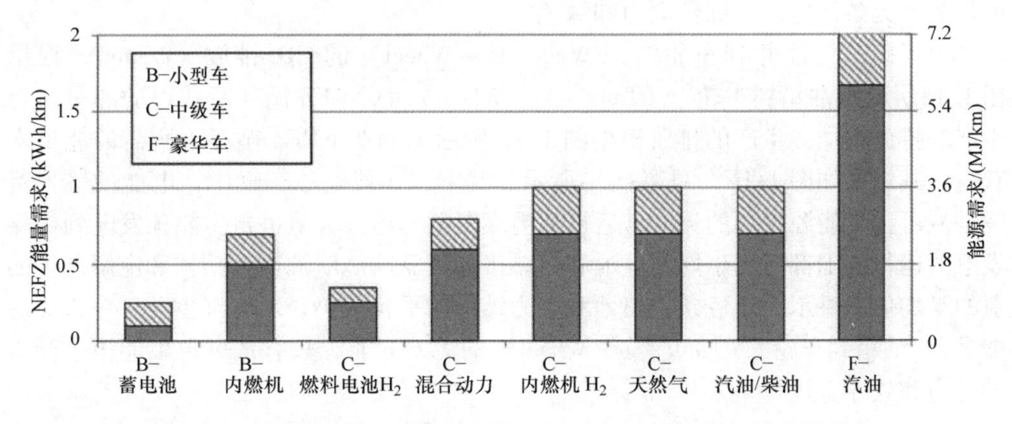

图1.13　不同车型的“油箱到车轮”（Tank - to - Wheel）的能量需求

对于化石燃料驱动的汽车，在运行中的 gCO_2/km 源自每千米的油耗和根据理想燃烧方程计算的 CO_2 排放。具有蓄电池供电的电驱动或氢燃料电池的车辆，以及具有氢动力发动机的车辆，其运行中均不含 CO_2。图 1. 14 显示了在新的欧洲行驶循环中，各种车辆的典型的 CO_2 排放范围，单位为 g/km。

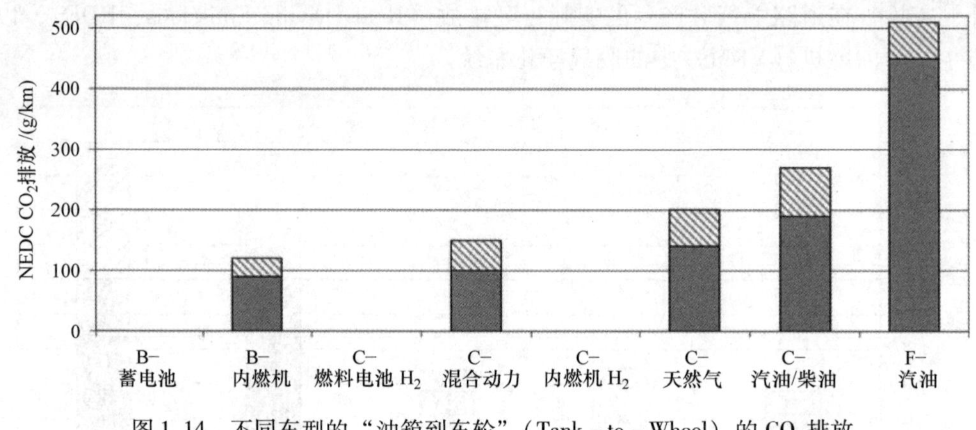

图 1. 14 不同车型的“油箱到车轮”（Tank – to – Wheel）的 CO_2 排放

（3）“油井到车轮”（Well – to – Wheel）效率和 CO_2 排放

通过将“油井到油箱”（Well – to – Wheel）的值与“油箱到车轮”（Tank – to – Wheel）的值相乘或相加，可以得到“油井到车轮”（Well – to – Wheel）的效率和排放值。图 1. 15（见彩插）显示了从多种可能的组合中选择出来的效率。其中，对于蓄电池车辆，在最佳的情况下，使用水力发电，在最坏的情况下使用褐煤发电。对于氢，在最好的情况下，是甲烷重整产生压力氢，在最坏的情况下，氢是褐煤发电并用电解产生压力氢。欧盟电力结构的平均值以及电解产生的氢的平均值再次用蓝色条标记，奥地利电力结构的平均值用红色条标记。具有燃料电池或蓄电池的电动车辆为了实现其高的“油箱到车轮”（Tank – to – Wheel）效率和零排放的优势，无条件地需要绿色电力和绿色氢。

为了确定“油井到车轮” （Well – to – Wheel）的 CO_2 排放（g/km），根据图 1. 14所示“油箱到车轮”（Tank – to – Wheel）的 NEFZ 循环所获得的测量值与生产的排放相加，生产的排放根据图 1. 13 所示车辆在 NEFZ 循环下所需的能量来获得，其结果如图 1. 16（见彩插）所示。其中，在蓄电池车辆中，电能的输入范围是从可再生能源发电的无 CO_2 运行到褐煤发电的运行。从可再生能源发电到褐煤发电的运行范围都可用于燃料电池和内燃机的氢驱动。欧洲电力结构和电解产生的氢的平均值仍显示为蓝色条，奥地利电力结构的平均值仍显示为红色条。令人惊讶的是，“油箱到车轮”（Tank – to – Wheel）的无 CO_2 能源只有从可再生能源中产生的电力和氢才有优势。

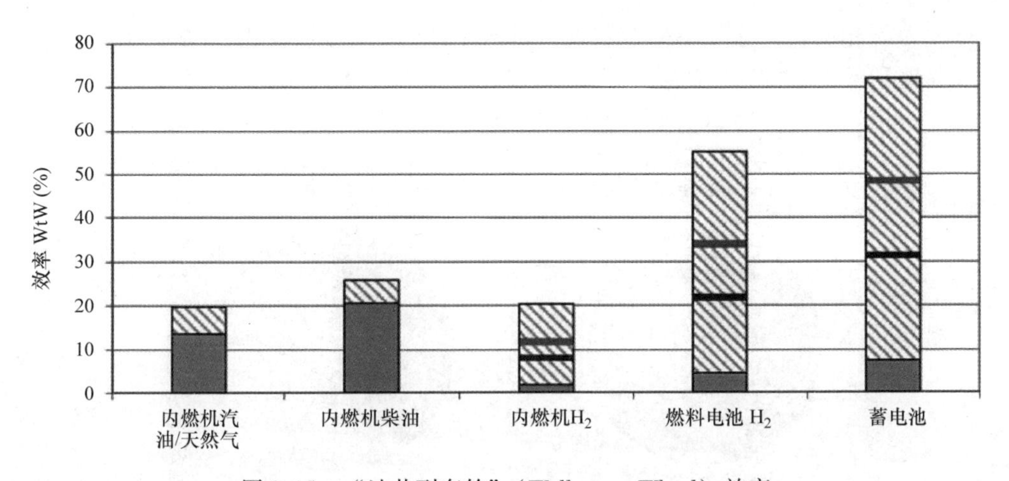

图 1.15 “油井到车轮”（Well - to - Wheel）效率

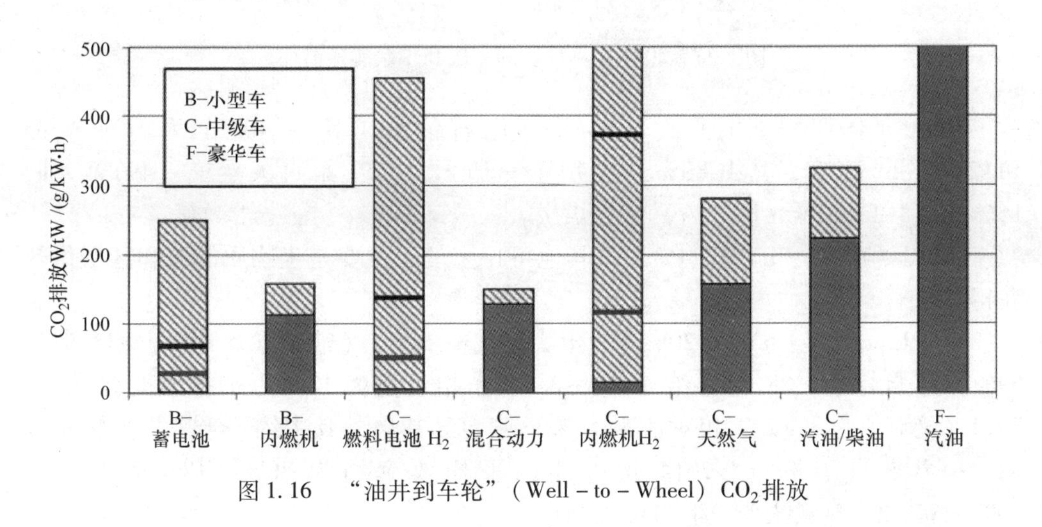

图 1.16 “油井到车轮”（Well - to - Wheel）CO_2排放

1.3.3 奥地利的能源转型和氢经济

以奥地利为例，下文介绍了如何在完全脱碳的情况下实际实现能源转型和氢经济。尽管奥地利有其特殊性，例如在发电中，水力发电占很大比例，但是类似的观点也可以帮助其他经济体在各种情况下如何实现从传统的化石能源行业中退出。

奥地利 2014 年的一次能量需求为 1381 PJ（384 TW · h），见图 1.17a。

918 PJ（225TW · h）= 67% 来自化石能源，其中 523PJ 来自石油（145TW · h，38%），269PJ 来自天然气（75TW · h，20%），126PJ 来自煤炭（35TW · h，9%）。大约 95% 的化石能源是进口的。

此外，463PJ（129TW · h）= 33% 来自可再生能源，其中 265PJ（74TW · h，19%）为生物能源，148PJ（41TW · h，10%）来自水力，50PJ（14TW · h，4%）

来自风力、光伏等。必须不断扩展这些可再生能源，以完全替代化石能源。

奥地利的二次或最终能量需求为 1063PJ（295TW · h），是一次能量需求的 77%，这相当于首次转换效率，见图 1.17b。

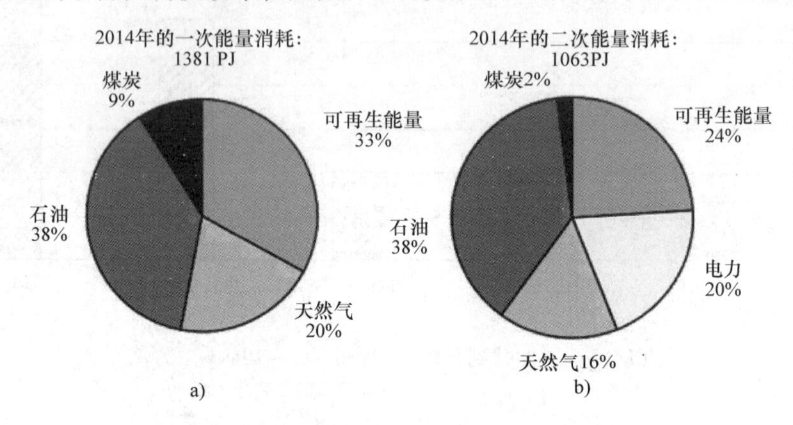

图 1.17　2014 年奥地利的一次和二次能量消耗

596PJ（166TW · h）= 56% 来自化石能源，其中 403PJ 为石油产品（112TW · h，38%，其中 80% 以上用于交通），175PJ 来自天然气（49TW · h，16%），18PJ（5TW · h，2%）来自煤炭。

252PJ（70TW · h）=24% 通过其他可再生的、主要是生物质能源和区域供热获得。

215PJ（60TW · h）= 20% 来自电力，其中 148PJ（绝对值为 14%，相对值为 69%）来自水力，28 PJ（绝对值为 2.5%，相对值为 13%）来自风能和光伏，39PJ（绝对值为 3.5%，相对值为 18%）来自于热电，其中约一半来自生物质能源，一半来自天然气。2014 年电能的平均效率约为 80%，CO_2 负担约为 109g/kW · h，这意味着产生 7Mt 的 CO_2。

最终的能量需求按照部门分为以下几个部分：交通运输 35%，工业 29%，农业 2%，家庭 23% 和服务业 11%。

2017 年初，奥地利约有 880 万居民。根据奥地利统计局的数据，截至 2016 年底，奥地利注册了 480 万辆 M1 类车辆（乘用车和旅行车），其中汽油车占 45%，柴油车占 55%，采用蓄电池的电动车辆有 9073 辆（0.2%），有 13 辆燃料电池车。

假定第二次转换效率为 50%，这将有约 532PJ（145TW · h）的有用能量份额，占一次能量消耗的 39%，2014 年奥地利的能量系统见图 1.18。

根据奥地利统计局 2014 年对图 1.19 所示的各个消费部门的详细调查，给出了以下用绿色电力和绿色氢替代化石能源的可能性。

（1）空间供暖和空调

2014 年，总的最终能量中的 288PJ（80TW · h，27.2%）用于建筑物的供暖、

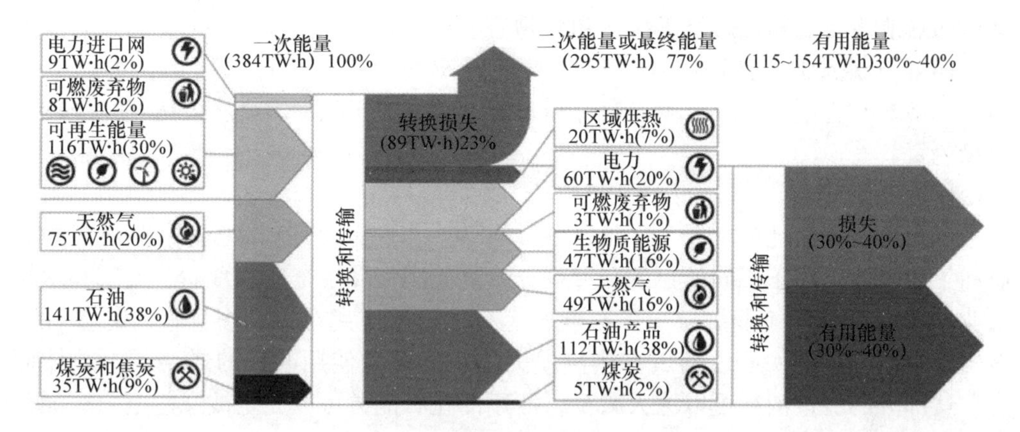

图 1.18 奥地利的能量系统（2014）

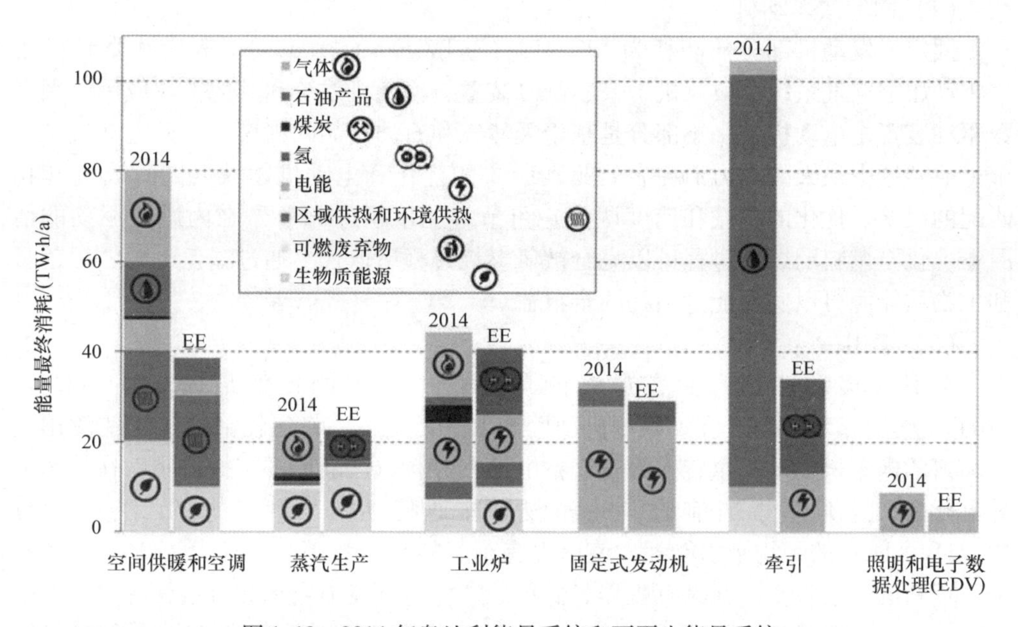

图 1.19 2014 年奥地利能量系统和可再生能量系统

热水供应和制冷。其中，建筑物中的能量需求在很大程度上取决于隔热、已实施的能效标准和个人行为。对当前建筑物的状况进行热修复，并在新的建筑物中实施最低的能量和被动房屋标准，可使能耗降低一半。除了节省消耗外，通过绿色氢、绿色电力、绿色区域供热和环境供热进一步替代化石能源还可以大大减少温室气体的排放，同时具有很高的效率和利用率。

（2）蒸汽生产

生产蒸汽消耗最终能量的 82.8PJ（23TW · h，7.9%）。造纸工业和化学工业、食品生产和木材加工中最需要蒸汽。在蒸汽发生器中，利用热能将水转化为蒸汽，这里的热能主要是通过燃烧天然气和生物质能源来获得的。分析显示，通过附加的热交换器（减少废气损失）、改进的燃烧器设置和绝缘管道等措施，可以节省10%～15%的能量。另外，可以通过相对简单的技术匹配将燃料从天然气完全转换为绿色氢。

（3）工业炉

工业炉部分消耗的能量为158.4PJ（44TW·h，14.8%）。工业炉在众多的商业和工业领域中用于不同的目的和过程，主要应用领域是金属、食品、玻璃和木材工业。几乎50%的工业炉使用化石能源运行。由于应用范围的多样性，有多种可能的改进措施，例如通过隔热将热量损失降至最低和使用改进的燃烧器。总体而言，这部分的能量消耗可以大大减少，所用的化石能源可以完全被绿色电力、绿色氢和生物质能源所替代。

（4）固定式发动机

固定式发动机部分的能耗为122.4PJ（34TW·h，11.6%）。固定式发动机用于驱动压缩空气系统、鼓风机、泵、制冷装置、输送机系统和其他工业应用。大多数驱动装置是电动机，一小部分是基于天然气和石油产品的内燃机。而电动机是整个工业领域中最大的电力消耗者。驱动装置的优化和电动机领域的同时改进（相匹配的尺寸、优化的负载和速度调节）可节省能量超过15%。在内燃机驱动的情况下，化石燃料的燃烧过程可以完全被氢燃烧过程所取代。通过绿色电力、绿色氢和生物质能源可以实现能量消耗的全覆盖。

（5）牵引

牵引（移动性）行业在最终能量消耗中所占的比例最大，为374.4PJ（104TW·h，35.6%）。在不限制机动性需求的情况下，将运输部门从主要使用化石燃料的内燃机驱动完全转换为基于蓄电池和燃料电池的局部零排放驱动在技术上是可行的，这是基于当前的消耗和假设交通特性不变而考虑的。为了计算20.9TW·h/年的平均牵引能耗，使用现有车队的平均效率，估计为20%，即各种公开资料的平均效率。在具有短程、低负载、低行驶能力要求和可接受的较长充电时间（半小时到几小时）的小型车辆中，纯电池驱动特别适合替代化石燃料驱动。当要求长途、高负载、高的行驶能力要求且加注时间短（少于3min）时，燃料电池的使用更加合适，因此，燃料电池更适合中级和高级乘用车、公共汽车和商用车。总体而言，牵引能耗分配为50%的燃料电池汽车和50%的纯电动车辆。假设当今燃料电池汽车的平均效率为50%，则绿色氢的需求量为21TW·h/年。对于纯电动车辆，平均效率为80%，表明需要绿色电能为13TW·h/年。总的来说，牵引的最终能耗可以从104.5TW·h/年减少到34TW·h/年。除了车辆技术外，交通的能量消耗和排放主要通过交通行为（交通工具的选择）和定居点的发展（通勤者）来确定，这些领域实施的措施可以带来相当大的进一步改进。

（6）照明和电子数据处理（EDV）

该领域的能耗为32.4PJ（9TW·h，2.9%）。照明和电子数据处理（EDV）是家庭和工业中电能的主要消费者。在照明方面，主要是在提升灯技术（如LED灯）以及现代化照明和控制技术（基于需求的使用）时可以节能。在工业化部门，首先是节能的潜力很高，对家庭和工业而言，节能潜力为50%。根据分析，办公设备（EDV）的节能量为50%。基于需求的使用（相匹配的待机和关闭）将可以进一步节能，这样可以将绿色电力的消耗量从9TW·h减少到4.5TW·h。

在奥地利，转向绿色能量系统意味着用198PJ（55TW·h）绿色电力和191PJ（53TW·h）的绿色氢替代598PJ（166TW·h）化石能量。除了最终能量消耗的转换以外，化石能源也被绿色能源所替代，这些化石能源在一次能量消耗中占主要部分，并且主要是原材料（见文献［46］）。根据过程分别考虑工业中的化石原料或能源的替代，例如在钢铁工业中，氢可以代替碳作为还原剂，为此，使用了另外的72PJ（20TW·h）的绿色氢，即整个能量系统中总共有263PJ（73TW·h）的氢。

为了计算总的能量需求，考虑仅用绿色电力通过电解（平均效率为70%）来产生氢。通过电解产生263PJ（73TW·h）的氢总共需要374PJ（104TW·h）的绿色电力，因此总共需要583PJ（162TW·h）的绿色电力，见图1.20。

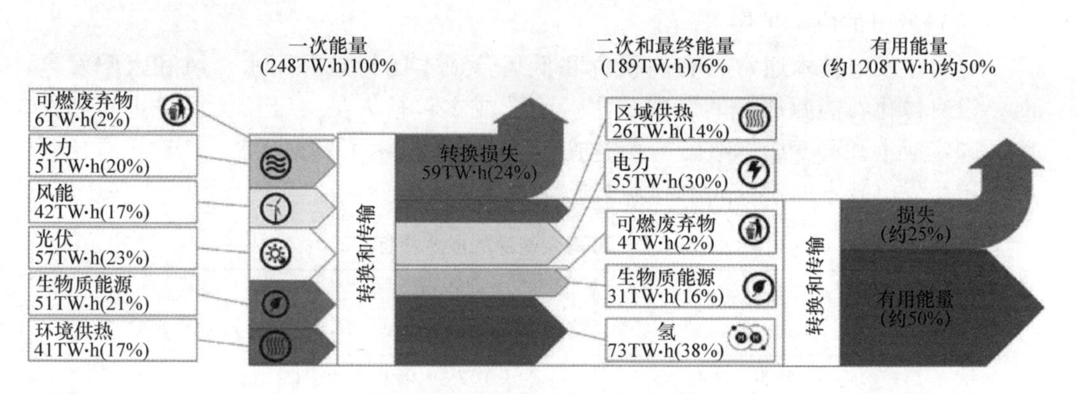

图1.20 奥地利的绿色能量系统

表1.1显示了奥地利可再生能源的发展潜力。技术潜力描述了根据当前技术状态的各种可能的用途。降低的技术潜力考虑了使用限制和各种可再生能源技术之间的生产竞争。具有法律性质的使用限制涉及空间规划、自然保护、建筑法规或其他法律事项。与技术潜力一样，降低的技术潜力也与所尝试的所有最新的技术有关。降低的技术潜力也考虑了最低效率的经济界限，即如果不满足定义的最小效率值，则不考虑在当地产生能量。潜力通常是针对不同的边界条件给出的，在某些情况下，文献中的数值差异是很大的。

将所需的能量生产与降低的技术潜力进行比较，可以看出奥地利的整个能量生产可以完全由可再生能源覆盖。除了能量供应转换之外，还需要以各种方式使用各种能源，以实现总体上的最大限度的㶲效率。电力是一种“高质量”的能源，是纯粹的㶲，主要用于随后生产工作的过程或任务。当直接将电转换成热能时，㶲效率极低。因此，热量的供应主要来自于各种更高温度的热源、过程废热或废料流。奥地利有足够产生热能的可再生扩展潜力（热泵、太阳能、生物质、地热）。下文将详细讨论可再生发电的扩展。

表 1.1 奥地利可再生能源的发展潜力

类型	需要的/(TW·h)	技术潜力/(TW·h)	降低的技术潜力/(TW·h)
水	53	76	56
风	41	110	42
光伏	56	71	57
热泵	10	61	43
太阳热	26	185	118
生物质	49	92	51
深层地热	5	10	7
总计	240	605	374

（7）发电的成本扩展

可再生发电技术通常具有高投资和低运营成本的特点。用水、风和太阳发电时，没有像化石能源那样的燃料成本。运营成本包括人员、维护、设备更新和保险。固定成本和可变成本给出了发电成本。表 1.2 显示了根据文献［199］对比各种可再生发电技术的投资成本和发电成本的当前状况。

表 1.2 可再生能源的成本指标

类型	投资成本 /(€/kWp)	发电成本 /(€kW·h)	年平均产量 /(kW·h/kWp)
水力	5000～7000	0.057～0.069	5000
风能	1500～1700	0.057～0.147	3000
光伏	1200～1800	0.128～0.175	1000

如果根据表 1.3 将水力、风能和光伏发电全部扩展的投资成本乘以所需的每个年度能量需求，将获得可再生产能所需扩展的成本，总计 1192 亿欧元。

表 1.3 可再生能源系统扩展的成本

类型	现有 /(TW·h/年)	需要 /(TW·h/年)	费用 /(10 亿€)
水力	39.9	53	15.8
风能	3.0	41	20.3
光伏	0.6	56	83.1

在奥地利，化石能源的进口成本约为每年80亿欧元，即每天2200万欧元。当奥地利能量系统脱碳时，这笔款项最终可用于从基于化石的能量系统向基于再生的能量系统的过渡。

（8）能源成本

除了各种能源的生产成本，税收和关税尤其会对最终客户的价格产生重大的影响，见表1.4。这导致了家庭与工业之间的巨大的价格差异。化石能源的价格往往最低，就能量含量而言，氢是目前加注站最昂贵的能源，但是考虑到燃料电池的效率是内燃机的2倍以上，因此在交通运输中的使用成本也差不多。为了转换能量系统，迫切需要能源政策中的控制性措施。例如，考虑到气候造成的损害和有效的排放交易会导致价格结构对环境有利的变化。

表1.4 2015年各种能源的年平均价格

类型	市售		基于单位€/kW·h	
	净值	毛值	净值	毛值
工业用加热燃料	332€/t	400€/t	0.029	0.035
私人用柴油	0.52€/L	1.12€/L	0.052	0.112
商业用柴油	0.49€/L	0.89€/L	0.049	0.090
私人用95号汽油（研究法）	0.51€/L	1.2€/L	0.058	0.138
商业用95号汽油（研究法）	0.51€/L	1€/L	0.058	0.115
硬煤电厂	83€/t	83€/t	0.010	0.010
家庭用天然气	0.058€/kW·h	0.079€/kW·h	0.058	0.079
工业用天然气	0.029€/kW·h	0.038€/kW·h	0.029	0.038
家庭用电	0.126€/kW·h	0.201€/kW·h	0.126	0.201
工业用电	0.070€/kW·h	0.098€/kW·h	0.070	0.098
加氢站	7.5€/kg	9€/kg	0.225	0.270

在政治和商业上有适当的意愿，并有适当的人口参与，在奥地利实施能源转型和氢经济在技术上和经济上都是可能的，这一构想可在未来几十年内实现。除了整个能量系统完全零排放外，还实现了国内和本地增加值、能源自给自足、供应安全、不依赖于进口和国际专有技术领导等附加优势。

使研究、工业和公众从能源转型和氢经济中受益的绝佳机会是实施示范项目，在这些示范项目中，在某些应用场合中用绿色电力和绿色氢取代化石能源。气候和能源基金会通过补贴使奥地利的此类项目得以实现，例如，首座动力制氢（power-to-hydrogen）试验工厂已成功投入运营，电动车辆正在得到大力推广，在物流应用领域，已为车队装备了燃料电池，基础设施正在建造，氢驱动的乘用车、商用车和火车的样车正在开发中。在奥地利动力和天然气公司的WIVA P&G（氢倡议展示区）项目中，作为领先的工业公司和研究机构希望向公众展示，在联网和遍布整个奥地利的分布式项目中，能源转型和氢经济的所有组成部分的可行性和其实际操作，见图 1.21。

能源转型和氢经济代表了技术发展的下一步，这是不可避免的且是不可阻挡的。尽管实施这些措施需要对社会、经济和政治进行全面的调整，但是希望这场演化，同时也是一场革命，可以为子孙后代的健康和宜居环境而尽快、一致、和平地实施。

图 1.21　未来的能量系统 WIVA P&G——能量供应：
①风力发电站　②沼气厂　③燃气发电厂　④水力发电站　⑤光伏电站
能量分配和存储：⑥带有市政存储器的区域天然气管网　⑦全区域天然气管网　⑧电网
⑨中央电解/甲烷化工厂　⑩氢/天然气储存器能
量利用：⑪智慧城市和零排放公共交通
⑫ 绿色工业过程　⑬能源自主的农业和小型企业　⑭智能建筑
⑮绿色内部物流　⑯ 污水处理厂　⑰ 氢/天然气/电加注站
⑱能源自主的家庭住宅　⑲能源自主远程站　⑳智能村庄
㉑零排放货运　㉒零排放铁路运输（来源：林茨 JKU 能源研究所）

第2章　发展历史

氢最早由瑞士自然科学家特奥普拉图斯·邦巴斯特·冯·霍恩海姆（Theophrastus Bombastus von Hohenheim，1493—1541）发现，称之为寄生虫（Paracelsus）。他将其描述为金属和酸的反应中产生，但是他没有意识到氢是一个独立的元素。术语“气体”（Gas）可以追溯到寄生虫（Paracelsus）用于其研究中的发泡产品的术语“混沌”（Chaos）。

1766：英国学者亨利·卡文迪许（Henry Cavendish，1731—1810）发现，锌与硫酸反应会生成盐加上“可燃空气”（brennbare Luft）：

$$Zn + H_2SO_4 \rightarrow ZnSO_4 + H_2$$

卡文迪许首次系统地研究了所产生的气体的特性，例如密度，并发现其与“火空气”（Feuerluft）燃烧形成水：

$$2H_2 + O_2 \rightarrow 2H_2O$$

卡文迪许在伦敦皇家学会哲学学报（Philosophical Transactions of the Royal Society of London）中发表了他的发现。

1779—1787：法国化学家安托万·拉沃西耶（Antoine Lavoisier，1743—1794）建议将“火空气”命名为“oxygène”（产酸剂，氧气），在重复亨利·卡文迪什（H. Cavendish）的实验后将“可燃空气”命名为“hydrogène”（制水剂，氢）。

1783：轻的氢气首次用于气球中。蒙哥菲尔（Montgolfier）兄弟首次用热空气进行气球研究几周后，法国物理学家雅克·查尔斯（Jacques Charles，1746—1823）于1783年12月在巴黎的氢气球中进行了首次载人飞行（图2.1），并达到了3000m的飞行高度。

图2.1　1783年首次进行氢气球飞行

1789：荷兰人派茨·范·特罗斯特温克（Paets van Troostwyck，1752—1837）首次成功地从水中电解生成氢。

1807：气球之后的下一个技术应用是将由内燃机驱动的车辆中引入氢。受手枪功能的启发，法国军官弗朗索瓦·伊萨克·德·里瓦兹（François Isaac de Rivaz，1752—1828）在200多年前就获得了发动机专利，该发动机使用氢的爆炸性燃烧作为驱动力而不是通常的蒸汽。气球中的氢和空气在气缸中由火花点燃，燃烧弹起活塞向上运动。在活塞受到重力而向下运动期间，齿条与齿轮啮合并且通过传动带驱动车辆的车轮。1813年，里瓦兹（Rivaz）首次尝试用汽车进行行驶研究，行驶了数百米，这是历史上首次报道了使用内燃机的机动汽车可以急转弯行驶的历史记录，见图2.2。

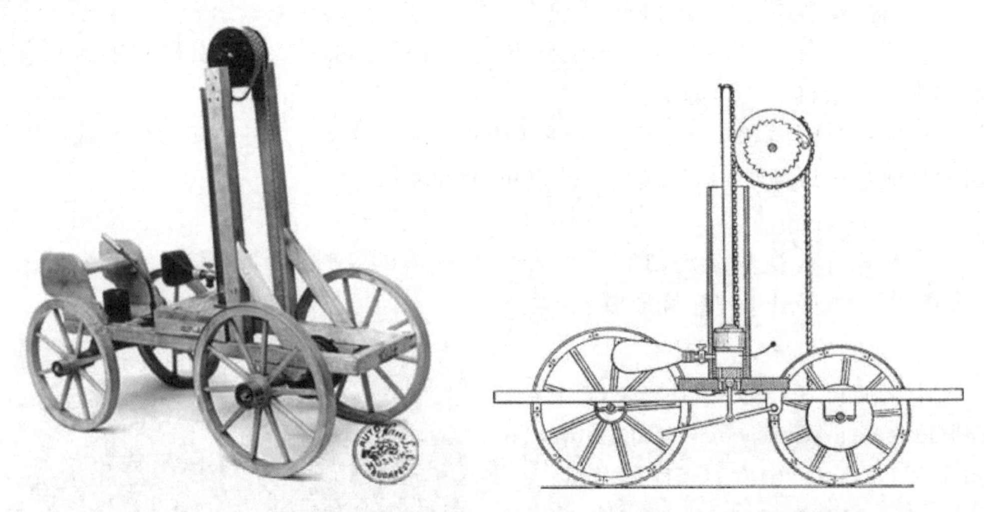

图2.2　Rivaz车辆的复制品（来自专利说明书：专利号731，巴黎1807）

1823：约翰·沃尔夫冈·德贝雷纳（Johann Wolfgang Döbereiner，1780—1849）提出了一种没有火石和火种的打火机，其中氢在铂金海绵中点燃，见图2.3。它由装满酸的玻璃罐a组成。通过作动扳机e的操作，将带有锌的棒c浸入酸中。这导致了氢的产生。逸出的氢气通过钟形罩b和喷嘴f流入铂金海绵g中。由铂金促进的氢的氧化作用将其加热直至点燃氢。

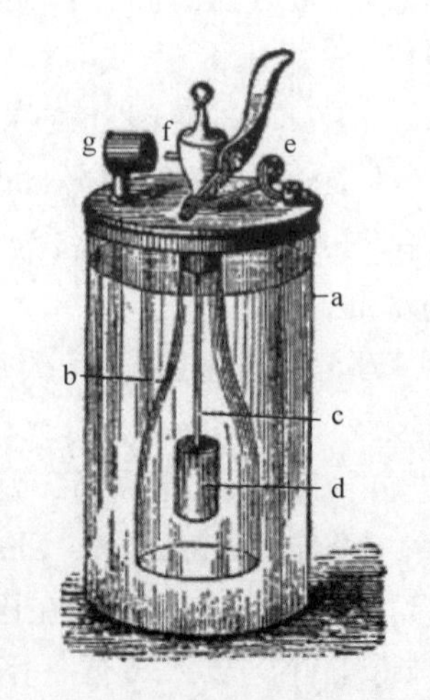

图2.3　德贝雷纳打火机，1823

1838：克里斯蒂安·弗里德里希·舍本（Christian Friedrich Schönbein，1799—1868）发现了极化效应。他是德国/瑞士化学家，曾在埃尔兰根（Erlangen）学习化学，是巴塞尔大学的教授，他用氢以及氧在电解液（大概是硫酸）中洗了两根铂丝，他从电化学反应中发现两条线之间存在电压。

1839：英国物理学家兼律师威廉·格罗夫爵士（Sir William Grove，1811—1866）发明了燃料电池。他在1835年获得法律学位后学习了电气科学，并且是化学学会的联合创始人。受他的朋友舍本（Schönbein）的工作启发，他将极化效应解释为电解的逆转，并认识到产生电能的潜力。格罗夫比他的同事舍本（Schönbein）更加有实践经验，并于1839年提出了“格罗夫的元素”，这是一种硫酸中的锌制圆筒和浓硝酸中的铂制成的、由多孔黏土墙隔开的原电池。电压表记录了流动的电流，见图2.4。在随后的几年中，格罗夫开发了“气体电池”，将一系列管与铂丝串联连接，铂丝的一侧填充有氢，另一侧在硫酸中填充氧。但格罗夫无法推广他的发现，因为当时没有实际用途。到19世纪末，沃纳·冯·西门子（Werner von Siemens）发现了发电的原理，发电机和内燃机的新兴发展，从而导致人们忘记了燃料电池的想法。

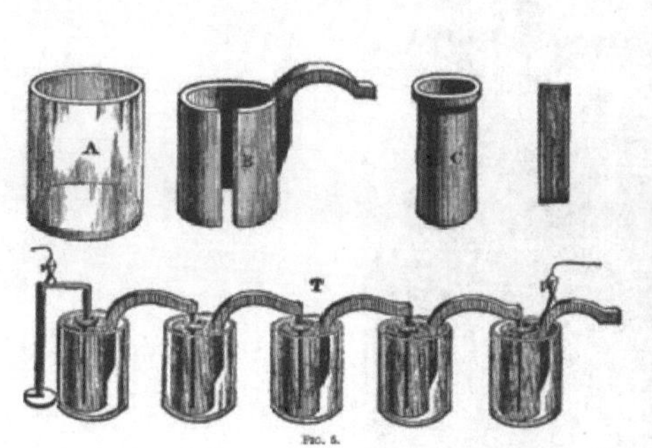

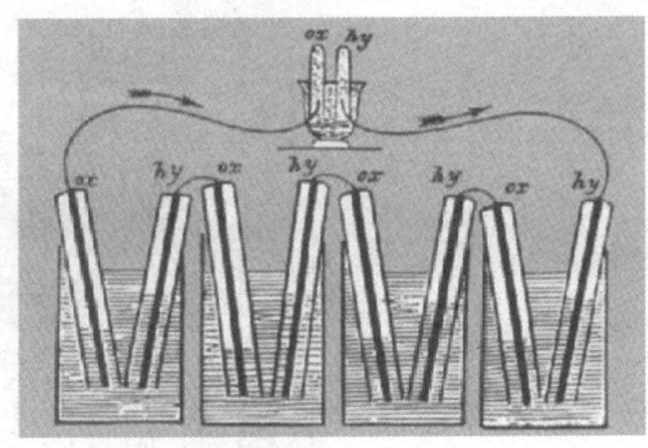

图2.4 格罗夫的电池，1839

1860：埃蒂安·勒努瓦（Etienne Lenoir，1822—1900）开发了一种名为希波汽车（Hippomobile）的车辆，该车由采用氢的内燃机驱动，见图2.5。该发动机参照蒸汽机的模式，无压缩地以双作用的二冲程工作。氢和空气在圆盘活塞的两侧交替吸入，直到行程的中心，然后各自由火花塞点燃。燃烧使活塞运动，活塞直接驱动曲轴。先前燃烧产生的废气被推到活塞的另一侧。通过由曲轴的偏心轮驱动的平滑阀控制来实现气体的交换。发动机经过水冷，在80r/min时输出0.7kW的功率。氢通过电解在外部产生。1863年，在从巴黎到Joinville - le - Pont的试驾期间，该车在9km长的路线上平均速度达到了3 km/h。发动机还可以使用多种其他气体运行。但是该发动机工作经济性差，消耗大量的燃气和润滑油，效率仅为3%，点火经常失败。尽管如此，该发动机还是取得了巨大的经济上的成功，售出了400多台。尼古拉斯·奥托（Nikolaus Otto）将其用作开发四冲程发动机的出发点。勒努瓦的发动机可以在慕尼黑和巴黎的博物馆中找到，见图2.6。

图 2.5　希波汽车（Hippomobile），1860

图 2.6　勒努瓦发动机（来源：慕尼黑德国博物馆）

1874：儒勒·凡尔纳（Jules Verne，1828—1905）是“科幻小说之父”（图 2.7）。在他的作品《神秘岛》中，在被问及人类在耗尽天然的燃料后将如何取暖时，工程师赛勒斯·史密斯（Cyrus Smith）这样描述：“水，通过电分解成元素……将有一天用作燃料，组成它的氢和氧将是热和光取之不尽用之不竭的源泉。”

1898：英国化学家和物理学家詹姆斯·杜瓦（James Dewar）在伦敦首次将氢液化。

1901：格里斯海姆的恩斯特·威斯（Ernst Wiss）首次将氢气储存在钢瓶中。

1905：化学家沃尔瑟·内斯特（Walther Nernst）和威廉·奥斯特瓦尔德（Wilhelm Ostwald）提出了有关燃料电池的综合理论。

图 2.7 儒勒·凡尔纳（Jules Verne）的作品《神秘岛》，1874

1909：根据哈伯-博世（Haber-Bosch）的氨合成法，氢已成为化学工业的基本原料：$N_2+3H_2 \rightarrow 2NH_3$。

1932：美国人哈罗德·尤里（Harold Urey）发现了氘。

1934：M. 奥利芬特（M. Oliphant）、P. 哈特克（P. Harteck）和 E. 卢瑟福（E. Rutherford）发现了氚。

1937 年 5 月 6 日：齐柏林飞艇“兴登堡号”在美国新泽西州莱克赫斯特坠毁，见图 2.8。通常认为 200000m^3 的氢是事故的原因，然而，故障其实是飞艇易燃的外罩被雷暴过后的静电释放点燃。由于氢的低密度特性而仅向上燃烧，并且由于其低热辐射而几乎不带任何热量进入乘客舱，因此拯救了 97 名乘客中的 61 人。

图 2.8 兴登堡之火（来源：美国物理学会）

1938：德国工程师鲁道夫·埃伦（Rudolf Erren）致力于氢作为燃料，并将许多汽油机和柴油机转换为直接由氢注入。

1941：汉斯·李斯特（Hans List，1896—1996）供职于德累斯顿工业大学，并在内燃机中使用氢。

1952：美国人在马绍尔群岛的埃涅韦塔克环礁上引爆了第一颗氢弹“常春藤迈克”，见图 2.9。

氢弹的原理是氘和氚的聚变：

$$^{2}_{1}H + ^{3}_{1}H \rightarrow ^{4}_{2}He + n + 17.6MeV \ (\Delta_R H = -1.698 \times 10^9 kJ/mol)$$

实际上，形成锂和氘的核分解：

$$^{6}_{3}Li + ^{2}_{1}H \rightarrow 2^{4}_{2}He + 22.4MeV \ (\Delta_R H = -2.1611 \times 10^9 kJ/mol)$$

图 2.9　第一颗氢弹爆炸（来源：Arcweb）

1957：美国国家航空航天局（NASA）改装了一架 B－57 轰炸机，使发动机可以使用煤油或液态氢运行。

1959：美国物理学家弗朗西斯·培根（Francis T. Bacon）展示了首款实用的、用于控制能量回收的燃料电池，其输出功率为 6kW。

1959：普惠公司的 RL 10 首次成功地对使用了液态氢和液态氧的火箭发动机进行了试验，如今仍被用作火箭发动机。图 2.10 显示了采用氢的火箭发动机。

1959：艾利斯－查默斯（Allis－Chalmers）在密尔沃基（Milwaukee）展示了一款采用碱性燃料电池的拖拉机，该拖拉机用丙烷（C_3H_8）来驱动，总共 1008 个电池单元输出了 15kW 的电功率。这是第一款采用燃料电池的车辆，见图 2.11。

图2.10 采用氢的火箭发动机（来源：美国国家航空航天局）

图2.11 采用碱性燃料电池的拖拉机（来源：美国国家历史博物馆）

1963：通过太空项目，燃料电池经历了新的飞速发展。NASA 的 Gemini 5 太空舱使用 1kW PEM 燃料电池提供电能，而取代了蓄电池。

1965：西门子推出名为“eta”的氢燃料电池驱动船。

1966：GM 制造了第一台以燃料电池为动力的汽车，名为“电动面包车”（Electricvan），采用碱性燃料电池并在底盘上采用液态氧和液态氢的低温储存装置，见图 2.12。

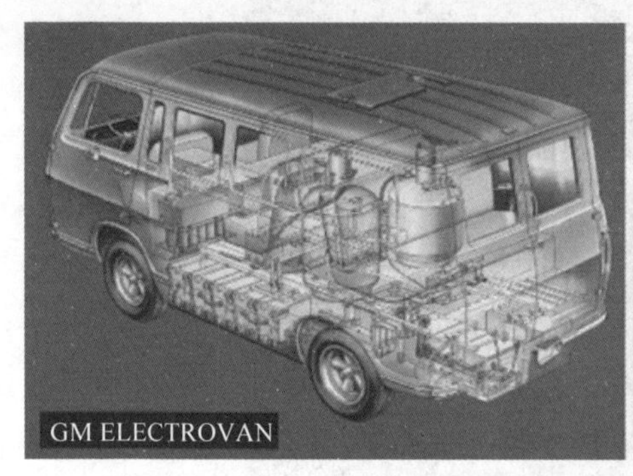

图 2.12　GM 的“电动面包车”（Electricvan）（来源：GM）

1967：卡尔·科德施（Karl Kordesch，1922—2011）代表联合碳化物公司（Union Carbide Corporation）制造了第一辆以碱性燃料电池为动力的摩托车，其中以肼（N_2H_4）为燃料，见图 2.13。卡尔·科德施是燃料电池领域伟大的先驱者之一。1948 年，科德施在维也纳大学任职期间完成了化学和物理学习。从 1953 年到 1955 年，他是美国信号公司的科学人员。从 1955 年到 1977 年，他在联合碳化物公司工作，并在燃料电池和蓄电池领域获得了 60 项专利。1977 年，卡尔·科德施成为格拉茨工业大学的教授，并领导无机技术和分析化学研究所，直到 1992 年退休。

1969：在阿波罗计划中，尤其是在登月项目，输出功率为 1.5kW 的碱性燃料电池用于机载能源供应和制造饮用水。后来该方案也用于航天飞机。

1970：卡尔·科德施（Karl Kordesch）基于他私人的 Austin A 40 制造了一种配备碱性燃料电池的混合动力汽车。6kW 的燃料电池安装在这辆车的行李舱中，它与酸性蓄电池相连。它由直流电动机通过手动变速器提供动力，持续功率 7.5kW，峰值功率 20kW，计算效率为 58%。该车顶上的 6 个氢罐在约 140bar（14MPa）的压力下保持 22Nm^3（约 2kg）的氢量，车辆的重量从标准版的 730kg 增加到 950kg，在平均速度为 45km/h 时，车辆的续驶里程为 300km，最高速度为 80km/h。科德斯使用这辆车 3 年，并驾驶了数千测试千米，见图 2.14。

1970：国际社会研究机构开始进行氢聚变研究。

1971—1978：在美国、日本（武藏理工学院）和德国（Mercedes - Benz 和

图2.13 第一辆燃料电池摩托车（照片：科德施）

图2.14 采用燃料电池和蓄电池的Austin A 40车辆（照片：科德施）

DFVLR）建造了采用氢内燃机和低温氢储存装置的试验车辆并投入运行。

1979：在欧洲，开发了使用氢的三级 HM7 火箭发动机，并成功用于欧洲的阿丽亚娜火箭。

1980：由于 20 世纪 70 年代的石油危机，人们寻求替代能量形式，用于大规模发电的高温燃料电池引起了极大的兴趣。德国物理学家莱因哈德·达尔伯格（Reinhard Dahlberg）以他在热带地区的太阳能氢种植园的方案激发了讨论。

1984—1988：梅赛德斯-奔驰的柏林车队配备氢燃料电池的旅行车和货车，总共行驶了超过 1000000km。

1985：西门子为卡尔斯鲁厄核研究中心开发了一款 17.5kW 的碱性燃料电池，作为大众客车的动力。

1986：挑战者号航天飞机上的爆炸使七名宇航员丧生。事故的原因是其中一枚固体火箭（助推器）的密封不良。来自密封不良处的火焰损坏了主储氢罐的壳体，然后爆炸。

1988：在改装过的俄罗斯 TU 155 商用飞机中，可以用液态天然气或液态氢驱动一台发动机。

1989：西门子为德国联邦海军的 U1 潜艇安装了一台 100kW 的燃料电池。

1989：德国和俄罗斯联合发布氢动力飞机的开发计划。

1995：氢动力 DO 328 型飞机进行试验研究。

2000：宝马用氢动力内燃机构建了 15 辆宝马 750hL 的车队。

2002：杰里米·里夫金（Jeremy Rifkin）在他的《H_2革命》一书中将氢经济描述为下一次重大的经济革命。

2005：美国、俄罗斯、韩国、日本、印度、中国和欧盟的财团决定在普罗旺斯的卡达拉奇建造国际热核实验反应堆 ITER，耗资约 200 亿欧元，到 2025 年，将建造一个用于研究可控核聚变的反应堆。在磁场中，氢等离子体将被加热到 100000000℃以上，直到氢同位素氘和氚聚变为止，见图 2.15。

2007：宝马生产了大约 100 辆 BMW Hydrogen 7 的小批量氢动力内燃机车辆。

2013：现代汽车公司在市场上推出了现代 ix35 燃料电池车辆，这是全球首款可提供柴油机、汽油机或燃料电池三种车型订购的车辆。

2014：丰田开始在日本销售丰田 Mirai，这是日本第一款大批量生产的纯氢燃料电池汽车。

2015：本田在市场上推出了本田 FCX Clairity 燃料电池汽车。

图2.15　规划中的ITER聚变反应堆的剖视图（来源：ITER）

第3章 基础知识

氢（H，氢气和水的组成原子）是最小和最简单的原子，它仅由一个质子作为核，核被一个电子所包围。

3.1 形成形式

氢的含量超过90%，是迄今为止宇宙中最丰富的元素。大爆炸理论假设，大约在135亿年前，氢、氦和少量锂是通过核聚变形成的，随后核聚变形成了所有其他原子。在太空中，由于温度和压力值较低，氢以原子形式存在。星际气体几乎全部由氢组成，每立方厘米约有1个氢原子，如此被稀释以至于认为那里是真空的。氢是恒星的主要组成部分，恒星从氢到氦的聚变中获取能量。

氢不会以原子的形式出现在地球上，因为氢具有很强的反应性，所以会立即与其他原子相结合，最常见的是与自身相结合形成 H_2。除了在火山气体和地热源中，氢分子 H_2 也不独立地存在于地球上，而是仅存在于化合物中，最常见的是与氧以水 H_2O 的形式存在。氢还包含在许多其他化合物、无机氢化物和有机化合物中，像碳氢化合物（例如甲烷 CH_4、乙烷 C_2H_6、苯 C_6H_6）、醇（例如甲醇 CH_3OH、乙醇 C_2H_5OH）、醛、酸、脂肪、碳水化合物（例如葡萄糖 $C_6H_{12}O_6$）和蛋白质等。氢对于所有的生命形式都是必不可少的，并且在植物、动物和人类的许多代谢过程中起着重要作用。在人体中，氢是迄今为止最常见的元素，含量超过60%，约占人体重量的10%。

3.2 热力学状态

由于氢在地球上主要以分子的形式存在，因此除非另有说明，以下所有陈述均指 H_2。像任何物质一样，氢可以以固态、液态和气态三种物理状态存在。

热力学平衡中，系统的自由度或变更是彼此独立的基本状态参数的数量。为了明确确定系统，除了独立的基本状态参数外，还需要了解广泛的状态参数。系统中自由度 F、元素数 C 和相位 P 之间的关系是吉布斯的相位规则。

$$F = C - P + 2$$

对于具有单相（$P=1$）的均相系统中的纯物质（$C=1$），$F=2$，因此存在两个独立的基本状态参数，例如温度 T 和压力 p，从中可以确定所有其他状态参数。如果纯物质冷凝，它将形成第二相，由于两相区域与压力和温度相关，因而降低了自由度（非均相系统，$P=2$，$C=1$，$F=1$）。在三相点处存在三个相（非均相系统，$P=3$，$C=1$，$F=0$），不再允许有自由度，三相点处的温度和压力是物质常数。

压力 p、温度 T 和比容 v（或密度 $\rho=1/v$）称为热力状态参数，这三个状态参数通过热力状态方程式相互关联：$F(p, T, v)=0$。这通常必须通过试验来确定，并以表格、图表或经验公式的形式给出。表格、图表或近似方程形式的纯物质和化合物的状态参数可以在文献［15，338］。美国国家标准和技术研究院（NIST）通过 Internet 提供有关状态参数的数据。

热力学临界点被定义为某种确定的物质不仅可以以液态的形式，也可以以气态形式存在的、在最高温度和最高压力时的状态。这些状态参数称为临界温度 T_{kr}、临界压力 p_{kr} 和临界比容 v_{kr}。在压力显著低于临界压力和温度显著高于临界温度的情况下，气体的状态参数近似为以下方程式：

$$pV = nR_mT = mRT$$

式中，V 是体积（m^3）；$n=N/N_A$ 是物质的量（mol）；N 是粒子数；$N_A=6.02214\times10^{23}mol^{-1}$，是阿伏伽德罗常数；$R_m=8314.472J/kmolK$，是通用气体常数；$m$ 是质量（kg），$M=m/n$ 是摩尔质量（kg/kmol，g/mol）；$R=R_m/M$ 是比气体常数（J/kgK）。

如果一种气体满足此状态方程，则称之为理想气体方程。从理想气体方程式中可以得出：在相同的状态下，相同体积的理想气体包含相同数量的粒子，并且在正常条件下，每种理想气体的 1kmol 占据体积 $V=22.4Nm^3$（Nm^3 即正常条件下的立方米）。“正常条件”是指按照 DIN 1343 进行标准化：$T=0℃=273.15K$，$p=1.01325bar=1atm$（STP 是指标准的温度和压力，Standard Temperature and Pressure）。而欧洲的“标准条件”一词通常表示：$T=25℃=298.15K$，$p=1.01325bar$，最近也用 $p=1bar$（NTP 是指常温和常压，Normal Temperature and Pressure）。

在理想气体的情况下，假设分子之间没有相互作用力，并且分子的体积与气体体积相比，可以忽略不计。如果气体密度增加，则这两个假设不再适用。对于这种情况或出于特别高的精度要求，可以通过所谓的实际气体方法（例如通过范德华方程或实际气体系数）更好地获得近似气体特性。

在范德华方程中，通过从宏观体积中减去比气体常数 b 形式的分子的体积来考虑分子体积。分子内部的分子力降低了气体与转化的动量交换，从而降低了压力。通过用项$\left(p+\frac{a}{V_m^2}\right)$的计算代替压力 p 来考虑这个问题，其中 a 仍然是比气体常数。用摩尔体积 $V_m=V/n$ 来表示范德华方程：

$$\left(p + \frac{a}{V_m^2}\right)(V_m - b) = R_m T$$

与物质相关的常数内聚压力 a 和内聚体积 b 可在文献［259，338］中找到，对于氢、氧和水蒸气，表3.1中的值适用。求范德华方程的解需要一定的数学能力，且其准确性受到限制。

表3.1　一些气体的内聚压力 a 和内聚体积 b

气体	$a/(\mathrm{m^6\ Pa/mol^2})$	$b/(\mathrm{m^3/mol})$
H_2	0.025	2.66×10^{-5}
O_2	0.138	3.18×10^{-5}
H_2O	0.554	3.05×10^{-5}

使用无量纲的实际气体因子 Z（也称为可压缩系数），可以提供近似精确的、近似实际气体特性的可能性。通过应用实际气体方程式：

$$\frac{p V_m}{R_m T} = \frac{pv}{RT} = Z$$

Z 与值1的偏差是相对于理想气体状态的偏差的量度。引入质量单位，有

$$\frac{pV}{n_{real} R_m T} = \frac{pV}{m_{real} RT} = Z = \frac{n_{ideal}}{n_{real}} = \frac{m_{ideal}}{m_{real}}$$

实际气体因子 Z 作为各种气体的压力 p 和温度 T 的经验函数，可以在文献［228，259］中找到。通常在具有依赖于温度的维里系数的维里方程中表示实际气体因子，维里系数根据压力或体积的指数排序。这些系数实际上是试验性的。

$$\frac{pv}{RT} = 1 + B(T)p + C(T)p^2 + \cdots$$

$$\frac{pV_m}{R_m T} = 1 + \frac{B'(T)}{V_m} + \frac{C'(T)}{V_m^2} + \cdots$$

如果压力与临界压力相关，而温度与临界温度相关，则可以以一种通用的方式和方法将所有气体的实际气体因子近似地作为 $p_R = p/p_{kr}$ 和 $T_R = T/T_{kr}$ 的函数。图3.1中的中等压力下的广义真实气体因子的表示表明，对于接近临界点的压力和温度，该因子明显小于1，而对于更高的压力和温度，其值才大于1。可以看出，一种理想气体方程式在以下情况下以 ±5% 的精度描述一种气体的特性，这适用于：$p_R < 0.1$ 或 $T_R > 15$，或 $p_R < 7.5$ 和 $1.95 < T_R < 2.4$。

图3.2显示了高压下氢的实际气体因子随温度变化的过程。可以看出，随着压力的增加，实际气体因子急剧增加。在350bar和300K时 $Z > 1.2$，这意味着，在一个容器中，根据压力和温度的测量值由理想气体方程式计算出来的质量大了20%以上。

除热力状态参数外，熵 S 以及热状态参数也很重要，例如内能 U、焓 H、比热

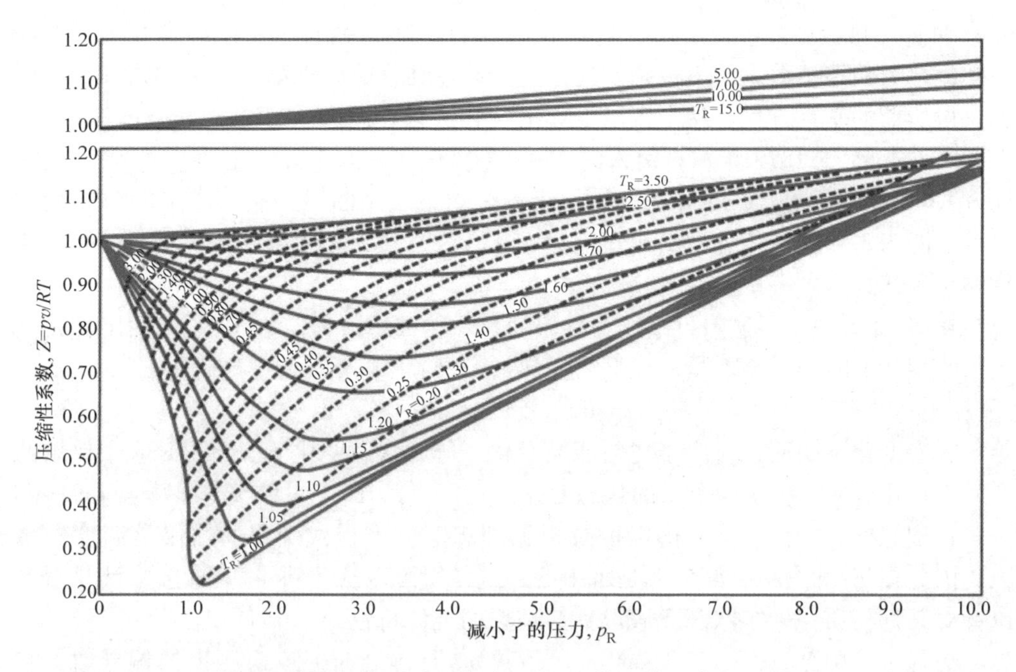

图3.1　实际气体因子Z作为p_R和T_R的函数（来源：Turns）

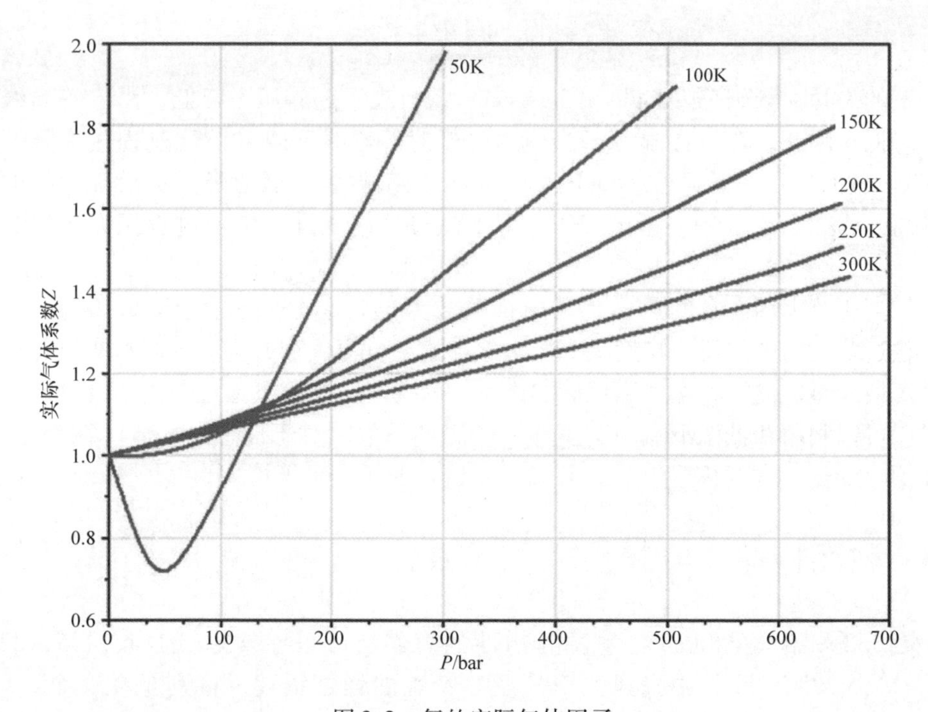

图3.2　氢的实际气体因子

容 c_p 和 c_v。热状态方程也适用于这些状态参数之间的关系，并且与热力状态方程一样，热力状态参数本质上也是实验性的。通过结合热力学第一定律和第二定律可以获得所谓的基本方程，从中可以推导出所有状态方程。

由 Belpair 于 1872 年左右引入的 $T-s$ 图提供了一种表示状态及其变化的说明性方式。在 $T-s$ 图上，在等压、等比容、等焓下，用曲线绘制出了温度与比熵的关系。图 3.3 和图 3.4 分别给出了温度范围 15 ~ 85K、温度范围 85 ~ 325K 的平衡氢的 $T-s$ 图。

在 $T-s$ 图中，可逆热可以作为状态变化下的面积（$\delta q_{rev} = T\mathrm{d}s$）来读出，尤其是当改变状态时的转换能量。根据可逆热的定义：

$$\delta q_{rev} = \mathrm{d}u + p\mathrm{d}v = \mathrm{d}h - v\mathrm{d}p \tag{3.1}$$

等容状态变化下的面积对应于比内能的变化，等压状态变化下的面积对应于比焓的变化，比热容 c 对应于一个点的状态变化的切线（$c = \delta q_{rev}/\mathrm{d}T = T\mathrm{d}s/\mathrm{d}T$）。

在理想气体的情况下，内能以及根据理想气体方程式确定的焓仅是温度的函数，因此在 $T-s$ 图中，等焓线是水平的，这使得可以从 $T-s$ 图上直接估计是否可以针对某种物质在确定状态下假设其为理想的气体特性。

焦耳 - 汤姆孙（Joule - Thomson）系数 μ_{JT} 是等焓时温度对压力的偏导数，它描述了等焓状态变化（指数 h）下温度变化的强度和方向：

$$\mu_{JT} = \left(\frac{\partial T}{\partial p}\right)_h$$

正的焦耳 - 汤姆孙（Joule - Thomson）系数表示随着压力降低，沿着等焓线的温度降低。因此，$T-s$ 图显示了当压力降低时等焓线下降（节流过程压力降低时冷却）。负的焦耳 - 汤姆孙（Joule - Thomson）系数表示压力降低时沿等焓线的温度升高。因此，$T-s$ 图显示出当压力降低时等焓线上升（节流过程压力降低时发热）。

在高压范围内，氢的焦耳 - 汤姆孙系数为负。这意味着，当释放压力时，例如，通过节气门中的压力梯度填充压力容器时，其温度会升高，这会在车辆加注时使燃气被加热，见第 5 章关于存储的内容。液化时，当氢气通过节流扩展到两相区域时，可以利用在低温下氢的正焦耳 - 汤姆孙系数。对于理想的气体，在等焓时，温度不会变化，这意味着焦耳 - 汤姆孙系数为零（水平等焓）。

3.3 物质特性

表 3.2 中给出了氢的最重要的物性的总结。可以在文献 [164, 195, 228, 235, 287, 373, 386] 中找到关于氢及其特性的详细描述，特别是在文献 [61, 276, 354] 中给出了关于氢作为内燃机和火箭推进燃料的用途，需要注意以下特点。

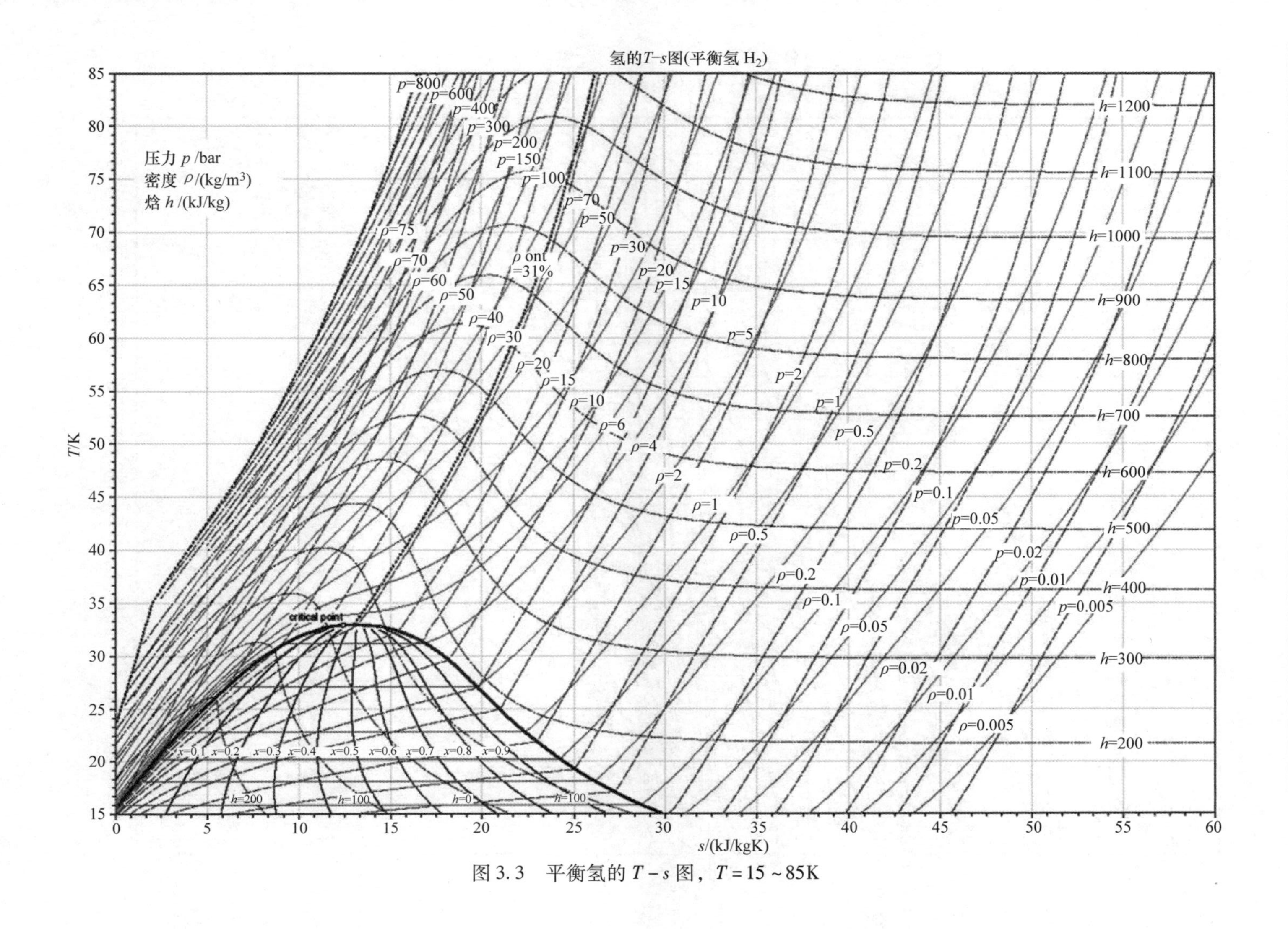

图 3.3 平衡氢的 $T-s$ 图，$T=15\sim85$K

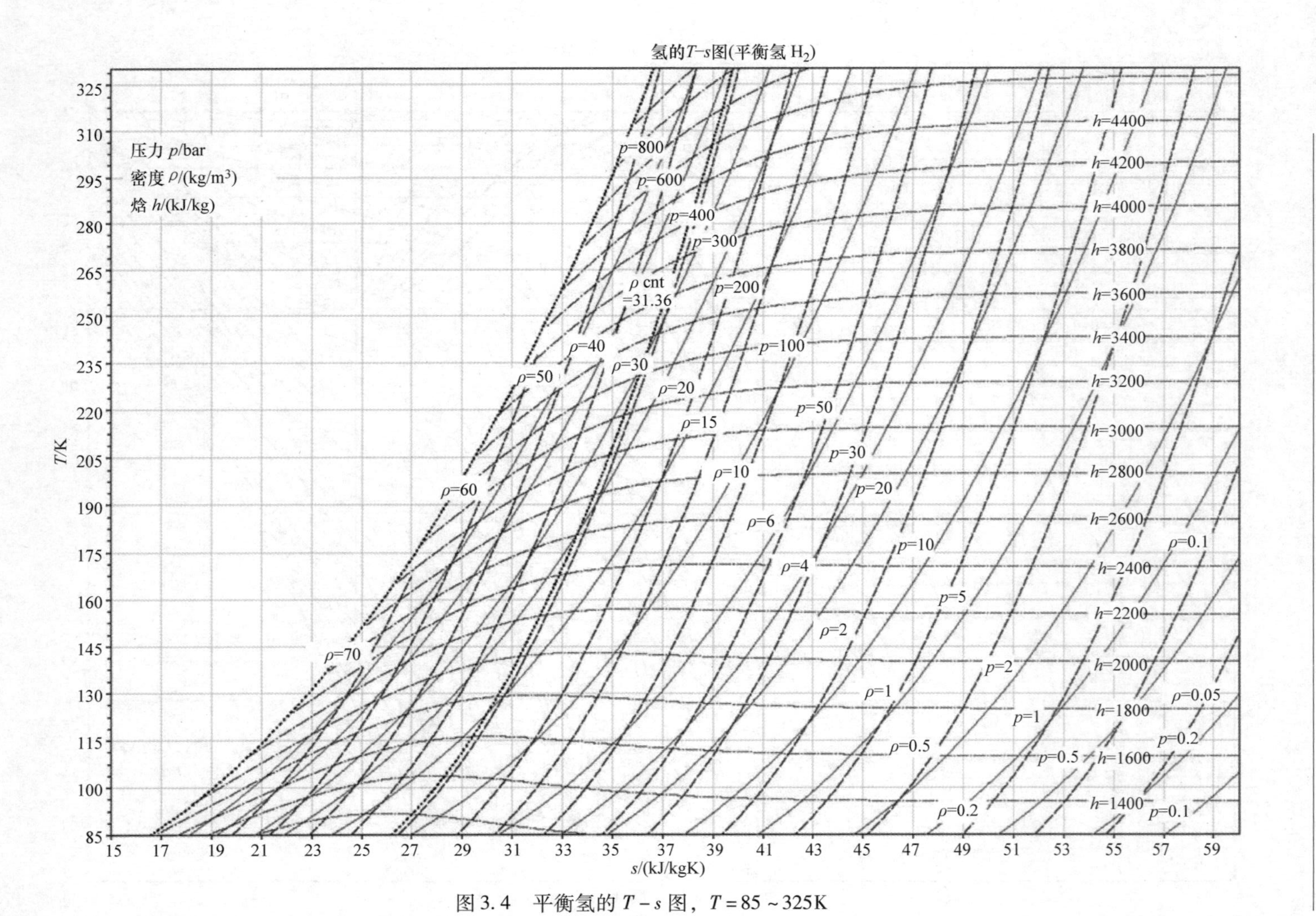

图 3.4 平衡氢的 $T-s$ 图，$T=85\sim325\text{K}$

表3.2 氢的特性（平衡氢）

特性	数值和单位
摩尔质量 M	2.0159kg/kmol
比气体常数 R	4124.4J/kgK
三相点：	
温度 T_{Tr}	−259.347℃（13.803K）
压力 p_{Tr}	0.070411bar
气态密度 ρ_{Tr}	0.12555kg/m³
液态密度 ρ_{Tr}	76.977kg/m³
固态密度 ρ_{Tr}	86.507kg/m³
熔化热 $\Delta_{Sm}h$	58.039kJ/kg = 16.122kW·h/kg
蒸发热 $\Delta_V h$	450.05kJ/kg = 125.01kW·h/kg
升华热 $\Delta_S h$	508.09kJ/kg = 141.14kW·h/kg
在常压1.01325bar下的沸点：	
沸腾温度 T_s	−252.879℃（20.271K）
蒸发热 $\Delta_V h$	446.08kJ/kg = 123.91kW·h/kg
（重量）热值 $H_{u,gr}$	118.58MJ/kg = 32.989kW·h/kg
燃烧值 B	183.64MJ/kg = 51.011kW·h/kg
T_s 和 p_N 时的液相：	
密度 ρ	70.828kg/m³
（体积）热值 $H_{u,vol}$	8.3988MJ/dm³ = 2.333kW·h/dm³
导热系数 λ	0.099W/mK
（动态）黏度 η	11.9×10^{-6}Ns/m²
声速 a	1111.1m/s
T_s 和 p_N 时的气相：	
密度 ρ	1.3385kg/m³
（体积）热值 $H_{u,vol}$	0.15872MJ/dm³ = 0.044089kW·h/dm³
导热系数 λ	0.017W/mK
（动态）黏度 η	1.11×10^{-6}Ns/m²
声速 a	355.04 m/s
在临界点：	
温度 T_{kr}	−240.199℃（32.951K）
压力 p_{kr}	12.869bar
密度 ρ_{kr}	31.449kg/m³

（续）

特性	数值和单位
在正常条件下（0℃和1.01325bar）：	
（重量）热值 $H_{u,gr}$	119.83MJ/kg = 33.286kW·h/kg
燃烧量 B	142.19MJ/kg = 39.497kW·h/kg
密度 ρ	0.089882kg/m^2
（体积）热值 $H_{u,vol}$	0.010771MJ/dm^3 = 2.9918W·h/dm^3
实际气体因子 Z	1.0006
定压比热容 c_p	14.198kJ/kgK
定容比热容 c_v	10.071kJ/kgK
等熵系数 κ	1.4098
导热系数 λ	0.184W/mK
扩散系数 D	0.61cm^2/s
（动态）黏度 η	8.91×10^{-6}Ns/m^2
声速 a	1261.1m/s
与空气混合：	
爆炸下限（点火极限）	4%（体积分数）H_2（λ = 10.1）
爆燃下限	18%（体积分数）H_2（λ = 1.9）
化学当量比	29.6%（体积分数）H_2（λ = 1）
爆燃上限	58.9%（体积分数）H_2（λ = 0.29）
爆炸上限（点火极限）	75.6%（体积分数）H_2（λ = 0.13）
点火温度	585℃（858K）
最小点火能量	0.017mJ
最大层流火焰速度	约3m/s
最高绝热燃烧温度	约2200℃

在室温下，氢气是一种无色无味的气体。氢气的密度很小，大约是空气的1/14，因此，氢气适合用作气球和飞艇的填充物。因为其易燃且易于扩散，所以在此类场合更多使用氦气。通常，只有氦气沸腾（在1bar时为4.22K = -268.928℃）和熔化（约1K）时的温度值比氢气低。氢气的三相点温度为13.803K（-259.347℃），是国际实用温度刻度IPTS的固定点之一，在低于该三相点的温度下，氢呈固体形式并形成致密的结晶六方球形构架。即使在极高的压力下，氢也如同金属结构，例如在星核中以几百万巴的压力存在，分子间的H-H距离与分子内的H-H距离是相同的。在20.271K（-252.879℃）的1.01325bar常压下，氢发生液相-气相转变，这也是温度标尺的固定点。氢的汽化热低至446.08kJ/kg（水为2256.5kJ/kg），其透明无色液体的密度为70.828g/L。

氢的临界点为 32.951K（-240.199℃）和 12.869bar，在密度小于临界密度 31.449g/L 的情况下，人们可以说它是在临界温度以上的温度下的超临界流体。$T-s$图中液体饱和线的左侧是低温或压缩液体的区域。

氢的比热容很高，是相同的等熵系数 $\kappa=1.4098$ 的空气的 10 倍以上。氢在所有气体（用作冷却介质）中具有最大的热导率，并且具有最大的物理的和化学的扩散能力，氢以原子形式扩散通过大多数金属。这种特性及其在低的点火能量时在空气中的宽的点火极限是与安全相关的特性，在技术应用中必须注意这些特性，具体详见第 9 章关于安全的内容。如果火焰前锋以低于声速的速度传播，则称之为爆燃，即较早的爆燃。如果火焰前锋加速，则可能发生爆炸，在爆炸时，以超声速形成冲击前锋，这与明显的压力波动有关。在空气中，氢的爆炸下限和上限分别为 13%～59%（体积分数）的混合范围，如果点火是由火焰引起的，或者在完全或部分封闭的房间中叠加了压缩波，则爆燃会变成爆炸。

3.4 化学特性

氢原子的直径约为 0.07nm = 0.7Å（$1\text{nm}=10^{-9}\text{m}$），其摩尔质量为 1.0079g/mol。自由的电子决定了氢原子的化学特性，氢原子极具反应性。为了完成第一个电子壳，氢原子通常会与第二个原子结合形成分子氢 H_2。气态氢分子中的 H－H 距离为0.74Å。H－H 键的相对较高的结合能为436kJ/mol，使得氢分子在室温下非常稳定且呈惰性。由于该键在分子反应期间必须断开，因此分子氢的反应仅在更高的温度下才发生。

3.4.1 同位素

氢原子共有三个同位素，见图 3.5。同位素氕（^1H）由一个质子和一个电子组成，是最常见的氢同位素，占 99.9% 以上。重氢，也称为氘（^2H），除质子外，原子核中还有一个中子。氘有其自己的元素符号，为 D。像氕一样，它稳定且不具有放射性。其相对原子质量为 2.01g/mol。与所有氢同位素相比，氘同位素的量约为 0.015%。第三个也是最后一个自然同位素是过重的氢，也称为氚（^3H）。除质子外，原子核中还有两个中子，其摩尔质量为 3.02g/mol。氚的量太少，可以忽略不计。该同位素不稳定且具有放射性，通过 β 衰变而衰变为稳定的氦同位素（^3He），其半衰期为 12.32 年。其中，高频电子从原子核中的一个中子发出，质子由一个中子形成，由此生成的氦同位素^3He 在原子核中有两个质子和一个中子，在最外层的壳中有一个电子。

不同的同位素会影响某些氢化合物的物理特性和化学特性，例如对水的影响，见表 3.3。

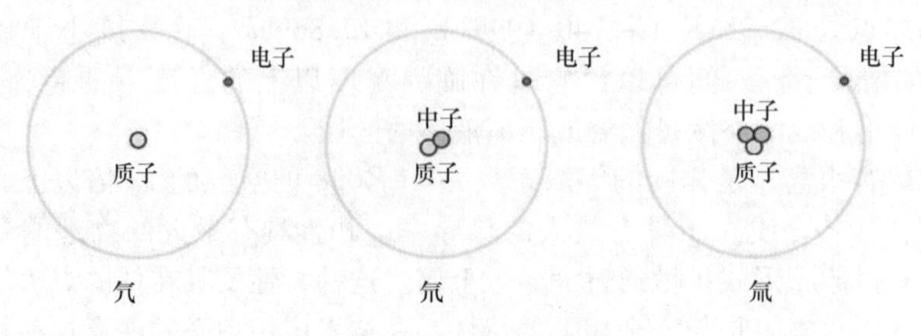

图 3.5　氢的同位素

表 3.3　水的同位素特性

水的同位素	H_2O	D_2O	T_2O
25℃时的密度/(kg/dm^3)	0.99701	1.1044	1.2138
最高密度的温度/℃	4.0	11.2	13.4
熔点/℃	0	3.81	4.48
沸点/℃	100	101.42	101.51
在凝固点的摩尔熔化热/(kJ/mol)	4.79	6.34	
在熔点处的摩尔汽化热/(kJ/mol)	14.0	14.869	15.215

3.4.2　原子自旋

基本粒子绕其自身轴的旋转称为自旋。氢分子可以以两种不同的能态出现，通过在其原子核中自旋的取向来区分。如果核自旋平行排列，则可以说是邻氢（简称为 o）；如果自旋是相反的（反平行或成对），称为对氢（简称为 p）。与邻氢相比，对氢具有更低的旋转能，因此具有更低的能级。从 o 型跃迁到 p 型的过程中释放的能量随温度的下降而增加，低于 77K 时约为 520kJ/kg，因此在三相点处为升华焓同一数量级。根据各自的热力学状态调节的对氢和邻氢的混合物称为平衡氢（g－氢）。在平衡状态，液态氢由约 99.8% 的 p－氢所组成。在约 77K 的温度下，两种物质均以相等的比例存在。从约 220K 起到正常条件，混合物由约 75% 的 o－氢和 25% 的 p－氢所组成，称之为正氢（n－氢），见图 3.6。o 型和 p 型的特性略有不同，可以使用物理方法来分离。p 型对氢的熔点和沸点比 o 型邻氢的熔点和沸点低约 0.2K。

在液化的情况下，从 o 型到 p 型的跃迁将花费很长时间，并且由于释放能量而有助于蒸发。因此，在液化的情况下，借助于催化剂可以加速跃迁，并且必须除去反应热。为此，使氢通过活性炭或金属表面，分子被吸附在表面上，可以解离，然后复合为对能量更有利的 p 型。

在氢原子的基态中，邻氢与对氢之间的跃迁发生在两个紧密相邻的能级上。这种跃迁称为超精细结构跃迁。根据马克斯·普朗克（Max Planck）的理论，在能量跃迁过程中发出的辐射的频率f通过所谓的普朗克量子h与能量的变化相关联($E = hf$)。对于氢的超精细结构跃迁，频率为1420MHz，对应于21cm的波长，见图3.7。通过辐射波长的移动（多普勒频移动）可以看到，氢是在向观察者方向移动还是远离，这可用于确定恒星相对于地球的相对运动。

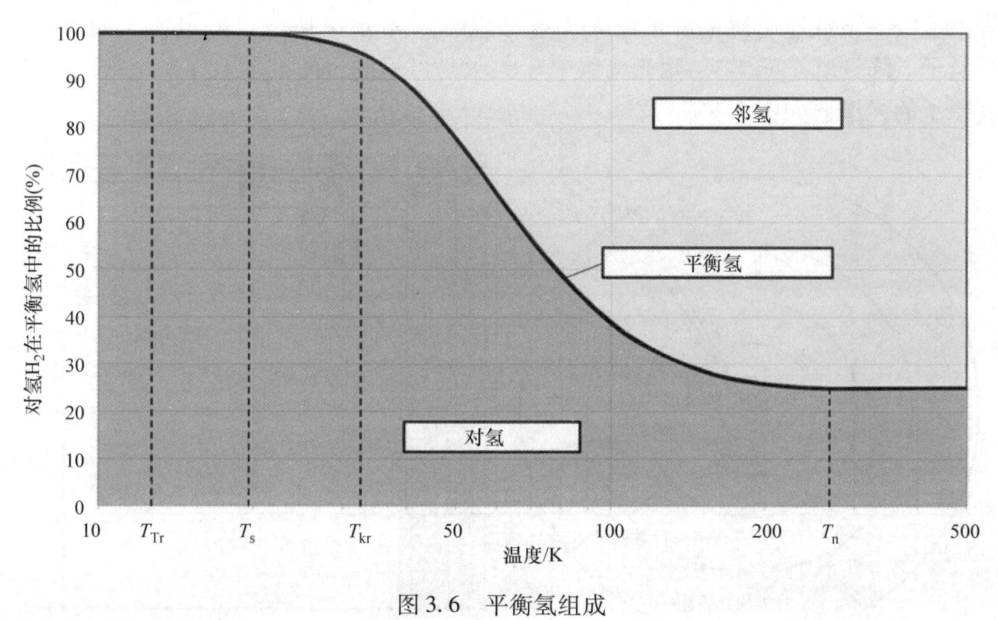

图3.6　平衡氢组成

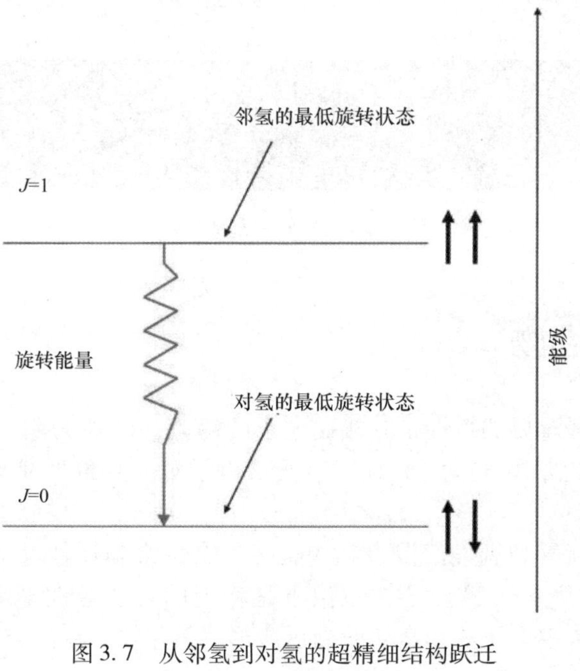

邻氢的最低旋转状态

J=1

旋转能量

对氢的最低旋转状态

J=0

能级

图3.7　从邻氢到对氢的超精细结构跃迁

3.4.3 光谱线

每个原子通过电子跃迁选择性地发射或吸收某些特征波长的光。如果电子从更高的能级回落到更低的能级，它将发射一定波长的光子，决定性因素是电子能到达哪个能级。该跃迁通过主量子数 n（激发能级）和 m（基态）来定义。如果激发的电子下降到基态 $m=2$，则光谱线对于人眼是可见的，即巴尔默（Balmer）系列。氢原子的光谱线如图 3.8 所示。

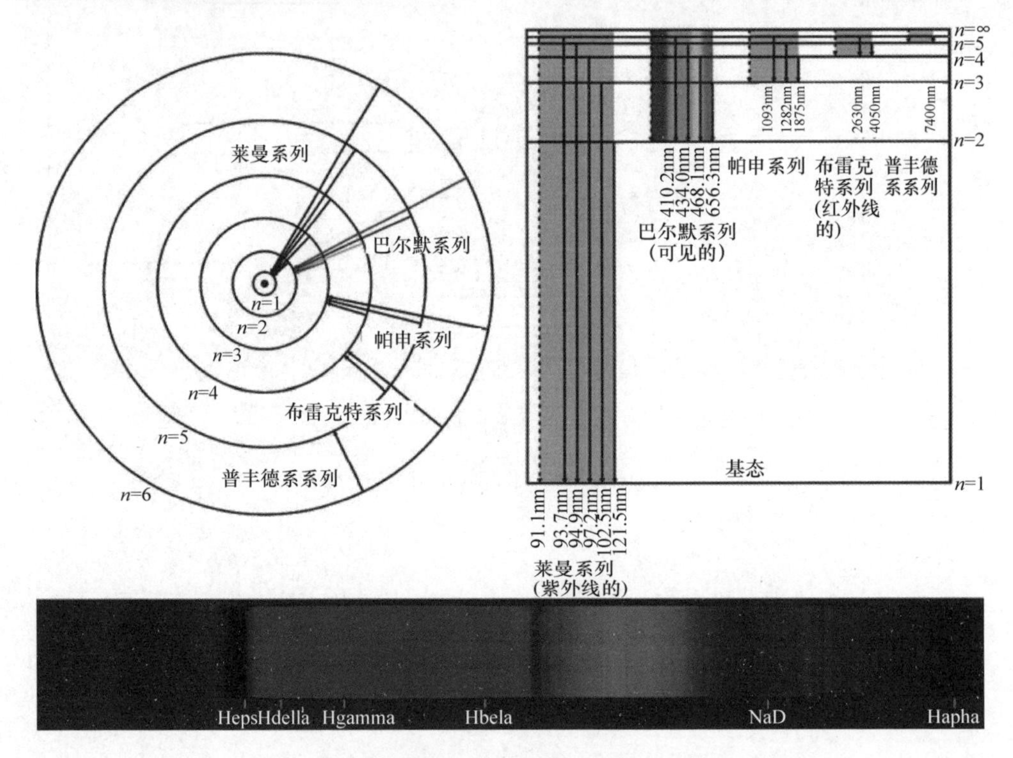

图 3.8　氢原子的光谱线

3.5 化学化合物

氢在化学上最重要的特性是其接受电子的趋势（还原为阴离子，氢离子 H^-）或给电子（氧化为阳离子，质子 H^+），形成电子对（共价形成）或形成金属（电子云）的趋势。

在与空气、氧气和氯气的混合物中，氢气会发生爆炸性反应（爆炸性气体反应、氯气反应），此外，该分子在室温下是稳定的且反应性不高。在更高的温度下，氢有时会与许多金属和非金属剧烈反应形成氢化物。在标准条件下，氢在水中的溶解度较低，约为2%（体积分数）(1.7mg/L)。氢可与惰性气体以外的所有其他元素形成大量的化合物，有关详细信息见文献[164，287，386]。

3.5.1 氢化物

与氢化合的化合物通常称为氢化物。氢可以与其他元素形成离子键、金属键或原子键。除少数例外，在元素周期表中的左侧的第1和第2主族元素具有离子键，第3至第10主族的中间元素具有类金属键，而右侧的第11至第17族具有共价原子键。

根据鲍林（Pauling）的观点，氢的电负性（即在化学键中吸引键电子的能力）较低，其值为2.2。在第1主族具有非常强的正电性碱金属（电负性<1），并且大多数第2主族碱土金属的情况下，氢在离子键中从金属阳离子和氢化物阴离子中形成盐状氢化物，其中氢离子 H^- 作为氧化剂：

$$2Na + H_2 \rightleftarrows 2NaH$$

氧化是指电子的释放或氧化数的增加（氧的吸收），其中，氧化剂吸收电子，然后再被还原。还原被称为电子的吸收或氧化数的减少（氧的释放），其中电子来自还原剂，而还原剂又被氧化。

在金属晶格中，氢存储在晶格间隙中。这种存储通常在高温下进行，分子氢在金属表面上解离。这也解释了许多金属作为催化剂的功能，因为原子氢具有更高的反应性。钒（V）、铌（Nb）和钽（Ta）在200℃的温度下可以吸收5、11或22原子百分比的氢，而不会扭曲其以空间为中心的立方晶格。更高的存储率会导致在本书与安全相关的章节中所讨论的金属的脆化，这是由于晶格变形所导致的，并随温度降低而增加。尤其是对于跃迁金属，氢形成存储化合物，其中一些键合了大量的氢。钯（Pd）可以容纳的氢的量约是其自身体积的900倍。

金属将原子氢结合到其晶格中并在确定的边界条件下重新释放的能力也用于储氢。理论上，某些氢化物存储形式比压缩的或液态的纯氢具有更高的重量或体积能量密度。但是，氢的构建和释放经常需要高温或高压，这会妨碍储罐的实际应用，参阅本书与存储相关的章节。

由于氢化物释放出纯氢，并且吸收的气体中的任何杂质都保留在金属中，因此氢的吸收和释放也可以用作纯化过程，以此获得高纯的氢，但是该方法复杂且昂贵。

大多数元素和化合物具有比氢更高的电负性，氢随后充当强还原剂，例如可以借助氢将金属氧化物还原为金属：

$$CuO + H_2 \rightleftarrows Cu + H_2O$$

非金属与氢形成共价键或原子键，其中连接键在一定程度上共享电子。这些化合物是由完成电子外壳的需求所决定的。氢带有部分负的、部分正的电荷。

氢从共价键通过酸或通过电解退化而产生原子氢，这比分子形式更具反应性。

由于氢原子的高的电离能和质子的大的电荷/半径比，在化学系统中没有游离的 H^+ 离子。在酸中，氢原子也被共价键合，在离解过程中，质子被一个水分子（形成水合氢离子 H_3O^+）或一个其他碱所吸收并共价键合。铍（Be）、硼（B）和铝（Al）与氢形成化合物，其中 H 原子共价键合，但起着负电性“伙伴”的作用。

氢与氯（Cl）反应放出热量，形成气态氯化氢，溶于水中后生成盐酸。该反应可以通过光照射来点燃，并有大的声响、猛烈地发生（氯氢氧反应）：

$$Cl_2 + H_2 \rightarrow 2HCl$$

氢也会与氟（F）发生爆炸性反应，放出热量，形成氟化氢：

$$F_2 + H_2 \rightarrow 2HF$$

3.5.2 含碳化合物

所有含碳的化合物都称为有机化合物，它们具有形成链和环以及单键或多键的能力，是生命的基本组成部分。碳具有 6 个电子，其中 2 个在内壳的电子和 4 个价电子，这些可用于电子对键（共价键）。如果碳原子之间只有一个价电子与另一个价电子键合，且不能接受其他价电子，则称之为饱和化合物。饱和化合物不能接受新的原子，它们通常是稳定的，并且反应性不高。碳原子之间的至少两个电子对，不饱和碳化合物显示出多键性，它们是不稳定的，反应性也更高，因为键电子可以释放给其他原子化合物。

碳氢化合物是最重要的有机化合物。碳、氢、氧和氮的化合物构成了生物分子的主要成分，例如核酸（DNA、RNA）、氨基酸（这些是蛋白质或蛋白）、碳水化合物（糖）和脂肪。

大多数化石燃料由碳和氢组成。根据 IUPAC 命名，具有单碳键的纯碳氢化合物称为饱和烷烃（以前称为链烷烃），它们具有通用的总分子式 C_nH_{2n+2}。没有支链的链状烷烃称为正烷烃或 n－烷烃。具有支链的链状烷烃称为异烷烃或 neo－烷烃。具有碳－双键的碳氢化合物是饱和烯烃（以前称为烯烃）。具有单个双键的链状烯烃的通用的总分子式为 C_nH_{2n}。烷烃和烯烃都可以形成环，被称为环烷烃。如果环形碳氢化合物带有共轭双键，则称之为芳香族化合物，例如苯 C_6H_6。环状化合物，尤其是芳香族化合物特别稳定。具有连接的氧原子的碳氢化合物称之为氧载体，这降低了燃料的热值和空气需求。这些碳氢化合物包括醇，带连接到碳原子上的羟基（OH）的化合物以及烷氧基烷烃（以前称之为醚），即在两个 C 原子之间带一个氧原子的化合物。醛是含有醛基（CHO）的化合物。碳氢化合物的结构式示例如图 3.9 所示。

3.5.3 氢分子的分解

氢分子的分解需要大量能量。氢分子异解分离成氢阳离子（质子 H^+）和阴离

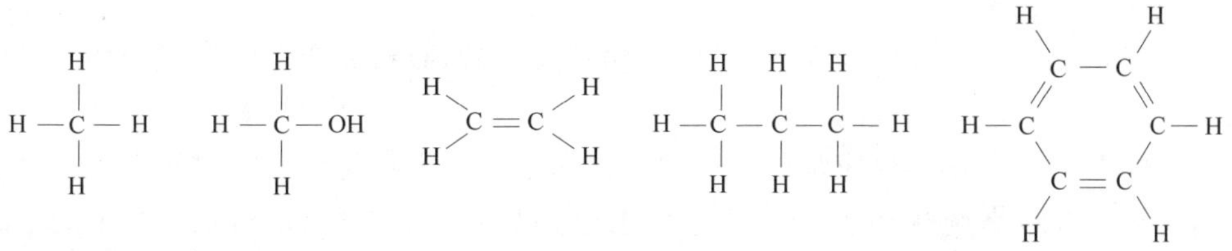

图3.9 甲烷 CH_4、甲醇 CH_3OH、乙烯 C_2H_4、丙烷 C_3H_8、苯 C_6H_6 的结构式

子（氢氧根离子 H^-）特别耗能：

$$H_2 + 1675kJ \leftrightarrows H^+ + H^-$$

氢是一种极弱的酸（质子供体），氢氧根离子是一种极强的碱（质子受体）。

氢可以在很高的温度下均裂：

$$H_2 + 436kJ \rightleftarrows 2H$$

这种平衡使得在3000K时约有8%的分子分裂，而在6000K时，如在太阳表面，有超过99%的分子分裂了。氢的分裂也可以通过微波或电弧来实现。

如果温度进一步升高到100000K，例如在太阳的内部，就会发生热电离，氢原子通过消除电子而分解为氢阳离子：

$$H + 13.6eV \rightleftarrows H^+ + e^- (\Delta_R H = 1312kJ/mol)$$

在甚至超过10000000K的更高温度下，太阳核中也会发生核聚变，氘和氚会形成氦同位素：

$${}_1^2H + {}_1^3H \rightarrow {}_2^4He + n + 17.6MeV (\Delta_R H = -1.698 \times 10^9 kJ/mol)$$

从这两个氢同位素中产生了氦同位素、一个中子和大量的能量。能量来自反应的离析物（起始原料）和产物（最终产物）之间的质量差，即所谓的质量亏损，可以使用公式 $E = mc^2$ 来计算。

3.6 燃烧

氢在能量上最重要的化学反应是放热氧化，这可以作为热燃烧的形式，其中，内部的化学能最初以热量的形式释放。然后，该热量可以在一台燃气轮机或一台内燃机中转化为功。长期以来，用于此目的的机械已经过长时间的试验和测试，坚固耐用且价格便宜，但是将热量转化为功与卡诺效率有关，热燃烧会导致污染物排放。

如果氧化发生在原电池中，则不会有高温，有时人们也将其称为冷燃烧。内部化学能在燃料电池中直接转化为电功，效率与卡诺循环没有关联，燃料电池的工作原理是零排放、无噪声、无污染物。

氢在内燃机中和燃料电池中的燃烧在本书中有专门的章节进行描述。在此首先应主要考虑氢在空气中的热燃烧。热力学基本原理和细节可以在文献［15，128，

211，361］中找到。

基于总反应方程式，为简单起见，最初假设起始原料完全反应形成产物。该假设主要适用于与过量空气的快速燃烧。

原则上，每个化学反应都可以在两个方向上进行。在足够长的时间之后达到了平衡状态，在该平衡状态下，燃烧气体的成分以不会随时间宏观地改变浓度的形式存在。除了总反应方程式的起始原料和产物外，通常在燃烧过程中还会产生其他组分，尤其是在高温（离解，氮氧化物）和缺少空气的情况下（不完全燃烧的产物）。在系统处于最大熵状态的条件下，可以计算出处于化学平衡状态的燃烧气体的成分。

如果反应时间受到限制，则无法达到化学平衡。反应的计算只能近似地进行，因此必须考虑大量的具有各自反应速率的单个反应，这就是反应动力学要处理的内容。

3.6.1 总反应方程式

氢与氧的热和“冷”燃烧的总反应方程式包括生成的水有没有冷凝：

$$H_2(g)+\frac{1}{2}O_2(g)\rightarrow H_2O(g)$$

$$H_2(g)+\frac{1}{2}O_2(g)\rightarrow H_2O(l)$$

表3.4列出了在25℃和1bar下涉及的组分的一些状态值。

表3.4 标准状态值

	C_{mp}^0	$\Delta_B H_m^0$	S_m^0	$\Delta_B G_m^0$
	/(kJ/kmolK)	/(kJ/kmol)	/(kJ/kmolK)	/(kJ/kmol)
$H_2(g)$	28.823	0	130.684	0
$O_2(g)$	29.356	0	205.138	0
$H_2O(g)$	33.576	−241818	188.825	−228570
$H_2O(l)$	75.285	−285830	69.91	−237130

其中，无冷凝时的标准反应焓：

$$\Delta_R H_m^0(T^0,p^0)=1\times(-241818)-1\times0-\frac{1}{2}\times0=-241818\text{kJ/kmol}$$

有冷凝时的标准反应焓：

$$\Delta_R H_m^0(T^0,p^0)=1\times(-285830)-1\times0-\frac{1}{2}\times0=-285830\text{kJ/kmol}$$

就此，氢的摩尔质量为2.016kg/kmol时，（低）热值为119949kJ/kg，约为120MJ/kg=33.33kW·h/kg。而燃烧值为141781kJ/kg时，大约为142MJ/kg=39.44kW·h/kg。标准反应焓的差异对应于水蒸气和液态水的标准形成焓之间的差异，即在25℃和1bar下的摩尔标准蒸发焓。

$$\Delta_V H^0(T^0,p^0) = -241818-(-285830) = 44012\text{kJ/mol} = 2443.1\text{kJ/kg}$$

此外，获得了没有冷凝的标准反应熵：

$$\Delta_R S_m^0(T^0,p^0) = 1\times(188.825) - 1\times130.684 - \frac{1}{2}\times205.138 = -44.428\text{kJ/kmolK}$$

对于有冷凝的标准反应熵：

$$\Delta_R S_m^0(T^0,p^0) = 1\times(69.91) - 1\times130.684 - \frac{1}{2}\times205.138 = -163.343\text{kJ/kmolK}$$

无冷凝时，对于自由标准反应焓，可以得到：

$$\Delta_R G_m^0(T^0,p^0) = 1\times(-228570) - 1\times0 - \frac{1}{2}\times0 = -228570\text{kJ/kmol}$$

有冷凝时：

$$\Delta_R G_m^0(T^0,p^0) = 1\times(-237130) - 1\times0 - \frac{1}{2}\times0 = -237130\text{kJ/kmol}$$

随后，考虑氢在可变的过量空气系数$\lambda>1$的空气中的热燃烧。如上所述，在过量空气区域中，假定原料完全反应生成产物。焓、自由焓和熵的变化对应于纯氧按化学计量燃烧时的变化，因为大气中的氮和过量的氧不会发生反应。

$$H_2 + \frac{1}{2}\lambda O_2 + \frac{1}{2}\lambda\frac{0.79}{0.21}N_2 \rightarrow H_2O + \frac{1}{2}(\lambda-1)O_2 + \frac{1}{2}\lambda 3.76N_2$$

燃烧气体的组成直接来自总反应方程式。1kmol H_2与空气燃烧的原子平衡提供了烟气中各组分的摩尔数。通过参考1kmol的氢，摩尔数对应于化学计量系数$\nu_{st\,i}$。

$$n_{H_2O} = 1 \qquad n_{O_2} = \frac{1}{2}(\lambda-1) \qquad n_{N_2} = \frac{3.76}{2}\lambda$$

$$n_{ges} = n_{H_2O} + n_{O_2} + n_{N_2} = 1 + \frac{1}{2}(\lambda-1) + \frac{3.76}{2}\lambda = 0.5 + 2.38\lambda$$

除以总摩尔数，可以得出烟气的成分，摩尔分数为ν_i：

$$\nu_i = \frac{n_i}{n_{ges}}$$

对于选定的过量空气系数值，表3.5中给出了烟气中的组分。

表3.5 湿烟气的组分

	过量空气系数$\lambda=1$		过量空气系数$\lambda=2$		过量空气系数$\lambda=3$	
	摩尔数n_i /kmol	摩尔分数ν_i (%)	摩尔数n_i /kmol	摩尔分数ν_i (%)	摩尔数n_i /kmol	摩尔分数ν_i (%)
H_2O	1	34.7	1	19.0	1	13.1
O_2	0	0	0.5	9.5	1	13.1
N_2	1.88	65.3	3.76	71.5	5.64	73.8
总计	2.88	100	5.26	100	7.64	100

绝热燃烧温度 t_2 由燃烧的能量平衡获得，其中，放出的热量定义为热值。由于比热容取决于相关的温度范围，因此 t_2 的计算必须迭代进行。平均摩尔热容 C_{mpi} 可以在数据库中找到。表 3.6 中列出了在选定的过量空气系数下，在空气中考虑氢的等压燃烧的热容值和绝热燃烧温度值。图 3.10 显示了绝热燃烧温度 t_2 随过量空气系数变化的过程。

表 3.6 绝热燃烧温度

	过量空气系数 $\lambda=1$		过量空气系数 $\lambda=2$		过量空气系数 $\lambda=3$	
	摩尔数 n_i	C_{mp}	摩尔数 n_i	C_{mp}	摩尔数 n_i	C_{mp}
	/kmol	/(kJ/kmolK)	/kmol	/(kJ/kmolK)	/kmol	/(kJ/kmolK)
H_2O	1	44.73	1	40.93	1	38.58
O_2	0	33.49	0.5	34.11	1	33.14
N_2	1.88	33.64	3.76	32.31	5.64	31.34
	$t_2=2241℃=2514K$		$t_2=1348℃=1621K$		$t_2=974℃=1247K$	

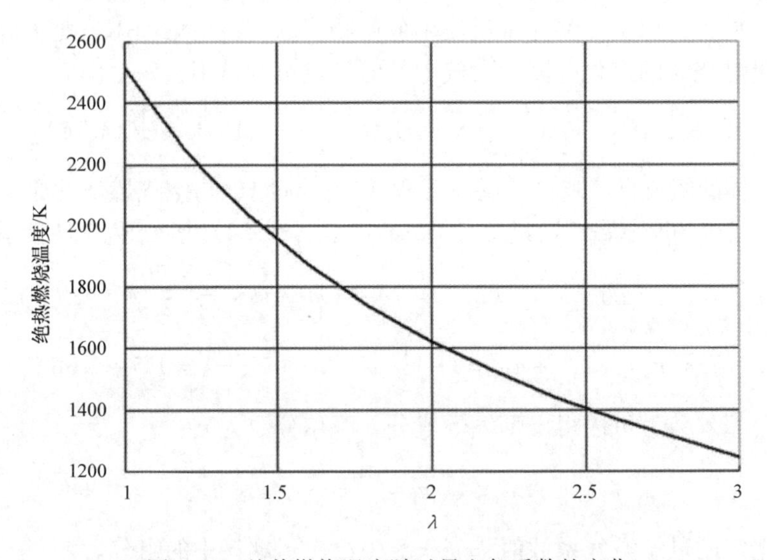

图 3.10 绝热燃烧温度随过量空气系数的变化

3.6.2 化学平衡

为了精确计算氢与空气在可变的过量空气系数时的热燃烧，必须计算化学平衡状态下的烟气组分。这首先在高温和空气缺乏（$\lambda<1$）的情况下尤其重要。高温下会发生离解和形成氮氧化物，如果缺少空气，燃烧将不完全。与过量空气系数相对应的氧和氮的量与氢发生反应以形成产物气体，其中组分形成与化学平衡对应的气体混合物。

考虑到烟气中最常见的8种物质，即H_2、H、H_2O、OH、O、O_2、N_2和NO，1kmol氢在可变过量空气系数λ下的燃烧可描述如下：

$$H_2+\lambda\frac{1}{2}O_2+3.76\lambda\frac{1}{2}N_2\rightarrow$$

$$n_{H_2}H_2+n_HH+n_{H_2O}H_2O+n_{OH}OH+n_OO+n_{O_2}O_2+n_{N_2}N_2+n_{NO}NO$$

8个未知数是烟气组分的8个摩尔数或摩尔分数$\nu_i=n_i/n_{ges}$，为此必须建立一个具有8个方程的方程组。等压等温反应的总压力p和温度T作为边界条件给出。第一个方程是所有摩尔分数之和为1的条件。此外，对于每一种给定的原子类型，在本例中为3（H，O，N），从守恒定律中获得了另一种方程。其他所需要的方程式将通过所谓的基元反应来建立。

即使在相对简单的情况下，由于组分的数量和出现的大部分非线性问题，在特殊情况下，方程组也只能以封闭形式求解。可以使用许多计算机程序，例如桑迪亚（Sandia）国家实验室的CHEMKIN或Softpredict的COSILAB。在目前情况下，可以使用Internet上可提供的CANTERA开源计算程序来求解方程组。其中，作为输入值的包括：反应机理（例如GRI30－适用于H_2或CH_4的燃烧，考虑到53种物质的325个基元反应）、过量空气系数的范围（0.1~3，步长为0.05）、起始原料及其摩尔数、反应温度为350K和总压力为1atm。计算结果是对反应前后的气体混合物进行分析，并分析所有相关物质的浓度以及最重要的热力学状态参数。

图3.11和图3.12描述了绝热燃烧温度和气体组分随过量空气系数的变化关系。将结果与总反应方程式中与过量空气系数相关的结果进行比较表明，由于考虑了自由基H、O和OH的形成，化学平衡中的绝热燃烧温度更低。最重要的组分N_2、O_2和H_2O的摩尔比在空气过量的区域中吻合得很好，如预期的那样，H_2主要出现在空气不足的区域。离解和氮氧化物的浓度很低，如图3.12右侧中的对数图所示。

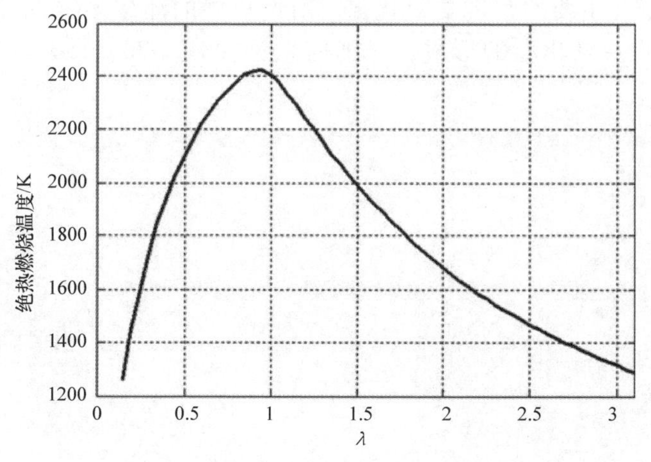

图3.11 绝热燃烧温度

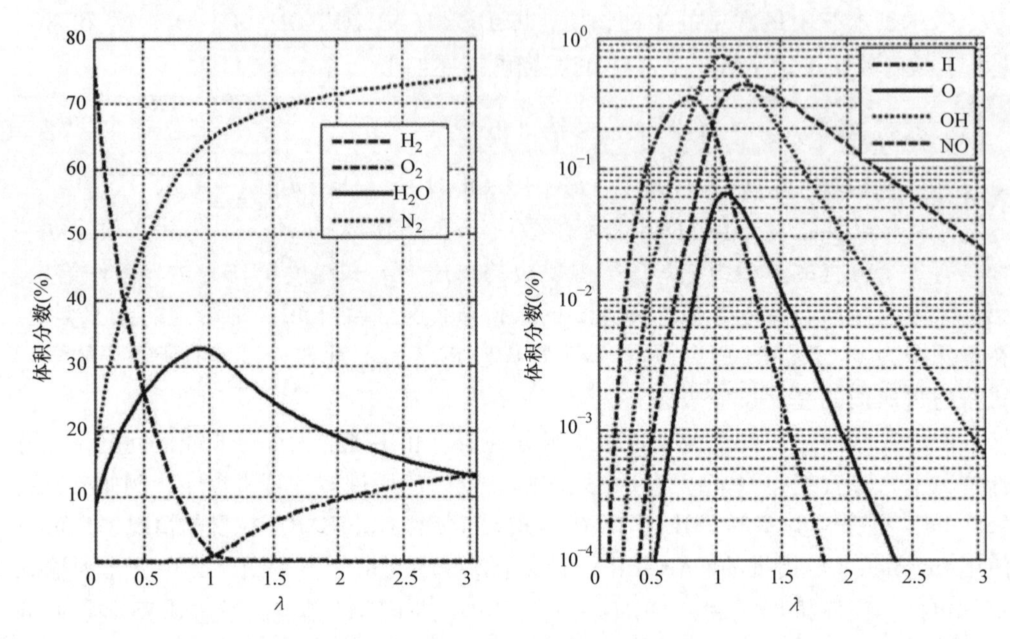

图 3.12　化学平衡时燃烧气体的组分

3.6.3　反应动力学

大多数热燃烧反应发生得如此之快，以至于可以假设在火焰前锋后方达到化学平衡，是具有良好的近似性的。但是，某些反应进行得如此缓慢，以至于在火焰前锋通过时无法达到化学平衡，因此必须考虑反应动力学。尽管这仅在能源方面起次要的作用，但对于污染物排放至关重要，氮氧化物的形成主要通过这种余焰反应来确定。在燃烧过程期间产生的高温下，在空气过量的区域，燃烧空气中存在的氮被氧化成一氧化氮（主要的）和二氧化氮。所谓扩展的泽尔多维奇（Zeldovich）机理用于计算热的一氧化氮的形成，详细信息见文献［76，156，157，211，226，364，380，381］。

第4章　生　　产

由于氢不是以其纯净的形式天然地出现，因此必须使用能量来生产。为此可以采用不同的方法，这些方法使用不同的一次能源和氢化合物，因此，二氧化碳的效率和排放是重要的评估标准。本章节概述最重要的制造方法，并对电解水分解进行详细讨论。

4.1　概述

全世界每年生产和消耗约6000亿Nm^3（5000万t）的氢，其能量含量差不多6EJ（1.7PW·h），刚好相当于全球总能耗的1%。所需氢的约40%来自于以氢作为副产品的工业过程，即通过氯碱电解生产氯、原油精制方法（如汽油重整）以及乙烯或甲醇的生产。大约60%的所需氢是专门生产的，其中目前大规模生产的95%的氢来自化石碳氢化合物，而5%的氢是通过水的电解而产生的，参见文献[163，191，221]。

最广泛使用的制造方法是化石碳氢化合物的重整。最经济的方法是短链碳氢化合物（主要是甲烷）的蒸气重整，效率可高达80%。在部分氧化中，更长链的碳氢化合物和残油与氧以70%的效率放热反应。自热重整是上述两种方法的组合。重整的方法需要对产物气进行费心地纯化并释放出二氧化碳。

化石碳氢化合物（通常是煤）的气化是制氢的另一种热化学方法。最近，对生物质、木材、泥炭、污水污泥或有机废物的气化的研究越来越令人感兴趣。除了氢外，产物气还包含许多其他成分，需要进行费心地纯化。气化过程中会释放出二氧化碳，这在生物质中被称为“CO_2中和”。气化效率因原料而异，最高可达55%。

通过生物和光化学方法生产氢的方法也正在研究中，这包括光合活性微生物（如绿藻或蓝细菌）的生物光合作用以及各种细菌的发酵。

化石碳氢化合物在非常高的温度下直接进行热裂变会消耗大量能量。从水与（碱）金属或与金属氧化物的化学裂解中提取氢也是很费力的。

如果所需的电力来自风能、水能或太阳能，则氢的唯一零排放制造方法是电解方法中水的电化学分解，此方法可产生高纯度的氢，通常可实现高达80%的效率

（基于热值），AEL 和 HTEL 的某些方法可达 85%。图 4.1 概述了制氢方法可达到的效率。

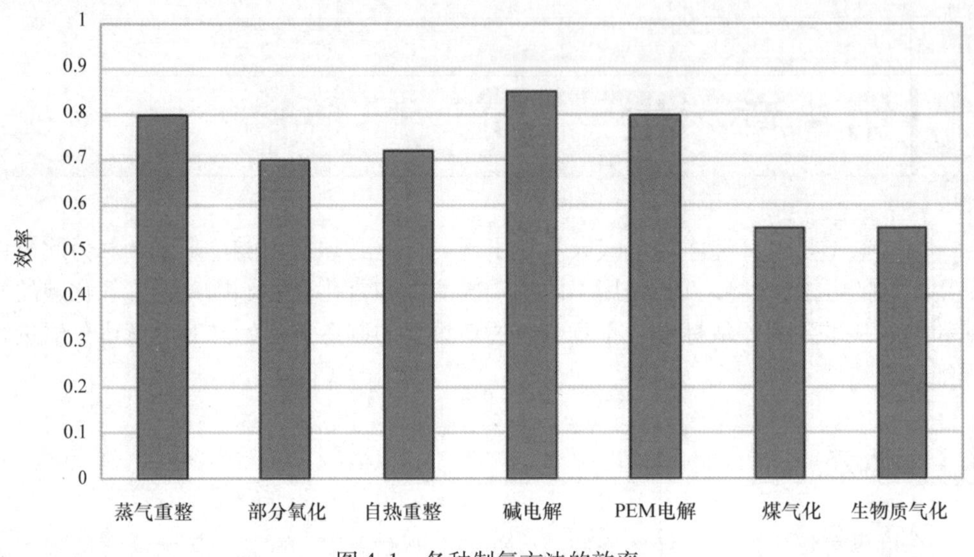

图 4.1　各种制氢方法的效率

4.2　水的电解分解

水可作为几乎取之不尽的氢源。由水生产氢的电解方法通常是零排放的，并且具有高的氢纯度和可扩展尺寸。

由于设备成本的不断下降，正越来越多地采用电解技术，并被认为是扩大可再生电力生产和跨领域耦合（电、气和热）的关键技术。这种耦合允许多种运行模式，例如多余电能的存储，并且经常以术语"动力到气"（Power-to-Gas，PtG）、"动力到氢"（Power-to-Hydrogen）或根据发电类型来称呼，例如"风能到氢"（Wind-to-Hydrogen，w2h）。

4.2.1　基础知识

将（液态）水分解为氢和氧需要相对大量的能量。在理论能量输入为 286MJ 的情况下，从 1kmol 水中可得到 1kmol 氢。也就是说理想情况下，1kg 氢需要 143MJ = 39.7kW·h 的能量（这对应于氢的热值 B）。

$$H_2O(l) \rightarrow H_2(g) + \frac{1}{2}O_2(g) \qquad \Delta_R H = 286\text{kJ/mol}$$

水的直接热分解仅在非常高的温度下自发发生，而且也不完全。从大约 1700℃起才会产生大量的氢，在 2700℃时才只有约 15% 的水分解。作为氢的工业生产方法，热解不起任何作用，它是与高温 - 核过程联系在一起进行研究的。当使用电能代替热能时，就可以在环境温度下进行水分解。

通过供电将一种物质进行电化学分解的过程称为电解，其中电能转化为化学能。电解是电化元件的逆过程。蓄电池或燃料电池等电化元件代表直流电压源，应为电解腔室提供直流电压以维持电化学转化过程。电化电池释放功，电解腔室接受功。在下文中介绍一些电化学基础知识，有关更多信息可参考文献［15，145］。

氧化意味着释放电子、吸收氧或释放氢（脱水，增加氧化数），还原意味着吸收电子、释放氧或吸收氢（氢化，降低氧化数）。阳极始终是发生氧化过程（电子发射）的电极，阴极始终是发生还原过程（电子吸收）的电极。

电解腔室和电化电池具有相似的结构。在两个电子导体（电极）之间是离子导体（电解质）。从原理上来看，在电极和电解质之间的界面处发生可逆的产生电流或消耗电流的反应。如果在电极上施加一定的电压，则水溶液电解时会产生氧和氢。如果氧和氢在电极周围流动，则会产生一个电压。在电解的情况下，阳极是正极，阴极是负极，在电化电池中情况相反，见表4.1。

电解过程的原理如图4.2所示。

表4.1 电解和电化电池

	电解腔室	电化电池
阳极（氧化）	正极	负极
阴极（还原）	负极	正极
电功	吸收电能（阳性）	放电（负）
端电压	$E_{Kl} > E_0$	$E_{Kl} < E_0$

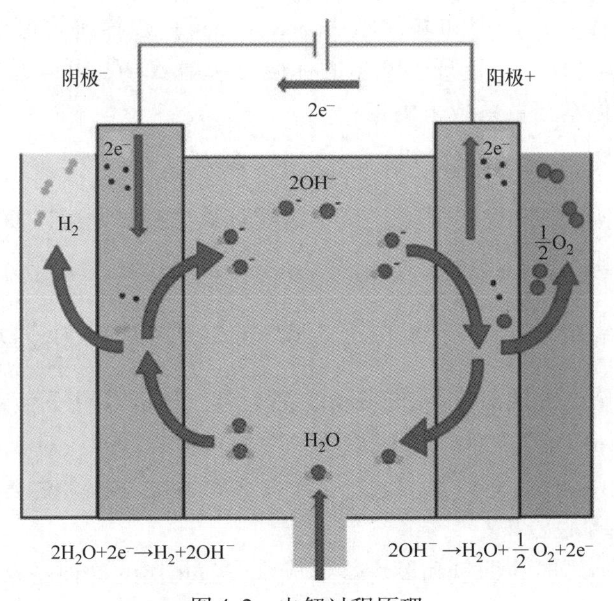

图4.2 电解过程原理

假定纯水为电解质，这会在较小程度上分解为 H^+ 离子（质子）和 OH^- 离子（氢氧根离子）:

$$H_2O \rightarrow H^+ + OH^-$$

质子仅在很短的时间内自由存在，并立即与水分子结合形成 H_3O^+ 离子（氢离子或氧鎓离子），因此:

$$2H_2O \rightarrow H_3O^+ + OH^-$$

在实际情况下，通过添加酸（如 HCl）、碱（如 KOH）或可溶性盐（如 NaCl）使水更具导电性，从而降低了欧姆电阻。

电子从阴极（是电解中的负极）释放到水中，还原水（l 表示液态），形成氢（g 表示气态）和 OH^- 离子（aq 表示在水溶液中）。如果仔细观察，反应是通过水的离解发生的，生成的正 H_3O^+ 阳离子吸收电子，它们被还原为水，并释放出氢。

阴极: $4H_2O \rightarrow 2H_3O^+ + 2OH^-$ 水的离解

$2H_3O^+ + 2e^- \rightarrow H_2 + 2H_2O$ 还原（吸收电子）

净反应: $2H_2O(l) + 2e^- \rightarrow H_2(g) + 2OH^-(aq)$

在阳极（这里是正极）处，电子被 OH^- 阴离子吸收，被氧化为水，并释放出氧。

阳极: $2OH^-(aq) \rightarrow H_2O(l) + \frac{1}{2}O_2(g) + 2e^-$ 氧化（释放电子）

通过在电解质中传导 OH^- 阴离子来平衡电荷。

总反应: $H_2O(l) \rightarrow H_2(g) + \frac{1}{2}O_2(g)$ $\Delta_R H_m^0 = 286\text{kJ/mol}$

使用赫斯（Hess）定理和基尔霍夫（Kirchhoff）定律确定摩尔的标准反应焓 $\Delta_R H_m^0$。根据赫斯（Hess）定理，摩尔的标准反应焓 $\Delta_R H_m^0$ 可以通过标准形成焓的总和乘以反应的化学当量系数来确定:

$$\Delta_R H_m^0(T^0) = \sum_i \nu_{sti}\,\Delta_B H_{mi}^0(T^0)$$

如果在未直接制成表格的某个温度下需要计算焓变，则可以使用基尔霍夫方程计算焓变的温度相关性:

$$\Delta_R H_m^0(T) = \Delta_R H_m^0(T^0) + \int_{T^0}^{T} \Delta_R C_{mp}(T)\,\mathrm{d}T = \Delta_R H_m^0(T^0) + \int_{T^0}^{T} \sum_i \nu_{sti} C_{mpi}(T)\,\mathrm{d}T$$

对于水的分解，氢和氧的标准形成焓都为零，标准条件下液态水的形成焓为 $\Delta_B H_m^0 = -286\text{kJ/mol}$，气态水的形成焓 $\Delta_B H_m^0 = -242\text{kJ/mol}$。对于标准条件下的反应焓，$\Delta_R H_m^0 = 0 + 0 - (-\Delta_B H_{\text{Wasser, fl}}) = 286\text{kJ/kg}$ 或者说 $\Delta_R H_m^0 = 0 + 0 - (-\Delta_B H_{\text{Wasser,g}}) = 242\text{kJ/kg}$。

当裂解反应逆转时，即氢和氧燃烧形成水，汽化焓的这种差异表示为热值和燃烧值之间的差异，见前面章节的表 3.4。

为了说明电能与机械能以及热能之间的关系，有以下考虑。

定义安培（A）为电流的SI基本单位：1A是恒定电流I的强度，它在距离为1m、长度为1m的真空中在两个平行导体之间产生2×10^{-7}N的作用力。

以下定义为导出的SI单位。

电荷Q的单位库伦（C）：1C等于在不随时间变化的1A的电流I强度下流经导体横截面1s时间的电量Q。$Q=It$，1C=1A×1s。

电压U或电动势E的单位伏特（V）：当导体两点之间有一个稳态的1A电流I产生1W的功率P时，在导体的两点之间存在1V的电压U或电动势E。

$$U=\frac{P}{I},\ 1\mathrm{V}=\frac{1\mathrm{W}}{1\mathrm{A}}=\frac{1\mathrm{J}}{1\mathrm{C}}$$

由此，电能可以通过标识1VAs=1VC=1Ws=1J等同于机械能或热能。电能（功）对应于电荷和电压的乘积。

以欧姆（Ω）为单位的电阻R是电压U与电流I的商：1Ω=1V/1A。就电解而言，反应焓$\Delta_R H$、电流I、时间t以及电荷Q和电池电压E之间的关系如下：

$$\Delta_R H_m=ItE=QE=zN_A eE=zFE$$

电荷数z表示所交换的电子数。法拉第（Faraday）常数$F=96485.34$C/mol表示电子的电荷，其结果是电子的基本电荷（自然常数$e=1.6022\times10^{-19}$C）乘以阿伏伽德罗（Avogadro）常数（$N_A=6.022\times10^{23}\mathrm{mol}^{-1}$），另外：

$$1\mathrm{eV}=1.6202\times10^{-19}\mathrm{J},\ 1\mathrm{J}=6.2415\times10^{18}\mathrm{eV}$$

对于理论上用于水的电解分解所需的电压E^0（也称为分解电压E_Z），可以得出（电荷数$z=2$时）：

$$E_Z=E^0=-\frac{\Delta_R H}{z_{el}\cdot F}=\frac{285000}{2\times96485}=1.48\mathrm{V}$$

图4.3显示了电压随着电流变化而变化的曲线。可以看出，对于电化元件（燃料电池），当电流增加时，电压大约呈线性地下降，而在电解情况下，必须施加超过分解电压的电压，以实现更高的电流流量，从而获得更高的产气率。在强制电流流过电解腔室的情况下，电池内电阻的电压降IR_i会添加到分解电压E_Z上，从而给出端电压E_{Kl}：$E_{Kl}=E_Z+IR_i$，端电压随着电流的增加而增加。这意味着电流越大，施加在电池上的电压越高，以引发或增强电解反应。

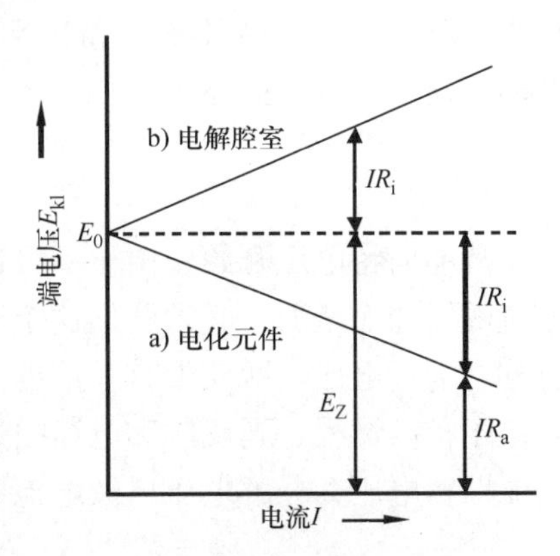

图4.3 电流-端电压变化曲线

由于热力学原因，提高运行温度对电解是有利的。图4.4显示了水分解的反应熵$\Delta_R S$、自由反应焓$\Delta_R G$和反应焓$\Delta_R H$随温度变化的变化过程，给出$\Delta G=\Delta H-$

$T\Delta S$。可以看出，随着温度的升高，可以通过加热代替电功来提供更大比例的反应焓。在非常高的温度下，水的分解是纯热的。最小电池电压可由摩尔自由反应（吉布斯，Gibbs）反应焓 $\Delta_R G_m$、在电解分裂过程中交换的电子 z_{el} 的数量和法拉第常数 F 计算得出：

$$E_Z = -\frac{\Delta_R G_m}{z_{el} \cdot F}$$

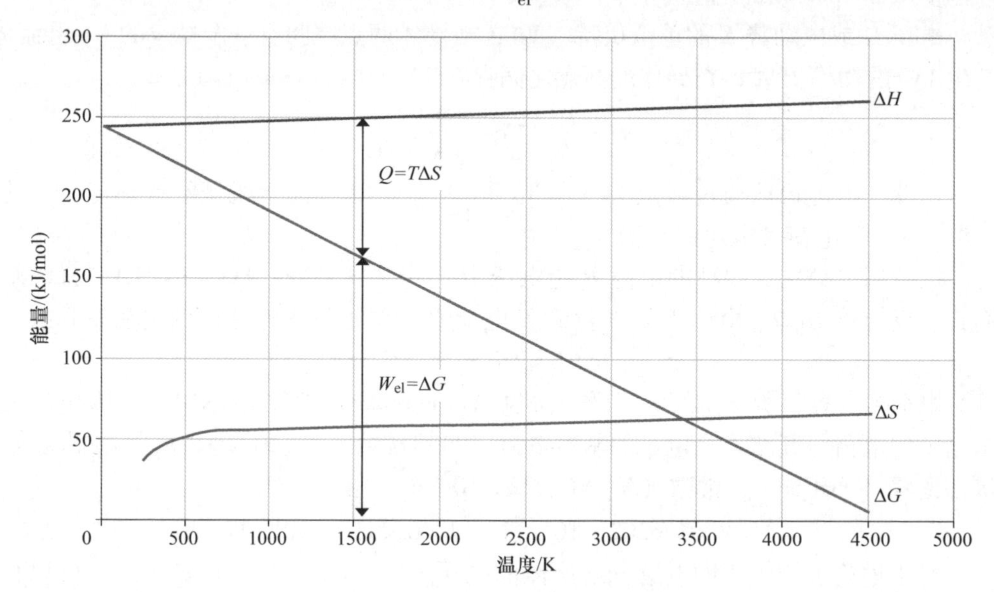

图 4.4　随温度变化的电解能量份额

在偏离标准状态的情况下，至少必须使用所谓的能斯特（Nernst）电压 E_N 进行水分解。以德国物理学家和化学家沃尔瑟·能斯特（Walther Nernst）的名字命名的能斯特方程，描述了氧化－还原对电极电位的浓度关联性：

$$E_N = E^0 + \frac{R \cdot T}{z \cdot F} \cdot \ln \frac{a_{Ox}}{a_{Red}}$$

从能斯特电压开始，由于不可逆过程导致的大量损耗，实际分解电压 E_Z 随着电流的增加而增加。必须施加这个电压或更高的电压才能继续进行电解。多个电压也称之为过电压。即使没有外部电流流动，分解电压也要比能斯特电压高 ΔE，这是由于扩散过程、副反应和电荷损失，以及电解质不是理想的绝缘体所导致的。根据能斯特电压，分解电压以及电池电压的关系为：

$$E = E_N + \Delta E + \eta_{act} + \eta_{ohm,e} + \eta_{ohm,m} + \eta_{diff}$$

由于电荷穿透速度的有限性、电子或离子的有限性，通过电极与电解质之间的相位边界，会出现激活过电压（η_{act}）。穿透速度不仅取决于所涉及的反应物、电解质，也取决于催化剂。氧和氢逸出反应的活化损失比例是不同的：

$$\eta_{act}=\frac{R_m T}{0.5F}\sinh^{-1}\left(\frac{i}{2i_{0,an}}\right)+\frac{R_m T}{0.5F}\sinh^{-1}\left(\frac{i}{2i_{0,act}}\right)$$

电阻过电压（$\eta_{ohm,e}$）代表电池的内部电阻（欧姆损耗），这包括电路（R_{El}）的欧姆电阻。

$$\eta_{ohm,e}=i\cdot R_{ohm}=i\cdot(R_{El})$$

膜电阻过电压（$\eta_{ohm,m}$）与电阻过电压一起形成欧姆损耗。通过膜的质子传输被电阻（间接地与质子传导率成比例）抵消，该电阻引起过电压 $\eta_{ohm,m}$。欧姆领域的特征是电池电压随着电流强度的增加而线性地增加。电解主要在该领域进行。在电解系统中，电解质是具有最高内电阻的决定性成分。过电压由电流强度 I、膜厚度 δ_m 和膜的质子传导率 σ_m 给出。借助于能斯特 - 爱因斯坦关系来描述质子传导率：

$$\eta_{ohm,m}=\delta_m\frac{i}{\sigma_m}$$

扩散过电压（浓度过电势）是最大负载点（电流密度）的限制性因素，即考虑到了在高负荷下物质运输的限制。在阳极处的电化学反应需要在膜电极界面上加水。为了向阳极的催化层供应水，必须将整个质量流通过多孔气体扩散层输送。另一方面，氢和氧必须从反应区输送到通道中。如果反应区与双极板通道之间的氧或氢的浓度差不足以足够快地除去物质，则这将限制反应速率。需要更高的电压来维持反应速率：

$$\eta_{diff}=\left|\frac{R_m\cdot T}{z\cdot F}\nu_{st,O_2}\ln\left(1-\frac{i}{i_{lim,O_2}}\right)\right|+\left|\frac{R_m\cdot T}{z\cdot F}\nu_{st,H_2}\ln\left(1-\frac{i}{i_{lim,H_2}}\right)\right|$$

电池电压随着电流的变化而变化的过程会形成极化曲线，在图 4.5（见彩插）上用独立的过电压来描述。

从变化的过程中可以看出，激活过电压和电阻过电压对特性曲线的影响最大。对于小电流密度（$<1A/cm^2$），激活过电压占主导地位，尤其是阳极。对于更高的电流密度，激活过电压几乎保持恒定，电压升高主要是由膜电阻过电压所引起的。在高电流密度下，扩散过电压显著增加。有关过电压的详细说明，参见文献[113，225，305]。

4.2.2 电解系统

电解槽投入商业化运行已有多年，有许多设计方案，其不同之处主要在于所用的电解质。带有碱性电解的大型设备每小时可生产超过 30000Nm^3 的氢，输入功率高达 120MW_{el}，可实现高达 85% 的最高效率。在其中使用质子交换膜（Proton Exchange Membran）的 PEM 电解应用广泛。PEM 电解槽通常每小时提供 0.5 ~ 10Nm^3 的氢，效率视功率大小而定，介于 50% ~ 80% 之间。

电解中生产 1Nm^3 氢所需的电能在 4kW · h（效率为 75% 时）和 6kW · h

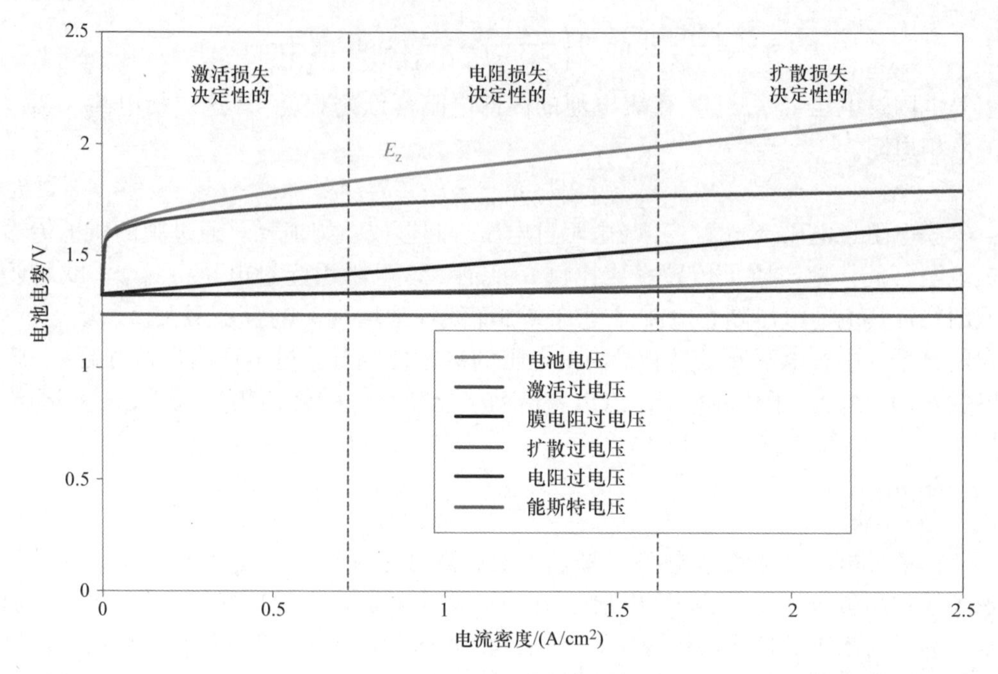

图 4.5　电解腔室的极化曲线

(50%时）之间。电解需要不断供应水，1Nm³ 氢消耗约 0.8L 水，水在制水装置中脱盐。例如，这通过在可再生混合床脱盐滤筒中进行去离子来完成。产生的氢的纯度超过 99.9%，如通过吸附干燥还可以进一步纯化。

在电解槽中的工作温度应尽可能地高，这也可以改善电极处的反应动力学。然而，随着温度的升高，材料问题也越来越多。因此，在常规电解槽中温度几乎不超过 80℃，新系统的温度可以高达 120℃。

由于氢通常需要处在压力之下，并且在压力下电解的电流消耗几乎不会增加，因此，压力电解是一个不错的选择。目前可提供高达 50bar 的压力电解槽，正在测试高达 350bar 的设备，正在开发高达 700bar 的设备，但是，电池的结构设计和密封是花费巨大的，其效率低于大气状态运行的电解池。

如果电能是由可再生资源（例如太阳、风或水）产生的，则使用高质量的电能通过电解产生氢具有生态和经济意义的。另外，电解池可以在高峰时段用低成本的电力运行，然后可以存储氢，并且在需要时作为燃料用作移动源应用或用于再生。如果人们认为与化石资源相比，可再生能源没有被消耗，而实际上再生能源的数量几乎是无限的，那么这种基本上零排放 CO_2 的能源使用效率低下的重要性就被弱化了。

对于水电解，使用了液体碱性电解质（AEL）的碱性电解、用聚合物固体电解质（PEMEL）的酸性电解和固体氧化物的高温电解（HTEL）。有关更多详细信息可参考文献［129］。

（1）碱性电解槽

碱性电解槽已经商业化使用了80多年，是全世界使用最广泛的电解技术。电解装置的氨气合成和化肥生产能力（例如在埃及的阿斯旺）为30000 Nm^3/h以上。碱性电解槽在模块层面上生产，生产能力低至不到$1Nm^3/h$，高至$1000Nm^3/h$，相当于每个模块的电功率低至不到$5kW_{el}$，高至$6MW_{el}$。多个模块并联连接，可以实现更多的制氢量。

在碱性电解的情况下，在生产氢的阴极侧上供应水。含有OH^-离子的20%～40%氢氧化钾水溶液可作为电解质。

图4.6显示出了碱性电解腔室的示意性结构。电极4靠近隔膜3放置并与端板7电连接。电池框架5从外部密封半电池1、2，并用作隔膜的嵌入。电源6通过端板接触。两个半电池都有KOH碱液流过。碱液存储在独立的储罐8中，该储罐也用作气液分离器。液体状的腐蚀性电解质的缺点是系统的复杂性相对较高，并且必须进行复杂的气体清洁。工作温度范围为50～80℃，电流密度相对较低，为0.2～0.6A/cm^2。

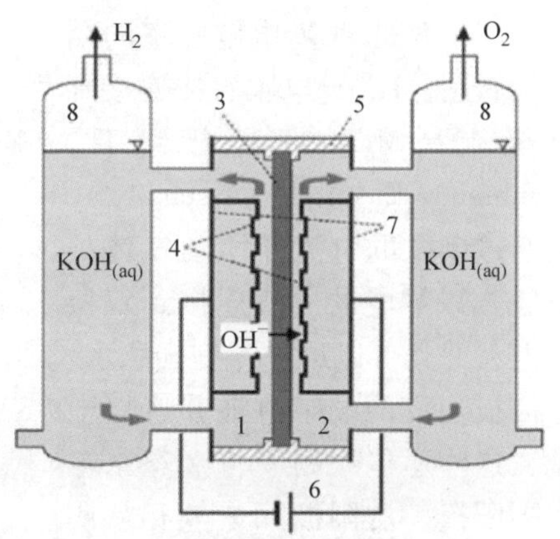

图4.6 碱性电解腔室的示意性结构（来源：NOW）

图4.7显示了具有$760Nm^3/h$氢生产能力的AEL堆叠。

图4.7 具有$760Nm^3/h$氢生产能力的碱性电解堆叠（来源：IHT）

（2）质子交换膜电解槽

20 世纪 50 年代初期，在美国太空计划的框架内，首次考虑了使用固体聚合物电解质的电解方案，尤其是在失重环境下。该方案成功的关键是在 60 年代 Nafion（磺化四氟乙烯聚合物）的开发，该产品结合了隔膜和质子传导的电解质的功能，仅向电池提供去离子水，而不必添加酸性或碱性试剂来增加电导率。

过去，PEM 电解法主要用于利基领域和相比于碱性电解法的较小产氢能力的领域。波动的能源的耦合和对生产的氢的纯度的高的要求，在过去的几年中已开发的 PEM 电解模块具有更高的生产能力，高达 $460Nm^3/h$，并且连接功率超过 2MW，并已在市场上销售。

图 4.8 是 PEM 电解腔室的结构示意图。H^+ 导电膜直接连接到电极上（MEA 膜电极组件，Membrane Electrode Assembly）。它通过多孔的电流导体（气体扩散层）以导电的方式连接到双极板上，并且可以透过产物气和水。双极板构成两个半电池并连接电源。这些还包含用于将液态水输送到阳极、从阳极除去氧和从阴极除去产物氢的流动通道。

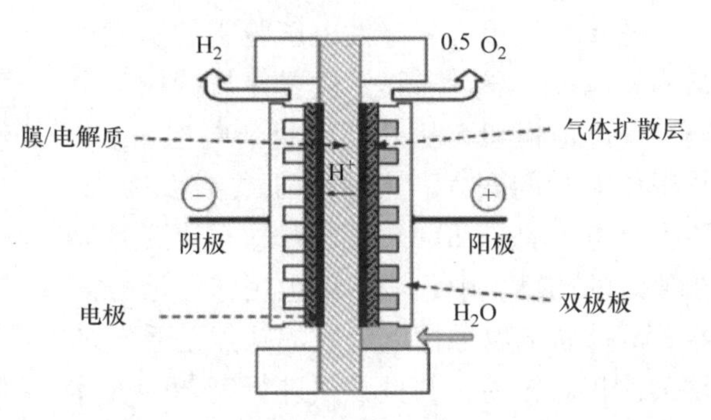

图 4.8 PEM 电解腔室的示意图（来源：NOW）

所供应的水必须具有比碱性电解更高的纯度，因为即使浓度很小的污染物也会使催化剂中毒并降低膜的电导率。使用 Nafion 时将工作温度限制在 80℃，与 AEL 不同，可以实现 $0.5 \sim 2A/cm^2$ 的高电压密度。图 4.9 显示了具有 $225Nm^3/h$ 氢生产能力的 PEM 堆叠，工作压力为 3.5MPa，连接功率为 1.25MW。

（3）高温电解

20 世纪 60 年代后期，在通用电气（General Electric）公司和布鲁克海文（Brookhaven）国家实验室进行了固体氧化物电池高温电解领域的初步开发。近年来，研究集中在高温燃料电池上。由于在固体氧化物电池中，不仅水的分裂，而且氢的氧化的电化学都可以在高温下进行，因此燃料电池技术的进步可以转移到高温电解中。到目前为止，有关 HTEL 性能的可用数据最主要来自实验室电池和实验室堆叠。目前实际上还没有商业化装置。先前实施的实验室系统的制氢速率高达 $5.7Nm^3/h$，电功率高达 18kW。

图 4.10 是高温电解腔室的结构示意图。水被送入阴极，在阴极上产生氢。固体氧化物（例如钇-稳定的氧化锆）用作电解质，可传导 O^{2-} 离子。

与 AEL 和 PEMEL 相比，由于 700～1000℃的高工作温度，从热力学角度来看，高温电解是有利的。随着工作温度的升高，可以通过热量 $T\Delta_R S_m$ 代替电功 $\Delta_R G_m$

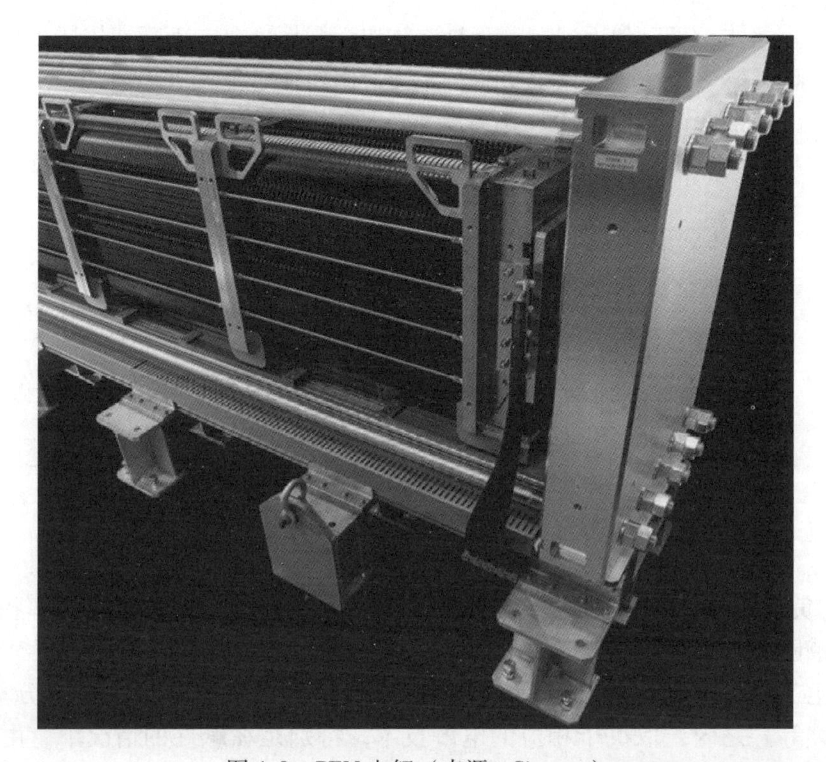

图 4.9 PEM 电解（来源：Siemens）

来提供更大比例的反应焓 $\Delta_R H_m$。

高温允许更少的贵金属和更便宜的金属，例如将镍用作催化剂。根据单个电池的设计，可以实现0.2～2.0A/cm^{2}甚至更高的电流密度。

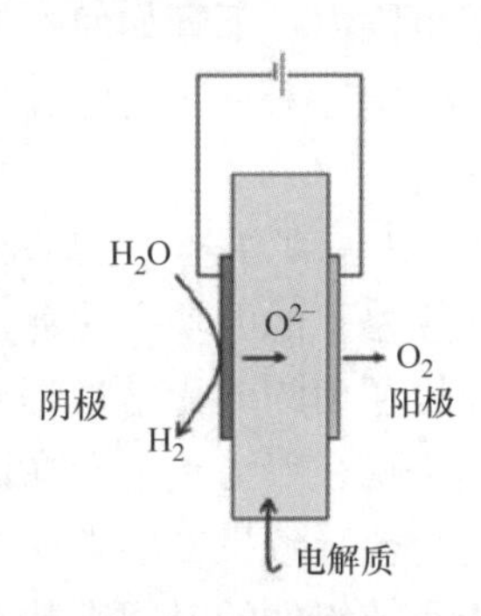

图 4.10 HTEL 的示意图

（4）电解技术的比较

实现较低的制氢成本对于电解技术的使用至关重要。除了投资成本和购电成本外，这些成本还主要取决于利用率，见图 4.11（见彩插）。

除了经济评估标准外，还可以使用以下技术标准来比较不同的电解技术。

1）效率。技术装置的效率代表着利用与耗费之间的比例关系，电解装置的利用基本上可以从产生的氢中看出。决定性的因素是氢的能量含量是否与燃烧值或热值相关。如果在随后过程中将氢转换为热能、机械能或电能，则仅能采用氢的低热值。因此，对于整个转化链的效率而言，必须采用热值。如果在随后过程中以化学形式使用氢，则必须将燃烧值用于效率计算。水以液态形式进入到电解槽中，用于分解液态水并将其转化为气态的氢的反应焓对应于标准条件下反应的燃烧值。与燃烧值相关的效率表示电解槽作为一台机器的效率如何，以及接近理想的可逆状态运行的程度。此外，可以利用现有的废热或氧作为利用部分，而耗费用所提供的电能来表示，除了效率外，电解系统中通常还会给出比能量消耗（kW·h/Nm^3）。

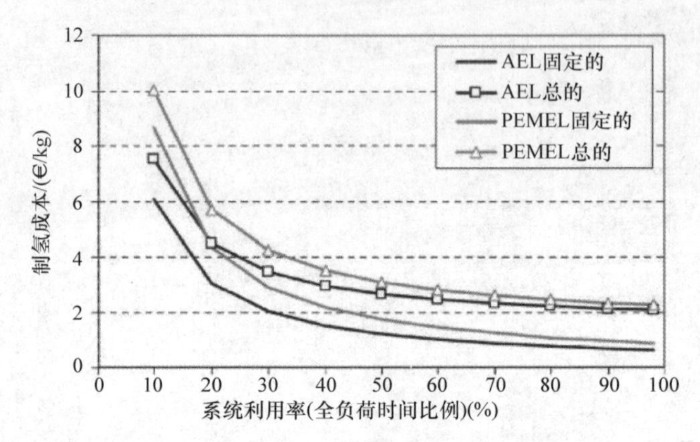

图 4.11 取决于利用率的制氢成本

2）负载范围。可能的负载范围可以与标称氢生产能力或标称电功率相关。部分负载范围表示小于标称功率或生产能力的负载范围。超出标称功率或生产能力的功率或生产能力称之为过载范围。在电解槽可运行的极限（最小的部分负载点，最大过载等）之内，取决于相应的电解技术，特别是在碱性的情况下，由于各个异质气体与所产生的气体相比的相对比例增加，所以气体杂质限制在较低的部分负载范围内。不管如何，氢从阴极向阳极的反向扩散限制了最小的可能的部分负载点（爆炸性 H_2-O_2 混合物的形成）。反向扩散在碱性压力电解和高压 PEMEL 中特别重要。

3）动力学。在启动、预热、从待机转到正常运行的系统的空闲时间与瞬态负载规格下的电功率功耗速度之间必须加以区分。不管使用何种电解技术，电池和电池堆层面的电化学过程对负载变化的反应基本上没有延迟。更为关键的是电池堆的热平衡，因为热平衡在波动的运行模式下会经历热循环。特别是在 HTEL 中，温度变化会导致机械应力，这可能会导致使用寿命问题。整个系统的动力学基本上取决于系统组件的时间常数，例如电解质回路、压力调节器或产物气分离器。

4）使用寿命。除了运行小时数之外，启动和关闭循环的次数以及相关的温度和压力变化循环对电解槽的使用寿命至关重要。

5）发展状态、可靠性、可提供性。自从 100 多年前引入水电解以来，迄今为止仅制造了数千套装置。其结果是在过去的 40 年中，大型的电解装置的技术水平仅发生了微小的变化。

根据这些技术评估标准，表 4.2 中列出了 AEL、PEMEL 和 HTEL 所选定的技术特征。

（5）高压电解技术

当前发展的重点是在高压下的电解。在30～100bar压力下的压缩氢馈入到天然气管网中供使用，在200～300bar的压力下用于存储在气瓶束中，在高达1000bar的压力下可直接为燃料电池汽车加注。

就随后过程的复杂性而言，借助于高压电解槽直接生产压缩氢具有优势。通常需要多达5级压缩机，才能在5bar的入口压力下将氢机械地压缩到900bar。实际所用的压缩机所需的能量在2.5～5kW·h/kg的范围内。如果来自高压电解的氢已经在>300bar的压力下可供使用，则仅需要一级机械压缩机即可将其压缩到900bar。

与无压电解相比，高压电解需要提高能量需求，从而增加电解水分解所需的电池电压。所需的电池电压随温度升高而降低，其压力依赖性呈指数变化，并从1～100bar显著增加，电压升高在100～700bar的范围内增加幅度更小。

表4.2 AEL、PEMEL和HTEL的特征

	AEL	PEMEL	HTEL
生产率/(Nm^3/h)(每个模块)	最多1000	最多460	最多5.7
电功率/MW(每个模块)	最多6	最多2	最多0.018
系统比能耗/(kW·h/Nm^3)	4.1～7.0	4.3～8	未知
系统效率(%)	最多85	最多80	最多85
电流密度/(A/cm^2)	0.2～0.4	0.6～2	0.2,最多可>2
最小部分负载(%)	20～40(可能5)	0～40	未知
过载能力(%)	150	200	未知
运行温度/℃	60～95	50～80	700～1000
待机激活时间/s	30	<<30	未知
从静止状态的激活时间/min	10	<10	<90
负载梯度/(%/s)	<10	10～100	未知
堆叠寿命/h	>50000	<50000	未知
可提供性(%)	98	98	未知
系统使用寿命(包括大修)/年	20～30	10～20	未知
市场准备/年	>80起	>20起	实验室和试验阶段

图4.12a（见彩插）显示了通过高压电解生产氢的三种可能性。反应的方向绘制在横坐标上，而氢压力水平的对数压力标度绘制在纵坐标上。从点1开始，描述了高压生产氢（点2）的三种可能过程。路径Ⅰ（蓝色）表示大气中的电解：在环境压力（1bar）下从水到氢的反应，随后压缩至最终压力。路径Ⅱ（红色）显示了水的液力压缩到所需的最终压力，然后提供给电解槽。路径Ⅲ（绿色）表示电化学压缩，氢仅通过电解水分解（化学压缩）压缩。

如果考虑到电解和压缩的不可逆的损失，给出比能耗的变化过程，如图4.12b

（见彩插）所示。此处，最高达45bar的电化学压缩效率最高，在更高压力下，机械压缩更节能。还可以看出，从85bar起，由于法拉第损失，水的液力压缩优于化学压缩。

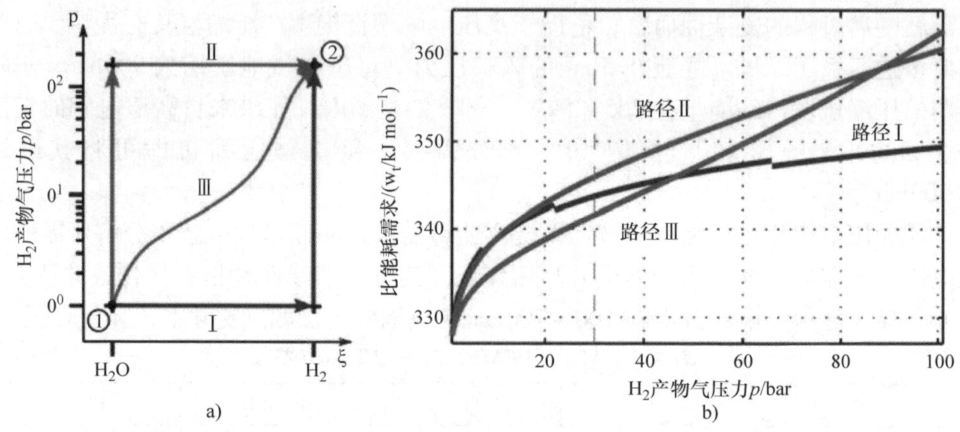

图4.12　生产压缩氢的可能性和取决于压力的比能耗的变化过程

考虑到比能耗时，借助于高压电解（最高达45bar）进行化学压缩与随后的机械压缩（所需的最终压力）相结合是优化的过程。这样将压力引起的电解腔室上的负载最小化，同时减少了压缩机级数。

无论如何，从整体上看，直接化学压缩至>100bar的高压电解系统比出口压力在45bar范围内并随后进行机械压缩的压力电解槽具有明显的优势。特别是已经证明了在整个装置的复杂性、整个装置的必要的空间需求、气体纯化的花费，以及机械压缩机和气体纯化装置的所需维护工作方面的优点。

来自电解堆叠的氢产物气与水蒸气饱和，并且在高压下比在大气压下包含相对较低比例的水。潮湿的产物气氢可以分几个阶段进行干燥，可以通过冷却（冷干燥）来第一次干燥产物气。在通常需要的氢纯化下，通过随后使用分子筛的精细干燥进一步降低水蒸气含量。为了将湿的产物气净化至-70℃的露点，必须通过大气电解分离出每100Nm³ 氢中4L的水含量，而使用350bar高压电解则需分离1Nm³的氢中0.1L的水含量。

高压电解的另一个优点是有关氢的更高的能量密度。外围部件，例如管道，特别是用于储氢的容器的空间需求大大减少了。另外，可以通过消除压缩机装置来减少空间需求。

4.2.3　从动力到气体

概念“从动力到气体”（Power-to-Gas）是指使用（多余的）电能在电解槽中分解水。生成的氢与二氧化碳合成为甲烷也属于概念“从动力到气体”。为了利用“从动力到气体”技术生产甲烷，需要合成用的二氧化碳源。生产甲烷的附加过程降低了其生产效率。尽管如此，甲烷在进一步利用方面仍具有一些优势，这可以证明效率的损失。与氢相比，一个明显的优势在于，合成生产的甲烷与天然气非常相似，因此可以轻松地集成到现有的天然气管网基础设施中。除甲烷外，氢还可以合成为其他碳氢化合物，例如甲醇、乙醇、二甲醚或甲酸。这些液态能源是化学工业中有价值的原材料，也可以用作移动性交通工具的代用燃料。液态碳氢化合物的生产也归纳为“从动力到液体”（Power - to - Liquid）。在“从动力到气体”系统中，电解是电能和化学能之间的耦合。

在奥地利的试点项目“风能到氢”（w2h）中，实施了带有化学压缩的模块化的高压 PEM 电解系统。该研究项目是为奥地利用于波动的、可再生的电力的储存和运输的可再生氢的生产创造前提条件。为此，在下奥地利州奥尔施塔尔（Ouersthal）的 OMV 加气站安装了一个 100kW 量级的中试装置。该装置（图 4.13、图 4.14）采用集装箱式的设计模式，并设有带中央控制器的控制室、高压电解容器和用于将氢供入高压天然气管路的气体调节容器。

图 4.13 w2h 项目中高压 PEM 电解装置

该试点项目带来了将氢供入天然气管网，直至在移动性交通工具中使用氢的新经验。可以从电力方面以及从天然气管网运营商的角度分析不同的业务案例。随着一种不对称 PEM 高压电解槽的新发展，技术上的创新飞跃也成为可能，现在，更复杂的装置随后的氢压缩过程可以实现高达 163bar 的压力。通过采用电解槽的模块化设计，尽管采用了高压设计，仍可实现标称负载的 3% 的部分负载运行。该项目于 2017 年获得了施蒂里亚能源全球奖。在文献［304 - 307］中可以找到关于该装置和电解系统的更详细的描述。

除了 w2h 装置外，奥地利目前正在开发两个大型电解装置，由欧盟通过 FCH JU 资助。在 H2Future 项目中，正在林茨（Linz）的 VOEST 建造一个 6MW 级的 PEM 电解装置，为钢铁行业生产绿色的氢。配备 6MW 碱性压力电解槽的 Demo4Grid 项目旨在研究为电网稳定性提供调节服务的可能性。另外，还可实现氢的多种方式应用的可能。这两个项目都是奥地利扩大氢经济的下一个步骤。

图4.14　具有12个模块化PEM电解系统的100kW电解容器

4.3　重整

重整是通过化学过程从碳氢化合物中生产氢。在蒸汽重整中，在吸热过程中将像甲烷等轻质的碳氢化合物与水蒸气转化为合成气（CO和H_2）。在部分氧化中，重质的碳氢化合物（例如来自石油加工的残油、重质取暖油）与氧一起放热转化为合成气。在自热重整的情况下，两个过程以这样的方式组合，使得在理想的情况下，放热的部分氧化反应覆盖了吸热的蒸汽重整反应的能量需求。在水煤气与水蒸气反应中，合成气中的一氧化碳进一步催化转化为二氧化碳和氢。近来，还研究了沼气的重整，其具有超过50%的高CO_2含量，因而提供了更低的产氢率。

4.3.1　蒸汽重整

蒸汽重整是将轻质的碳氢化合物（例如天然气、液化气和石脑油等）与水蒸气进行吸热催化转化。在工业规模上，这些过程通常在700～900℃的温度和20～40bar（最大80bar）的压力下使用过量蒸汽进行。为了加速反应，使用了镍或贵金属制成的催化剂。净反应方程式通常为：

$$C_nH_mO_k+(n-k)H_2O\rightarrow nCO+\left(n+\frac{m}{2}-k\right)H_2$$

从 CO 和 H_2 所得的混合物称为合成气或水煤气，它广泛地用于化学工业，例如氨合成、甲醇生产或费-托合成（Fischer-Tropsch-Synthese）中。如果使用合成气生产氢，则在轻微放热的水煤气反应（也称为变换反应）中，使一氧化碳与水蒸气进一步催化反应，形成二氧化碳和氢：

$$CO + H_2O \rightarrow CO_2 + H_2 \quad \Delta_R H = -41kJ/mol$$

然而，由于较低的温度水平，该反应中释放的能量不能直接用于重整。有两个不同的变换反应：在 300~500℃ 的温度下与 Fe/Cr 或 Co/Mo 催化剂发生高温变换反应，在 190~280℃ 的低温下与黄铜或 CuO/ZnO 催化剂发生变换反应。

然后，通过变压吸附或膜分离从气体混合物中除去二氧化碳，该混合气也将其他不希望有的组分清除了。

图 4.15 显示了最常用的甲烷的蒸汽重整装置中最重要的组成部分。为了保护镍催化剂，首先将天然气脱硫，然后与水蒸气混合并加热到约 500℃。在重整炉的外燃催化剂管束中发生以下反应：

$$CH_4 + H_2O \rightarrow CO + 3H_2 \quad \Delta_R H = 206kJ/mol$$

$$CH_4 + 2H_2O \rightarrow CO_2 + 4H_2 \quad \Delta_R H = 165kJ/mol$$

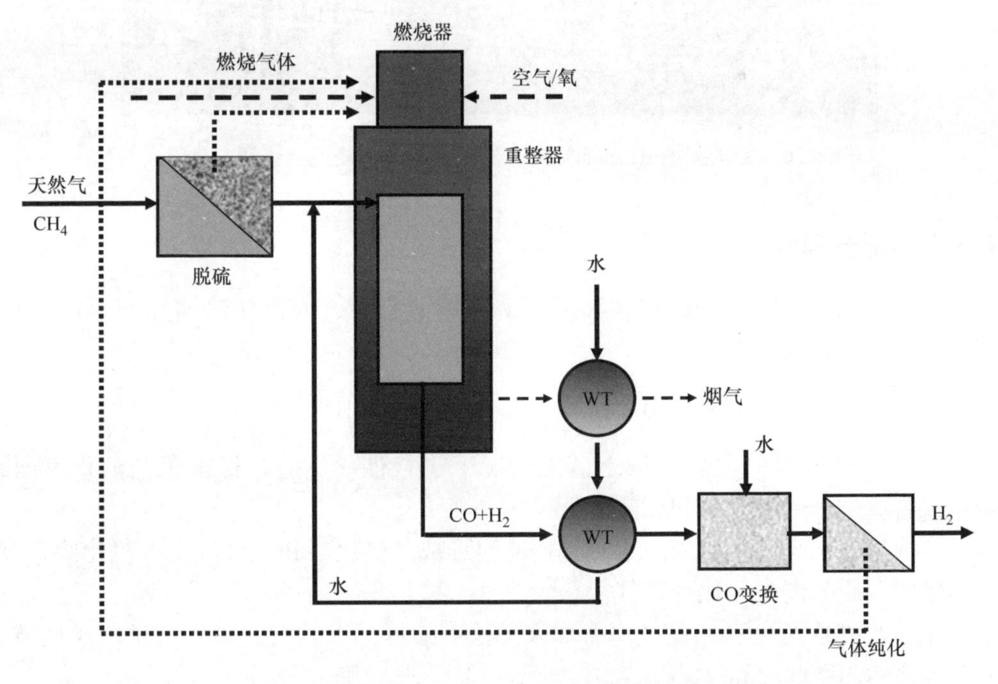

图 4.15 天然气蒸汽重整示意图

约 850℃ 的气体从重整器中排出。冷却后，CO 在约 400℃ 的变换反应中分解：

$$CO + H_2O \rightarrow CO_2 + H_2 \quad \Delta_R H = -41kJ/mol$$

在变压吸附中进行纯化，带有约 60% 可燃成分（H_2、CH_4、CO）的残留气体与燃烧气体一起用于重整炉的燃烧。

大型蒸汽重整装置的氢生产能力高达 100000Nm³/h，而小型的蒸汽重整装置的生产能力约为 150Nm³/h。其效率在 75% ~80% 之间，对于 1Nm³ 的高纯度氢，大约需要 0.45Nm³ 的甲烷。与其他重整工艺相比，这种工业规模的方法可获得最高的产氢率。图 4.16 显示了一个已实施的装置，生产氢的能力为 35000Nm³/h，纯度为 99.99%（体积分数）。

图 4.16　德国莱纳（Leuna）的天然气蒸汽重整装置（来源：Linde）

4.3.2　部分氧化

部分氧化（POX）是重质碳氢化合物（例如废油、重质加热油）与氧的放热转化。净反应方程式如下：

$$C_nH_m + \left(\frac{n}{2}\right)O_2 \rightarrow nCO + \left(\frac{m}{2}\right)H_2$$

在 600 ~850℃的温度和缺乏氧的情况下进行催化反应，根据工艺流程不同，会生成合成气、二氧化碳和烟灰。

合成气在水煤气反应中与水蒸气反应再形成二氧化碳和氢，洗出二氧化碳，在变压吸附或膜分离中纯化产物气。

该工艺可达到约 70% 的效率，如果无法直接提供天然气，则可用于工业规模，氢产能高达 100000 Nm³/h。

在有大量煤炭矿藏的国家（南非、中国），煤也可用作部分氧化的原料。将煤磨碎，然后通过将水添加到固体含量高达 70% 的较低黏度的悬浮液中进行混合。

4.3.3 自热重整

蒸汽重整和部分氧化的这种结合使得可以使用任何碳氢化合物，例如天然气、汽油或柴油。两种过程以这样的方式彼此联系在一起：将蒸汽重整（产氢率更高）和部分氧化（释放热能）的优点尽可能地结合在一起；确定水蒸气供应量和空气供应量，使得放热的部分氧化反应尽可能覆盖吸热的蒸汽重整反应的能量需求。该过程对催化剂有很高的要求，它们必须适合蒸汽重整、部分氧化以及水煤气反应。

根据以下净反应方程式，甲烷的总体轻微吸热重整过程在大约850℃下进行：

$$4CH_4 + O_2 + 2H_2O \rightarrow 4CO + 10H_2 \qquad \Delta_R H = 170kJ/mol$$

自热重整的工作温度高于其他重整，这会产生明显更多的氮氧化物，这使得必须对烟气进行大量必要的后纯化处理。

4.4 气化

原料的气化是自17世纪以来一直使用的一种生产燃气的传统方法。木制气化炉在第一次和第二次世界大战期间在德国得到了广泛的使用，而且在1973年左右的石油危机期间，气化也得到了越来越多的研究。迄今为止，由于产物气的纯度不足，并且纯化所需的花费很大，因此还不能在商业上确立自身的地位。

燃料的热化学气化是指在高温下碳原料与含氧气化剂（蒸汽、空气或氧）的转化。气化的基本特征如下文所述，有关详细说明参见文献［109，309］。

根据方法的不同，会产生氢含量高达50%（体积分数）的煤气、液态物质（油）和固体物质（灰分、焦油、烟灰）。煤炭的气化已在工业上使用，生物残渣、副产物和废物的气化方法处于研究阶段，制氢效率达到约50%。

有许多不同的方法可以处理从煤炭到生物质的不同化石或生物原料。固体燃料的气化在800～2000℃的温度、最大40bar的压力下进行。原料的化学组成、水含量和灰分含量（质量分数）的差异非常大：

无烟煤	$CH_{0.45}O_{0.03}$	H_2O：1%	灰分：3%
褐煤	$CH_{0.8}O_{0.25}$	H_2O：15%～65%	灰分：1%～60%
生物质	$CH_{1.45}O_{0.65}$	H_2O：15%～95%	灰分：0.3%～70%

气化过程非常复杂，原则上可以分为四个子过程：烘干、热解（过量空气系数$\lambda=0$）、氧化和气化（还原，$0\leqslant\lambda\leqslant1$）。

气化器的工作步骤是由燃料和气化剂、气化器的类型、所设定的温度以及氧气的供应来确定的。

（1）烘干

通过在约200℃下干燥除去所含的水，原料没有发生化学转化。生物质特别高的水分含量可用于通过厌氧甲烷发酵产生沼气。该气体包含60%～70%的甲烷，可以直接在内燃机或燃料电池，如MCFC（熔融碳酸盐燃料电池）中转化，或可以通过重整转化为氢。

（2）热解

热解反应的进程取决于温度、加热速率和燃料颗粒的大小。在没有空气的情况下，原料会在200～500℃的温度下热分解为碳化合物和氢化合物，原料的低沸点成分被蒸发。从大约280℃起，随着温度的升高（直到大约400℃），形成了越来越多的、不希望产生的长链碳氢化合物油、焦油和焦炭。

（3）氧化

在氧化区中，分解的原料在500～2000℃的放热反应中通过氧化剂部分地燃烧，产生的反应热覆盖了气化的吸热部分过程的能量需求。该区域的最重要反应如下：

$C+1/2\ O_2 \rightarrow CO$	$\Delta_R H=-123.1\text{kJ/mol}$	碳的选择性氧化
$C+O_2 \rightarrow CO_2$	$\Delta_R H=-392.5\text{kJ/mol}$	碳的氧化
$H_2+1/2\ O_2 \rightarrow H_2O$	$\Delta_R H=-241.8\text{kJ/mol}$	氢的选择性氧化

（4）气化（还原）

在该区域中，氧化区域中形成的产物（CO、CO_2、H_2O）在500～1000℃下与碳反应。发生的反应是布杜亚德（Boudouard）反应和非均相水煤气反应。随着温度的升高和压力的下降，这些反应的平衡朝着CO的方向发展，然后继续形成CO和H_2。

$C+CO_2 \leftrightarrows 2\ CO$	$\Delta_R H=159.9\text{kJ/mol}$	布杜亚德（Boudouard）反应
$C+H_2O \leftrightarrows CO+H_2$	$\Delta_R H=118.5\text{kJ/mol}$	非均相水煤气反应

同时，发生均匀的水煤气反应。反应的平衡随着高温转移，有利于CO和水的反应，还会形成甲烷，其形成随着温度的升高而减少。

$CO+H_2O \leftrightarrows CO_2+H_2$	$\Delta_R H=-41\text{kJ/mol}$	均相水煤气反应
$C+2\ H_2 \leftrightarrows CH_4$	$\Delta_R H=-87.5\text{kJ/mol}$	布杜亚德（Boudouard）反应

最后，氢和一氧化碳还发生氧化反应，这是不希望的，并且会导致产生的气体的热值的降低。

$CO+1/2\ O_2 \leftrightarrows CO_2$	$\Delta_R H=-283.0\text{kJ/mol}$	一氧化碳的选择性氧化
$H_2+1/2\ O_2 \leftrightarrows H_2O$	$\Delta_R H=-285.9\text{kJ/mol}$	氢的选择性氧化

（5）气化器类型

反应在被称为气化器的装置中进行，气化器以不同的设计形式运行。根据原料和氧化剂的运动，有固定床气化器和流化床气化器之分。固定床气化器结构相对简单，用于较小的装置，分为逆流式和顺流式气化器。具有稳态式或循环式涡流层的流化床气化器可实现更高的效率，并且由于结构更复杂，其可用于更大型的装置中。此外，还有许多其他类型的气化器，例如夹带式气化器、转鼓式气化器和两级气化器等。

4.5 纯化

首先，从热化学和生物化学方法获得的产物气中包含许多组分，氢必须要从中分离和纯化。根据所需的纯度使用不同的纯化方法。首先，纯化原料，从而去除特别不期望的成分，例如金属和硫。通常允许来自产物气的 CO 通过水煤气变换反应进一步形成 CO_2 和 H_2。通常在水凝结之后进行压力变换吸附。对于产物气的精细纯化，化学催化纯化方法主要用于小型装置，而物理纯化方法用于集中式大型装置。

工业气体的纯度以 x. y 形式的一对数字表示。其中，第一个数字 x 表示纯度以体积分数计算的 9 的位数；第二个数字 y 是 9 后面的最后一位数字。例如，纯度为 3. 5 级的气体纯化到 99. 95%（体积分数），5. 0 级的气体纯化到 99. 9990%（体积分数），该气体最多包含 0. 001%（体积分数）的杂质。

4.5.1 原料的纯化

在纯化原料（生物质、煤炭、石油、天然气）时，主要通过除尘、脱硫和气体洗涤，主要是除去氯、重金属和硫。

（1）除尘

气体的物理除尘是通过一系列分离方法进行的：旋风分离器是第一个去除粗颗粒（≥5μm）的设备；静电过滤器去除较小的颗粒（残余灰尘含量：75mg/Nm^3）；然后是摇动漏斗（10mg/Nm^3）和烛式过滤器（<5mg/Nm^3）。

（2）脱硫

由于催化剂会被硫和 H_2S 等硫化合物钝化，因此，在大多数过程中都必须对原料进行脱硫。

天然气纯化中采用了不同的方法，例如使用活性炭床或活性氧化铝的吸附脱硫、氢化和克劳斯（Claus）过程。当硫含量比较高时，使用 MEA 方法（单乙醇胺的化学吸收）、MDEA 方法（甲基二乙醇胺的化学吸收）和普里索尔（Purisol）方法（吸收 H_2S 的物理洗涤方法）。

小型装置的和低浓度下的催化方法正在开发中，例如使用氧化锌滤筒。其中，在低浓度的硫化合物中，通过与 ZnO 的化学键（$ZnO + H_2S \rightarrow ZnS + H_2O$）进行脱硫，必须定期更换 ZnO 滤筒。

(3) 气体洗涤

该方法特别适用于来自沼气、污水或垃圾填埋气中的甲烷，并且在洗涤液中基于杂质的化学吸收。由于其相对非选择性的溶液特性，冷水是非常适合的。如果反应在高压下（约 8 ~ 15bar）进行，则称为压力洗涤。

除了二氧化碳外，该方法还可以去除氮化合物，例如氨（NH_3）或氰化氢（HCN，氢氰酸）和硫化氢（H_2S），也可以去除灰尘颗粒和微生物（例如来自沼气生产的真菌孢子或细菌）。通过逆反应，可以从通常被加热的水中重新除去杂质，并且可以使洗涤液再生。在这样的气体纯化装置中，可以根据 ÖVGW 准则 G31 将沼气的制备升级到天然气质量。

4.5.2 最终产品的纯化

在这个随后的纯化过程中，主要是从产物气中去除一氧化碳以及水、氧和氨，可以采用化学方法和物理方法。采用催化剂的化学转化方法包括 CO 转化以及选择性 CO 甲烷化和 CO 氧化，物理方法分为吸附方法和膜方法。

(1) 化学转化方法

在水煤气变换反应中将 CO 含量降低到大约 1% 之后，在化学转化方法中，借助于水、氢或氧通过以下反应从产物气中除去一氧化碳：

一氧化碳转化	$CO + H_2O \rightarrow CO_2 + H_2$
CO 甲烷化	$CO + 3H_2 \rightarrow CH_4 + H_2O$
CO 氧化	$CO + 1/2\ O_2 \rightarrow CO_2$

在 CO 氧化过程中，必须注意确保精确调节氧或空气的供应，否则氢将再次被污染或氢反应生成水。这些方法的效率通过反应参数（气体浓度、流速、压力、温度和催化剂材料）来确定。各种方法可以相互组合，从而达到只有百万分之几的 CO 的纯度水平。后续的 CO_2 洗涤对 CO 转化非常重要。

(2) 物理分离

变压吸附（DWA）是一种经过验证的工业方法，用于重整过程之后的氢的纯化以及用于从含氢废气（例如从炼油过程或炼焦炉中）生产氢。待纯化的气体在高压下通过活性炭过滤器（碳分子筛），由此，二氧化碳、轻质和重质的碳氢化合物以及其他杂质仍然附着在活性炭上。由于过滤器必须再生，因此只能进行不连续的运行。过滤器装满后，气体会转移到另一个单元，降低过滤器中的压力，然后清洗过滤器。借助于此方法，可以获得高达 99.999%（体积分数）的高纯度氢（纯度 5.0）。选择性吸收二氧化碳的特殊聚合物可以替代活性炭。

极少采用的变温吸附（TWA）在升高的温度下工作，并且还能够去除水、汞、氨、氧、硫化氢和二氧化碳，吸附剂通常具有高结合能。由于高能量消耗，该方法昂贵，因此仅出于特殊的纯度要求而选择。

为了生产最纯的氢（>99.999%），在膜方法中，氢气体以5~10倍的表压力通过由钯或银/钯制成的膜。膜仅允许氢扩散通过，一氧化碳和其他杂质被分离。由于贵金属价格昂贵，因此总是在不断地开发更薄的膜，这提高了流通量，同时减少了高价值材料的使用。

也可以通过陶瓷膜将一氧化碳从氢中分离出来，由价廉物美的聚砜制成的膜还处于测试阶段。

（3）金属氢化物

除了储存氢的可能性之外，因为杂质残留在载体材料中，金属氢化物也用于纯化。该方法很昂贵，但是它可以提供最高纯度的气体，例如在半导体工业领域中所需的气体。

4.6 碳氢化合物的直接裂解

由化石能源生产氢而不会形成二氧化碳的方法是碳氢化合物的直接热裂解或催化裂解，在高于800℃的高温且没有空气的情况下进行。净反应方程式是通用的，也适用于甲烷和丙烷：

$$C_nH_m \rightarrow nC + \frac{m}{2}H_2$$

$$CH_4 \rightarrow C + 2H_2 \qquad \Delta_R H = 75\text{kJ/mol}$$

$$C_3H_8 \rightarrow 3C + 4H_2 \qquad \Delta_R H = 104\text{kJ/mol}$$

原理上，采用该吸热过程，可以从所有碳氢化合物中生产氢和碳，而没有二氧化碳作为副产品，但是耗能较高且产氢率相对较低。

4.7 水的化学分解

对于所有对氧比对氢更具高亲和力的物质都可以用于水的化学分解。这些元素比氢具有更偏向于负的正常电势。这些包括第1至第3主族的元素，其中反应能力从碱金属（第1主族）经碱土金属（第2主族）到土金属（第3主族）逐步下降，以及在同族中从下到上逐步下降，这是因为所形成的金属氢氧化物变得越来越强的不溶性，并通过金属周围的保护层阻碍了反应。当碱金属在正常条件下以很大的力分解水时，以至于所产生的热量会熔化金属并点燃所形成的氢，而其他金属仅在高温下才反应。根据反应条件，会形成氢氧化物和氧化物。在形成氢氧化物的情况下，适用以下条件：

$$M + nH_2O \rightarrow M(OH)_n + \frac{n}{2}H_2 \qquad n = 1,2\text{ 和 }3$$

表4.3概述了水的化学分解反应，给出了起始金属、其摩尔质量和密度、反应

方程式和标准反应焓。由于反应通常是放热的，因此能量释放可以通过与金属有关的比体积和比重量热值来表示。

原理上，这些反应可用于生产氢。然而，金属本质上不是天然存在的，并且必须首先被提取，例如通过熔体流电解。这样做的成本通常太高而不能经济地生产氢。

表 4.3　金属和水的反应

金属	摩尔质量 /(kg/kmol)	密度 /(kg/dm³)	反应方程式	$\Delta_R H_m^0$ /(kJ/mol)	$H_{u,gr}$ /(MJ/kg)	$H_{u,vol}$ /(MJ/dm³)
Li	6.94	0.53	$Li + H_2O \rightarrow LiOH + 1/2H_2$	-202	29.1	15.4
Na	22.99	0.97	$Na + H_2O \rightarrow NaOH + 1/2H_2$	-141	6.1	5.9
K	39.10	0.86	$K + H_2O \rightarrow KOH + 1/2H_2$	-140	3.6	3.1
Be	9.01	1.85	$Be + 2H_2O \rightarrow Be(OH)_2 + H_2$	-336	37.3	70.0
Mg	24.31	1.74	$Mg + 2H_2O \rightarrow Mg(OH)_2 + H_2$	-355	14.6	25.4
Ca	40.08	1.55	$Ca + 2H_2O \rightarrow Ca(OH)_2 + H_2$	-416	10.4	16.1
Si	28.09	2.33	$Si + 2H_2O \rightarrow SiO_2 + 2H_2$	-341	12.1	28.3

(1) 铁 - 蒸汽工艺过程

具有历史意义的是铁 - 蒸汽工艺过程，该工艺过程曾经通过使水蒸气流过炽热的铁屑来产生氢（在高于约 500℃的温度下会形成氧化铁和氢）。近来，用于零排放生产氢的氧化铁重新引起了研究兴趣。在太阳能辅助的热化学水分解中，通常使用两级过程，其中氢是从氧化铁与水的反应中获得的。其中，氧化的金属氧化物在吸热的高温步骤中再次还原。在反应器中通过透镜聚焦太阳光线，可以产生 800 ~ 2000℃的所需温度。

如果反应物的正常电势比氢的正电势高，如碳和大多数其他非金属，则需要供给能量来分解水，其中，通过碳或碳氢化合物分解水具有技术上的重要性。

$$H_2O + C \rightarrow CO + H_2 \qquad \Delta_R H = -131.4 kJ/mol$$

这个“化学碳氢化合物裂解”是通过碳的氧化和碳氢化合物热裂解，由此从水中提取氧。

(2) 硅（Si）

在基本条件下进行，例如在氢氧化钠溶液的存在下可以用硅获得氢。其中，硅和水直接转化为硅酸盐和氢：

$$Si + 2NaOH + H_2O \rightarrow Na_2SiO_3 + 2H_2$$

硅还可以在放热反应中与氧和氮发生反应，并可以用来产生能量。该过程使用氧化铜在约 600℃的温度下进行，可以在太阳能反应器中实现。由于硅是从可以充足供给的沙子中获得的，因此人们反复讨论硅作为能量载体，也经常作为生产氢的补充。

（3）钠钾（NaK）

HyCentA 研究了用钠和钾的混合物对水进行化学分解的方法，它可作为制氢的一种方法。在放热反应中释放的热量以及由于金属和水转化为氢和氢氧化物而引起的体积增加可以在活塞机械中转化为机械能。通过制氢与获得机械能的结合，该方法有望带来很高的总体效益。可以将产物重新还原为起始金属，从而可以实现封闭的材料循环。反应进行时没有排放，并且不含 CO_2。

共晶 NaK 混合物与水的反应在放热反应中提供氢、氢氧化钠和氢氧化钾：

$$NaK + H_2O \rightarrow NaOH + KOH + \frac{1}{2}H_2 \qquad \Delta_R H_m^0 = -198.4\,kJ/mol$$

由于碱金属的高的反应活性及其特殊的化学特性和物理特性，而广泛地用于有机化学和无机化学以及机械工程中，通常为钠和钾（NaK）的液态化合物。碱金属可作为还原剂并用于干燥，如对于碳氢化合物，它们在异构化、缩合和酯化以及聚合物合成中起催化剂的作用。由于其高的电导率和热导率，液态 NaK 在蓄电池中用作液力流体，在热交换器中用于冷却目的，例如在发电厂或发动机气门中。碱金属与水的化学反应已被广泛研究和描述。在混合的几毫秒内会发生爆炸性反应，已经有使用该反应获得氢，并在内燃机中使用的例子。

钠和钾的混合能力是其独特之处，当两种元素接触时，可以平稳地混合，两种金属在较宽的范围内均匀混合，并在室温下形成具有银色金属光泽（液态金属）的液体。由 22.2%（质量分数）（32.7% 摩尔分数）的钠和 77.8%（质量分数）（67.3% 摩尔分数）的钾的共晶混合物称为 NaK，熔点为 -12.6℃。

如果假定，在活塞机械的上止点非常迅速地发生反应，则可以确定在体积恒定的情况下反应。水和 NaK 通过相应的喷射装置以液态形式引入反应室。碱金属和水在放热化学反应中反应，形成金属氢氧化物和氢。通过从液相到气相的过渡，反应使比体积显著增加。通过相过渡和化学反应释放的热量，体积的增加导致反应空间中压力和温度的增加。反应产物的膨胀在随后可用于在活塞机械中获得功。由此，产物膨胀，打开排气机构后，活塞重新移回到上止点。两个行程过后可以重新开始工作循环。该工作过程的“废气”由金属氢氧化物和氢所组成。氢氧化物被冷却、沉淀并且随后可以被还原成碱金属，从而形成封闭的材料循环。通过改变氢的排出时间点，可以调节其压力，并且可以以所获得的功为代价来增加压力。因此，它可以表示为“爆炸式动力机械”，该动力机械以高的平均压力和高速运行做功，并在升高的压力下输送“废气”氢。该方法在保证高利用率做功的前提下实现零排放的氢的生产。

遗憾的是，测得的压力增加远低于计算值。这表明，与所有预期相反，化学反应显然没有在气相中完全进行，而仅仅只有一小部分 NaK 与水反应。拆除反应器后证实了这一论点：在注射器的出口和反应室中有银色金属光泽的残留物沉积。假定由于相对较高的喷射压力，在反应室中两个喷射器射束的接触时间太短。但是没有资源可用于进一步的研究，因此必须推迟对有希望的模拟结果的验证。

4.8 生物的制造方法

在人体内，有多种生物过程释放出氢或氢作为中间产物出现，例如呼吸或代谢，以向细胞提供能量，可以说“人是个燃料电池”。有兴趣的研究主要涉及两个生物学过程，作为氢的生产过程：光解作用（藻类或细菌从水和阳光中获得能量和氢）和发酵作用（细菌在其中从有机物质中产生氢）。对于当前的研究结果和细节，可参考文献［64，240，358］。

诸如藻类或细菌等活体生殖生物用于生物制氢，这些过程在涉及的生物和蛋白质（酶）、代谢过程的光和氧依赖性、所使用的电子源以及与氢同时形成的代谢产物方面有所不同。这些方法尚处于研究和实验室阶段，目前仍存在生产率不足的问题，例如使用寿命和效率水平低下。效率定义为产物的热值与离析物的热值加上所使用的能量之比。所得的沼气通常除了氢气外还包含许多其他成分，因此必须进行复杂的分离或纯化。各种研究项目试图通过优化环境条件来提高产氢量。

4.8.1 产氢的酶

酶是蛋白质（来自氨基酸的蛋白质），可充当生物的催化剂并降低化学过程的活化能。在光解和发酵中产生氢的代谢过程主要通过氢化酶和固氮酶进行。

氢酶催化质子和电子的反应以形成分子氢：

$$2H^+ + 2e^- \leftrightarrow H_2$$

氢酶对氧非常敏感，可以通过通常所出现的氧快速灭活。氢酶具有很高的转化率，可以在1s内生成多达9000个 H_2 分子，但是从技术上讲，它仅相当于约 5×10^{-17} mol/h 的形成速率。氢酶在微生物（细菌、病毒、真菌和藻类）中广泛存在。今天已知的所有氢酶都是金属酶。根据反应中心中金属离子的类型，可分为镍－铁（Ni－Fe）氢酶（最常见的群组）和铁－铁（Fe－Fe）氢酶。

氮酶将 N_2 还原为铵，这总是与 H_2 的释放有关。

4.8.2 光解

生物光解是依赖于光的分解，将水分解为氢（或氢质子和电子）和氧，这是借助于光合作用的活性微生物中的酶来实现的。

已在许多单细胞绿藻中研究了该反应，例如在莱茵衣藻中，见图4.17。这些生物通常利用水分解产生的电子来减少 CO_2，CO_2 用于构建生物质和同化产物。如果缺乏营养，例如由于硫掺杂，藻类会改变其新陈代谢并形成氢。

除绿藻外，一些细菌（例如紫细菌和蓝细菌）有一个水分裂光合作用装置。由于它们还可以同时结合分子氮，因此它们的酶系统比绿藻复杂。氢代谢涉及氮

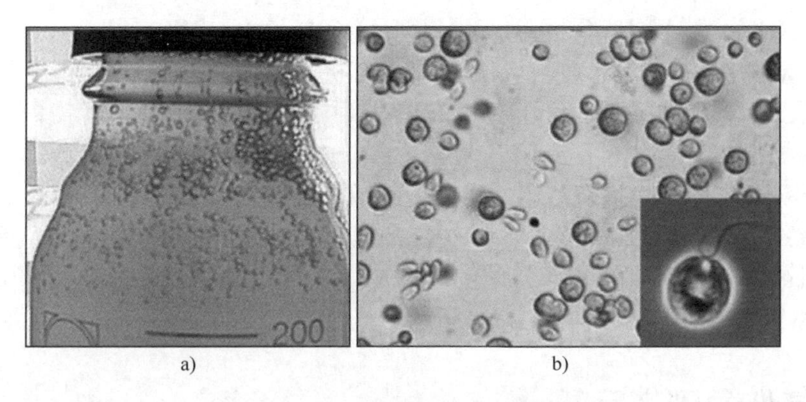

a) b)

图4.17 单细胞绿藻中的光解

a）在厌氧容器中的藻类（来源：波鸿鲁尔大学） b）单个藻类细胞放大（来源：比勒费尔德大学）

酶、摄取氢酶和可逆的氢酶，见图4.18。

在绿藻和细菌中都会出现这样的问题，即 CO_2 或 N_2 固定是氢形成中相互竞争的反应。几乎不可能关闭或抑制这些相互竞争的反应，因为这些反应对细胞的生存能力和再生能力至关重要。因此，目前在低生产率和使用寿命下只能实现百分之几的效率水平，所公布的氢生产率为每升营养液每小时0.2~0.8mg这个数量级。

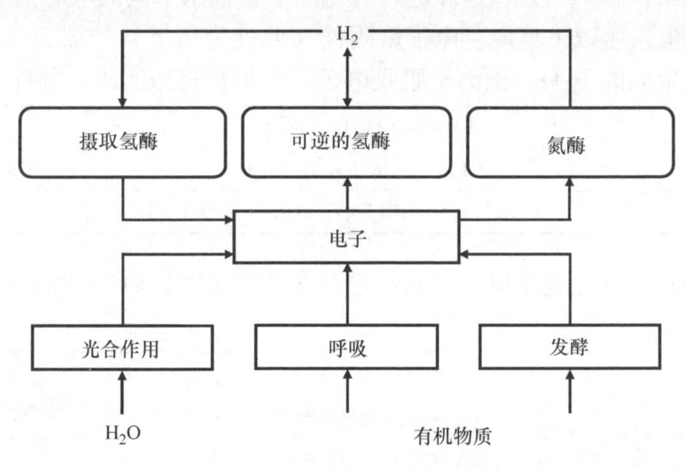

图4.18 蓝细菌的氢代谢

4.8.3 发酵

在发酵过程中，可通过微生物降解过程从生物质中产生氢。这种细菌发酵通常在厌氧环境下进行，即在无氧条件下和在黑暗中进行。从理论上讲，1mol葡萄糖可以形成4mol氢。该过程还会产生乙酸和 CO_2，所产生的氢必须再次进行相应的纯化：

$$C_6H_{12}O_6 + 2H_2O \rightarrow 2CH_3COOH + 4H_2 + 2CO_2$$

来自能源作物、工业和农业副产品以及有机废物的碳水化合物可用作发酵的原料。所涉及的微生物主要是肠杆菌（不仅需氧，而且厌氧）、杆菌（需氧）和梭状芽胞杆菌（厌氧）等类型的细菌。

在相关文献中，根据所使用的物质、细菌和条件（温度、氢的分压），提到每升营养液每小时0.1～200mg的氢生产率，以及高达25%的效率。如果从实验室规模计算氢的产量，则理论上约2m^{3}的生物反应器可以为燃料电池提供最大输出功率为1kW的氢。

4.9 氢作为副产品

在氯碱电解中可产生氯、氢氧化钠溶液和氢。氢的生产和应用是石油加工的重点，在炼油厂中，氢是汽油重整和乙烯生产中的副产品。

4.9.1 氯碱电解

氯和氢氧化钠溶液是工业上重要的基础化学品，例如用于生产盐酸或塑料（PVC）。在氯碱电解中，通过饱和的和纯化的氯化钠水溶液的电解生成氯、氢氧化钠和氢。电极上发生以下反应：电子从阴极（此处为负极）释放到氯化钠溶液中，水解离，从而生成的 H_3O^+ 阳离子吸收电子，它们被还原为水，并释放出氢。

阴极	$4\ H_2O \rightarrow 2\ H_3O^+ + 2OH^-$ $2\ H_3O^+ + 2e^- \rightarrow H_2 + 2H_2O$	水的离解 还原（吸收电子）
净反应	$2\ H_2O(l) + 2e^- \rightarrow H_2(g) + 2OH^-$（水溶液）	

电子在阳极（这里是正极）处被拾取，氯化钠解离，Cl^- 阴离子释放电子，它们被氧化成氯。

阳极	$2\ NaCl \rightarrow 2Na^+ + 2\ Cl^-$ $2\ Cl^- \rightarrow Cl_2 + 2e^-$	盐的离解 氧化（释放电子）
净反应	$2\ NaCl$（水溶液）$\rightarrow 2\ Na^+$（水溶液）$+ Cl_2(g) + 2\ e^-$	
总反应	$2\ H_2O(l) + 2\ NaCl(aq) \rightarrow H_2(g) + Cl_2(g) + 2\ Na^+(aq) + 2\ OH^-$（水溶液）	

在技术实施过程中，必须注意确保所形成的氯不会与氢（氢氧气体的形成）或氢氧根离子（次氯酸盐的形成）接触。例如，可以在膜方法中通过使用由聚四氟乙烯制成的膜（PTFE，特氟隆）来实现，该膜可渗透 Na^+ 阳离子，但不允许阴离子 OH^- 和 C^- 通过。生成1t的NaOH需要约2000kW·h电能，其中将产生约25kg氢。

4.9.2　汽油重整

汽油重整是将低辛烷值的碳氢化合物转化为抗爆性强的汽油的过程。其中包括许多化学转化过程，这些过程在存在催化剂的情况下，在约500℃的温度下，在5~50bar的压力下进行，例如异构化（正构烷烃转化为异烷烃）、聚合（短链烯烃转化为异烷烃）或转化为芳烃。这些方法产生大量的氢。

4.9.3　乙烯生产

乙烯基（C_2H_4）是一种无色、有甜味的气体，高度易燃，具有麻醉和放松肌肉的作用。这种基础材料在化学工业中经常使用，其应用范围从虫害防治剂的生产到未成熟水果的催熟，再到塑料的生产。在塑料工业中，大约有75%的乙烯被加工，即生产聚乙烯，二氯化乙烷用于生产聚氯乙烯（PVC），环氧乙烷和乙苯用于生产聚苯乙烯。乙烯主要通过裂解天然气、石油或其他碳氢化合物获得。在几个精馏步骤之后，分离仍然存在的C_{2-}碳氢化合物，得到乙炔基C_2H_2、乙烯基C_2H_4、乙烷C_2H_6、甲烷CH_4和氢。这些过程在从-150℃到超过800℃的温度范围内和高压下进行。

第5章　存储和运输

由于氢的密度较低，这为具有足够能量密度的存储和运输带来了技术上和经济上的挑战。常见的有以下几种方法：

1）压力为300～700bar的气态压缩氢（CGH2），在压力容器中存储和运输。

2）温度低于－252.85℃（20.3K）的液态低冷氢（LH2）在低温容器中存储和运输。

3）目前处于实验室阶段的化学或物理化合物中的氢，主要是在固体中以及在固体表面上或液体中的氢。

5.1　概述

表5.1和图5.1给出了不同状态下氢的密度和能量含量的概况。

表5.1　氢的密度和能量含量

氢	压力/bar	温度/℃	密度/(kg/m^3)	能量含量/MJ	能量含量/kW·h
1kg	1	25	0.08	120	33.3
1Nm^3	1	25	0.08	10.7	3.0
1m^3 气体	200	25	14.5	1685	468
1m^3 气体	350	25	23.3	2630	731
1m^3 气体	750	25	39.3	4276	1188
1m^3 气体	900	25	46.3	4691	1303
1m^3 液体	1	－253	70.8	8495	2360

在图5.1中，体积能量密度的标度与密度平行。在当前常用的运行区域中，在2～4bar之间液态氢的（能量）密度比在700bar时的压缩气态氢至少高出50%。给定的密度还显示了将氢作为纯物质存储的物理极限。在不考虑存储系统本身的情况下，液态存储可以达到2.3kW·h/dm^{3}的密度，而在环境温度和700bar的气态存储下可以达到1.3kW·h/dm^{3}的密度。同时，该图还以120MJ/kg的氢的热值H_u的百分比给出了液化和压缩所需的理想耗功，这里假设液化的理想循环过程是等压冷却，压缩时是理想冷却的等温状态变化。如果将实际过程的效率考虑为0.3～

0.5，则很明显地显示了液化和压缩到底需要多少能量耗费。

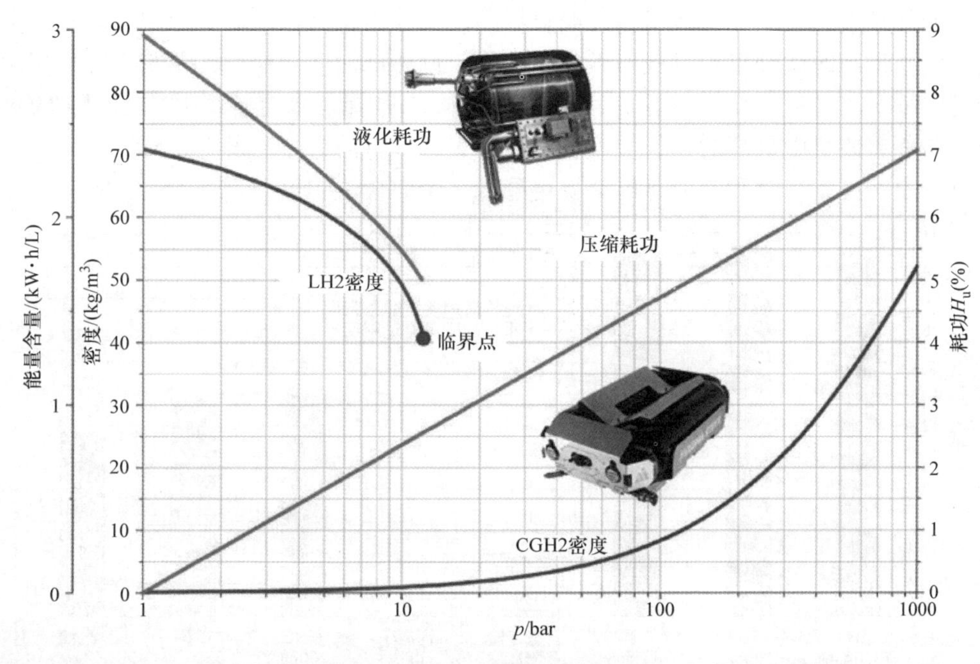

图 5.1　储氢密度和储氢耗功

图 5.2（见彩插）和图 5.3（见彩插）显示了不同储能系统可实现的体积能量密度和质量能量密度的比较。

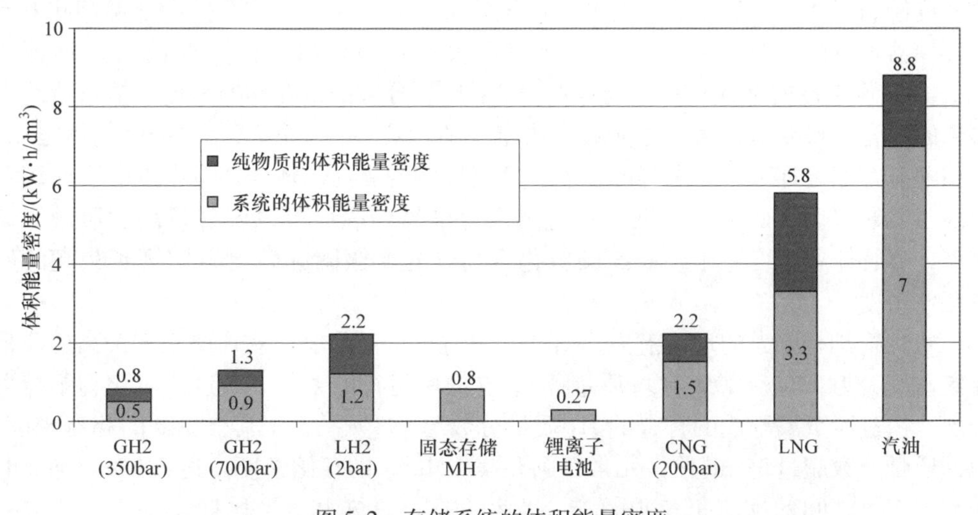

图 5.2　存储系统的体积能量密度

图 5.2 显示了在 350bar 和 700bar 下的氢、液态氢和固态存储的氢的体积能量密度。更低的柱状（黄色）适用于整个系统，更高的柱状（蓝色）适用于纯物质。

同时还给出了锂离子电池的存储密度，该密度比液态氢存储低一个数量级。天然气，尤其是液态天然气，能量密度明显更高。迄今为止，在车辆中使用的具有最高的密度和最高的续驶里程是液态碳氢化合物，例如汽油或柴油，其油箱系统也相对轻巧。图 5.3 显示了质量能量密度相应的比较。尽管氢具有 33.3kW · h/kg 的热值，是所有燃料中最高的，但储罐自身重量大，到目前为止远没有达到液态碳氢化合物的值。固态存储和动力蓄电池要再降低一个数量级。

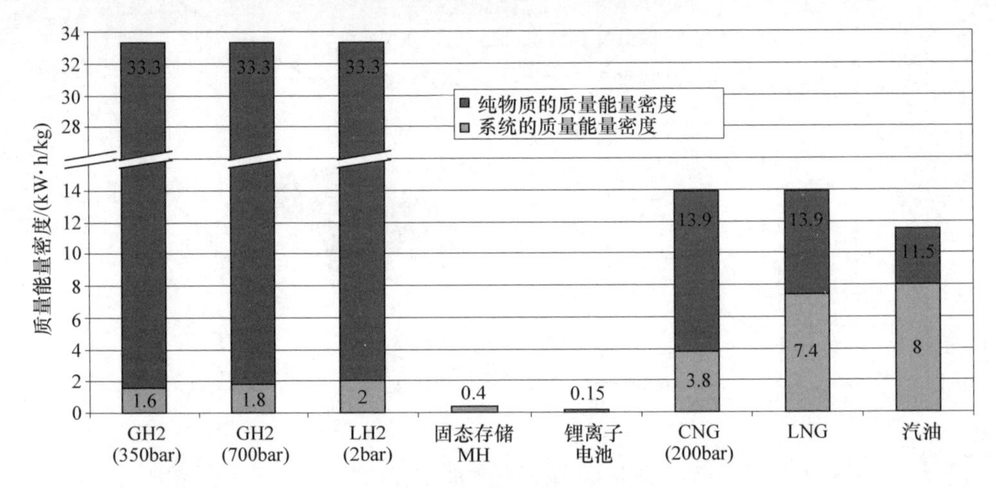

图 5.3　存储系统的质量能量密度

图 5.4 提供了氢存储可能性的概况，其中针对各种氢存储设备，相对于质量存储密度绘制了体积存储密度。对此，应该注意的是，压缩气体存储和低温存储考虑了存储器本身的重量和体积，但氢化物则没有考虑。用于压力存储器（加压的 H_2）的图像下部的虚线显示，与氢约占 2% 质量分数的钢存储器相比，氢重量约占 14% 的复合材料在质量密度方面具有决定性的优势，但是体积存储密度仍然很低。使用液态存储（H2liq），中等的质量密度可以实现更高的体积能量密度。表面沉积曲线（物理吸附在碳上）表明，通过增加存储器的表面可以实现较高的质量存储密度，尽管体积密度适中，液态碳氢化合物（化学吸附在碳上）实现了最高的质量存储密度。

氢化物具有巨大的理论潜力，对此，只有不可逆的氢化物才能实现最高的质量存储密度，为 10% ~20%（按质量计），在实际可行的条件下，这些氢化物不能再排出。由过渡金属制成的合金的 H_2 质量分数约为 3%。由于其自身低的相对密度，允许质量分数超过 3% 的单一元素是钙和镁。MgH_2 的存储密度高达 7.6%。加注时镁与气态氢之间的反应仍然很复杂，大约 200℃ 的热力学平稳期也很高。Mg_2Ni/Mg_2NiH_4 也显示出良好的加载和卸载性能，但是在 280℃ 时，H_2 的质量分数比较低，热力学平稳性很高。镁合金（例如 Mg－Al、Mg－Cu）有望降低温度平稳性且重量更轻。Mg_2FeH_6 的 H_2 质量分数为 5.2%。在进行这些比较时，应牢记的是，

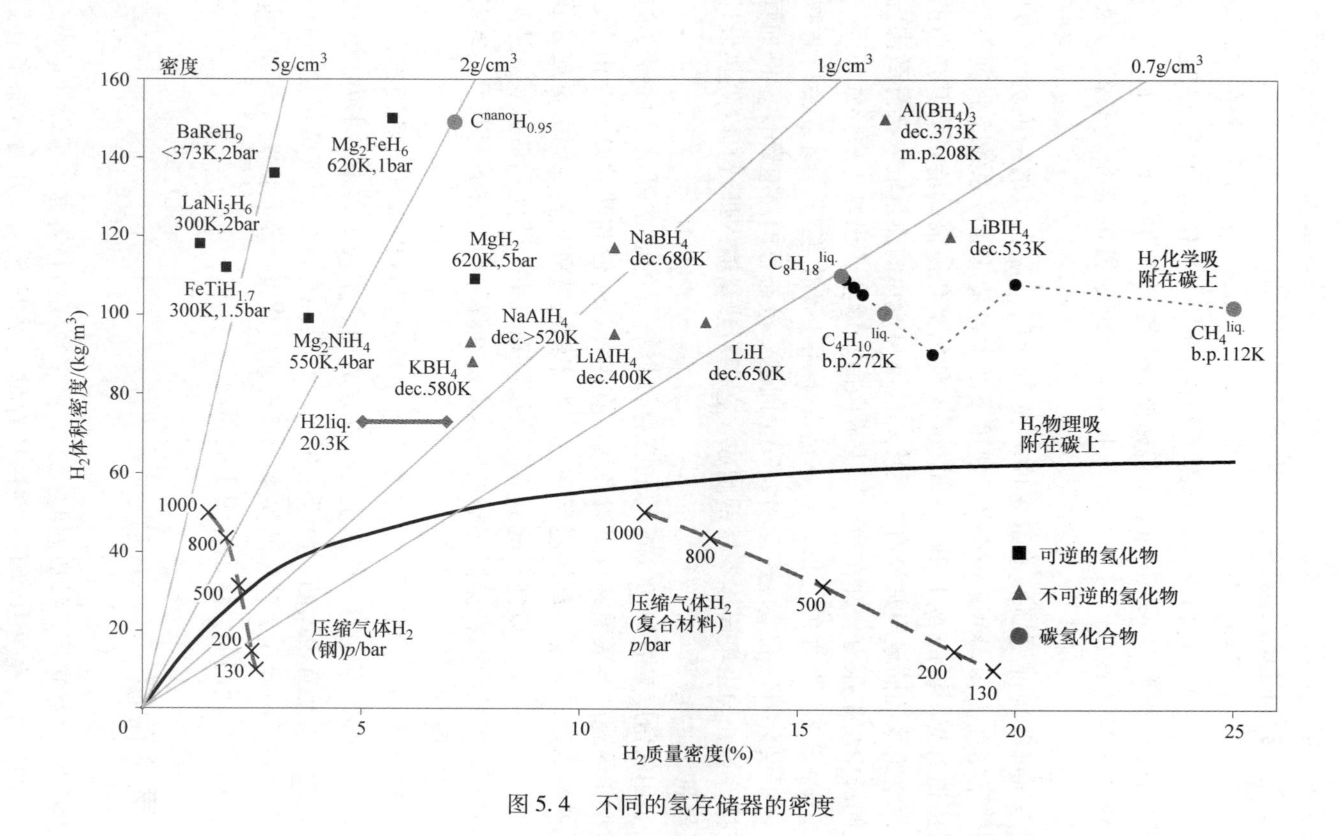

图 5.4　不同的氢存储器的密度

提到的氢化物并未考虑存储器本身的重量，因为目前尚无实际经验值，这可能导致严重的偏差。

压缩氢可以在密闭的系统中长时间存储而不会造成损失。有关材料选择和安全性的问题与容器和基础设施有关，与压缩天然气有协同效应。市场上可以买到的类型 4 的复合材料容器，压力为 350bar 和 700bar。氢的密度在 350bar 下为 $23.3kg/m^3$，在 700bar 和 25℃ 下为 $39.3kg/m^3$，这对应于质量能量密度为 $0.78kW \cdot h/dm^3$ 和 $1.3kW \cdot h/dm^3$。包括储罐系统，在 700bar 压力下，整个系统密度可达到 $0.9kW \cdot h/dm^3$ 或 $1.8kW \cdot h/kg$。压缩所需的能量耗费约为氢的热值的 15%。

液态氢可以实现更高的能量密度。在 2bar 时，液态氢的密度为 $67.67kg/m^3$，对应的能量密度为 $2.3kW \cdot h/dm^3$。使用重型大容量的储罐系统，目前整个系统密度可以达到 $2kW \cdot h/kg$ 或 $1.2kW \cdot h/dm^3$。使氢液化所需的能量为其热值的20% ~ 30%。真空绝缘的储罐通常没有主动冷却，不可避免的热量输入会导致沸腾的氢蒸发，在储罐中积聚压力，并在达到压力界限时，就会逸出氢，这导致每天的蒸发损失为 0.3% ~3%。蒸发的氢仅在特殊情况下用于产生能量，通常会将其吹散到环境中，这不仅会损失能量，还会引发安全问题。液态氢的所有部件，例如管线、阀门、连接件等，均由奥氏体不锈钢制成，它们对热量输入进行真空隔热设计，因此复杂且昂贵。

从实用的角度来看，700bar 的气态存储以合理的成本提供了可接受的能量密度，类型 4 储罐已经成熟并且可以商购。在生产、存储和基础设施上相应地增加支出时，液态氢可以实现更高的能量密度。当车辆的续驶里程成为关键或涉及大量氢气时，例如从中央生产设施分配氢或在火箭发动机中，将使用液态氢。诸如压力压缩存储或浆料以及固态存储器之类的特殊方法在存储密度方面具有很大的潜力，但仍处于开发阶段。

作为零排放 CO_2 的能源，氢在技术上来看已经可以以气态和液态形式成熟化和市场化。氢必须像电能一样来生产，在这方面，不断扩大来自水力、风力和太阳能的替代能源将是有帮助的。由于在生产、存储和分配方面与常规化石技术相比，氢的成本更高，因此在可预见的将来，只有通过政策性税收措施（例如大量的 CO_2 征税）才能广泛使用氢，这也适用于电驱动。

5.2 气态存储

压缩气体的存储是一种成熟的技术。大多数气体在容器中可保持最高为 200bar 或 300bar 的压力。在热力学上，在高压存储的情况下，一方面压缩本身是令人感兴趣的，但另一方面压力容器的灌注也很重要，这是通过相应的压力降来实现的。压力容器在材料、结构和安全性方面都有很高的要求。基础设施包括用于分配、用于容器或车辆储存罐填充的交接的管路。

5.2.1　压缩和膨胀

根据稳态的开口系统的热力学第一定律，气体压缩所需的比功 w_i 可以从气体压缩之前和之后的比焓 h_1 和 h_2 的差值以及比冷却热 q_K 中计算获得：

$$w_i = h_2 - h_1 + q_K$$

功可以通过乘以待压缩的质量，或压缩功率通过乘以质量流量来计算。当气体温度通过冷却保持恒定时，在等温压缩时可获得最小压缩功 w_{is}，这在冷却的活塞式压缩机中几乎是可能的。对于无摩擦情况，冷却热对应于 $T-s$ 图中状态变化下的面积，见图 5.5a。

$$q_K = T\Delta s$$

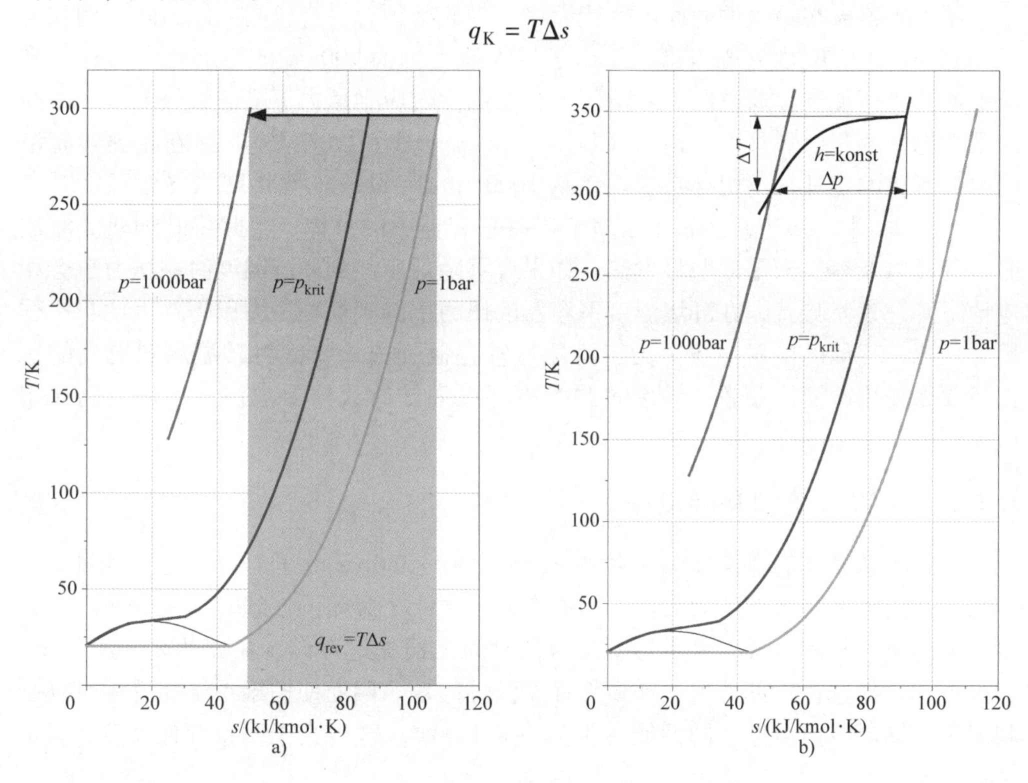

图 5.5　$T-s$ 图

a）从 1bar 到 1000bar 氢的等温压缩　b）从 1000bar 到 13bar 氢的等焓膨胀

对于平衡氢，在环境温度下从 1bar 压缩到 1000bar 可获得以下数值：

$w_i = 4606 - 3958 + 8721 = 9409$kJ/kg，因此，压缩需要的能量消耗约为氢热值的 8%。在实际压缩的情况下，还必须考虑到压缩机的效率，大约为 50%，所以压缩到 1000bar 时大约占氢热值的 15%，这相当于 85% 的压缩效率。

使用可逆热的定义方程式：

$$\delta q_{rev} = \delta q_a + \delta q_R = dh - vdp$$

忽略摩擦热 q_R，考虑到散发到外部热量等于冷却热 $-q_a = q_K$，根据第一定律：

$$w_i = \int_1^2 v dp$$

通过简化理想气体性质，可以从理想气体方程式中替换 v，并获得：

$$w_i = RT\int_1^2 \frac{dp}{p} = RT\ln\frac{p_2}{p_1}$$

在这种情况下，比功 $w_i = 8220kJ/kg$，这比前面的计算少了6.2%，这是由于在所考虑的压力范围内氢偏离了理想的气体特性。

压力容器应在最短的时间内完成灌注，为此必须有一个较高的压力降，例如为了用700bar CGH2 填充压力罐，使用了最大压力约为900bar的压缩机，从一个高压缓冲器进行加注。通过压力降给压力容器加注对应于压力下降的绝热节流。由此出现的温度变化由焦耳-汤姆孙（Joule-Thomson）系数来描述。氢在相关状态范围内具有负的焦耳-汤姆孙系数。氢从1000bar到13bar的等焓膨胀导致温度升高约50℃，见图5.5b。通过灌注压缩了残留在容器中的气体，由此将其加热。灌注时，气体以及容器会因此明显发热。如果容器随后冷却到环境温度时，压力也会相应地下降。这意味着，在环境温度下容器的压力下降到标称压力以下，因此与标称压力相比，存储的质量减少。为了避免这种存储损失，要么将其灌注到更高的压力，要么使用冷灌注装置，该装置强力冷却在灌注管线中要灌注的气体，例如用液氮。

5.2.2 储罐系统和基础设施

对于压缩气体的存储，氢大多被压缩到200~350bar的压力，最近已经测试了700bar及更高的存储器压力。氢的气态存储形成一个封闭的系统，即只要使用的材料能够防止氢扩散，气态氢也可以相当长时间无损失地存储。在如此高的压力下，必须考虑材料选择、部件尺寸和零部件安全性问题，因而使储罐系统变得相对复杂和沉重。储罐目前存储氢的性能约为20~40kg/kg，这相当于质量存储密度为5%到2.5%。

由于具有合适的应力分布，优选圆柱状或球状作为压力容器储罐的形式。球形储罐的一个缺点是生产复杂，因此在实践中通常都使用圆柱状储罐。氢倾向于吸附在金属表面上、分解并扩散到材料中或通过材料扩散，这也导致材料脆化。适用于氢应用的材料包括奥氏体钢和多种合金，例如铝。除了容器本身，还使用了阀门、管道、连接件和用于监控压力、温度和密封性的传感器。关于压力容器，尤其是车辆储罐，有许多法规和测试规范，可参见与“安全性”相关的章节。

由于具有重量方面的优势，特别是在移动领域，近年来，类型1的钢瓶通过复合容器进行了补充。其中，出于密封性的考虑，内部容器（内胆）由金属（钢或铝）制成，内胆部分（类型2）或完全（类型3）被碳纤维缠绕，这提供了必要的强度。对于类型 4，内胆本身也由塑料制成。这些复合容器比钢瓶更轻，但也更贵。

类型 1 的钢制容器大多由铬－钼－钢制成，并带有红色标记，尺寸为 2.5～50L。它们以低成本提供了可靠的安全性，但由于重量大，可实现的存储密度限定为约 0.4kW·h/kg，详细内容见表 5.2。350～700bar 的类型 3 或类型 4 储罐可作为车用。

表 5.3 显示，可以实现更高的质量和体积能量密度，最高可达 0.06kgH_2/kg 或 1.84kW·h/kg 或 0.87kW·h/dm^3。成本范围从 350bar 的类型 3 储罐的 40€/kW·h 到 700bar 的类型 4 储罐的 150€/kW·h。设计的车辆储罐的一个例子如图 5.6 所示。

表 5.2　商用的钢制压力容器（类型 1）

净体积/dm^3	2.5	10	20	33	40	50
标称压力/bar	200	300	200	200	200	200/300
试验压力/bar	300	450	300	300	300	300/450
储罐重量/kg	3.5	21	31.6	41	58.5	58/94
储罐体积/dm^3	3.6	14.3	27	41.8	49.8	60.1/64.7
25℃下的 H_2 密度/(kg/m^3)	14.5	20.6	14.5	14.5	14.5	14.5/20.6
H_2 含量/Nm^3	0.4	2.29	3.22	5.32	6.44	8.05/11.43
H_2 含量/kg	0.04	0.21	0.29	0.48	0.58	0.72/1.03
H_2 比重量含量/(kgH_2/kg)	0.01	0.009	0.009	0.012	0.011	0.012/0.011
H_2 比体积含量/(kgH_2/dm^3)	0.009	0.014	0.011	0.011	0.012	0.012/0.016
质量能量密度/(kW·h/kg)	0.344	0.326	0.305	0.388	0.362	0.416/0.364
体积能量密度/(kW·h/dm^3)	0.332	0.478	0.357	0.381	0.388	0.400/0.529

表 5.3　商用的汽车用压力容器

净体积/dm^3	34	100	50	100	36	65	30	120
类型	3	3	3	3	4	4	4	4
标称压力/bar	350	350	700	700	350	350	700	700
试验压力/bar	525	525	1050	1050	525	525	1050	1050
储罐重量/kg	18	48	55	95	18	33	26	84
储罐体积/dm^3	50	150	80	150	60	100	60	200
25℃下的 H_2 密度/(kg/m^3)	23.3	23.3	39.3	39.3	23.3	23.3	39.3	39.3
H_2 体积/Nm^3	8.83	26	21.84	43.69	9.35	16.96	13.5	51.7

（续）

H_2 质量/kg	0.79	2.33	1.96	3.83	0.84	1.52	1.21	4.65
H_2 比重量含量/(kgH_2/kg)	0.04	0.05	0.04	0.04	0.05	0.05	0.05	0.06
H_2 比体积含量/(kgH_2/dm^3)	0.016	0.016	0.025	0.026	0.014	0.015	0.021	0.023
质量能量密度/(kW · h/kg)	1.46	1.62	1.19	1.38	1.55	1.55	1.59	1.84
体积能量密度/($kW \cdot h/dm^3$)	0.53	0.52	0.82	0.87	0.47	0.51	0.67	0.77

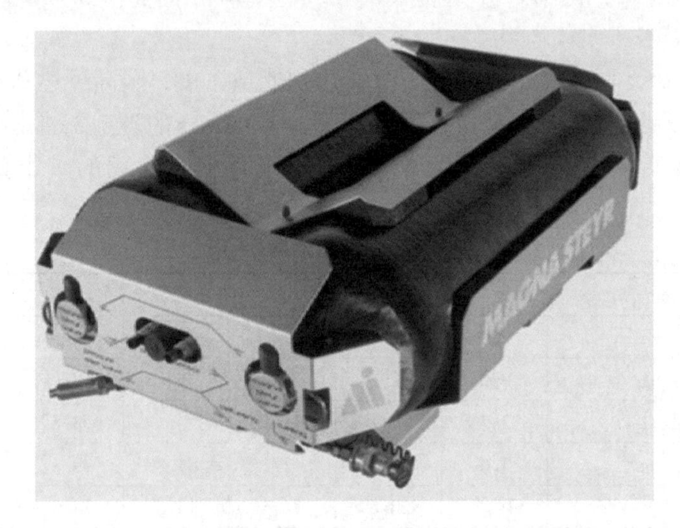

图 5.6　700bar CGH2 的车用储罐（来源：麦格纳）

总的来说，压力存储允许以相对较低的成本和有限的存储密度进行稳定且无损的氢存储。除了储存在压力容器中，在地下腔室中存储大量氢也正在研究中。

气态氢的运输和分配通常通过载货汽车、火车或轮船在压力容器中以 200bar、300bar 或 500bar 的压力进行。

对于大量气体的运输，管道是最经济的解决方案，它们可以进行干净的分配而不会带来交通负担或温室气体。在德国，有两个压缩气态氢的管道网络，多个生产者和消费者都与之相联。其中之一在鲁尔地区，另一个在鲁纳 - 比特费尔德 - 沃尔芬工业区。这两个管道系统都包含超过 100km 的管道，并且在大约 20bar 的压力下运行。电驱动的活塞式压缩机用于管道输送。气体管道还可以在最高 100bar 的高压下运行。

总体而言，气态燃料氢与天然气在输运和存储方面存在相似之处。过去很普遍，煤的气化产生的城市煤气中氢含量高达 50%。天然气的管道网络也可以用于氢。两种气体的混合物在基础设施、用户接受度和内燃机燃烧方面产生协同效应。对于这两种气体，液化可用于增加体积能量密度。对于两种燃料，可以使用装有低温容器的液体运输车，并且正在讨论两种燃料在大型低温容器中通过船舶运输。

在网络上可以找到全世界的关于加氢站及其设施的概述。加氢站与天然气的加注站相似。在加注站，燃料以40bar左右的压力存储在大型的压力容器中。气体被压缩到高压，暂时存储在高压容器中，通过加注泵输送给车辆。

为了达到存储所需的500～900bar的高压，由于体积变化很大，通常使用多级活塞式压缩机压缩氢。压缩机由电驱动，其中，出于安全原因，为了避免在有爆炸危险的区域产生电火花，通常电动机会对驱动压缩机的液压系统加压。这对压缩机提出了很高的要求，材料必须适合于氢，由于氢的纯度要求，压缩机必须没有润滑油，以确保被压缩的介质中不含油。隔膜压缩机也用于更低的压力。特殊应用的新型压缩机设计方案包括离子压缩机或电化学压缩机。在离子压缩机中，离子液体形成活塞。离子液体是类似于盐的液体化合物，其性质可以针对特定应用进行调整。为了在压缩机中使用，使用对氢没有蒸气压的液体，即氢不溶解在其中。可以通过冷却离子液体的多缸设计来实现近似等温压缩。电化学压缩在密封的电解池中进行。

氢通过压力降从高压缓冲器灌注到汽车储罐中。如前所述，气体和储罐由于灌注而被加热，因此在商业应用中，氢要被冷却后灌注（冷灌注装置）。气态氢的灌注泵与常规的天然气输送站所用的相同。经过认证的储罐连接件可用于乘用车和商用车，也类似于天然气连接件。连接之后，会有一个压力表来测试泄漏。如果系统正常，则通过存储器与储罐之间的压力降开始灌注。采取适当的安全措施可防止储罐过满和过热。设计压力为350bar的灌注泵如图5.7b所示。类似的灌注泵也用于氢和天然气的混合物。

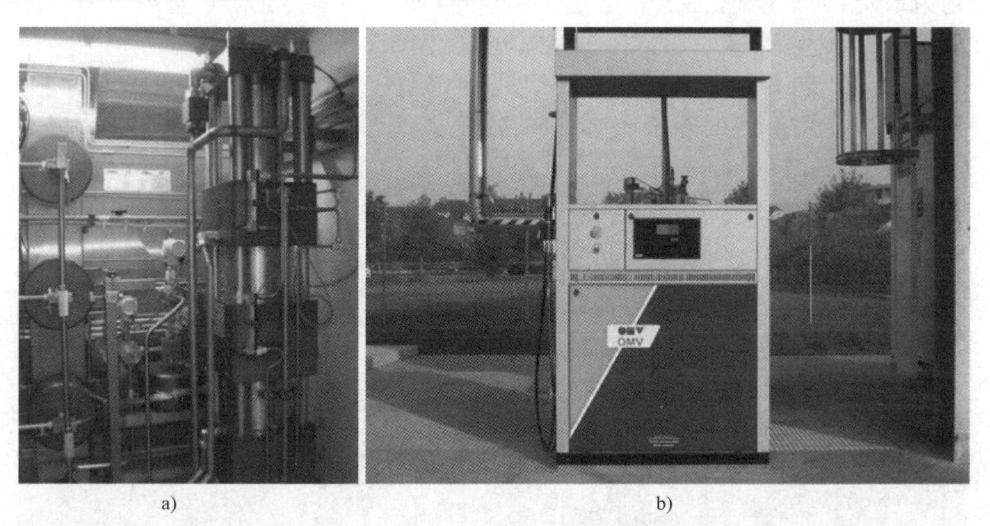

a) b)

图5.7 在HyCentA用于480bar的氢气压缩机和气体灌注泵

基础设施的一个重要性能是灌注时间。几分钟之内就可以对车辆完成气态氢的加注。由此产生的能量流可以估算如下：5kg 氢包含 600MJ（166kW·h）的能量，如果在 5min 即 300s 内将一个储罐装满，则结果是灌注功率为 600MJ/300s = 2MW，这接近于目前汽油或柴油所能达到的值，并且显然超过了固态存储器或电池充电可能的值。

总体而言，气态燃料氢与天然气在运输和存储方面存在相似之处，过去普遍使用的由煤气化产生的城市煤气中氢气含量高达 50%。

5.3 液态存储

液态氢的密度明显地高于压缩气体的密度。然而，液化需要耗费大量能量，并且用于运输、存储和释放的液态氢的设备相当复杂。在 1898 年，苏格兰的研究员詹姆斯·杜瓦（James Dewar）首次成功液化了约 $20cm^3$ 的氢。杜瓦确定在 1bar 的压力下其沸点为 20K。他用液态空气冷却氢，然后压缩氢，最终通过节流阀的膨胀使氢达到液化温度。

随着氢火箭推进器的发展，对液态氢的需求增加，通过美国空军促进了大规模的液化。在阿波罗计划的框架内，建造了第一座大型液化工厂。如今，全球每天可处理 270t 氢，其中大部分液化工厂在美国。最大的工厂每天生产 60t 氢，能量需求约为 40MJ/kg（11kW·h/kg，约为热值的 30%）。欧洲有 3 家规模较小的工厂，其生产液态氢的效率略低。液化空气（Air Liquide）集团在法国里尔的一家工厂的产能约为每天 10t。空气化工产品公司（Air Products）在荷兰的日产量约为 5t，林德在德国的鲁纳运营一家工厂，日产量为 5t，见图 5.8。

图 5.8 位于鲁纳的制氢厂（来源：林德）

5.3.1 液化和压缩

使用图5.9中的 $T-s$ 图解释氢液化的原理，同样可以参考文献［276，282］。

当在环境压力 p_N 下，在等压冷却的理想情况下降到露点TP，并随后冷凝到沸点SP，散发的冷却热量为：

$$q_K = h_2 - h_1$$

对于图5.9中以浅灰色显示的冷却热量 $q_K = q_{rev}$，可以得到：

$$q_K = -0.888 - 3959 = -3960\text{kJ/kg}$$

这大约是氢的热值的3.3%。理论上，使用液态氦可以进行这种冷却，但是这种变体实际上在经济上是不可行的。在此，将等压冷却添加到环境温度 T^0 与沸腾温度之间的理想循环。对于要供给的最小功 w_{min}，有

$$w_{min} = q_{zu} - q_{ab} = T^0\Delta s - q_K$$

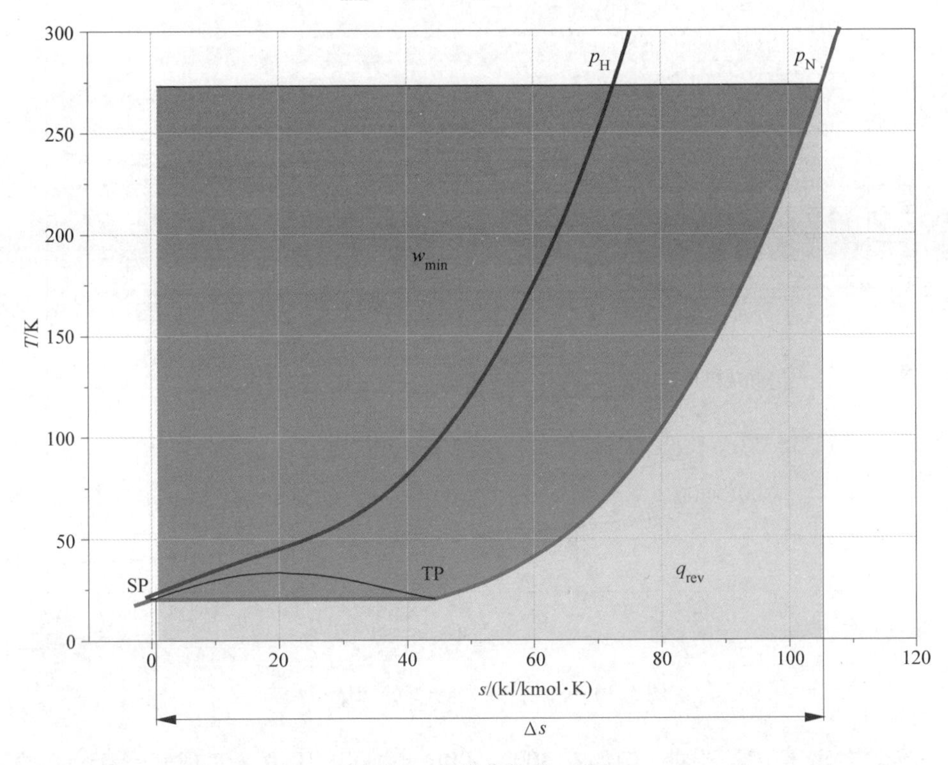

图5.9　氢液化的 $T-s$ 图

对于图5.9中深灰色所示的区域的功，可以得到：

$$w_{min} = 16092 - 3960 = 12132\text{kJ/kg}$$

这大约是氢的热值的10%。除了这种低压方法（其中氢在低于临界压力的压力 p_N 处通过两相区域液化）外，还可以选择高压方法，该方法在超临界压力 p_H

下进行。在高压方法中，没有发生相过渡，这为热交换器的设计提供了优势，但是整个系统的构造变得更加复杂。

在实践中，从用于液化所需的、占氢的热值大约30%的能量来看，不能以这种方式实施理想的过程。在工业规模使用的方法中，首先将氢压缩到30bar左右的压力，然后在带有物廉价美的、可供给液氮的热交换器中冷却到大约80K。用膨胀涡轮机从80K到30K进行冷却，由此，氢气被压缩、冷却，并且在涡轮机中温度进一步降低。放热并因此需要额外冷却能量的氢的催化邻位转化也落入该范围内。从30K到20K的最后一级冷却是在焦耳－汤姆孙扼流圈中进行的，该区域的氢的正焦耳－汤姆孙系数在膨胀时用于冷却。图5.10中该过程各个子步骤的能量消耗明细显示，除压缩外，从80K冷却到30K有相当高的能量需求。在文献［184］中已经研究了液化过程如何提高效率的问题。

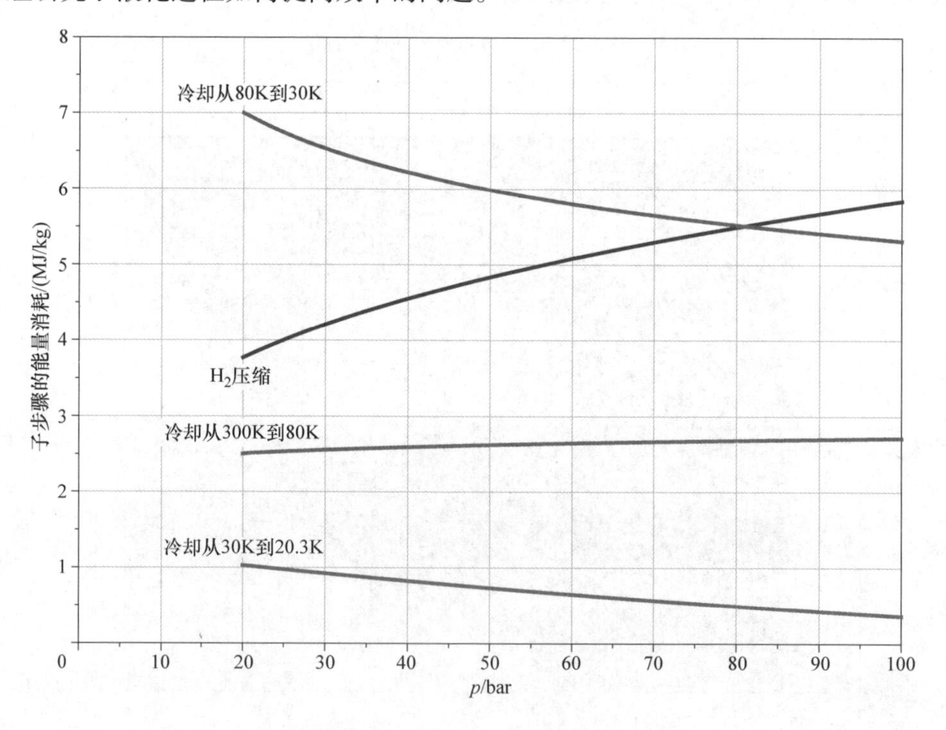

图5.10 液化的各子步骤的能量消耗

通常在高压下需要氢，例如在300～900bar之间的压力下实现气态存储，也可作为火箭的燃料（20～30bar）或内燃机的燃料（外部混合物形成时最高为10bar，内部混合物形成时到150bar或更高）。当存在液相时，代替以气态形式压缩氢，有可能用低温泵在低温下压缩氢。

由于液体的广泛的不可压缩性，液体介质的压缩仅需要气态压缩功的一小部分。表5.4（见彩插）列出了液态氢和气态氢从1.1bar和20.56K到150bar和

300bar 的等熵压缩的比功 w_s 的比较。气态下的比功高出 5 到 6 倍。等熵压缩至 300bar 时超过了临界密度，因此氢以超临界流体的形式存在，焓 h_2 在表中以蓝色突出显示。功率 P_s 与大约 12.8kg/h 的质量流量有关。

在将低温泵用于液态氢时，必须解决许多设计和材料选择方面的问题。由于氢不能被污染，因此泵必须不加润滑剂，密封也是一个挑战，但是关键的问题是，泵是否直接浸入液态氢中工作或是否位于低温容器之外。在第一种情况下，泵始终处于低温状态，仅输送液态氢，但是泵的必要驱动会将热量引入低温容器，因为会导致蒸发损失，所以不希望这样。泵的维护也很困难。如果泵在储罐外部并因此处于较高的温度水平，则泵必须低温运行以进行泵送。在这种情况下，必须将泵设计为两相压缩机，因为液态氢首先会蒸发，然后泵冷却直到温度降至临界温度以下。只有这样，才能泵送液态氢。已有许多实际应用的低温泵，在实践中，该应用被证明过于复杂。

表 5.4　氢的压缩的功耗

等熵压缩，H_2 为实际流体							
液态，单级							
p_1 /bar	T_1 /K	p_2 /bar	T_2 /K	h_1 /(kJ/kg)	h_2 /(kJ/kg)	w_s /(kJ/kg)	P_s /kW
1.1	20.54	150	26.13	273.4	471.3	197.9	0.70
1.1	20.56	300	30.1	273.4	654.2	380.8	1.35
气态，单级							
1.1	20.56	150	139.1	717.8	1993.0	1275.2	4.52
1.1	20.56	300	173.6	717.8	2531.0	1813.2	6.42
					超临界		

5.3.2　储罐系统和基础设施

由一个内部储罐和一个外部容器组成的系统用作液态氢的低温存储器，其间有一个用于隔离的真空空间，见图 5.11。真空阻止热通过对流传递。大多数用于储罐的奥氏体不锈钢在非常低的温度下也能保持其良好的变形能力，并且不会变脆。两个嵌套容器之间的抽空空间通常包含多层隔热材料（Multi Layer Insulation, MLI)，其中多层铝箔与玻璃纤维垫交替出现，旨在最大程度地减少通过辐射的热传递。通过管道的热传递出现在两个容器之间的垫片以及所有通道，如灌装和取出的管道上。

通过不可避免的热量输入导致容器中沸腾的氢蒸发，从而导致压力和温度升高。因此，用于液态氢的容器必须始终配备合适的泄压系统和安全阀。液态存储在一个开式系统中进行，在该开式系统中，在压力建立阶段之后，当达到所谓的沸腾压力时，必须逸出氢，逸出的氢被催化燃烧或释放到环境中。

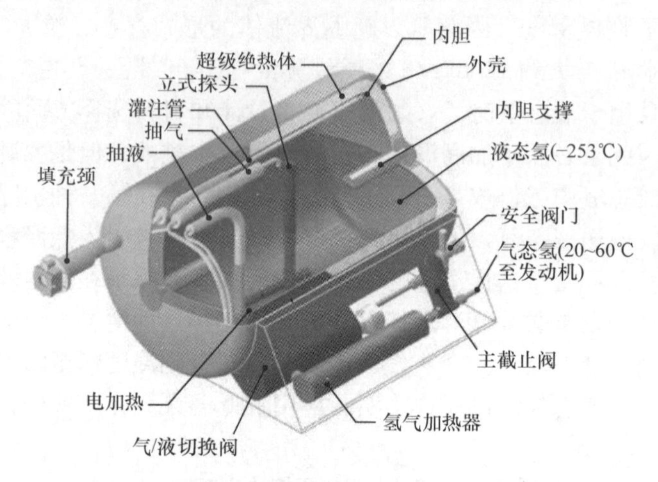

图 5.11　液氢的储罐系统（来源：林德气体）

如今的储罐系统中的蒸发损失每天为 0.3% ~3%，因为相对于体积而言，其表面积更小，所以更大的储罐系统具有优势。在所有的几何形状中，球体的表面积与体积之比最小，这意味着来自外部的可能热量输入是最少的，并且应力在负载下均匀分布。但是，球形储罐的缺点是制造复杂。另外，当球形储罐部分为空时，内部液体的自由表面比圆柱体立起来时更大，因此，在实践中通常选择圆柱体储罐。

为了能够在需要时从储罐中提取液态氢，例如，有意地通过车辆中的发动机冷却液将热量引入。由此，氢蒸发，储罐中的压力升高，氢通过压力降被提取。

当今的汽车的液态氢容器所达到的质量和体积能量密度为 2kW · h/kg 或 1.2kW · h/dm^3。在格拉茨的麦格纳斯太尔（MAGNA STEYR）为内燃机车辆 BMW Hydrogen 7 的第一个小批量应用提供液罐系统。在 HyCentA 测试了每个储罐系统的功能、绝缘、压力建立和沸腾，见图 5.12。储罐系统存储 9kg 氢，系统重量约为 150kg，系统体积约为 170L，这能够实现大约 250km 的续驶里程。在文献［96］中没有公布这个储罐系统的成本。

（1）基础设施

除了储罐本身之外，液态氢的基础设施在技术上也很复杂，传输管路、阀门、加注接头等必须进行真空绝缘设计。如果管路绝缘不足会形成冷桥，这在外部显得很明显，因为周围空气中的水在那里凝结并结冰。在非绝缘管路的情况下，通过液态氢的低温也会导致局部空气液化。所有与氢接触的组件都必须由合适的材料制成，例如可防止氢扩散且不会变脆的奥氏体不锈钢。对于每个管路和每个容器，在灌注氢之前，必须确保系统中没有空气，也就是说没有氧。因此，在灌注之前，先用氦对容器和管路进行冲洗。多次压力交替冲洗是很常见的，具体做法是将氦在加压的压力下反复引入相应的容器中，然后释放出来。为了能够在环境温度下将液态

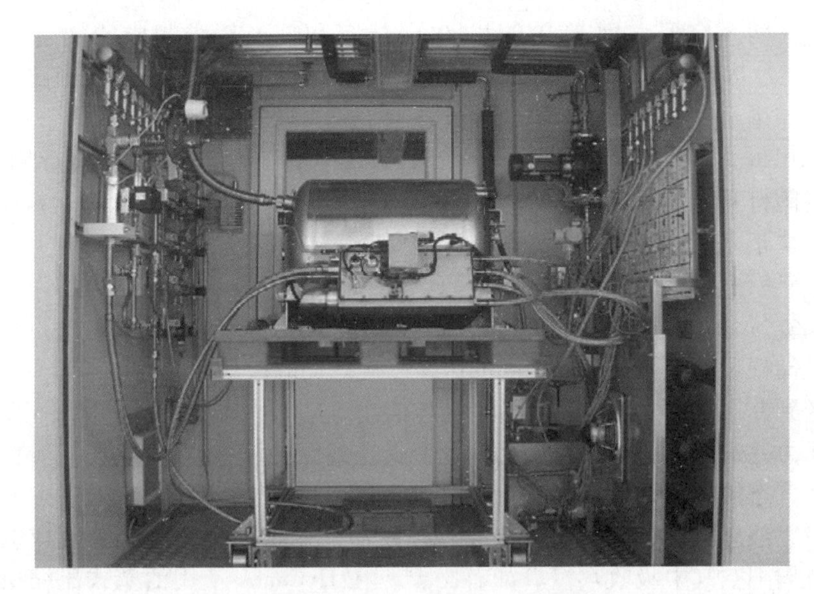

图 5.12　在 HyCentA 测试 LH2 储罐系统

氢填充到容器中，必须先将容器冷运行。也就是说，它的温度必须降低到氢的临界温度 33K 以下。这是通过液态氢冲洗来完成的，液态氢通过蒸发制冷来冷却容器。如果不再使用用于冷却的氢，而是将其吹散到环境中，则冷运行会造成重大损失。

如今，压力储罐、低温容器和固体存储器主要通过载货汽车或火车运输。现有技术是在 12m 长的集装箱中运输 LH2，这些集装箱可在有或没有通过液氮护套冷却的情况下使用。这些集装箱的沸腾时间为 30 天，带有氮气护套的沸腾时间为 60 天。

（2）在 HyCentA 的液态氢基础设施

HyCentA 从 2005 年到 2010 年一直在运营液态氢基础设施。它由一个可存储约 1000kg 氢的大型储罐和一个可容纳约 60kg 氢的调节容器所组成（图 5.13），从中可向测试台架和输送点提供氢。

立式储罐技术数据：

尺寸 $D \times H$：	3000mm × 9050mm （包括烟囱在内的总高度为 12550mm）
体积	17600L
空重	16t
包括填充物在内的总重量	17.2t
运行压力	8bar
最高允许运行压力	12bar
蒸发率	0.9%/天

立式储罐由一个由冷韧的铬镍钢制成的内部容器和一个由结构钢制成的外部容

器所组成。两个容器之间有一个由 50 层铝箔和玻璃纤维制成的抽真空绝缘层（MLI）。通过热传导在内、外容器之间的悬挂点以及连接和传感器的通路处形成热桥。立式储罐通过电子方式监控，并配备一个压力调节系统，该系统将系统压力维持在 5 ~10bar 之间。如果没有抽出氢，则储罐中的压力会升高。当达到上限压力时，沸腾阀打开，气态氢通过烟囱吹出，排到大气中。灌注、取出和运行所需的所有配件均位于立式储罐的前端，其中包括安全阀（该安全阀在 13bar 时通向烟囱打开），显示储罐压力和储罐液位，以及真空绝缘的加注口。在 5bar 的压力下（对应于 60. 22kg/m^3 的密度），17600L 的储罐容积可容纳约 1060kg 的氢。通过使用静水压力测量储罐顶部空间与底部之间的压差来确定储罐液位。液态氢通过真空绝缘的拖车运送到专用车辆中。通过车辆储罐与加注口之间的连接软管，利用车辆与储罐之间的压力差进行注氢。液态氢通过一个真空绝缘的波纹管阀从立式储罐中抽出。如果需要气态的氢，则从立式储罐的顶部空间获取，这将降低储罐压力。如果抽出更多的量，液态氢会在蒸发器中蒸发，蒸发器是由带肋的不锈钢管制成的热交换器，可从周围空气中吸收热量。如有必要，在 HyCentA 使用活塞式压缩机将气态氢压缩至最大 480bar。

图 5. 13　HyCentA 运营的带有灌注喷嘴的氢的低温存储器

制氢工厂的所有液态消费站均由立式储罐通过管路和冷阀供应，这些管路和冷阀与立式储罐一样需要真空绝缘设计。为了提供给试验台和输送站，首先将液态氢送入真空绝缘的调节容器中。它的容量为 1000L，并通过压力降由立式储罐灌注。可以通过电子压力调节系统将氢的压力调节到 2 ~4bar。

大型储罐和调节容器的最重要运行数据，例如容器压力和液氢的液位，已记录并保存在 HyCentA 的电子数据处理系统中。

图 5. 14 显示了在储罐灌注期间和灌注之后测得的立式储罐中压力和液氢液位的变化，图的上部显示了 50h 的变化，图的下部显示了具有较高时间分辨率的灌注

过程和压力构建特性。可以识别的特征如下：

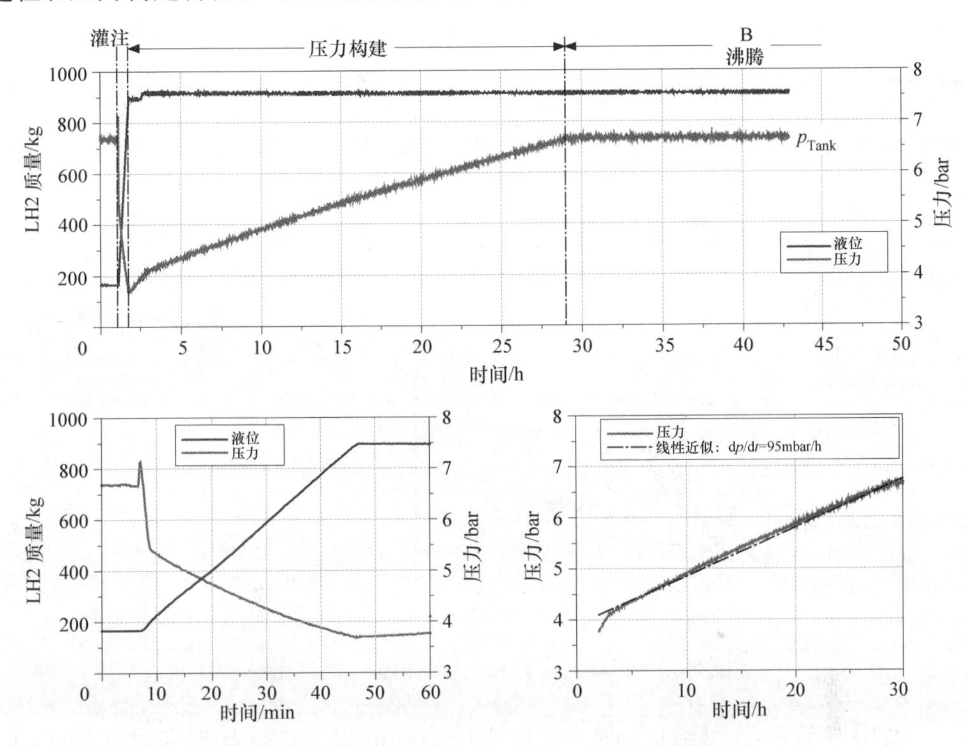

图 5. 14　大型储罐内的压力和液位的变化过程

1）加注过程。首先，大型储罐中的压力下降，以使液态氢从挂车流到大型储罐中。由于在加注期间排气门保持打开状态，因此加注期间压力会进一步下降，直到加注结束后压力才开始再次升高。图 5. 14 的左下方显示了具有较高时间分辨率的变化过程。加注过程大约需要 45min。

2）压力构建。尽管储罐是真空绝缘的，但是不能完全防止热量的侵入，因此氢蒸发并且使储罐中的压力增加。图 5. 14 右下方具有较高时间分辨率的变化过程表明，可以将压力升高视为近似线性。

3）沸腾。如果储罐中的压力达到所需的工作压力 p_{Tank}（可以通过系统控制给定），则必须吹掉氢气，以避免压力进一步升高。通过这种所谓的沸腾（Boil - Off），将容器变成开放系统。从图 5. 14 中可以看到，在给定的 6. 7bar 工作压力下，在加注结束后约 30h 开始沸腾。

（3）热力学建模

借助于相对简单的容器以及管路封闭的和开放的系统的热力学模型，可以从原理上描述液氢基础设施的相关过程，即通过输入热量建立压力，通过输入热量蒸发（沸腾），流出以降低压力以及灌注过程和冷运行。

HyCentA 的基础设施使用非平衡模型进行了热力学详细建模，结果很好地反映了特性。比较测量的示例如图 5.15 所示，它是大型储罐灌注模拟。

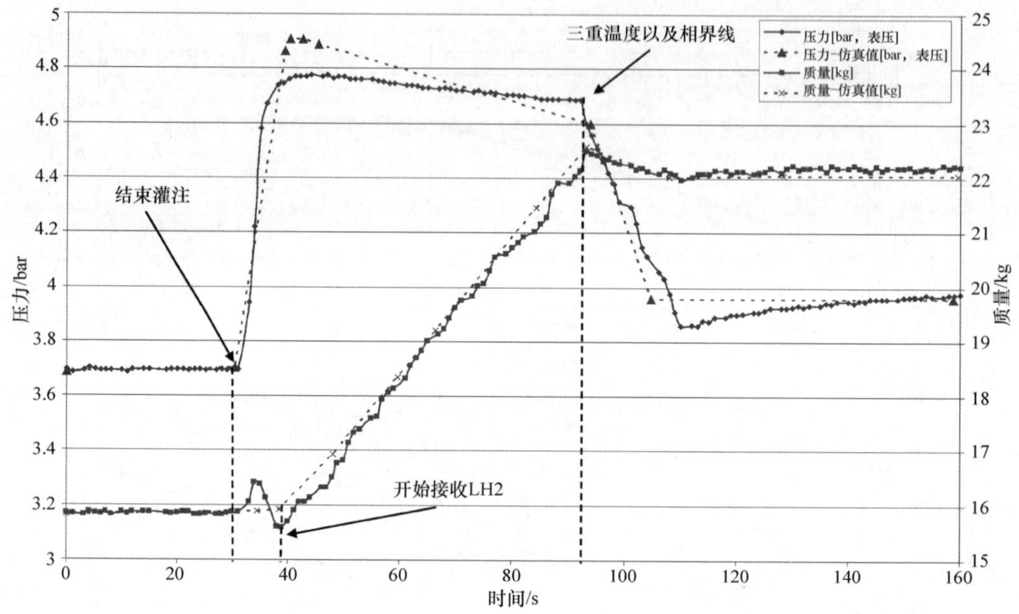

图 5.15　LH2 的压力和质量的模拟 - 测量比较

当使用液态氢为车辆加注时，会发生一系列的损失，这些损失已在 HyCentA 通过适当的实验和模拟工作进行了量化，具体如下：

1）冷运行造成的损失。损失的最大份额是由冷运行引起的。在冷运行中，液态氢会蒸发并吹散，直到管路和容器冷却至临界点以下所需的低温为止。在部件较热的情况下，此损失约为罐中填充的氢的数量级，即 100%；在部件已较冷的情况下，损失为 20% ~30%。

2）输入热量损失。即使使用冷的管路，也不能完全避免热量的侵入，因此氢继续蒸发。相应的损失为 5% ~10%。

3）回气损失。为了能够将液态氢物质灌注到储罐中，必须通过回气从储罐中除去相应的体积，以使储罐压力保持恒定。这部分损失约为 5%。

4）压力降造成的损失。由于摩擦和横截面收缩，管路中的压力下降。这意味着降低了蒸发温度，从而减少了氢的蒸发，损失的比例约为 5% ~10%。

为了减少回气损失，可以将氢在过冷状态从调节罐中抽出。通过用气态氢加压使容器中的压力突然增加来实现这种过冷。由于压力的增加，蒸发温度在热力学平衡中上升到饱和线。但是，由于温度均衡需要更长的时间，首先会产生等温压力升高，然后液态氢的温度低于平衡温度（过冷流体）。因此，氢可以吸收热量直至达到热力学平衡而不会发生蒸发损失。

5.4　混合存储

如果将术语“混合”用于不同技术的组合，则恰好解释了正在讨论的多种氢混合存储方法。如果将氢冷却至 -259℃的凝固点以下，则会形成液态和固态聚集体的混合物，称为“熔浆”（Slush）。这保证了更高的密度，但是需要高制造成本。目前正在研究氢作为超临界流体的“冷压缩”存储，一些方法已经或将要实施，由于需要大量的设备，因此尚无法大规模应用。

从图5.16和图5.17可以看出氢作为纯物质存储的可能性和限制。任何物质的密度取决于压力和温度。对于气体，压力的依赖性占主导地位。当接近临界点时，温度的影响急剧增强。在图5.16中显示了在一定温度下作为实际流体的氢的密度随压力的变化，在图5.17中显示了在一定压力下密度随温度的变化。两张图均显示了具有临界点CP的低温范围以及固态、液态和气态（TPS、TPL和TPV）的三重温度以及相界线。

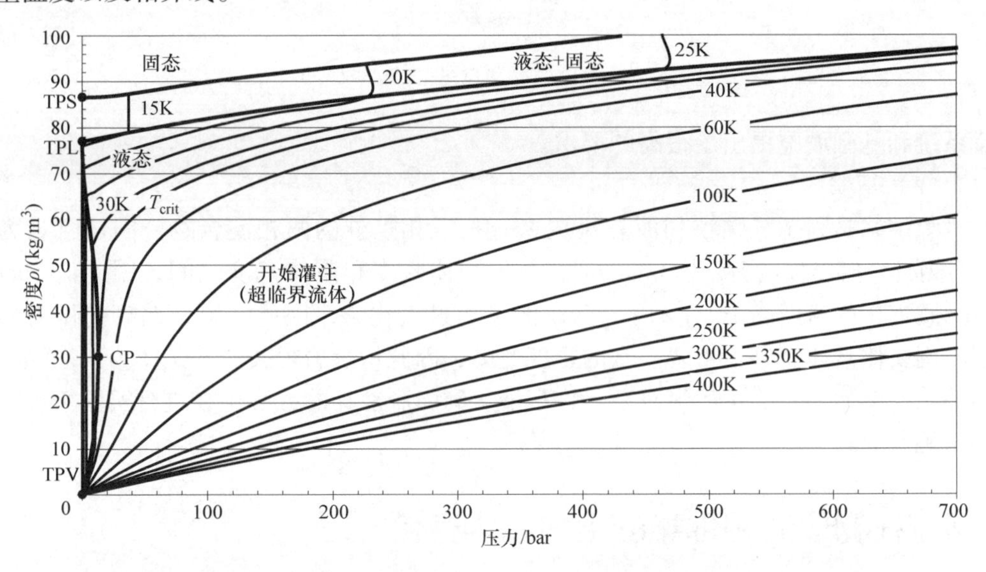

图5.16　氢的密度与压力和温度的关系

（1）超临界存储

温度和压力超过临界值的物质称为“超临界流体”，其状态变量介于气态和液态之间。对于氢，在温度高于33.2K和压力高于31.1bar时会出现这种情况。从图5.17可以看出，氢在350bar和35K时密度达到80kg/m^3，这高于饱和液体的密度。作为超临界流体的存储称为冷压缩存储。通过消除相变，可以减少蒸发损失，并且由于允许高压而使压力构建时间更长。由于热量侵入不可避免，储罐中的压力仍然会增加，直到达到极限压力必须开始沸腾过程为止。高压和低温的结合意味着对储

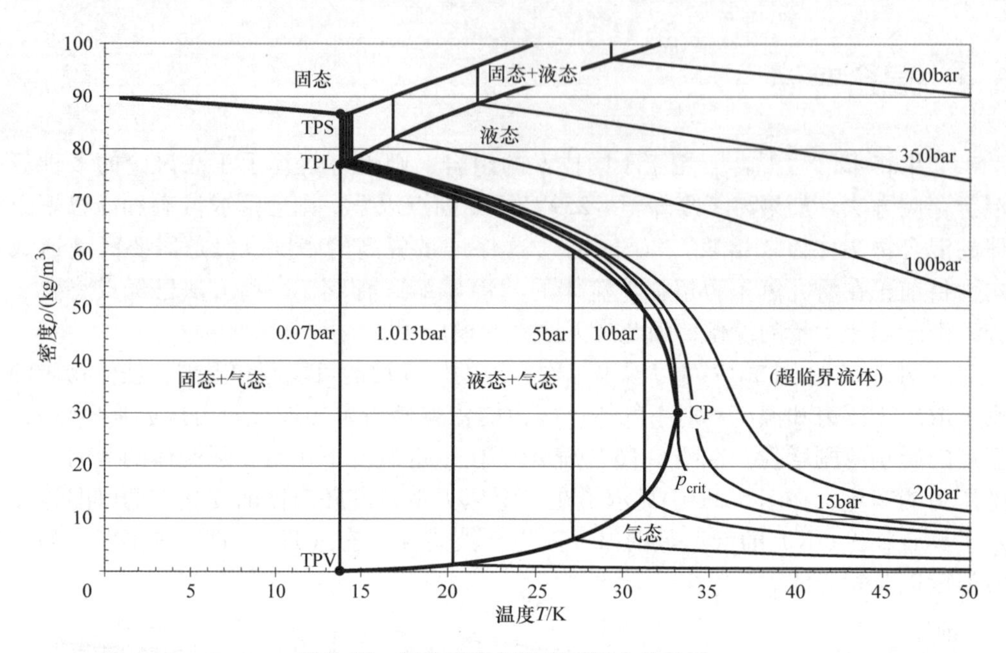

图 5. 17　氢的密度与温度和压力的关系

罐系统和基础设施提出了很高的要求。

（2）熔浆

氢熔浆是固态氢颗粒和液态氢在 13. 8K 三相点处的两相混合物。固体含量为 50 % 质量分数时，密度为 82kg/m³，介于固体密度和液体密度之间，因此比 1bar 下沸腾液体的密度高 16%。由于升华能量超过汽化焓，因此，熔浆储罐的压力构建时间要比液体储罐长得多。它的密度更高，因此特别值得关注的是作为火箭燃料的熔浆。然而，它的生产很复杂，许多液氦和膨胀冷却的方法正在进行实验室规模的试验研究。

5. 5　在物理的和化学的化合物中存储

许多物质具有与氢形成物理的或化学的化合物的特性。结合可以在固态、液态或气态的介质中进行。一种化合物是否适合用作氢存储器的主要评估标准包括：单位质量和体积存储的氢的量；储罐的装、卸条件（温度、压力、动力学）；可能的装载周期数（使用寿命）。

尽管有些物质理论上有非常高的比重量和比体积存储密度，但大多数相关的存储形式仍处于试验研究和实验室阶段。在市场上可买到的氢化物固体存储器中，存储 1kg 的氢约需要 30 ~ 40kg 存储重量，这相当于比重量存储密度约为 3% 质量分数。在大多数情况下，装、卸的条件很复杂。然而，在化合物中的存储潜力巨大，并且是值得深入研究的主题。这里应该指出一些通用原则，详细信息可以参考文献［158，308，386］。

5.5.1　物理的和化学的吸附

取决于压力和温度，氢以分子形式物理吸附或以原子形式化学吸附在固体表面上。在物理吸附中，键合是通过交换作用发生的，而氢分子没有任何结构变化。在物理吸附中，键合能明显更低。材料应具有较大的表面（多孔），以最大程度地增加存储面积。对于氢在碳上的物理吸附已有详细的研究。碳原子可以形成富勒烯，富勒烯是几个五边形和六边形碳环，这些碳环形成一个网格，这些网格可以卷起来形成圆柱形管，即所谓的纳米管，见图 5.18。通过物理吸附在这些栅格的表面上，氢大多在 50 ~ 80K 的低温下存储。根据最初的很高期望，如今可以实现 3% ~ 5%（质量分数）的氢的存储密度。由于所键合的氢的快速释放也会引起问题，因此市场上仍然没有纳米存储器。最近的研究表明，某些塑料（聚苯胺、聚吡咯）最多可存储 8%（质量分数）的氢。还有一些研究讨论了物理的和化学的方法的组合。

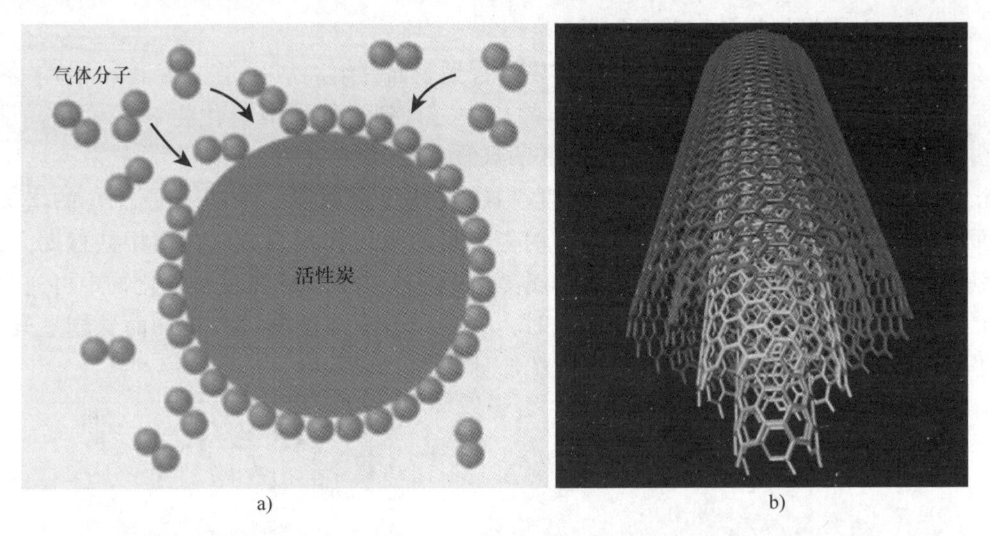

图 5.18　氢的物理吸附（来源：DoE）和纳米管的结构（来源：雷丁大学）

5.5.2　化学的吸附

来自第 3 至第 7 主族的半金属和非金属氢化合物主要为气体或液体。该组中最重要的代表是碳氢化合物（例如甲烷、汽油、柴油）和水。根据键的极性，可以分为带正电的氢的键合对（例如水 - H_2O，氨 - NH_3，盐酸 - HCl）、带负电的氢的键合对（例如硅烷 - SiH_4 或硼烷 - B_2H_6）以及具有弱极性氢键和被称为非极性或共价键的化合物（例如甲烷 - CH_4）。还有一些金属也可以形成共价氢化物，例如铝、铍和镓。通过将一些液态氢化合物重整，可以在车上直接产生氢。最初氢化物更高的能量密度的优点被诸如重整器的费用等缺点所抵消，重整器通常需要高温、催化器和转化时间，在碳氢化合物的环境下释放 CO_2 或某些化合物产生毒性。对于重整器也有相关研究，例如甲烷、甲醇和氨。

盐状的氢化物是在离子晶格中结晶的离子化合物。它们具有氢离子 H^-，并具有正电的碱金属和碱土金属作为键合对，但铍除外（例如丙氨酸盐，如氢化铝锂 $-LiAlH_4$）。在与过渡金属 M_y 和一个正电的金属 G_x 形成的复杂化合物中也发现了氢化物离子 H_z。这些氢化物也称为复合金属氢化物，一般形式为 $G_xM_yH_z$。有许多带有碱土金属和碱金属的这类化合物，一个例子是硼氢化钠（$NaBH_4$）：$NaBH_4 + 2H_2O \rightarrow NaBO_2 + 4H_2$。

用于氢存储的最重要的氢化物是金属氢化物。金属元素（例如钯、镁、镧）、金属间化合物和轻金属（例如铝）以及某些合金（例如 $TiNi - Ti_2Ni$、$Mg - Mg_2Ni$）能够存储氢，氢原子以化学形式键合到金属晶格中。研究人员对金属间化合物特别感兴趣，该金属间化合物由对氢具有高亲和力的元素和对氢具有低亲和力的元素所组成（例如 $ZrMn_2$、$LaNi_5$、Mg_2Ni、LiB）。

（1）金属氢化物的加载和卸载

当氢出现在金属上时，氢分子首先结合到表面并解离成原子（溶液 α 相）。然后氢原子扩散到材料中，并嵌入金属晶格中，直到它们形成氢化物 β 相为止，见图 5.19a。在热力学上，该过程通过等温线在压力 - 浓度图中显示出来，见图 5.19b。在 α 相中，氢的压力随着浓度［H］（每个金属原子中的 H 原子）的增加而急剧上升，直到［H］ =0.1 ~0.2 时氢转换为氢化物相为止。在两相共存期间，氢以大约恒定的温度和压力值嵌入金属晶格中。水平平台的宽度是氢化物中可逆存储氢的一个量度。当完成氢化物形成时，氢的压力随浓度的继续增加而急剧上升。平台的宽度取决于温度，在临界温度 T_c 以上不再形成平台。

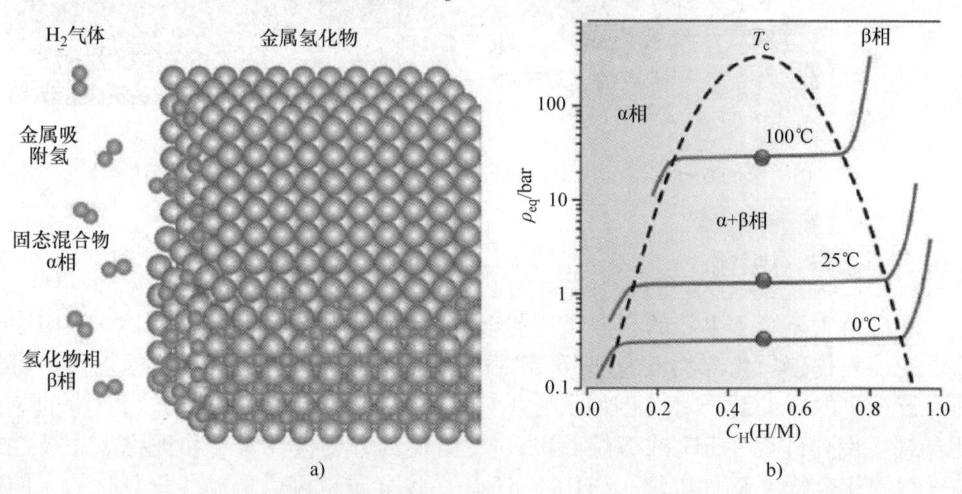

图 5.19　金属氢化物的形成和过渡相（来源：Schlapbach）

在1~60bar的压力下进行加载和卸载。如果在大约20~90℃的温度下达到平台平衡，则可以说是低温氢化物，而在200~300℃的温度下是高温氢化物。对于大多数氢化物，标准的生成焓的值约为1kmol H_2 的 $\Delta_B H = 20MJ$。在放热的吸附时，会散发出该热量，而吸热的解离则必须添加该热量。因此，氢提取过程需要大量的能量。实际上，吸附的平台压力略高于解离的平台压力，这也称为滞后现象。如果在吸附过程中没有消散足够的热量，那么升高的温度会导致平台水平升高，并且所施加的氢压力将不再足以维持反应。

在安全性技术方面，氢化物储罐的优势在于，在发生事故或泄漏时，热量散发和压力水平会下降，从而导致氢释放立即失活。金属氢化物特别适合于燃料电池的应用，因为杂质会吸附在金属表面，从而释放出高纯度的氢。

除比较高的成本和重量外，氢化物存储器的缺点是所达到的存储密度仍然是较低的，低压氢化物为2%~3%（质量分数），高压氢化物为6%~8%（质量分数），并且装载和卸载通常不是很容易能做到的。加载和卸载的持续时间取决于吸附、解离和扩散的动力学。除了压力和温度外，金属的表面特性也起着重要的作用。与氧接触后，会形成氧化层，从而减慢或抑制化学吸附。微量的 H_2S、CO或 SO_2 也具有类似的作用。可能的循环次数通常也受到限制。装载和卸载通常需要复杂的加注站基础设施。

氢原子占据了金属晶格中的位置，尽管尺寸很小，但变形量高达20%（体积分数）。网格的扩展是各向异性的，即在不同方向上是不同的，这会导致结构应力，并且在反复的加载和卸载循环中会形成裂纹，而且金属会随时间的变化而分解。

如今，小包装的氢化物存储器被用于便携式小型装置（例如实验室设备）的移动式氢供应，偶尔在移动应用和潜艇中使用。

（2）液态有机存储器

有一些机构正在研究将有机的和离子的液体作为储氢介质，从理论上讲，其存储密度为14%~20%（质量分数），而在实验室规模上存储器已实现了6%~8%（质量分数）。

第6章 燃料电池

1838年，克里斯蒂安·弗里德里希·舍恩贝因（Christian Friedrich Schönbein）发现了燃料电池的工作原理。第二年，物理学家和律师威廉·罗伯特·格罗夫（William Robert Grove）爵士在此基础上研制出第一块燃料电池。然而，燃料电池并不能胜过同时期开发的用于发电的机械驱动的发电机，其应用仅限于特殊领域，因此它被证明是一种太空航行的能源。最近一些年，对燃料电池的进一步开发进行了大量的工作，燃料电池被认为是一种未来的能源转换器，可以独立于化石燃料，可无排放、高效率地运行。虽然燃料电池是在内燃机发明的多年前发明的，但其技术优化才刚刚开始。

燃料电池作为能量转换器的优点包括：化学键合能直接转化为电能；因为它与卡诺过程无关，所以在低温水平下具有更高效率的潜力；没有出现有害物的排放或噪声，氢作为燃料时也没有 CO_2 排放；燃料电池不需要移动部件即可工作；大批量生产时具有低制造成本的潜力。

在当前技术水平下，燃料电池面临的挑战包括：燃料电池小批量制造成本高；燃料电池的使用寿命和效率需要进一步提高；改善动态运行性能。

燃料电池是一种电化学能量转换器，是一种电化元件，可将燃料与氧化剂的化学反应能直接转换为电能。与蓄电池不同，其反应物是从外部连续供给的。在电子流执行工作时，会发生氧化还原反应。根据燃料电池的类型，可以使用不同的燃料，如氢、甲醇或天然气。燃料用作氧化还原反应的还原剂，氧化剂通常是来自环境空气中的氧。

由于理论上高效率的优点，当然首先是由于使用氢作为燃料使用时的零污染和 CO_2 零排放，燃料电池被认为是面向未来的技术，目前在科研领域和工业界引起了高度的重视，近年来已经取得了明显的进步，当前正在为众多的航空、水用和陆用交通工具开发燃料电池，如图6.1所示。在某些应用领域已经开始工业化，首批燃料电池车辆已批量生产。

下面将简要介绍燃料电池技术的基础知识，有关更多信息，可参阅专业文献[144，220，222，224，334]。

图6.1 燃料电池的应用

6.1 燃料电池的原理和参数

燃料电池的原理可以用多种不同的燃料和电解质来实现。以氢-氧燃料电池为例来解释单个电池（电芯）的工作原理，该氢-氧燃料电池设计成为质子交换膜燃料电池（PEMFC，polymere electrolyte membrane fuel cell），见图6.2。

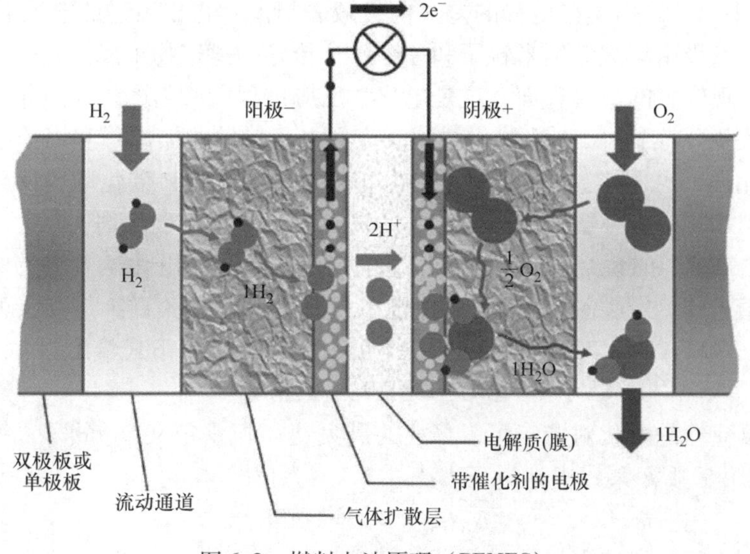

图6.2 燃料电池原理（PEMFC）

氢作为燃料通过流动通道供给，并通过气体扩散层扩散到阳极（燃料电极或氢电极）。氢在催化剂的作用下在电极上氧化成 $2H^+$ 离子（质子），从而释放出两个电子，并且这些电子被阳极（这里是负极）拾取并转移。

在阳极（释放电子）处的氧化反应为：

$$H_2 \rightarrow 2H^+ + 2e^- \qquad E^{02} = 0V$$

电解质是一种具有强酸性的高分子膜，对质子 H^+ 导电，对电子 e^- 绝缘（电绝缘体）。此外，膜将两个气体空间分隔开，质子通过膜传输到阴极。除了电解质结构外，膜的质子传导率主要由水饱和度和温度来确定。由于电子无法穿过膜，又因为存在电位差，所以电子通过外部电路流向阴极，由此，在连接的使用者中完成工作。氧化剂（电子受体）氧又通过流动通道和气体扩散层被引向阴极的电极（氧电极）。在阴极处，借助催化剂，氧通过吸收电子发生还原反应并与两个质子结合形成水分子（产物水）。

阴极处的还原（电子吸收）：

$$\frac{1}{2}O_2 + 2H^+ + 2e^- \rightarrow H_2O\ (l) \qquad E^{01} = 1.229V$$

氧还原反应可以直接通过 4 电子机理进行，或可以间接地在几个中间步骤中通过中间产物过氧化氢进行。产物水通过气体扩散层扩散到流动通道中，然后随着流动从电池中排出。总反应（氧化还原反应）为每个 H_2 分子产生 $2e^-$ 的电流：

$$H_2 + \frac{1}{2}O_2 \rightarrow H_2O\ (l) \qquad E^0 = E^{01} - E^{02} = 1.229V$$

电极电势确定为在标准条件（25℃和 1.013bar）下，半电池对作为参考电极的氢电极的电压，氢电极被任意指定为零电势。有关电位测量的详细说明可以在文献［224］中找到。由电极电势的差（阴极减去阳极）得出可逆的电池电压 E^0。

商业级电极由碳载铂纳米粒子和一个质子传导的离聚物组成。电极具有高的孔隙率，以实现较大的三相界面，这是电化学反应进程所必需的。在三相边界中，气体空间（提供反应物）、碳载催化剂（反应和电子传导的加速）和离子聚合物（质子传导）相遇，见图 6.3。仅当离子导电相、电子导电相、催化剂和反应物同时接触时，反应才能进行。诸如铂或钯之类的贵金属通常用作催化剂。

反应焓 $\Delta_R H$ 和自由反应焓 $\Delta_R G$ 用于确定燃料电池的电化学参数，例如热中性电压（热值电压）、标准电势、可逆电池电压和效率，有关详细信息，可参考文献［15，144，145，221，224］。标准状态下的自由反应焓由下式给出：

$$\Delta_R G_m^0 = \Delta_R H_m^0 - T\Delta_R S_m^0$$

自由反应焓的变化对应于可以释放的最大功（根据定义呈负号），等于电荷数 z 乘以法拉第常数 F 乘以电池电压 E：

$$\Delta_R G_m = W_{el} = -zFE$$

从表 3.4 所列的液态形式的产物水的数值为电化电池的所谓标准电势（也就

是在标准状态下的可逆电池电压）E^0：

$$E^0 = \frac{\Delta_R G_m^0}{zF} = \frac{-237.13 \times 10^3 J/mol}{2 \times 96485 As/mol} = 1.229V$$

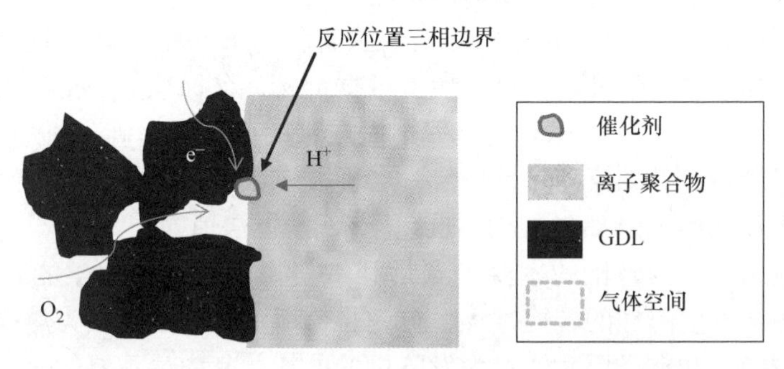

图6.3　三相边界

可以用类似方法针对反应焓 $\Delta_R H$ 推导该关系式，由此获得热值电压或热中性电压E_H^0，但其仅有理论意义：

$$E_H^0 = -\frac{\Delta_R H^0}{zF}$$

除了燃料电池的电功率和标准电势之外，其效率也很有意义。电化学转化的热力学效率为：

$$\eta_{th} = \frac{\Delta G}{\Delta H} = 1 - \frac{T\Delta S}{\Delta H}$$

燃料电池可以使用多种不同的燃料来运行。基于化学结合的能量，由此给出不同的电压和效率。表6.1列出了可能的燃料及其总反应，还给出了参与反应的电子n_{el}的数量（=电荷数z）、与1mol燃料相关的标准反应焓 $\Delta_R H_m^0$、自由标准反应焓 $\Delta_R G_m^0$、标准电势 E^0 和热力学效率 η_{th}^0。

表6.1　不同燃料的燃料电池参数

燃料	总反应	n_{el}	$\Delta_R H_m^0$ /(kJ/mol)	$\Delta_R G_m^0$ /(kJ/mol)	E^0 /V	η_{th}^0 (%)
氢（液态）	$H_2 + \frac{1}{2}O_2 \rightarrow H_2O$	2	-285.83	-237.13	1.229	83.0
氢（气态）	$H_2 + \frac{1}{2}O_2 \rightarrow H_2O$	2	-241.82	-228.57	1.184	94.5
甲烷	$CH_4 + 2O_2 \rightarrow CO_2 + 2H_2O$	8	-890.8	-818.4	1.06	91.9
甲醇	$CH_3OH + 3/2O_2 \rightarrow 2H_2O + CO_2$	6	-726.6	-702.5	1.21	96.7
碳	$C + O_2 \rightarrow CO_2$	4	-393.7	-394.6	1.02	100.2
碳	$C + \frac{1}{2}O_2 \rightarrow CO$	2	-110.6	-137.3	0.71	124.2

令人惊讶的是，以碳氢化合物为燃料的燃料电池的热力学效率非常高，纯碳的

数值甚至超过 100%。如果系统中的熵增加（$\Delta S > 0$），则在上面的方程中，在 ΔH 为负时形式上是可能的。因为熵主要在蒸发的情况下增加，所以这种情况发生在化学反应中，其中气态产物的物质的量超过气态起始原料的物质的量，在这种情况下形成气态组分。系统熵的增加 ΔS 有时被解释为来自环境的可逆热量 $T\Delta S$ 的吸收。实际上，标准状态值是虚拟算术值，根据定义，该标准值是指所有组分的 1bar 和 25℃的标准状态，而不考虑环境空气中氧或水的分压。精确分析㶲值可以发现，对于某些固态燃料，其㶲值高于燃烧值，对于大多数液态燃料，其㶲值与燃烧值一致，对于大多数气体（例如氢），其㶲值显著低于燃烧值。

燃料电池相对于内燃机的主要优点是其将与物质相关的化学能直接转化为电能。内燃机中会发生附加的转换过程，首先将燃料的化学能转换为热能，然后将热能转换为机械能，并在必要时转换为发电机的电能。其中最重要的是，将热量转换为机械能的效率受到限制，卡诺循环可以得到最大的效率，但这取决于热力过程的平均上限温度和平均下限温度。

$$\eta_C = 1 - \frac{T_u}{T_o}$$

平均上限温度 T_o 受零部件的机械负荷和热负荷的限制，平均下限温度 T_u 的降低受环境温度的限制。图 6.4（见彩插）显示了燃料电池和卡诺效率的热力学效率随平均上限的工程量温度变化的比较。可以得出，在差不多 1200K 以内，燃料电池的热力学效率要高于卡诺效率。

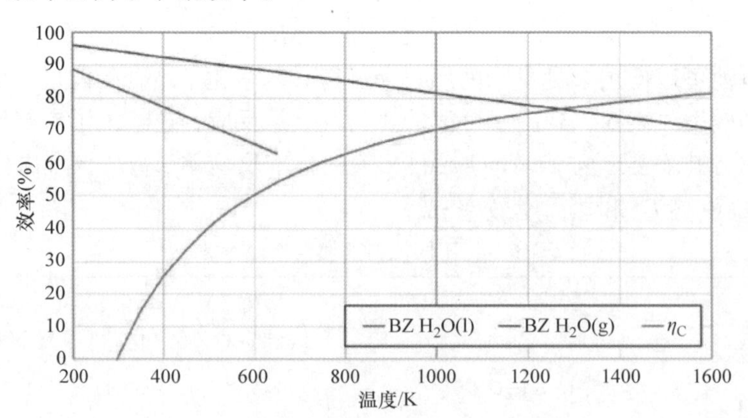

图 6.4　燃料电池和内燃机的热力学效率

然而，由于发生一系列损失并降低电池电压，因此实际上无法实现燃料电池较高的理论效率。燃料电池的效率在很大程度上取决于负载电流，在低负载电流下可获得最高效率。在额定功率点上，负载电流较高时，效率通常会大大降低，燃料电池的电池效率约为 75%（单个电池），对于电堆，其效率可达 70%，对于整个系统效率可达 60%。

图6.5（见彩插）中的电流-电压特性曲线清楚地说明了燃料电池的各种损耗。首先是热中性压 E_H^0，即在标准状态下理论上可达到的最大电压水平。该电压减小了熵分量 $T\Delta S$，该熵分量由于各自的环境条件而不能使用，由此获得标准电势 E^0。实际的瞬时电池电压 E_Z 与热中性电压 E_H^0 的比值（可直接从图6.5中读取）称为电池效率 η_Z。其变化过程如图6.5的点线所示，与电池电压变化曲线相似。

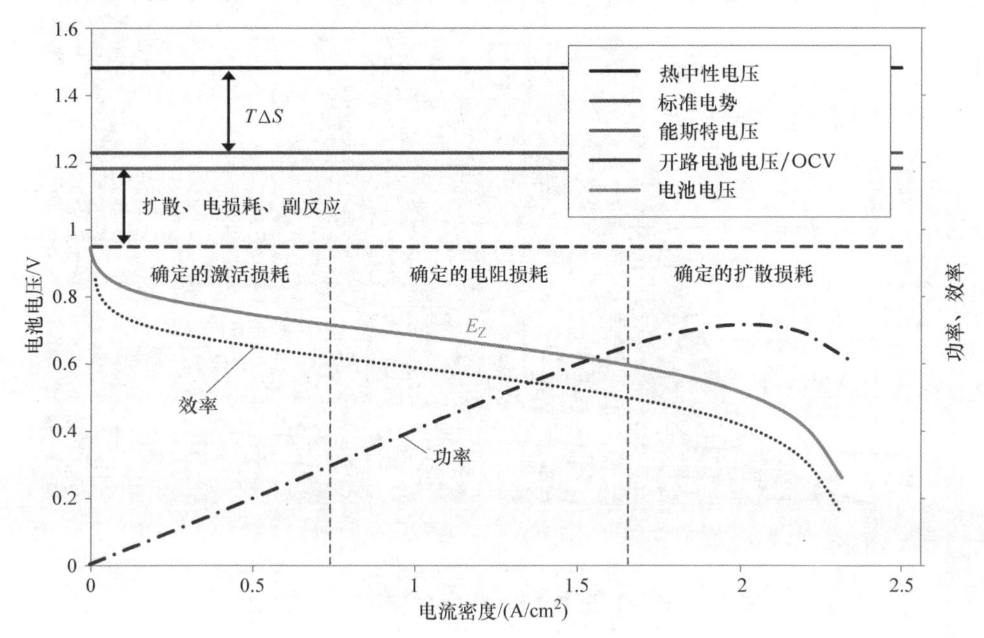

图6.5　一个燃料电池的电流-电压特性曲线

电池效率可表述为：

$$\eta_Z = \frac{E_Z}{E_H^0}$$

也可以使用电压来描述热力学效率：

$$\eta_{th} = \frac{\Delta G}{\Delta H} = \frac{E^0}{E_H^0}$$

电池电功率的变化如图6.5中的点画线所示。电池电功率 $P_{el} = UI$ 在图上作为一个面积来显示，以废热形式出现的损耗也可以这样显示。

在偏离标准状态的情况下，可以达到所谓的最大能斯特电压 E_N。能斯特方程考虑了反应物的温度和活性 a_i，反应物与溶液中的浓度和理想气体中各组分的分压相对应。能斯特方程为：

$$E_N = E^0 - \frac{R_m T}{zF}\sum v_i \ln(a_i) = E^0 - \frac{R_m T}{zF}\sum v_i \ln\left(\frac{p_i}{p^0}\right)$$

图6.6显示了在气态水形成时 H_2/O_2 燃料电池的能斯特电压随温度和系统总

压力的变化。能斯特电压与温度成线性关系，与压力成对数关系，随着温度升高，能斯特电压下降。反应物分压的增加对能斯特电压有积极影响。从低的压力水平开始，电压急剧增加，随着压力水平进一步增加，电压近似于线性增加。

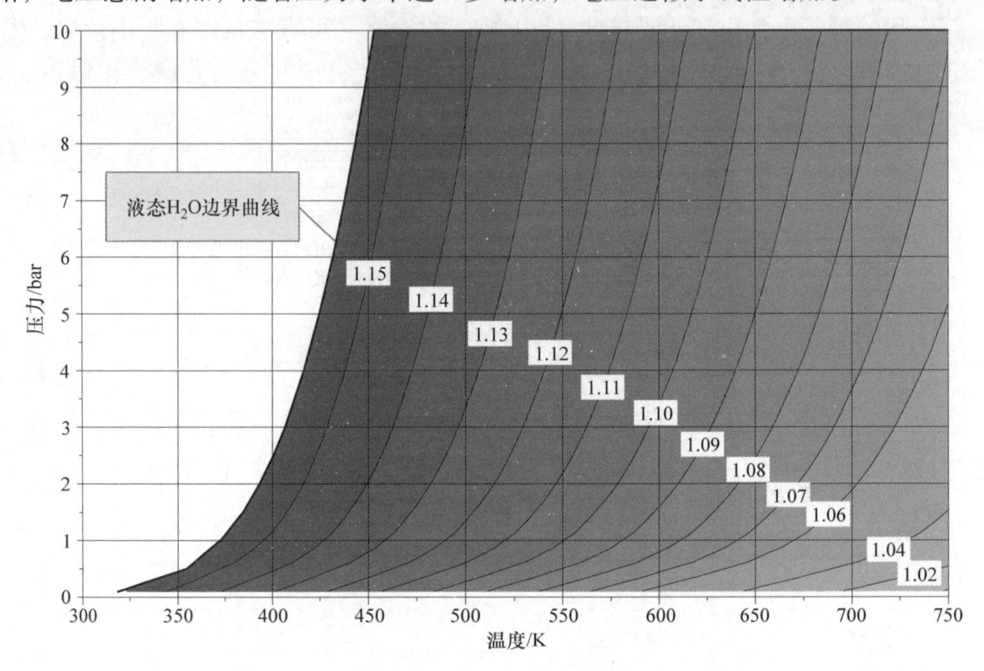

图 6.6　H_2/O_2 燃料电池中 H_2O 气态的能斯特电压

以能斯特电压为基点，由于不可逆过程会造成大量损失，因此，实际电池电压在加载（即在连接用电设备时）时会降低，其结果是电池的有效电压为电池电压 E_Z。空载时可测量电池电压，开路端子电压（OCV）已经低于能斯特电压，达到了 ΔE，这是由于氢从阳极到阴极的扩散过程、副反应和电子流（尽管端子是开放的，但电解质不是理想的绝缘体）引起的。该电压也作为混合电势给出。基于 OCV 减去过电压来描述最终的电池电压 E_Z。过电压是电流偏离 OCV 时发生的不可逆损耗。

$$E_Z = \mathrm{OCV} - \eta_A - \eta_W - \eta_D - \eta_R$$

损耗可分为三个区域，即激活损耗、电阻损耗（欧姆损耗）和扩散损耗，其中实际电压与理想电压之比定义为效率。

由于电子或离子通过电极与电解质之间的相界面的渗透速率的有限性，会出现激活过电压（η_A）。渗透速率不仅取决于所涉及的反应物、电解质，也取决于催化剂。电子渗透的指数式的过电压曲线取决于电流，用巴特勒 - 沃尔默（Butler - Volmer）方程式描述：

$$i = i_0\left(e^{\alpha\eta_A\frac{zF}{RT}} - e^{-(1-\alpha)\eta_A\frac{zF}{RT}}\right)$$

渗透因子 α 是渗透反应的活化峰对称性的量度，对于大多数反应而言，在 0.2～0.5 之间。在电极/电解质相边界上的两个方向上都有稳定的载流子交换，并且存在动态平衡。如果没有电流流过电极到外部，这个关系仍适用。$\eta_A=0$ 时的电流作为交换电流密度 i_0 给出。在低的活化能和高的电化学活性时有高的交换电流密度。在燃料电池中，阳极和阴极的交换电流密度差异很大。以铂为催化剂的阳极氢氧化的值达到 10^{-3} A/cm²，因此几乎不会引起过电压。阴极处的氧还原速度明显减慢，交换电流密度显著降低，其值为 10^{-9} A/cm²，因此主要是活化过电压的原因。在大的过电压、可忽略的逆反应的情况下，有巴特勒－沃尔默方程获得塔弗尔（Tafel）方程：

$$\eta_A=\frac{RT}{\alpha zF}\ln\left(\frac{i}{i_0}\right)$$

相对于活化能绘制的对数电流密度给出塔弗尔直线，直线斜率对应于渗透因子 α 和交换电流密度 i_0 的截距。

电阻过电压（η_W）代表电池的内部电阻（欧姆损耗），这包括电子的欧姆电阻（R_{El}）和离子传导（R_{Ion}）。欧姆范围是通过电池电压随电流强度的增加而线性下降来表征的。燃料电池主要在该区域运行。在燃料电池系统中，电解质是内部具有最高内部电阻的决定性成分。

$$\eta_W=iR_{Ohm}=i(R_{El}+R_{Ion})$$

扩散过电压（η_D）可以用在大电流下所出现的传输过程不足来解释。向反应区供给反应气体或产物从反应区移出过程太慢，从而导致电池电压的急剧下降，反应物的可供性受到扩散的限制。电极附近的传输过程可以用菲克（Fick）第一定律来描述，其中扩散过电压为：δ 对应于扩散层的厚度，D 表示扩散系数，c_0 表示未受扰动的浓度。

$$\eta_D=\frac{RT}{zF}\ln\left(1-\frac{i\delta}{zFDc_0}\right)$$

此外，在 *UI* 特性的所有区域中都会出现所谓的反应过电压（η_R），这是由于耦合反应（例如上游和下游部分反应）时的反应速度受限而形成的。在文献［224］中，反应过电压用电解质内部的摩尔浓度 c^s 和电极表面的 c^b 来表示。

$$\eta_R=\frac{RT}{zF}\ln\frac{c^s}{c^b}$$

许多过程会导致运行中的燃料电池的老化（降解）。随着循环次数的增加，老化增加和电池电压下降，见图 6.7（见彩插）。老化引起的电压损耗由可逆和不可逆部分组成。电极的结构变化通常是造成降解的主要原因。在质子交换膜燃料电池中，电极的降解主要是由铂溶解和碳载体的腐蚀所引起的。有关降解过程和分析方法（例如燃料电池中的阻抗谱）的更详细说明可参阅专业文献［21，52，224，382，383］。

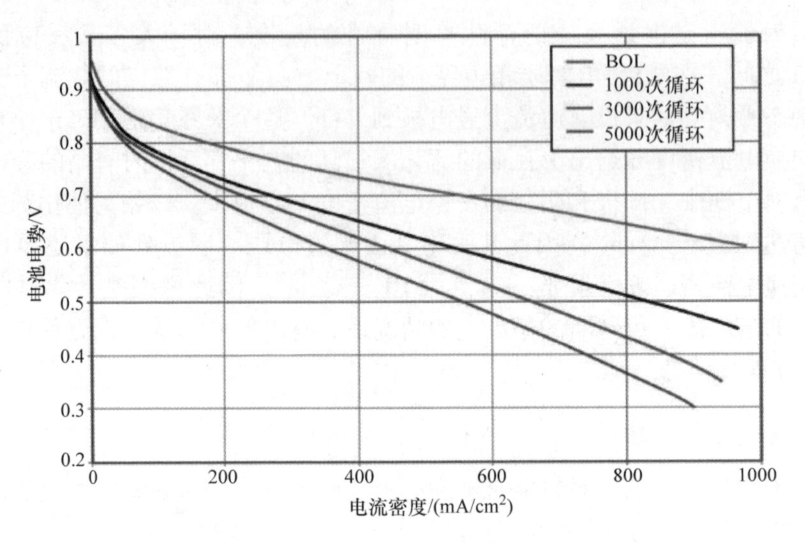

图 6.7 降解对 *UI* 特性曲线的影响

6.2 燃料电池的类型

燃料电池根据其工作温度或所用的电解质的类型进行分类。基于其工作温度可以分为低温燃料电池（NT）和从大约600℃起的高温燃料电池（HT）。表6.2列出了燃料电池的类型。按照电解质的类型可以分为碱性燃料电池（AFC）、质子交换膜燃料电池（PEMFC）、磷酸燃料电池（PAFC）、熔融碳酸盐燃料电池（MCFC）和氧化物陶瓷燃料电池（SOFC）。PEMFC可以进一步分为直接甲醇燃料电池（DMFC）、低温质子交换膜燃料电池（NT－PEMFC）和高温质子交换膜燃料电池（HT－PEMFC）。PEMFC也称为质子交换燃料电池（PEFC）。燃料电池在许多便携式、汽车和固定式场景中应用。

表6.2 燃料电池类型

类型	工作温度	电解质	离子传导	CO_2 偏差	燃料	温度范围
AFC	60～80℃	钾盐水溶液	OH^-	$\leqslant 1\times10^{-6}$	H_2	NT
DMFC（PEMFC）	约80℃	质子传导膜	H^+	—	CH_3OH	NT
NT－PEMFC	60～120℃	质子传导膜	H^+	$\leqslant 100\times10^{-6}$	H_2	
HT－PEMFC	120～200℃	质子传导膜	H^+	$\leqslant 500\times10^{-6}$～1%	H_2	
PAFC	160～200℃	浓的磷酸	H^+	≤1%	H_2	NT
MCFC	约650℃	碳酸盐熔体	CO_3^{--}	兼容	H_2，CO	HT
SOFC	约1000℃	掺杂的氧化锆	O^{--}	兼容	H_2，CO	HT

表6.3列出了燃料电池的功率、电效率和应用领域，简要描述了各种燃料电池类型的特征，有关详细信息可参阅文献［144，220，224］。

表6.3 燃料电池的特性

燃料电池	功率/kW	电效率（%）	应用
AFC	10～100	电池60～70，系统60	航空航天，车辆
PEMFC	0.1～100	电池50～75，系统45～60	航空航天，车辆
DMFC	0.01～1	电池20～30	小仪器
PAFC	到10000	电池55，系统40	小型发电厂
MCFC	到100000	电池55，系统50	发电厂
SOFC	到100000	电池60～65，系统55～60	发电厂和APU

（1）碱性燃料电池（AFC）

碱性燃料电池是低温燃料电池之一，这种电池类型的功能原理如图6.8所示。AFC最初是在阿波罗飞行任务和美国航天飞机的太空航行中使用的，通常将一种氢氧化钾水溶液（KOH溶液）用作电解质。这样的电解质对于OH^-离子是导电的。它们在阴极上形成并通过电解质迁移到阳极侧，以便在该处在存在氢的情况下形成水和电子。

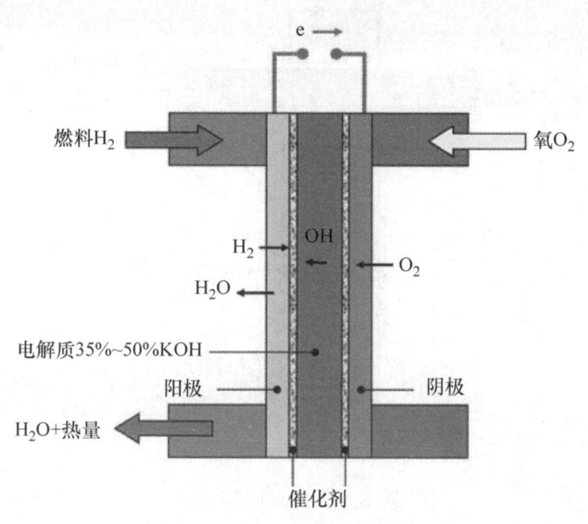

图6.8 AFC原理

在AFC的可移动变型中，电解质为液态，并且必须在一个电解质循环回路中循环。其中，过程热量可以通过电解质消散。在非移动式结构中，KOH溶液通过一种吸收性材料（基质）吸收，并以此方式存储在电极之间。由于对环境有危害作用，KOH不得泄漏。氢作为燃料提供给阳极。由于大气中的CO_2含量超过360×10^{-6}，因此必须向阴极提供纯氧。CO_2导致形成碳酸盐，这会堵塞GDL和电极的细孔结构。由于化学反应需要水，因此在阳极侧形成的一部分水被送入阴极。

化学反应如下：

阳极	$H_2+2OH^-\rightarrow 2H_2O+2e^-$	氧化/失去电子
阴极	$H_2O+1/2O_2+2e^-\rightarrow 2OH^-$	还原/得到电子
总反应	$H_2+1/2O_2\rightarrow H_2O$	氧化还原反应

AFC 用于大约 10 ~ 100kW 的功率输出。它结构简单而坚固，并且效率高；缺点是使用氢氧化钾溶液作为电解质，这存在安全隐患，并且由于电极的腐蚀而导致使用寿命缩短。

(2) 质子交换膜燃料电池（PEMFC）

PEMFC 是低温燃料电池之一，通常也可写成 PEFC（质子交换燃料电池）。根据类型，它可以在 60 ~ 200℃ 的温度范围内工作。PEMFC 包括三种类型：DMFC、NT - PEMFC 和 HT - PEMFC。它们均使用一种非腐蚀性聚合物作为电解质。PEMFC 广泛应用于固定、移动和便携式设备中。

1）直接甲醇燃料电池（DMFC）。PEMFC 的一种特殊形式是 DMFC，其中甲醇以液态或蒸气形式供应到阳极，其原理如图 6.9 所示。

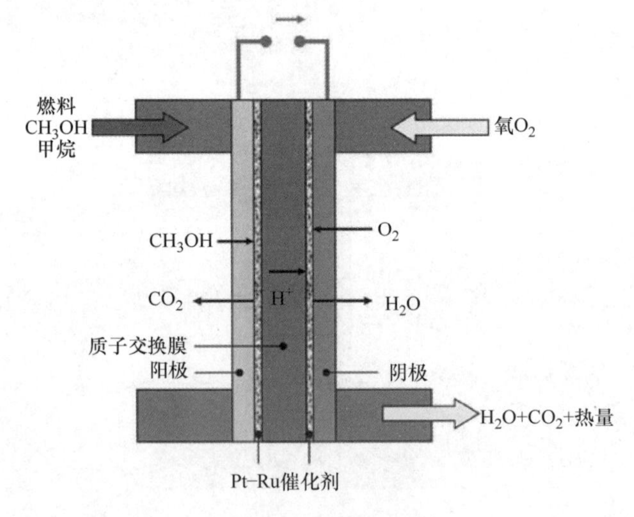

图 6.9 DMFC 原理

在阳极上，CO_2 作为废气产生，大气中的氧供给到阴极。质子传导的高分子膜用作电解质，作为导电机理，始终需要水。这需要通过所供给的物质流或通过产物水从阴极向阳极的反向扩散来进行润湿。通常将液态甲醇 - 水混合物供给阳极。然而，必须通过计量泵精确计量混合物的浓度。电荷借助 H^+ 离子进行传输。有个问题是甲醇渗透（Methanol - Crossover）。此处，甲醇从阳极扩散到阴极侧，并在阴极表面与氧混合，不希望出现的甲醇氧化会降低电池的性能，从而降低电池的效率。DMFC 的主要优点是燃料甲醇的直接转化和简单的系统技术，因为与传统的 PEMFC 相比，不需要复杂的加湿器单元。DMFC 主要用于最大功率为 5kW 的小型装置，因此主要用于便携式领域。

化学反应如下：

阳极	$CH_3OH + H_2O \rightarrow CO_2 + 6H^+ + 6e^-$	氧化/失去电子
阴极	$3/2O_2 + 6H^+ + 6e^- \rightarrow 3H_2O$	还原/得到电子
总反应	$CH_3OH + 3/2O_2 \rightarrow 2H_2O + CO_2$	氧化还原反应

DMFC 在小型仪器设备中可提供高达 1kW 的功率输出。它结构简单、使用寿命长、加注容易；但是，效率相对较低，甲醇的渗透是一个问题，并且产生废气 CO_2。

2）低温 - 质子交换膜燃料电池（NT - PEMFC）。NT - PEMFC 的工作原理如图 6.10 所示。氢用作还原剂，而大气中的氧用作氧化剂。氢分子通过 GDL 到达催化剂层以及反应区。在那里，H_2 吸附在催化剂表面上，解离为 H，然后进一步氧化为氢质子 H^+（释放电子）。质子与水形成 H_3O^+ 离子，这是传导机理的基础。一方面，氢质子可以通过所谓的格罗图斯机理从水分子迁移到水分子，再到阴极，另一方面，H_3O^+ 离子可以向阴极扩散。在阴极处，催化剂表面的氧被还原，吸收两个电子，最后与两个 H^+ 离子形成水。因为水会随着离子的迁移而移动，通过扩散过程会导致脱水。为了满足阳极侧对水的需求，阴极上形成的水必须通过膜扩散回去，或者借助于不同的加湿技术将其输送到电池外部的物质流中。

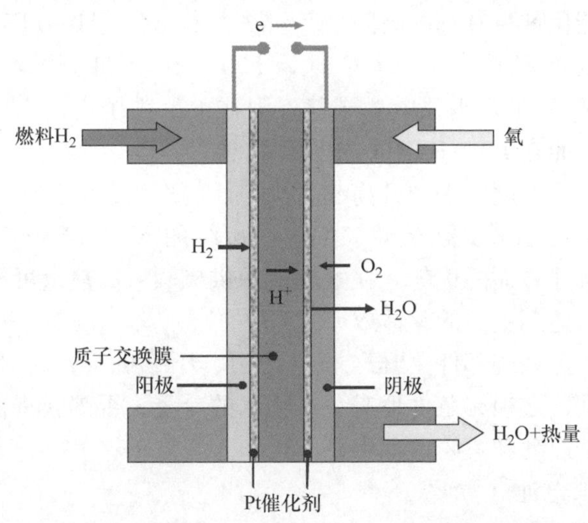

图 6.10 NT - PEMFC 原理

这种类型的燃料电池对一氧化碳敏感，一氧化碳会在浓度超过 100×10^{-6} 时阻塞电极的活性中心，从而导致性能下降，这种催化剂堵塞是可逆的。为了避免催化剂活性下降，电池中的硫和硫化合物（H_2S）应低于 1×10^{-6}。

化学反应如下：

阳极	$H_2 \rightarrow 2H^+ + 2e^-$	氧化/失去电子
阴极	$1/2O_2 + 2H^+ + 2e^- \rightarrow H_2O$	还原/得到电子
总反应	$H_2 + 1/2O_2 \rightarrow H_2O$	氧化还原反应

NT－PEMFC 可用于高达 500kW 的功率输出。它具有高的电流密度，并具有良好的动态性能。

3）高温－质子交换膜燃料电池（HT－PEMFC）。HT－PEMFC 原理类似于 NT－PEMFC，但与之不同的是：通过采用一个新的膜，具有工艺工程和电化学方面的优势。

化学反应如下：

阳极	$H_2 \rightarrow 2H^+ + 2e^-$	氧化/失去电子
阴极	$1/2O_2 + 2H^+ + 2e^- \rightarrow H_2O$	还原/得到电子
总反应	$H_2 + 1/2O_2 \rightarrow H_2O$	氧化还原反应

新开发的多苯二甲酮膜（PBI）不需要水就能导电，将膜浸入磷酸（H_3PO_4）中，吸收部分酸，从而确保质子传导性。就此，消除了这种类型电池中复杂的水管理，这是其主要优点。此外，磷酸掺杂的 PBI 膜可经受更高的工作温度，这意味着使用过程热量时，可以显著提高装置的效率。此外，温度的升高导致较高的 CO 偏差，这可以通过催化剂更有利的吸附/解吸特性来解释。HT－PEMFC 的 CO 相容性是 NT－PEMFC 的好几倍，即 120℃ 时为 500×10^{-6} 和 180℃ 时为 5000×10^{-6}（0.5%）CO。如果从化石能源中生产氢，则在重整系统中的 NT－PEMFC 总是需要进行精细清洁，而在 HT－PEMFC 中则不需要。

在移动应用中，温度水平的升高起着决定性的作用，因为由于工作温度与环境之间更大的温差，可以减少换热器表面。与传统的 NT－PEMFC 相比，这具有重量、成本和外观尺寸方面的优势。在家庭能源供应领域，热量可用于家庭用水和取暖用水处理，从而达到更高的整体效率。

它的缺点是耐热系统部件（压气机、阀门、压缩机等）以及耐热和耐酸材料的成本增加。另外，必须无条件地避免产物水的冷凝，否则膜将被磷酸冲洗掉，这种危险主要存在于启动和关闭过程中。

（3）磷酸燃料电池（PAFC）

PAFC 属于低温燃料电池。它应用广泛，功率覆盖范围大至 $50kW_{el} \sim 11MW_{el}$。全球约有 250 家工厂在运营此类设备。PAFC 使用浓磷酸作为电解质，其固定在 PTFE 键结合的碳化硅基体（SiC）中，其原理见图 6.11。

化学反应如下：

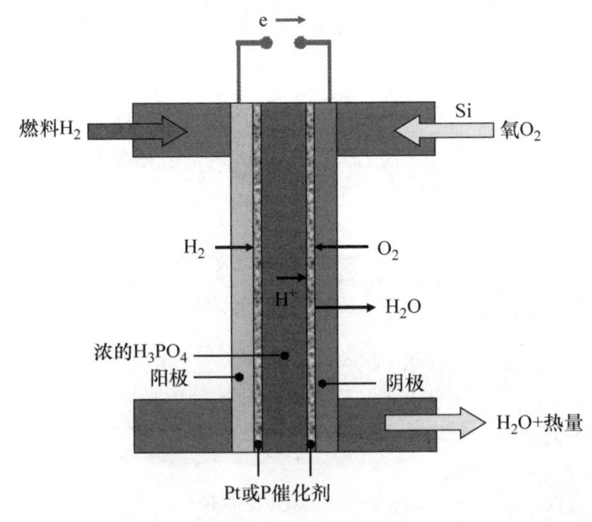

图 6.11 PAFC 原理

阳极	$H_2 \rightarrow 2H^+ + 2e^-$	氧化/失去电子
阴极	$1/2O_2 + 2H^+ + 2e^- \rightarrow H_2O$	还原/得到电子
总反应	$H_2 + 1/2O_2 \rightarrow H_2O$	氧化还原反应

电导能力通过从阳极迁移到阴极的 H^+ 离子来表示。由于酸性的电解质，对电池组件提出了很高的材料要求。氢作为燃料，大气中的氧作为氧化剂，电极使用多孔石墨，其中石墨大多涂有铂作为催化剂。在阳极，进行反应时需要水，水在阴极一侧重新形成，通过膜进行复杂的水管理可实现反向扩散，多余的水以水蒸气的形式在阴极侧去除。尽管这种燃料电池技术上成熟度很高，但 PAFC 无法继续实施，因为它过高的成本，并且已没有降低成本的潜力了。

综上所述，PAFC 更具鲁棒性且与 CO、CO_2 和硫的相容性更强。由于磷酸的存在，其使用寿命受到限制，功率密度较低，材料成本高且没有降低的潜力，允许更高的工作温度，可实现更高的整体效率。

（4） 碳酸盐熔体燃料电池（MCFC）

MCFC 是一种高温燃料电池，工作温度约为 650℃，其原理见图 6.12。MCFC 用于功率高达 100MW 的发电厂。

化学反应如下：

阳极	$H_2 + CO_3^{--} \rightarrow H_2O + CO_2 + 2e^-$ $(CO + CO_3^{--} \rightarrow 2CO_2 + 2e^-)$	氧化/失去电子
	$(CO + H_2O \rightarrow CO_2 + H_2)$	内部重整
阴极	$1/2O_2 + CO_2 + 2e^- \rightarrow CO_3^{--}$	还原/得到电子
总反应	$H_2 + 1/2O_2 + CO_2 \rightarrow H_2O + CO_2$	氧化还原反应

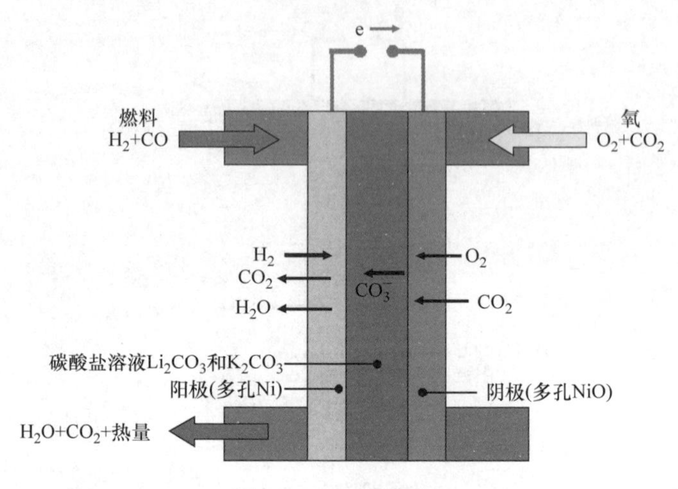

图 6.12　MCFC 原理

碳酸锂（Li_2CO_3）和碳酸钾（K_2CO_3）的碱金属碳酸盐熔体用作电解质，将其固定在铝酸锂制成的基质中。电解质将碳酸根离子从阴极传导到阳极。与到目前为止提到的燃料电池类型相反，氢和一氧化碳的气体混合物可以当作燃料。该混合物是通过含甲烷的能源的内部重整而获得。氧和二氧化碳的混合物必须添加到阴极侧。氧通过接受电子与二氧化碳结合，并形成碳酸盐。在阳极侧，氢和碳酸根形成水和二氧化碳。碳酸盐穿过电解质基质。当工作温度较高时，不需要昂贵的贵金属催化剂。镍可以当作电极材料来使用，但电池必须使用耐高温的材料。MCFC 反应物的毒性和可燃性成为一个问题。由于持续不断的加热和冷却过程导致的高的温度波动会导致燃料电池的高磨损。内部重整也提出了很高的、但可控的安全性要求。同时它在使用热量时，可实现高达 90% 的整体效率。

（5）氧化物陶瓷燃料电池（SOFC）

SOFC 是一种高温燃料电池，其工作温度在 750 ~ 1000℃ 之间，其原理见图 6.13。其电解质由一种不变化的固态陶瓷材料组成，例如掺钇的二氧化锆（YSZ）。YSZ 能够传导氧离子，但不传导电子。阴极由一种对电子和离子具有导电性的陶瓷材料组成，例如镧 - 锶 - 锰氧化物（LSM）。阳极使用一种离子导电的和电子导电的陶瓷 - 金属材料。由于温度高于 500℃，因此不需要外部重整器。借助于催化剂金属（如钌和铈）在系统中将燃料直接重整为一氧化碳和氢。然而，需要外部加热才能启动燃料电池，使用 O_2^- 离子传输电荷。

化学反应如下：

阳极	$H_2 + O^{--} \rightarrow H_2O + 2e^-$ $(CO + O^{--} \rightarrow 2CO_2 + 2e^-)$	氧化/失去电子
阴极	$1/2O_2 + 2e^- \rightarrow O^{--}$	还原/得到电子
总反应	$H_2 + 1/2O_2 \rightarrow H_2O$	氧化还原反应

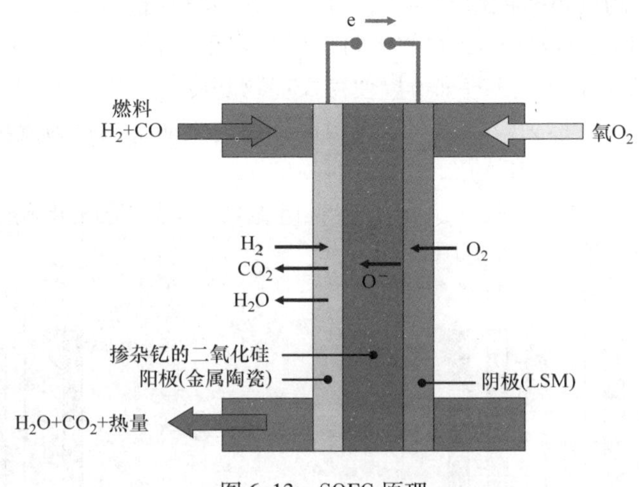

图 6.13　SOFC 原理

SOFC 的应用范围很广，从电源供给单元到发电厂，输出功率可高达 100000kW。SOFC 结构简单，鲁棒性高，不需要液体管理。它的使用寿命长，并且允许进行内部重整，通过利用废热，可以实现较高的效率；由于高温，需要采取相应的安全性措施。使用碳氢化合物作为燃料时，电池会排放 CO_2，而用氢做燃料则实现了零排放。SOFC 还处于研究阶段，未来将用于能量供应。

特别令人感兴趣的是生物原料气化的分散式能源供应，生成的产物气除在内燃机和涡轮机中应用外，还可用于 SOFC 中。热电联产的高效率在这里是一个优势，一个研究主题是各种气体组分对 SOFC 运行的影响。

6.3　燃料电池的结构

6.3.1　单个电池

完整的 PEM 单个电池如今已达到最小 1 ~ 1.2mm 的厚度，其结构包括双极板、气体扩散层、电极和高分子膜。由于单个电池（图 6.2）只能达到很小的电压（标准电势 E^0 约为 1V，见表 6.1），所以几个单个电池串联连接以形成用于技术应用的电堆，这意味着可以提供更高的电压。电堆以紧凑的结构形式提供高的功率，如今，在量产的汽车中，电堆已经实现了 3 ~ 3.5kW/L 的体积功率密度。

单个燃料电池或单个电池由一种电解质所组成，两个多孔的、带有一个催化层的电极与电解质邻接。电解质与电极的连接也被称为膜电极单元（MEA）。电极在与电解质的界面处设有催化剂层，因为在该表面上发生氧化还原反应，催化剂用于加速反应。更确切地说，反应在三相边界发生，电极（催化剂）、电解质和反应物在此相遇。生产 MEA 的目的是尽可能扩展这个区域，以实现高的电流密度。MEA

在两侧均由所谓的气体扩散层（GDL）界定，并最终通过双极板（也称为互连器）结合在一起。MEA 与双极板之间的密封确保了电池之间以及对环境的气密性。流动结构被并入双极板中。这些都可以使得反应物和冷却介质供给和去除。分配器通道和收集器通道通常称为歧管，在双极板上施加的流动结构称为流场。

（1）膜电极单元（MEA）

MEA 是燃料电池的心脏，决定了燃料电池的性能。它由电解质、催化剂层、电极和气体扩散层所组成，见图 6.14。

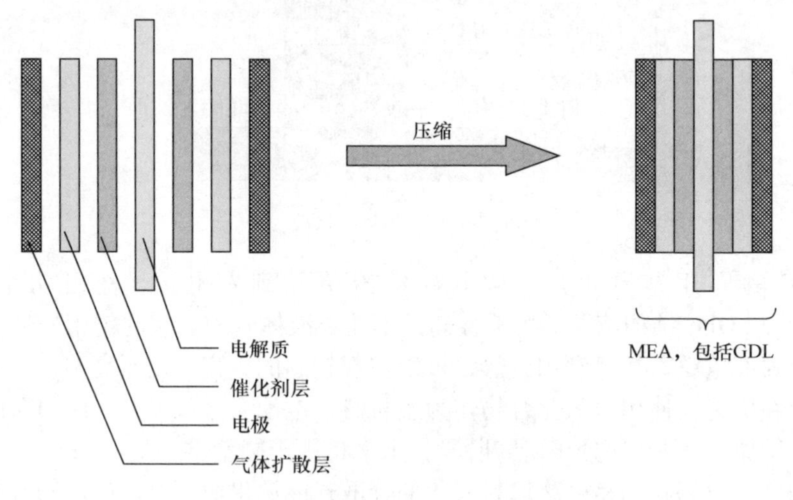

图 6.14　膜电极单元的示意性结构

在 PEMFC 中，电解质的两侧都涂覆有由碳颗粒携带的催化剂，因此，电极层和催化剂层为混合形式，因而增加了活性表面（反应区）。图 6.15 显示了附着有小的铂或 Pt/Ru 微粒（2～4nm）的碳颗粒（20～40nm）。该复合材料与膜材料结合在一起，该膜材料去除了反应过程中形成的质子。

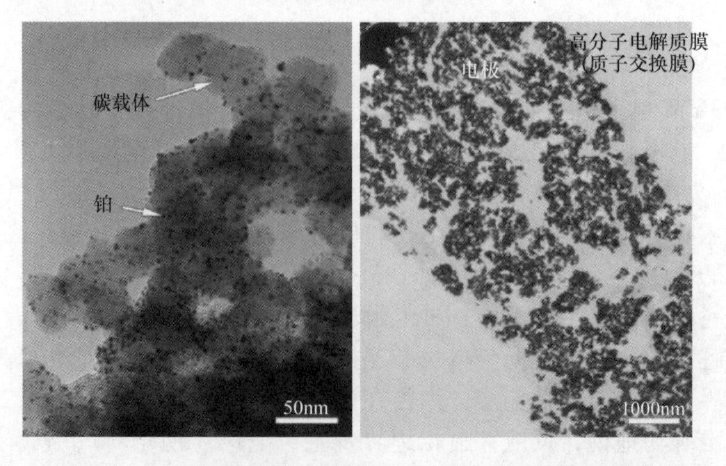

图 6.15　载有碳颗粒的铂的透射电子显微镜图像和电极截面

1）电解质膜。一种非腐蚀性高分子膜可以用作电解质。最著名的膜材料是杜邦公司开发的 Nafion。它由一个 PTFE 基本结构（聚四氟乙烯）组成，磺酸基（SO_3H^-）附着在该结构上。在与水结合中，这些酸基团是引导机制的原因。在未溶胀的状态下，高分子膜的厚度在 25～180μm 之间，并且在足够湿润的情况下可以在高达 120℃的温度下使用。对膜的最重要的要求包括：电极室的气密隔离；在具有最高的质子电导率（低欧姆电阻）的同时无电子电导率；机械的、化学的和热的长期稳定性；较低的材料成本和制造成本。

2）催化剂层。在 PEMFC 中，铂和钌作为阳极催化剂材料，铂作为阴极催化剂材料。进一步开发催化剂的一个主要目标是降低成本，一方面减少为获得足够功率输出所需的贵金属数量，另一方面，正在研究替代材料。目前使用 0.1～0.6mg/cm^2的催化剂材料。它需要具有以下属性：高的催化活性、高的电子电导率、良好的持久特性以及高的转换率（细孔结构中的大的表面）。

3）气体扩散层。气体扩散层（GDL）旨在确保流入的气体在整个电池区域内均匀分布。气体从双极板的分配器结构（通道）扩散到催化剂层。同时，GDL 还有一个任务，就是除去反应产物（产物水），反应产物是由粗糙的多孔结构所促进的。另外，它必须具有高的电导率，以便以尽可能少的损耗将电子从阳极侧传输到阴极侧的反应区。在此过程中产生的热也可以通过 GDL 传导到双极板中，并进一步传导到冷却介质中。GDL 可采用碳纤维织物或碳纸。

（2）双极板

除了 MEA 以外，双极板或流量分配器也是燃料电池最重要的组件。当电池串联连接以形成电堆时，这些板通过其冲压的流动结构为活性的电池表面提供所需的介质，从而必须确保相当均匀的分布。此外，它们还将电流传导到相邻的电池，这要求尽可能低的电阻。双极板吸收了机械负载，旨在确保 GDL 和 MEA 上的接触压力均匀。它必须具有耐腐蚀性，并且在热应力下其特性不得有太大的变化。此外，它应具有尽可能高的导热率，因为在许多结构设计中，反应过程中产生的热会通过双极板释放到冷却介质中。流量分配器同样还要必须保证阳极室与阴极室之间以及与环境之间的气密性。由于双极板占电堆重量的大部分，因此必须特别注意材料的密度。双极板可以由石墨、（涂层）金属、石墨－高分子化合物或陶瓷制成。与石墨板相比，金属双极板具有许多优势，例如重量更轻，体积更小，冷启动能力更好。另外，通过大批量生产，可以大大降低金属双极板的成本，当要求最高使用寿命 > 40000h 时，石墨板具有优势。

（3）密封

密封元件的主要任务是将反应物彼此之间以及与环境之间安全地密封，基本要求是机械的，尤其是热的和化学的耐久性。密封性能必须在电堆的整个使用寿命内保持稳定。密封组件不得松动，因为它们会沉积在电池中并可能影响性能。对于商业电堆的生产，尽可能将密封元件集成在双极板或 MEA 中，这样可以减少零件数量并减少组装时出错。

(4) 端板

端板将各个电池保持在一起，并向它们提供反应物和冷却介质。它们必须具有机械稳定性、耐化学性且质量尽可能轻。另外，它们必须确保在整个电池面上有一个均匀的接触压力，借助于拉杆或绑带，将两个端板夹紧，从而使电池承受所需的接触压力。

6.3.2 电堆

关于单个电池和电接触的布置，在构建电堆时，在单极设计与双极设计之间进行了区分。一个单极板只有一个电极，即通过极板向两个相邻的单个电池的阳极或阴极供电。为了能够调节电流，电池的外部接触和电池互联是必要的。单极电池结构的主要优势在于，有缺陷的电池可以轻松地桥接；缺点是需要外部电接触、受限的电流密度和更高的结构空间要求。通过双极布置可以实现紧凑的电堆结构。使用带有固体电解质（质子交换膜 PEMFC）的燃料电池描述了具有各个组件的双极型电堆的基本结构。双极板连接两个相邻的单个电池，在双极板的一侧上，负极是单个电池的氢侧，而在另一侧，正极是另一个单个电池的氧侧。电子直接从一个单个电池的阳极流向另一个单个电池的阴极，见图 6.16。将双极板和膜电极单元（MEA）重复布置，直到端板。各个电池的电压相加，流过所有电池的电流相同。最弱的单元会限制功率，在最坏的情况下会导致电堆的整体损坏。双极结构的优点是结构紧凑、导电材料用量少和可实现高的电流密度。电堆结构包括 MEA、双极板、密封件和端板，端板将电堆固定在一起。

图 6.17 显示了一个汽车燃料电池电堆，在端板上集成了其他模块。这样可以实现更具成本效益的制造和节省空间。

6.3.3 燃料电池系统

为了使燃料电池电堆优化和安全地运行，需要大量辅助设备和专用控制和调节系统。辅助设备通常在英文概念 BoP（Balance of Plant）下对组件进行汇总。带有辅助设备的燃料电池电堆构成了燃料电池系统，见图 6.18。燃料电池系统在功能上可分为多个子系统：燃料电池电堆、氢气通道（阳极）、空气通道（阴极）、冷却回路（热管理）和电子控制。

燃料电池系统的有效功率 P_e 等于燃料电池电堆的功率 $P_{BZ,St}$ 减去辅助设备的功率 P_{BoP}，见图 6.19。燃料电池系统的有效效率为：

$$\eta_e = \frac{P_{BZ,St} - P_{BoP}}{\dot{m}_{H_2} H_u} = \frac{P_e}{\dot{m}_{H_2} H_u}$$

在部分负荷、低电流密度下可以实现最高的有效效率。在全负荷、高电流密度的情况下，由于电池或电堆效率下降以及辅助设备的功率需求增加，效率会降低，见图 6.19。

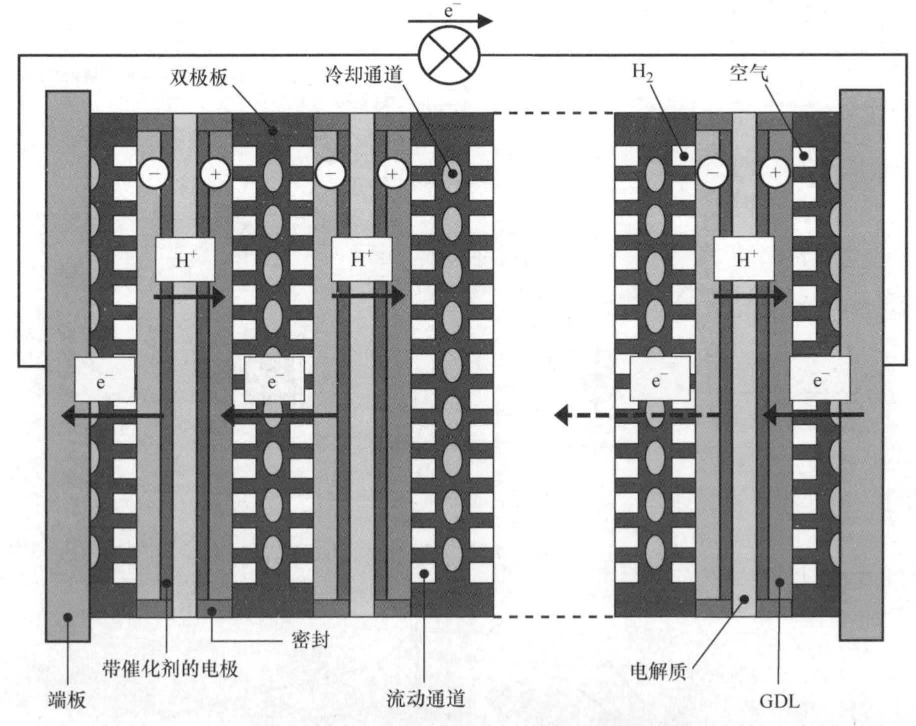

图6.16 一个双极燃料电池电堆的结构

各种燃料电池类型之间的基本系统结构通常仅略有不同。在下文中，按照PEM技术更详细地描述子系统和整个系统的特性，应注意的是，已实现的子系统在组件的布置和设计方面可能会有很大的差异。

(1) 氢通道/阳极子系统

阳极子系统必须以适当的浓度、温度和压力向燃料电池电堆提供所需量的氢，以进行电化学反应。具有主动再循环功能的阳极子系统的主要功能组件如图6.20所示。通过连接管线从氢的储罐以5～10bar的压力水平向低压阀供氢。低压阀将压力调节至阳极回路的工作压力，阳极与阴极之间的压力差应尽可能小，以免损坏膜。位于低压阀之后的热交换器用于将气体温度（冷却或加热）调节到与电堆匹配的温度。氢在燃料电池电堆的阳极中被消耗，所使用的氢的摩尔电流与燃料电池电堆的

图6.17 PEM燃料电池电堆
（来源：ElringKlinger）

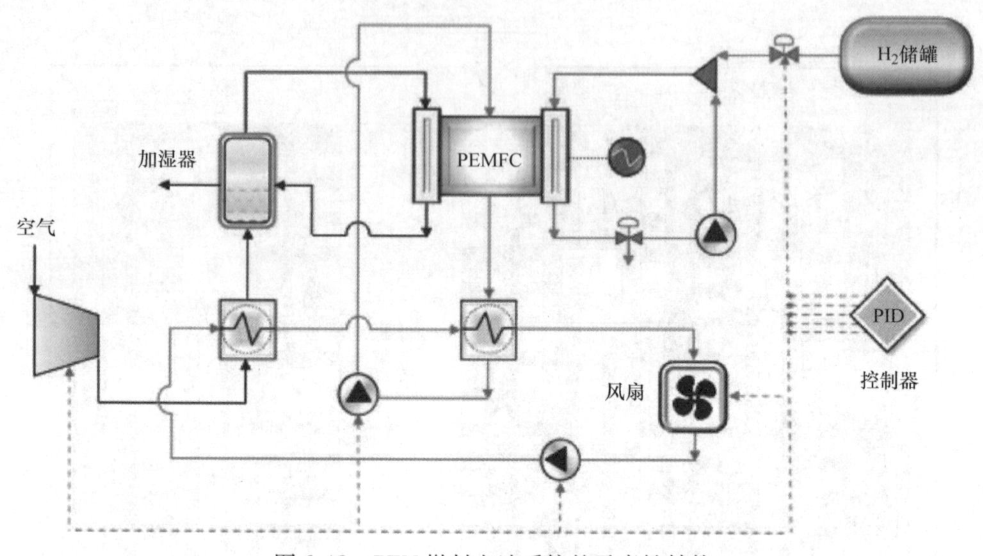

图 6.18 PEM 燃料电池系统的示意性结构

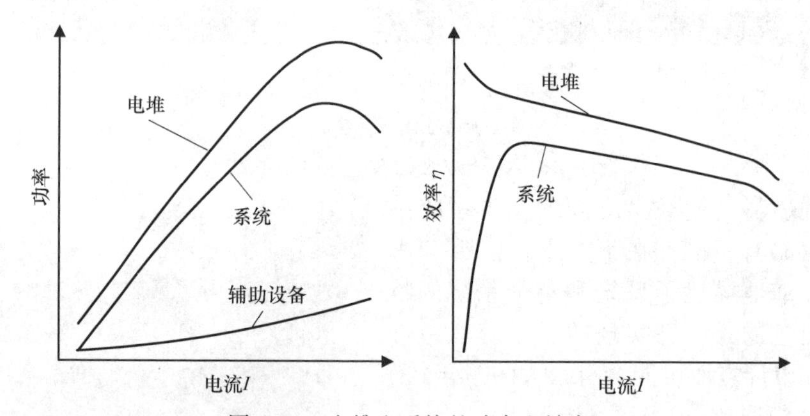

图 6.19 电堆和系统的功率和效率

电流成正比（N 为电池的数量）。

$$\dot{n}_{H_2} = \frac{IN}{2F}$$

通常，提供给阳极的氢要多于反应所消耗的氢，以避免氢的供应不足，并实现改进的水管理，多余的氢可回收再利用。氢的供给与消耗之间的比例关系采用阳极化学当量比来描述。

$$\lambda = \frac{\dot{n}_{H_2,zu}}{\dot{n}_{H_2,ver}}$$

阳极的氢通过扩散与来自阴极的异物（例如氮和产物水）而富集（加浓）。惰性气体（例如氮）会降低氢的分压，从而抑制反应。另外，阳极中过多的水含量导致气体扩散层和流动通道的阻塞，这可能导致严重的功率损耗和电池的不均匀分布。因

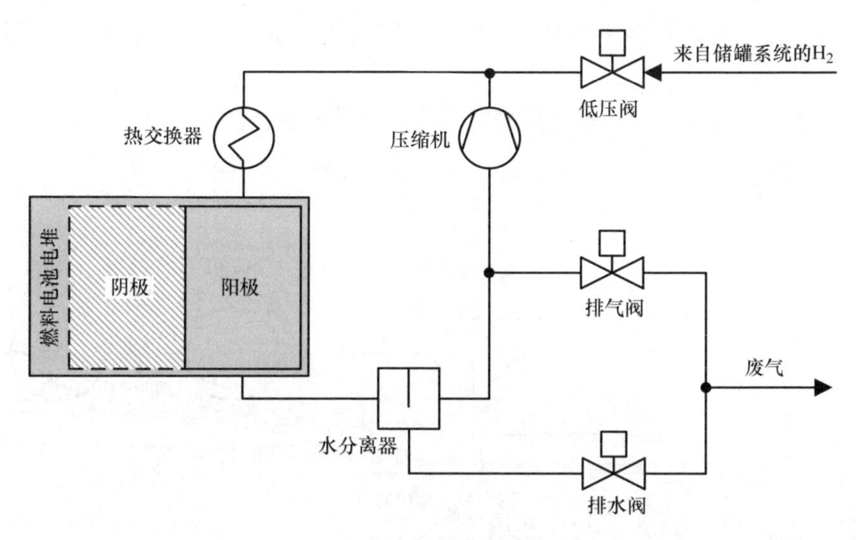

图6.20 氢通道/阳极子系统

此，多余的水通过布置在阳极的出口之后的水分离器分离出来。一个电子控制的阀门，即排气阀，定期排出氢－外来气体混合物，以降低有干扰的外来气体的浓度。所谓的清除损耗通常为供给氢的1%～2%。压缩机是一个主动控制的再循环泵，它关闭再循环回路并将氢混合物引导至新鲜的氢的输入通道，在进入电堆之前将其混合。再循环使得有更多的氢流过电堆，实现更好的混合，改善了水的管理并减少了清除损失。其缺点是压缩机要消耗大量的功，从而降低了整个系统的效率。

除了主动再循环之外，通过控制压缩机，可以精确地调节质量流量。还有一些被动的设计方案，例如基于喷嘴－喷射泵原理的设计。喷嘴－喷射泵布置使用射束泵的原理，射束泵通过将压力能转换为动能来实现泵送效果。此外，对无再循环的方案（终端阳极系统）进行反复研究，以使阳极系统更简单、更高效、更具成本效益。由于高的清除损失和对电堆中反应的其他不利影响，目前尚未批量生产不进行再循环使用的系统。

（2）空气通道/阴极子系统

空气通道向燃料电池的阴极提供来自周围空气的、反应所需的氧。需要精确调节空气湿度、温度和压力以实现优化运行，这通常是通过布置空气过滤器、压缩机、冷却器、加湿器和稳压阀来实现，见图6.21。吸入的空气在空气过滤器中清除颗粒。压缩机提供所需的空气质量流量，并确保压力增加（压缩），从而产生与稳压阀（通常设计为节流阀）相互作用的阴极压力。原则上，压力和质量流量不能相互独立地设置。压缩机通常是所有辅助设备的最大消耗者。正在研究可以利用燃料电池的废气焓的涡轮压缩机，以降低压缩时的驱动功率。所使用的燃料电池系统的工作压力在高于环境压力几毫巴到4bar之间。阴极处空气压力的提升对燃料电池电堆的功率有积极的影响，但同时空气压缩机也需要更多的驱动功率。根据压力和质量流量范围，由于其适用性而使用不同的压缩机。罗茨式压缩机、涡轮压缩机（单级到多级）、螺杆式压缩机、离心式压缩机和鼓风机是最常用的。在燃料电池电堆的阴极中消耗氧，所消耗的氧的摩尔流量与燃料电池电堆的电流成正比（N 是电池数量）。

$$\dot{n}_{O_2}=\frac{IN}{4F}$$

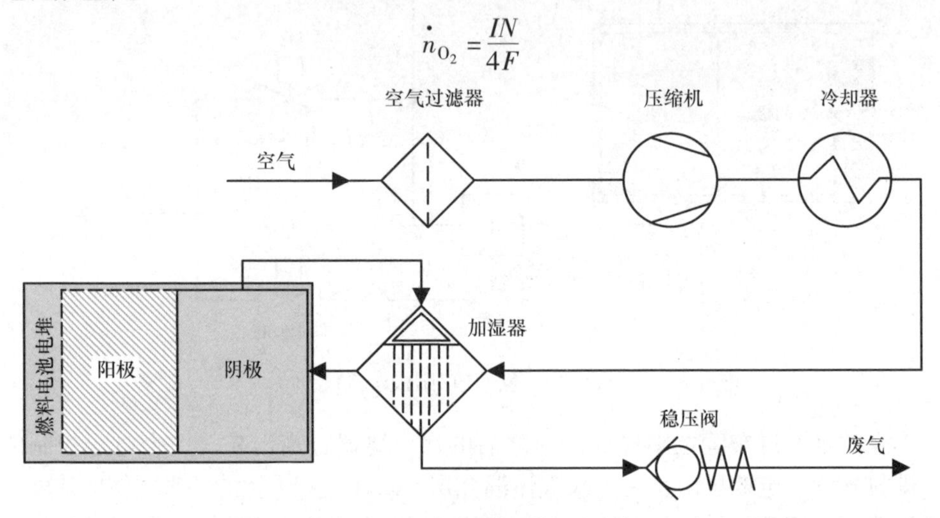

图 6.21　空气通道/阴极子系统

提供比通过反应所消耗的更多的氧是有利的，因为这对 UI 特性曲线具有积极的影响作用，并且多余的水可以更好地从电池中排出。使用阴极化学当量（也称为空气化学当量）来描述所供给的氧的量与所消耗的氧的量之间的比例关系。

$$\lambda=\frac{\dot{n}_{O_2,zu}}{\dot{n}_{O_2,ver}}$$

对于燃料电池系统的功率，根据燃料电池电堆功率增加和与压力和阴极当量相关的压缩机的功耗进行优化选择。空气由于压缩而被加热，因此必须用一个热交换器进行冷却，以便不超过所允许的最大入口温度。如果温度过高，则所使用的膜材料会失去其功能（质子传导），并可能遭受损坏。除了温度之外，空气相对湿度必须保持在狭窄的范围内，因为空气相对湿度不能太低以防止膜干燥，但是也不能太高以避免电极溢流。空气在压缩和冷却后必须进行加湿，这通常是通过膜式加湿器来实现。利用产物水产生的潮湿的废气流，在进入阴极之前增加空气相对湿度。

（3）热管理

燃料电池系统的效率最高可达到60%，这意味着所供给的能量中的40%是作为热量产生和需要耗散的，见图 6.22。因此，要耗散的热量输出功率范围与有用的电功率相近。NT－PEM 燃料电池的理想温度范围是 60～85℃。由于温度低，废气焓也低，废气焓流达到所供应的燃料能量的 5%～15%。

其结果是要借助于一个冷却回路通过对流将尽可能多的废热除去，而由于与周围环境的温差很小，因此需要较大的冷却表面。术语“热管理”概括了冷却回路的整个系统及其与车辆的集成。热管理系统的设计除了与燃料电池电堆的连接，还取决于所用的辅助设备以及传动系统中需要冷却的其他设备。文献［263］介绍了各种热管理设计的概貌。热管理的任务是监测组件的最高温度，调节最佳温度范围，并在冷启动后实现快速加热。冷却回路的基本元件如图6.23所示。冷却液泵和各种阀门的控制在能量方面进行优化，以达到最高效率。三通阀将热量流理想地分配到大型（带风扇的冷却器）和小型（到电堆的回路）冷却回路，从而确保快速加热。除了大型冷却回路外，还集成了用于车辆乘员舱的热交换器。燃料电池产生的废热可用于乘员舱的加热，从而可以提高利用率。该系统对冷却剂和所用材料有特殊的要求。冷却剂因为必须与导电双极板直接接触，因此必须是不导电的（电绝缘的），需要使用去离子冷却剂。此外，在运行过程中会连续监控电导率，并通过离子交换器除去离子。由于去离子作用，冷却回路中所使用的组件必须特别耐腐蚀。

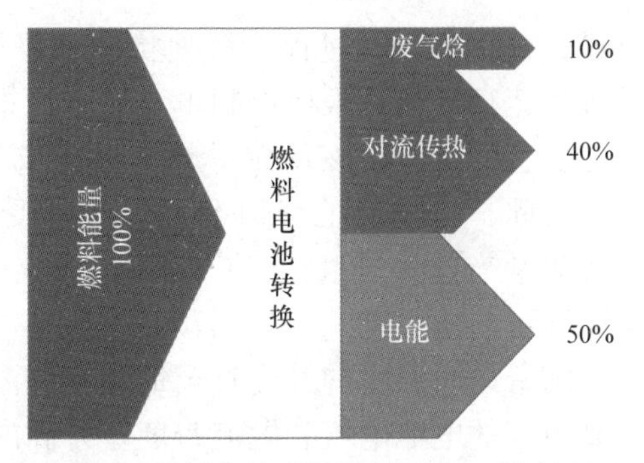

图6.22 燃料电池系统能量平衡，效率50%

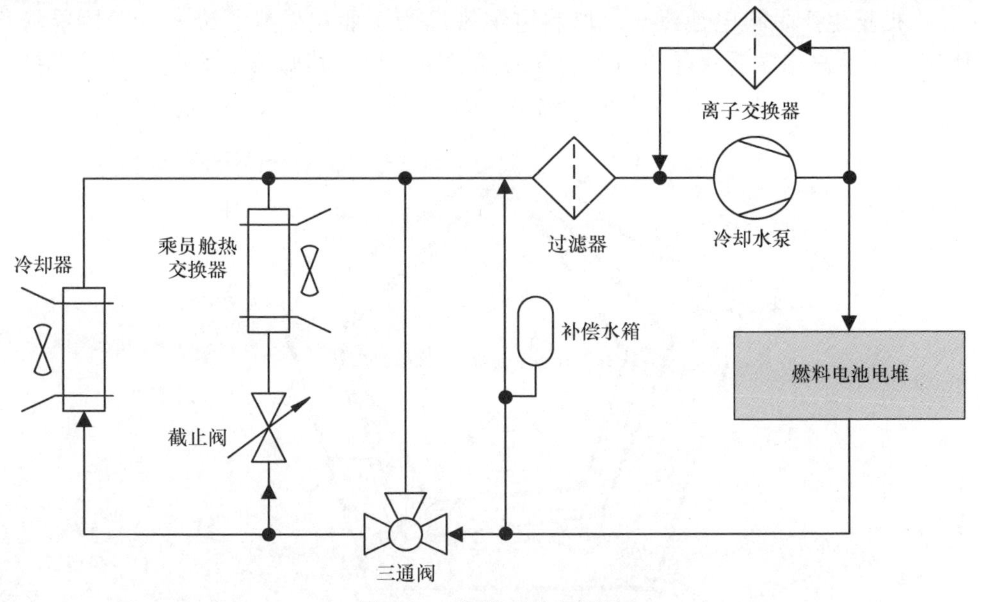

图6.23 热管理冷却回路

（4）运行参数的影响

专用控制单元（fuel cell control unit，FCU）控制、调节和监控燃料电池系统的运行，并与车辆控制单元进行通信，车辆控制单元还会发布负荷规格要求。各种运行模式（例如启动过程、行驶状态和停机过程）都存储在控制单元中。燃料电池系统的运行参数是根据控制单元的运行策略进行相应的设置，并且通常会在负荷上发生显著的变化，该负荷对应于电流或功率。另外，通常需要对环境条件进行补偿。因此，*UI* 特性曲线以及运行特性受到许多运行参数的影响，例如运行温度、阴极化学当量（过量空气）、阴极中的空气相对湿度和空气压力。这些影响的详细关联性可参阅文献［334，376］。

随着运行温度的升高直至最高允许温度，因为过电压和电池电阻会降低，可以达到更高的电池电压和电流密度。升高的阴极压力导致更高的氧分压、电池电压和电流密度增加，这种情况与空气化学当量相似。压力和空气的化学当量在开始时都呈明显的增加，直到电池电压继续增加，直至仅略微增加。较高的空气相对湿度对膜的质子传导性和电池的水管理有关。在空气相对湿度为 70% ~80% 时，电池电压是最高的，在更高的湿度值下，由于 GDL 和流动通道的阻塞，电池电压会下降。

（5）对 PEM 燃料电池的研究需求

在过去的 15 ~20 年中，PEM 燃料电池的研究和开发取得了重大进展。燃料电池电堆的功率密度提高了 6 ~7 倍，使用寿命提高了 4 ~5 倍，成本降低至 1/20。铂含量已经可以降低至 <0.3g/kW，这意味着燃料电池的铂含量与内燃机催化器的铂含量相当。此外，解决了结霜的问题，系统的动力性得到了显著改善。这些进步导致现代汽车公司于2015 年，丰田汽车公司于2016 年，以及本田汽车公司于2017 年首次批量生产燃料电池汽车。燃料电池现已为工业化做好了准备。美国能源部（DOE）不断总结发展状况并与工业界协商发布目标，其摘录见图 6.24（见彩插）。

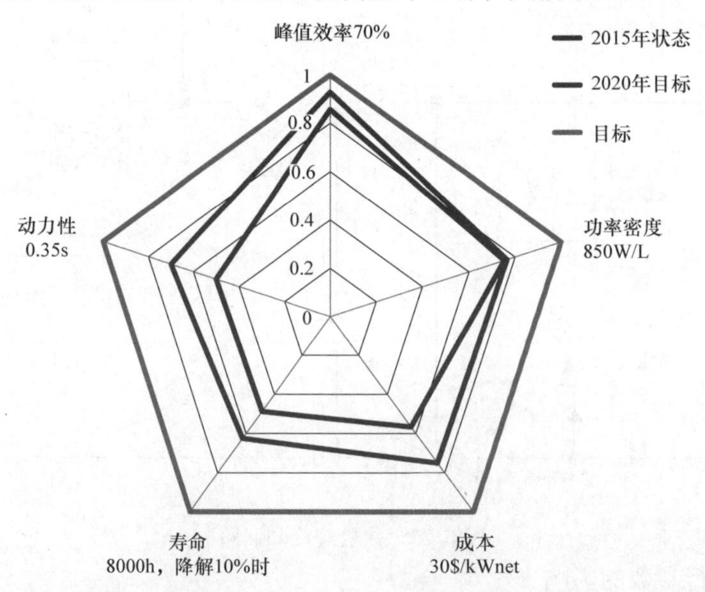

图 6.24　美国能源部（DOE）汽车 PEM 燃料电池系统的目标

需要进行优先研究的是进一步降低成本，延长寿命并改善动态性能。同样，改善低至-40℃的冷启动性能，提高比功率并进一步提高效率也是研究的重点。

PEM系统及其电堆的成本结构如图6.25（见彩插）所示。辅助设备和燃料电池电堆各自约占系统成本的50%。燃料电池电堆成本的主要驱动因素仍然是催化剂（铂等）必要的使用。为了进一步推进工业化和市场导入，有必要在电池层面和系统层面开展研究。辅助设备的焦点主要是阴极子系统，因为压缩机是仅次于燃料电池电堆的最昂贵的组件。

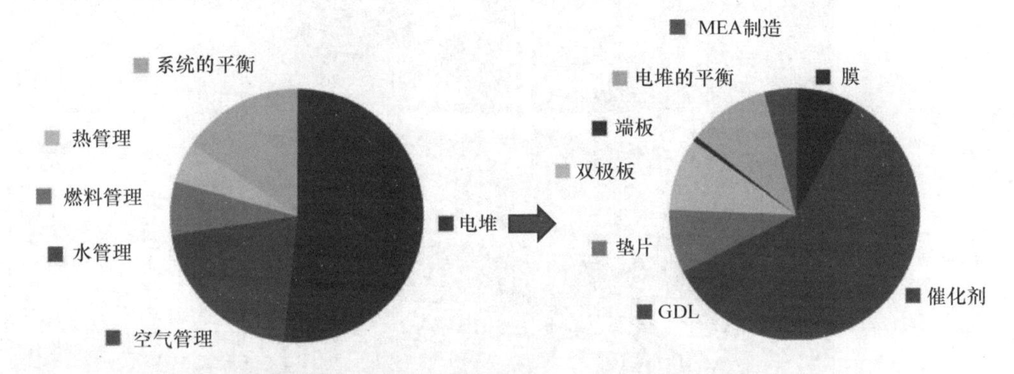

图6.25 燃料电池系统和燃料电池电堆成本结构

在汽车上应用时，在10%的功率损失时，要求有5000~8000h的使用寿命，这也称为降解。对固定式稳态系统要求的寿命长达40000h，为了实现这个目标，了解运行模式（启动/停止、瞬态等）造成的可能的损伤是至关重要的。在所有相关研究中一些老化机理是众所周知的。通过对单个电池的测量，已经可以粗略地区分，在不同的膜电极组件（MEA）、各种电堆组件（流场、密封件）中以及在不同的运行条件下存在哪种机理。然而，对老化进行定量预测和在系统层面上推算结果目前还可能有局限性。因此，需要在系统层面上进行适当的负载循环以加速老化测试。

另一个重点是对燃料电池系统动态特性的研究和优化。市场上可用的汽车燃料电池系统的响应时间约为0.5~0.7s，这受到阴极子系统（主要是空气压缩机）动态性能的限制。

过去，研究主要集中在电池层面和电堆层面，而在系统层面进行研究的需求变得越来越明确。在系统层面，挑战通常在于为各个电池定义合适的介质的供给，介质的供给必须根据运行工况点在狭窄的压力、温度、湿度和质量流量范围内进行调节。这对燃料电池系统的调节、测量、控制和运行策略提出了越来越高的要求，并且还要求将来电池、电堆和辅助设备的开发之间更紧密地联系，为此需要新颖的、高度集成的研发环境。

在AVL李斯特公司和HyCentA研究公司之间的合作项目中，开发并构建了用于PEM燃料电池系统研究的试验台基础设施，见图6.26。这种独特的研究基础架

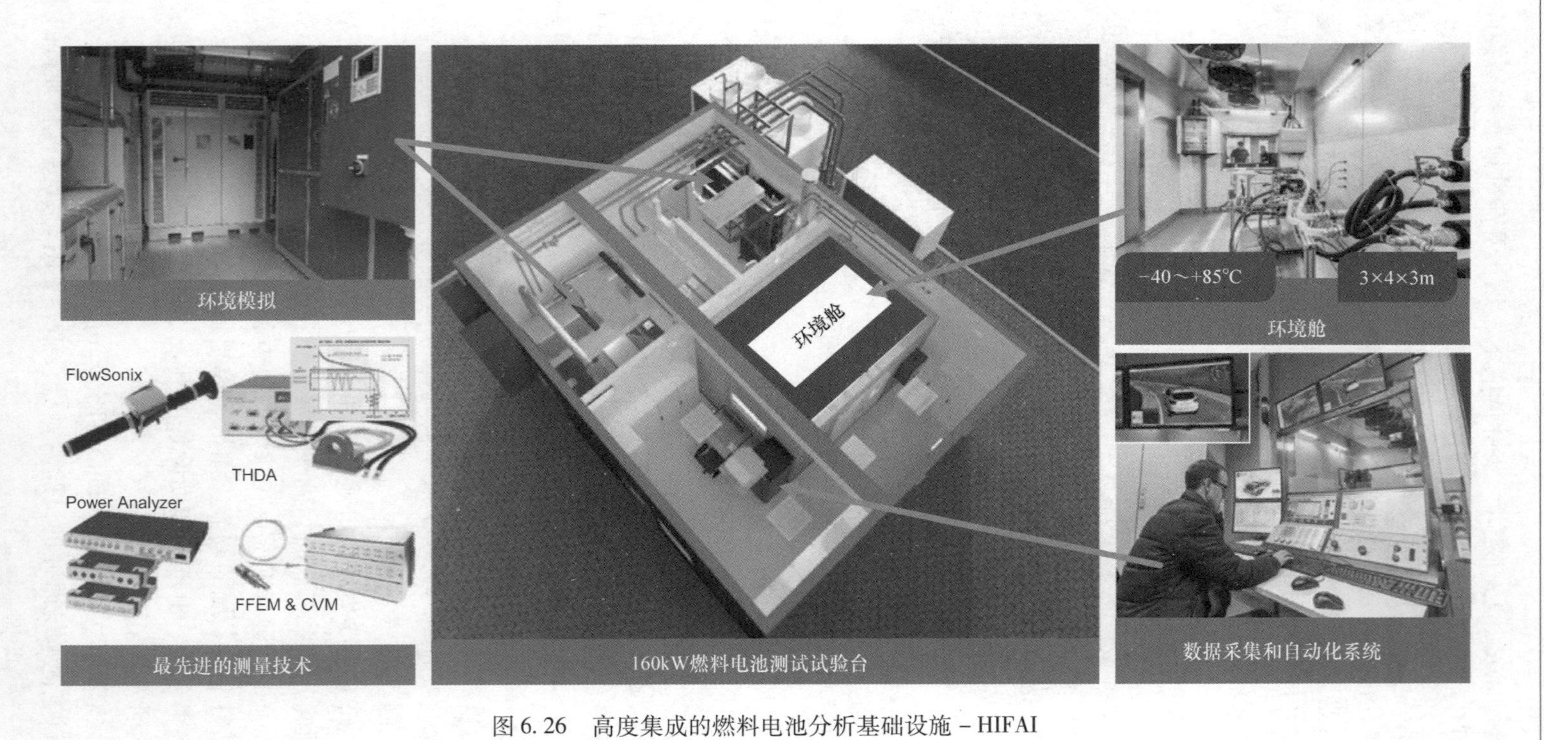

图 6. 26　高度集成的燃料电池分析基础设施 – HIFAI

构能够通过车辆、驾驶员和行驶循环的实时仿真以及所有传动系和车辆外围组件（例如蓄电池、电动机和变速器）来分析燃料电池系统。可实施的、应用导向的研究课题包括能源管理和热管理任务，从车辆到子系统层面的校准和集成工作，以及在实际运行和环境条件下的动态特性、冷启动和老化特性的研究。在文献［27］中可以找到更详细的描述。

6.4　在汽车工程中的应用

6.4.1　动力总成类型

燃料电池车辆的动力总成由储氢罐（储能器）、蓄电池（储能器）、燃料电池（能量转换器）、多个电压变换器、电机、变速器和车轮的机械驱动所组成。因此，燃料电池车辆代表了电－氢混合动力。按照主要的驱动能量供给方式，动力传动系统的设计通常分为燃料电池驱动和增程器驱动。

如图6.27所示，在燃料电池驱动中，燃料电池要覆盖行驶功率的需求，在减速时蓄电池专门用于回收制动能量，并在加速时提供功率支持。因此，对于乘用车而言，燃料电池的功率非常强大（100～150kW），蓄电池通常具有高功率密度和低容量（1～2kW·h），而储氢罐则作为高压罐，具有数千克的 H_2（5～6kg），可达到600km的续驶里程。通过加注氢燃料为车辆提供能量。

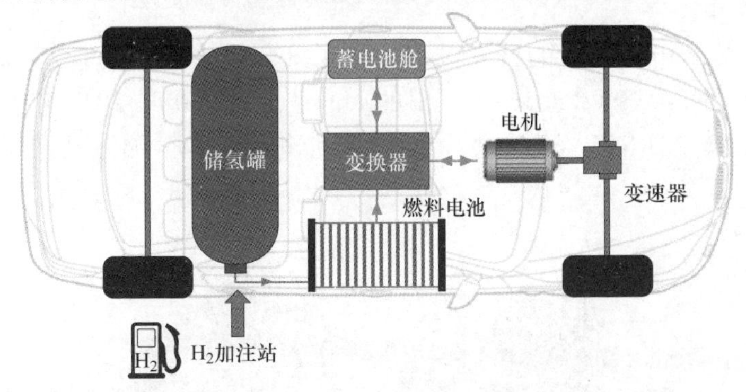

图6.27　主要由燃料电池驱动

图6.28为增程器（Range Extender）驱动，由蓄电池覆盖驱动功率要求，燃料电池在行驶期间为蓄电池充电，从而扩展车辆的续驶里程。乘用车的增程器通常拥有功率密度低、容量大的蓄电池，低功率的燃料电池（20～30kW）和小容量的储氢罐。在增程器驱动的情况下，由于蓄电池更大，可以使用插入式电源（Plug－In），这意味着除了通过加入氢外，还可以通过电网为蓄电池充电，从而为车辆提供能量。

两种类型的混合形式也是可能的，这称为“中型燃料电池”设计方案。对于直流电的不同电压水平的连接和电机交流电的产生，所有设计方案都需要多个电压变换器。在图 6.27 和图 6.28 中，大量的变换器已组合为一个变换器。

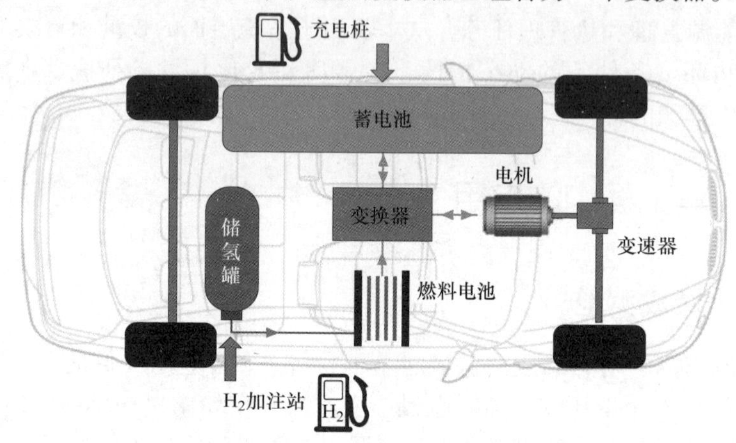

图 6.28　增程器驱动

6.4.2　车辆

带有燃料电池的、已应用的氢燃料车辆的数量在不断增加，应用领域也在迅速增大，已应用车辆和设计方案包括乘用车、小型客车、公共汽车、商用车、轨道车辆、特种车辆等。

（1）乘用车

近年来，燃料电池技术的开发进步导致了第一批乘用车的量产：2015 年现代的 ix35 FCEV（图 6.29）、2016 年丰田的 Mirai（图 6.30）、2017 年本田的 Clarity（图 6.31）。截至 2017 年，全球约有 3000 辆汽车和 274 个加注站在运营，其中北

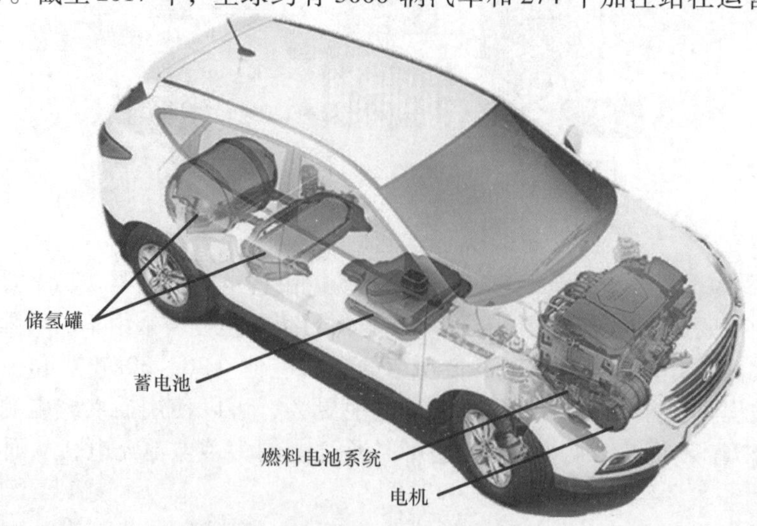

图 6.29　现代 ix35 FCEV（来源：现代）

美有64个，亚洲有101个，欧洲有106个（奥地利有5个）。氢安全性、碰撞特性以及车辆火灾的处理都经过了最好的测试。

图6.30 丰田 Mirai（来源：丰田）

图6.31 本田 Clarity（来源：本田）

这三种车辆均设计成燃料电池为主要的驱动方式，燃料电池的功率为100～114kW。PEM（质子交换膜）燃料电池作为主要的应用类型，这种类型燃料电池可以在约80℃的运行温度下工作，唯一的废气是含纯净水的湿空气。蓄电池仅具有约1～2kW·h的低容量。燃料氢在高压（700bar）的储罐中以气态形式存储。储存的5～6kg氢可以使车辆续驶里程达到500～600km。即使在低温下，功率和续驶里程也几乎保持不变。车辆数据总结在表6.4中。

表6.4 量产汽车的技术数据

车辆	现代 ix35 FCEV	丰田 Mirai	本田 Clarity
燃料电池功率/kW	100	114	103

（续）

车辆	现代 ix35 FCEV	丰田 Mirai	本田 Clarity
电动机功率/kW	100	113	130
蓄电池蓄电量 /kW · h	0.95	1.59	1.73
储氢罐容量/kg	5.63	4.92	5.46
NEDC 续驶里程/km	594	502	589
加注时间/min	<3	<3	<3
购买或租赁价格	在奥地利€68000	在加利福尼亚 $57500	在加利福尼亚租赁 $369/月

与纯蓄电池汽车相比，燃料电池汽车具有更舒适、更长的续驶里程和更短的加注时间等优点。然而，由于先前的购置成本，与纯蓄电池汽车和内燃机汽车相比，已经生产的燃料电池乘用车尚不具有竞争力，主要原因是小批量生产。更大批量生产时，由于规模经济效应，购置成本将大大降低，续驶能力为500～600km的燃料电池汽车如今已经比具有相同续驶能力的蓄电池汽车更合适。

在实践中，燃料电池和内燃机都会出现功率损失，因此，远未达到理论效率值。但是，即使在低负荷下，燃料电池和电机也具有良好的效率，而内燃机在高负荷下出现最佳效率的区域。对于车辆驱动，这意味着电机和燃料电池尤其是在城市道路行驶中比内燃机具有效率方面的优势。对现代 ix35 FCEV 的分析显示，在 NEDC 下的效率约为43%，与结构相同的汽油车和柴油车的比较显示，其效率约为22%和24%。在奥地利的生态测试中（NEDC、CADC 和 BAB 130），现代 ix35 FCEV 在20℃的环境温度下平均效率达到了39%。日本制造商报告了在 LA-4 城市循环中，燃料电池系统可实现高达60%的车辆总效率。

在全球范围内，汽车制造商正致力于新型的燃料电池驱动的电动汽车产品系列的开发和市场导入。奔驰在燃料电池乘用车和公共汽车的开发方面拥有多年的经验。例如，奔驰开发了第一批使用 A 级 F-Cell 的车队，该车队拥有60辆汽车，在国际公路上进行了现场测试。在2005年，奔驰推出了其下一代 B 级 F-Cell。2018年，奔驰小批量的 GLC F-CELL 车型紧随其后，见图6.32。该车设计为插电式（Plug-In）混合动力，续驶里程为486km，其中437km 归功于车上4.4kg的氢。该车的最大功率为147kW，最大转矩为350N · m，蓄电池的总容量为13.8kW · h。

作为一项全球的倡议，氢理事会（Hydrogen Council）已设定了将氢确立为能源过渡的关键解决方案之一。该理事会目前包括以下国际公司：液化空气集团（Air Liquide）、阿尔斯通（Alstom）、英美资源集团（Anglo American）、宝马集团、戴姆勒、ENGIE、本田、现代、川崎（Kawasaki）、荷兰皇家壳牌（Royal Dutch Shell）、林德集团（The Linde Group）、道达尔（Total）和丰田。该方案将加速氢

图6.32　奔驰 GLC F－CELL（来源：奔驰）

和燃料电池的开发和商业化，总投资计划每年约为14亿欧元。

除车辆开发外，OMV、壳牌、道达尔、林德、Vattenfall 和 EnBW 等领先的工业公司在“H_2 机动性”联合倡议的框架范围内，还致力于在德国建立全国性的加氢站网络。

（2）小型客车（小巴）

用燃料电池驱动的小型客车尚未在市场上批量生产，但是许多设计方案表明燃料电池为这种类型的车辆提供动力的潜力。在一项受资助的研究项目 FCREEV 的框架内，由麦格纳斯太尔工程股份公司（Magna Steyr）、维也纳工业大学的车辆驱动和汽车技术研究所、Proton Motor Fuel Cell 公司和 HyCentA 组成联盟，已经开发和研究了由燃料电池增程器驱动的小型客车。在现有的增程器小型客车中，内燃机被25kW 质子交换膜燃料电池系统所取代，并且由于重量、尺寸和成本优化而减小了蓄电池。整车设计方案 FCREEV 见图6.33和图6.34，它包括模块化软件系统的功能集成、驱动策略的制定、高压体系结构和热管理的新开发以及燃料电池和储氢系统的集成。此外，全轮电动驱动确保最大的牵引力和额外的客户利益。有关车辆设计方案和技术数据的全面描述参见文献［167，250，298］。

车辆可以在高 SOC 值（充电状态，state of charge）下完全依靠蓄电池电源来驱动。通过这种配置，在没有燃料电池支持的情况下，最大续驶里程可达70km（足以满足用户的平均每日行驶距离）。燃料电池系统在较低的 SOC 值下激活，因此该运行策略可实现燃料电池系统的最高效率（最高54%）。新开发的 PHEV（插电式混合动力电动汽车；plug－in－hybrid electric vehicle）中两种能源的结合实现了更高的功率要求和更长的续驶里程（>350km），而不需要加注或充电。

（3）公共汽车（巴士）

燃料电池公共汽车已经进行了多年的试验，全世界有数百辆以氢为燃料的多款

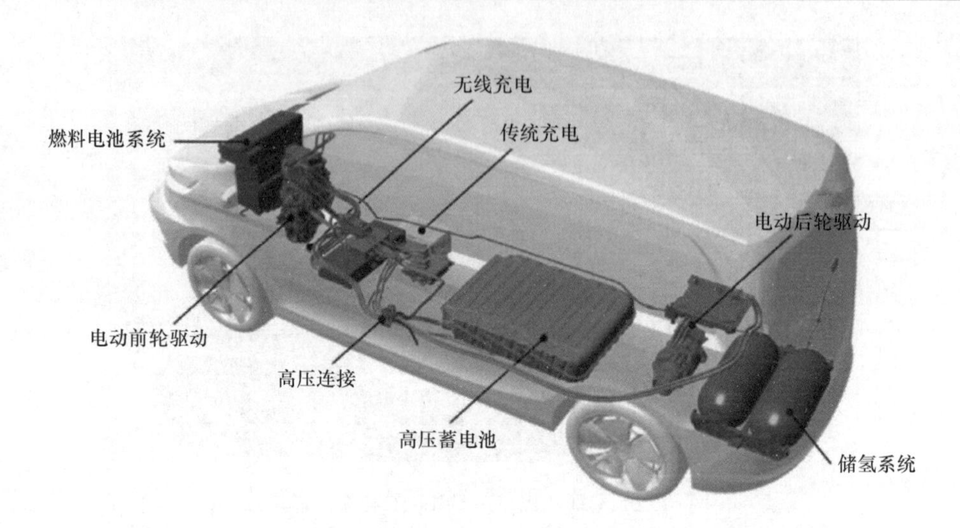

图 6.33　FCREEV 的外形结构（来源：麦格纳）

图 6.34　FCREEV（来源：麦格纳）

在运行。与此同时，现在可以在市场上买到多款燃料电池公共汽车（包括 Van Hool、Toyota、Hyundai、Mercedes、Solaris 等），但是与乘用车一样，其成本明显高于传统的柴油公共汽车，因为生产的数量仍然很少。近年来，尤其是在中国和亚洲的活动显著增加。当前，欧洲只有小型车队在运行。FCH－JU 支持了在欧洲的燃料电池公共汽车及其基础设施，到目前为止，欧洲全境已投入使用 84 辆燃料电池公共汽车，见图 6.35 和图 6.36。

燃料电池公共汽车通常采用 PEM 燃料电池，传动系统的结构与乘用车的相同，见图 6.37。燃料电池公共汽车已经达到了很高的技术成熟度，通常长度级别为 12m 和 18m。开发的燃料电池系统的使用寿命更长，在文献［251］中介绍，寿命已超过 10000h，输出功率高达 200kW 的燃料电池公共汽车消耗 8～9kg/100km，续驶里程为 300～450km。因此，燃料电池公共汽车具有类似于柴油公共汽车的灵活性，在城市地区几乎具有两倍的效率和零排放。

（4）商用车

到目前为止，用于轻型和重型商用车的燃料电池技术仅能在方案设计和样车设计中找到，见图 6.38。在美国，燃料电池车的研究活动有所增加，丰田和尼古拉（Nikola）汽车公司于 2017 年推出了样车，加州推出了客车和商用车的行动计划。

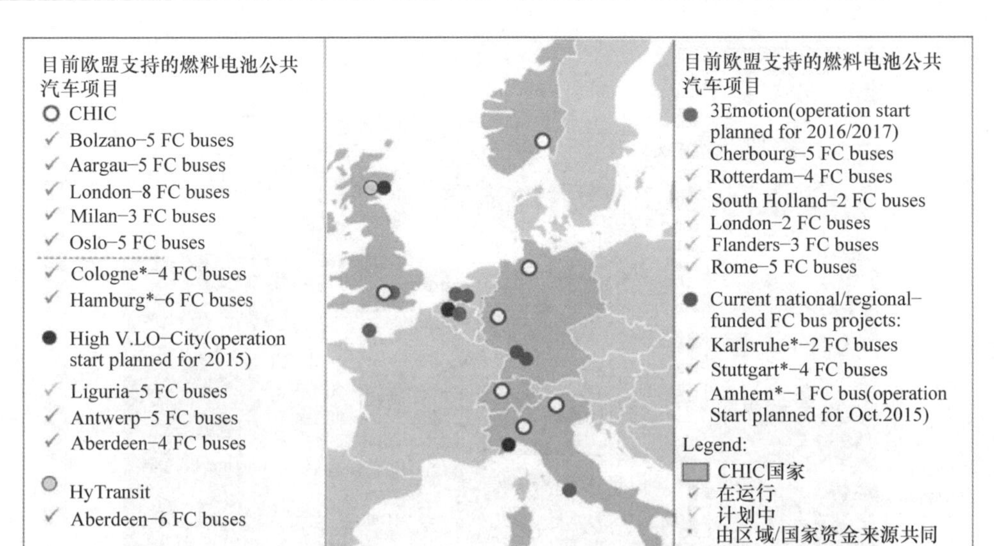

图 6.35 欧洲的公共汽车活动概述

原则上，可以将客车的丰富经验用于商用车的开发。在城市地区对降低噪声和污染物排放的要求使得燃料电池对于轻型和中型商用车特别有兴趣。为了用于长途道路运输，必须改善使用寿命、燃料价格和加注站基础设施。

图 6.36 Citaro 燃料电池混合动力公共汽车（来源：戴姆勒）

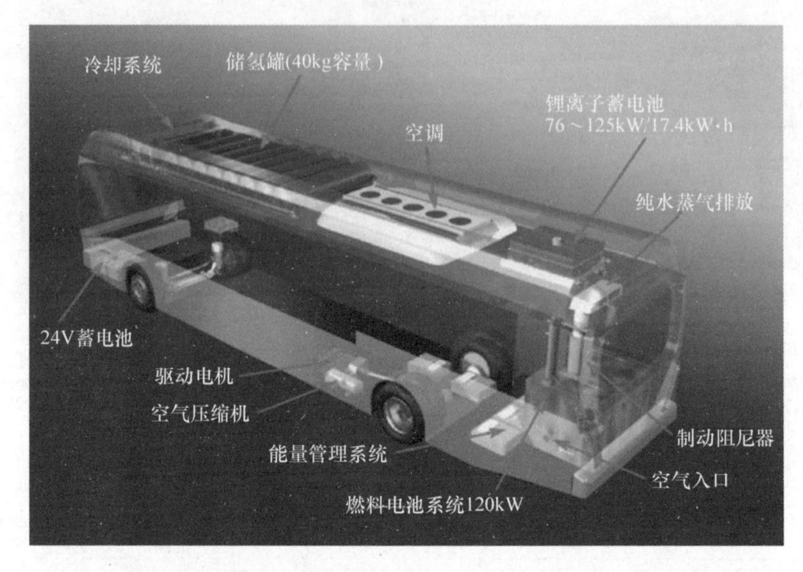

图 6.37　燃料电池公共汽车的结构（来源：Van Hool）

图 6.38　燃料电池驱动的 40t 商用车（来源：丰田）

（5）轨道车辆

在德国，大约有 50% 的德国铁路网络没有电气化。这些路线使用常规的柴油驱动火车，这导致了高排放和高能耗。架空线的建设是成本密集型的，在占用率低的路段不经济，在风景名胜区和旅游区通常是不希望的。在火车上使用燃料电池驱动是电动轨道驱动的零排放补充手段，特别适合于非电气化线路。

阿尔斯通公司开发了世界上第一台以燃料电池为动力的旅客列车 Coradia iLint，见图6.39。该列车于2018年初在布斯特赫杜德—布雷默维尔德—布雷默黑文—库克斯哈文（Buxtehude - Bremervörde - Bremerhaven - Cuxhaven）线路上进行试运行。它凭借储存的180kg氢，续驶里程为600～800km，安装的燃料电池输出功率可以达到400kW，最高车速为140km/h。联邦下萨克森州、北莱茵－威斯特法伦州、巴登－符腾堡州和黑森州政府下属的莱茵－美茵交通部已经签署了60列火车的意向订单。

图6.39 Coradia iLint 区域列车（来源：阿尔斯通）

（6）特种车辆

对于经常在室内使用的特种车辆，例如叉车或输送车，燃料电池的优势（例如局部零排放）尤为明显。在美国，已经有超过11000辆燃料电池特种车辆投入使用。在欧洲，大约有150辆燃料电池特种车辆在该领域应用，在 HyLIFT Europe 框架内另外应该还有200辆。

在 Fronius 国际公司的指导下资助的 A3 示范项目“HyLOG”（氢动力物流系统）的框架内，与生产地和物流地（沙特尔特）的工业和科学合作伙伴合作，开展了一个在叉车中使用燃料电池增程器驱动技术的试点项目。其中，驱动从传统的铅酸蓄电池切换到氢动力燃料电池。氢由电解槽提供，电解槽由太阳能电池供电。

它是用于室内物料运输驱动的零排放 CO_2 的氢应用。该项目的一些主要优点是用几分钟的氢加注取代了较长的蓄电池充电时间，与以前使用的蓄电池车辆相比，车辆续驶里程增加了一倍，避免了充电过程中的排放。HyLOG 项目的创新性和环境相关性得到了许多著名的国家和国际奖项的确认，包括 2007 年奥地利太阳能奖、2008 年奥地利气候保护奖和 2007 年世界能源金球奖。

奥地利气候和能源基金支持继续开展物流领域的示范项目“E－LOG BioFleet”是用于物流车队的电动叉车项目，带有增程器，使用的燃料是具有与气候相关的模型效应的生物甲烷。该项目成立了一支由 12 辆带燃料电池的叉车组成的车队，见图 6.40，并以其自己的方式从生物甲烷中提取氢来进行工业应用。

图 6.40　带燃料电池增程器的叉车（来源：Linde Fördertechnik，Fronius）

林德输运技术（Linde Fördertechnik）公司改装了这种叉车，传统的铅酸蓄电池被 Fronius 国际公司开发的相同尺寸的能量电池所取代，该能量电池由 PEM 燃料电池、350bar 氢压力系统和锂蓄电池所组成。用这个增程器可以实现上述优势，如更高的能量密度、恒定的功率输出和较短的加注时间，并且没有有害排放。自 2013 年底以来，该车队已通过德铁申克（DB Schenker）公司在工业应用中进行测试。氢由 OMV 精炼和营销有限公司（OMV Refining & Marketing）提供，并配有分散式重整装置，其中生物甲烷将 CO_2 中性转化为氢。科学合作伙伴 JOANNEUM 和 HyCentA 从技术、经济和生态的角度支持该项目，尤其是在涉及装置的安全性和商业认可的问题上。在这种情况下，特别令人感兴趣的是在奥地利首次在大厅里实施加氢。

6.5 其他应用

燃料电池已经证明可以在太空旅行中提供能量。燃料电池目前正在能源和运输技术的特殊市场中确立自己的地位。

以外将通过一些示例指出燃料电池的便携式、固定式和移动式应用，对于当前的应用，还可以参考互联网和文献［172－173，334］。

6.5.1 便携式燃料电池

燃料电池可用作便携式计算机、照相机、移动电话和实验室设备等小型设备的电源供给装置，见图6.41。良好的效率和与干电池或可再充电电池相比更长的运行寿命是其优点，尽管成本较高，但燃料电池仍然引起人们很大的兴趣。在便携式应用中，首先是使用直接甲醇燃料电池和质子交换膜燃料电池。这些通常从概念上归纳为微型燃料电池（micro fuel cells）。

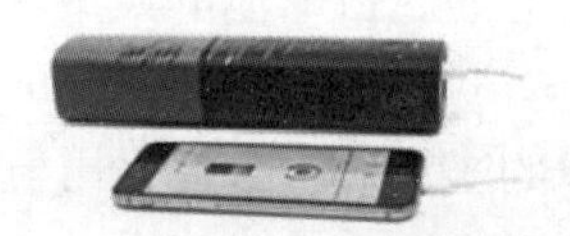

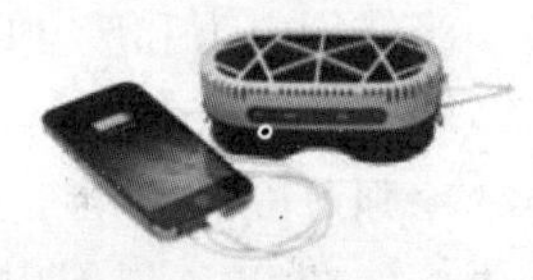

图6.41 便携式燃料电池作为充电器（来源：FCHEA）

德国SFC智能燃料电池公司（Smart Fuel Cell）以EFOY（energy for you）命名，提供便携式燃料电池，见图6.42。在直接甲醇燃料电池（DMFC）中，1kW·h电力需要1.1L甲醇，充电容量为每天0.6～1.6kW·h，标称功率在12V时为25～65W。该电池适用于远离电网之类的电气和电子设备的供电，比如，在度假小屋、房车或船上以及远离电网的工业化岛屿系统中。甲醇储存在连接到燃料电池的5L或10L的储罐中。根据制造商的说法，使用10L储罐的运行时间长达8周。DMFC的尺寸约为40cm×20cm×30cm，重量约为7.5kg。

图6.42 直接甲醇燃料电池（来源：SFC）

6.5.2 固定式燃料电池

固定式燃料电池通常与废热（热电联产系统）结合使用来发电。它们通常在恒定的工作条件下运行，并覆盖宽广的功率范围，从电信和IT系统的不间断电源到单户或多户住宅的能源供应，再到热电联产的大型电厂。功率范围从几千瓦到兆瓦级不等。2015年，全球交付的约50000个燃料电池系统中约有80%是固定式应用。

固定式应用通常使用高温电池，如熔体碳酸盐燃料电池（MCFC）、氧化物陶瓷燃料电池（SOFC），也可使用低温型质子交换膜燃料电池（PEMFC）和碱性燃料电池（AFC）。燃气轮机也可利用高温燃料电池的废热。通过相应的调节策略和存储策略，可用于平衡夏季或冬季运行期间的电力和热能的需求。

近年来，已经出现了许多样机，并在现场测试中对其长期特性和可靠性进行了试验研究。如Bloom Energy、Fuel Cell Energy、Viessmann、Ballard或Hydrogenics等公司已经开发了一些产品，并将其提供给市场。

当使用电力和废热时，称之为热电联产。单户和多户住宅的燃料电池的典型功率范围为0.5~5kW。当组合使用热和电时，可以实现高达95%的利用率，而纯的电效率则可以达到45%。天然气通常用作燃料，通过现有管网供应，也可以用氢来供应。在PEM燃料电池中，需要进行外部重整。这是一项安全可靠的技术，在日本市场上已经使用了超过52000个PEM燃料电池模块。在欧洲，用于家用能源供应的燃料电池系统是可以商用的，图6.43为实例。

燃料电池加热器VITOVALOR 300-P的技术数据如下：

类型	PEM型
电功率	最大0.75kW
电效率	37%
热功率	最大1kW
利用率	90%
燃料	天然气
尺寸	516mm×480mm×1667mm
重量	125kg

向超市、高层建筑、市区和整个地区的能量供应可采用兆瓦级的功率强劲的装置。AFC、MCFC和SOFC主要用于>1MW的大型装置中。目前在韩国的庆吉绿色能源燃料电池园有一个当前世界上最大的燃料电池装置，如图6.44所示。FuelCell Energy DFC3000模型的21个模块（每个2.8MW）可提供59MW的总电功率；每年的能量生产量为464GW·h电力和227GW·h热量，从而为大约140000户家庭提供电力和热量，相当于该城市电力供应的70%。它是一种最大电效率为49%的MCFC。

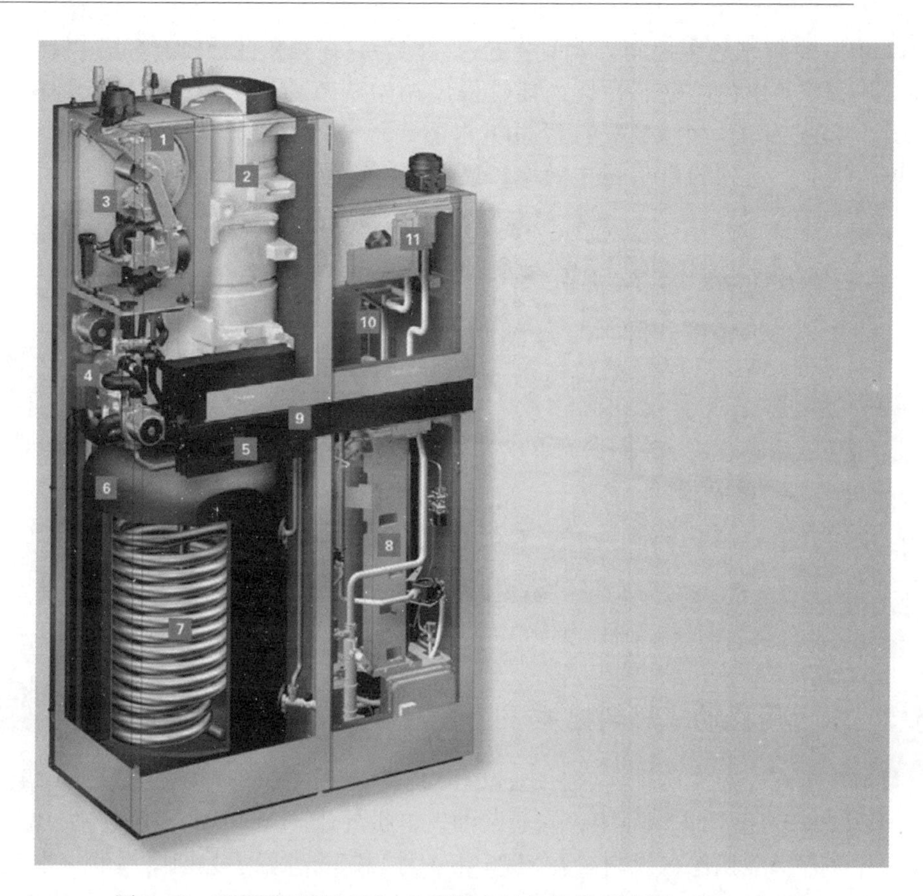

图6.43 VITOVALOR 300 - P燃料电池加热器（来源：Viessmann）

1—覆盖峰值负荷的气体燃烧值测量仪 2—热水箱 3—不锈钢Inox径向热交换器
4—液压单元 5—应对天气引导的运行的调节 6—热水缓冲存储器
7—饮用水加热的加热线圈 8—重整器 9—热电联产的电表 10—燃料电池电堆 11—变频器

图6.44 采用59MW MCFC的庆吉燃料电池园（来源：Fuel Cell Energy）

PEMFC 也越来越多地用于大型装置中，因为它在频繁的启动/停止过程中具有优势，并由于其出色的动态性能而能够提供初始调节功率。该结构通常是模块化的。图 6.45 显示了一个 1MW 的 PEMFC 装置，该装置由集成在集装箱中的大约 30 个模块所组成，达到约 50% 的电效率，最大使用寿命为 20 年。

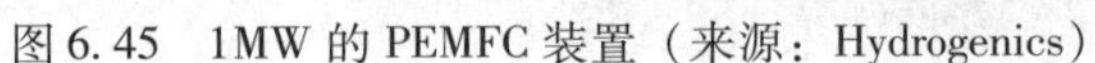

图 6.45　1MW 的 PEMFC 装置（来源：Hydrogenics）

6.5.3　水上用移动式燃料电池

目前德国海军有 4 艘配备燃料电池的潜艇在服役，见图 6.46。在 212A 级潜艇 U31、U32、U33 和 U34 型号中，除了柴油发电机外还一个 PEM 燃料电池。电池由金属氢化物存储器供给氢燃料。在 2006 年 4 月，U32 进行了为期两周的潜水航行，创造了纪录，这是非核驱动潜艇的最长潜水时间。如果潜艇在水上航行，则使用柴油机；PEM 燃料电池在水下低速时工作。如果潜艇想在水下达到最高速度，则潜艇会从蓄电池中取电。

图 6.46　212A 级潜艇（来源：德国海军）

U32 潜艇的技术数据如下：

燃料电池	2 个 Siemens PEM 模块，每个模块 120kW 牵引电机 Siemens – Permasyn 电机，具有 3120kW 的功率
柴油机	4 ×6. 2MW 柴油发电机组 1 ×3MW 柴油发电机组
航行范围	8000mile（ >12800km）
尺寸	长 56m，最大船体直径 7m，吃水深度 6m，最大高度 11. 5m
速度	水面 12 节，潜水 20 节
排水量	水上 1450t，水下 1830t

燃料电池驱动（主要设计为混合动力驱动）已在众多水上应用中得到了成功地展示，例如在赛艇、摩托艇、运河船、港口渡轮中以及用于帆船游艇的机载供应。它通常采用 PEMFC 类型的燃料电池。尽管燃料电池驱动能够显著减少排放并降低噪声，尤其是在港口和河岸地区，但到目前为止，仍无法实现在水中大规模使用燃料电池。

2009 年 12 月，在阿姆斯特丹命名了“Nemo H_2”运河船，该船由一个 65kW 的 PEM 燃料电池和一个蓄电池来驱动，以 350bar 压力存储的 24kg 的氢为燃料。该船的设计可容纳 87 位乘客，长度为 22m，宽度为 4. 25m，吃水深度为 1m，见图 6. 47。该船自 2011 年起开始运营。

图 6. 47　在阿姆斯特丹的运河船“Nemo H_2”（来源：Fuel Cell Boat）

Hornblower 混合动力客运渡轮使用燃料电池 – 蓄电池 – 柴油机混合动力驱动，见图 6. 48。它的最大输出功率约为 1000kW，两个燃料电池总功率为 33kW，在离岸运行和低速时主要由电驱动，机载风轮和光伏面板用于提供额外的能源。轮渡最多可容纳 600 名乘客，并且目前在纽约市投入使用。自 2008 年起，该型渡轮在旧金山的阿尔卡特拉斯游轮公司（Alcatraz Cruises）投入使用。

图 6.48　在纽约市运营的燃料电池混合动力渡轮 Hornblower（来源：Hornblower Cruises）

6.5.4　航空用移动式燃料电池

燃料电池还可以为航空业减少排放和提高效率做出重大贡献，特别是在民航领域，燃料电池应用的研发活动正在迅速增强，方案设计涉及从支持能源供应到完整的航空动力。

在德国，空客 A320 ATRA（先进技术研究飞机，Advanced Technology Research Aircraft）研究了使用燃料电池在地面上滑行的电动前轮驱动，见图 6.49。该驱动装置可使飞机在跑道上滑行，而不会排放污染物。较短的动力装置运行时间显著增加了维护间隔。以法兰克福机场为例，在滑行过程中，这将减少 17% ~19% 的排放量和降低近 100% 的噪声。

在另一个研究项目中，辅助动力装置（APU）将被一整套燃料电池系统所取代。它可以在发动机停止运转时为飞机上的电气系统和压缩空气系统提供能量，因而也可以运行空调系统。

在小型飞机和无人驾驶飞机中，燃料电池已经用作飞行的主要推进系统，世界上开发了第一架载有 Antares DLR－H2 燃料电池的载人飞机，见图 6.50。燃料电池系统和储氢装置安装在两个附加的外部负载容器中，这些容器连接在加固的机翼下方。2009 年，Antares 的电驱动经过专门开发的燃料电池系统测试，效率高达 52%。

HY4 四座客机是世界上第一架仅由氢燃料电池－蓄电池系统驱动的客机，见

图6.49 配备燃料电池APU的空客A320 ATRA（来源：DLR）

图6.50 Antares DLR－H2电动滑翔机（来源：DLR）

图6.51。它于2016年9月29日从斯图加特起飞，进行了首次飞行。为了获得最佳的重量分配，它设计成三个舱体，燃料电池装置位于中央舱体中。

图6.51 HY4四座客机（来源：DLR）

由于氢的高能量密度和燃料电池几乎无噪声运行的特点，它们越来越多地用于各种无人机中，见图 6.52。与纯蓄电池驱动的无人机相比，它具有更高的有效载荷和更长的航程优势。

有关航空燃料电池系统的更多信息参见文献［277］。

图 6.52　配备燃料电池的无人机（来源：Intelligent Energy）

第7章　内　燃　机

氢内燃机的原理是基于常规的内燃机（主要是外源点火，这将在以下说明中进行解释），可以通过混合气形成系统、燃烧过程等的改变，以使氢以单独的或双燃料的方式运行，并可以以氢或富氢燃气作为燃料运行。除了对发动机控制进行必要的更改外，当然还必须确保与氢气接触的所有材料和组件都是合适的。

使用氢作为内燃机燃料的想法并不新鲜。早在20世纪30年代，研究人员就取得了相当大的成功，他们将内燃机转化为以氢为燃料运行，并通过混合氢提高了常规发动机的效率，如图7.1所示。

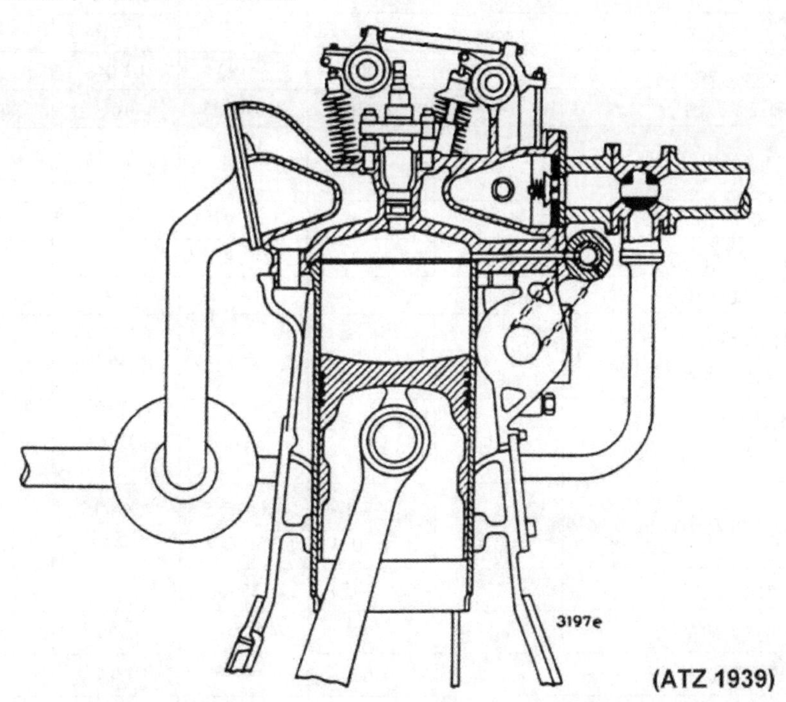

图7.1　1939年埃伦（Erren）氢发动机（来源：ATZ）

虽然绝大多数基于氢燃料的驱动方案的工作都集中在通过燃料电池系统发电，从而进行电驱动，但氢内燃机可以被视为一种可能的替代方案。由于相对较高的功率密度、合适的制造成本和100多年来内燃机开发的成熟度以及活塞式发动机的多种燃料的适应性，直接将氢转换为机械驱动能是非常有意义的，因此也可以相对快速地进入大众市场。使用氢内燃机还能够使用汽车工业的现有生产设施以及在车辆中的常规应用。

7.1 内燃机中氢的相关物性

氢与当今主要用于内燃机运行的燃料有着本质上的不同。其中，与环境温度下的汽油和柴油相比，其气体的状态最引人注目，但绝不是最主要的区别。表7.1列出了与常规液态（柴油、汽油）和气态燃料（甲烷）相比，氢具有的与在内燃机中应用相关的物性。通过这种燃料特性的比较，已经可以推测出与常规应用相比，针对氢的燃烧过程的要求有着很大的不同。

表7.1 与常规燃料相比的氢的物性

特性	单位	汽油（超级）	柴油	甲烷	氢
密度（液态）[a]	kg/m^3	750～770	820～845	423	70.8
温度	℃	15	15	−162	−253
密度（气态）[a,b]	kg/m^3	—	—	0.716	0.090
摩尔质量	kg/kmol	≈98	≈190	16.043	2.016
沸点及范围[a]	℃	30～190	210～355	−161.5	−252.8
化学当量的空气需求	kg_{Luft}/kg_{Kst}	14.0	14.7	17.2	34.3
	Vol%	—	—	9.5	29.5
低热值	MJ/kg	41.4	42.9	50	120
能量密度（液态[a]）	MJ/dm^3	31.7	35.8	21	8.5
能量密度（气态）	MJ/dm^3	—	—	12.6[c]	3.0[c]
混合气热值[a,b,d]（混合气吸入）	MJ/dm^3	3.76	—	3.40	3.19
混合热值[a,b,d]（空气吸入）	MJ/dm^3	3.83	3.77	3.76	4.52
点火极限[a,e,f]	%	1～7.6	0.6～5.5	4.4～15	4～76
	λ范围	1.4～0.4	1.35～0.48	2～0.6	10～0.13
自燃温度[a,f]	℃	230～450	250	595	585
最小点火能量[d,f]	mJ	0.24	0.24	0.29	0.017
扩散系数[a,b,f]	cm^2/s	0.05	—	0.16	0.61
层流火焰速度[a,c,d,f]	cm/s	≈40	≈40	≈42	≈230
研究法辛烷值 ROZ	—	100	—	130	—
甲烷值 MZ	—	88	—	100	0
十六烷值 CZ	—	—	52～54	—	—

（续）

特性	单位	汽油（超级）	柴油	甲烷	氢
质量分数					
c	%	85.6	86.1	74.9	0
h	%	12.2	13.9	25.1	100
o	%	2.2	0	0	0

[a]在1.013bar；[b]在0℃；[c]在350bar和280K；[d]在 $\lambda=1$；[e]在25℃；[f]在空气中。

氢具有高的比质量能量含量，但比体积能量含量较低。根据燃烧原理，混合气的热值与常规的燃料相比，可能更低，或可能更高。

氢具有较宽的点火极限，允许在发动机的整个运行范围内进行质调节。与传统的燃料不同的是，氢在理论上可以在高达 $\lambda=10$ 下均匀燃烧。与传统燃料一样，所需的点火能量会随过量空气系数的增加而增加。点燃化学当量比的氢－空气混合气所需能量只需点燃汽油－空气混合气所需的能量的1/10就足够了。相反，氢的自燃温度明显高于常规的液态燃料的自燃温度。在预混合燃烧的情况下，虽然这可以带来爆燃特性方面的优势，但是在自燃点火氢发动机的应用中，就要求非常高的压缩比或采取其他措施来提高充量温度。

较高的层流火焰速度清楚地表明，使用氢可以实现极短的、高效的燃烧持续期。即使是稀薄混合气，层流燃烧速度也显著高于常规燃料。然而，在化学当量比混合气的预混合燃烧中，曲柄连杆机构由于压力快速、加剧升高而承受强大的载荷和激励，这也导致了更大的燃烧噪声。图7.2显示了在 $\lambda=1$ 时汽油（外部混合气形成）和氢（直接喷射）的燃烧持续期的典型值与转速的关系。

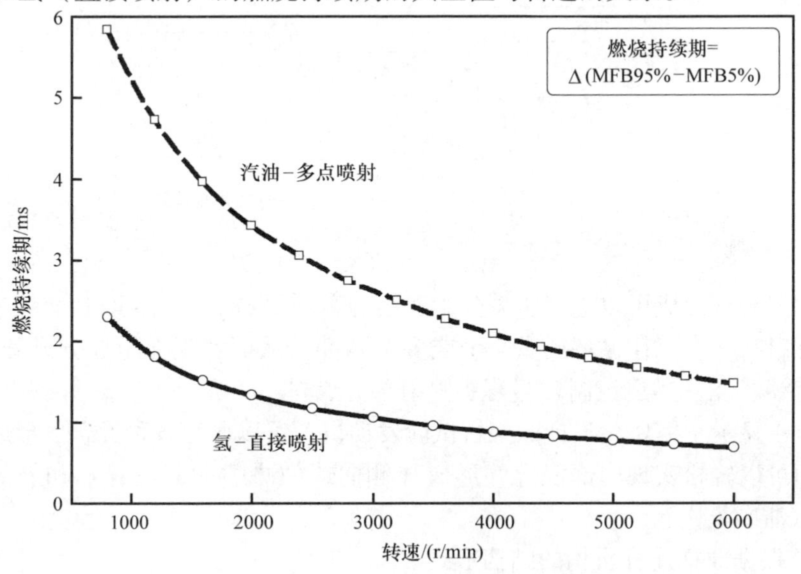

图7.2 在 $\lambda=1$ 时汽油和氢的燃烧持续期

氢至少在理论上成为能够使发动机燃烧而不会排放二氧化碳、一氧化碳和碳氢化合物的单一燃料。在实际的发动机运行中，由于燃烧室中存在润滑油，虽然这些污染物的痕量会出现在废气中，但含量接近可检测极限。必须特别注意的是在氢运行中氮氧化物这种独特的、相关的排放。

总体而言，所显示的氢的性质清楚地表明，它非常适合用作内燃机的驱动燃料。在这里可以想到各种燃烧方案，这些方案在全负荷潜能方面和复杂性方面都明显不同。

7.2 分类和结构特征

(1) 根据混合气形成的地点或混合气形成的时刻

原则上，可以基于燃料供应到新鲜空气中的地点或时刻对混合气形成过程进行分类，如图 7.3 所示。与将氢引入发动机进气歧管的外部混合气形成（H_2 - AGB）相反，内部混合气形成（H_2 - DI）的氢直接喷入发动机燃烧室中。组合的过程是由上述变体组成的那些混合气形成设计方案。这些设计方案还包括双燃料燃烧过程，在燃烧室中同时燃烧两种不同的燃料，其中通过外部混合气形成将氢引入进气管，并通过柴油点火束在燃烧室中将其点燃。

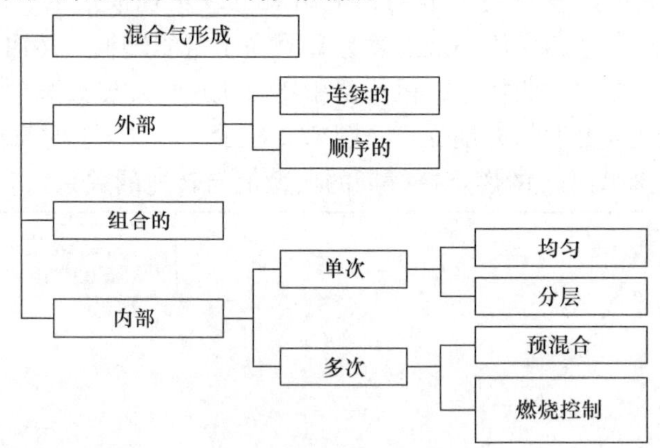

图 7.3 氢运行中的混合气形成方案

外部混合气形成可以进一步划分为连续的和顺序的工作系统。在直接喷射的情况下，燃料在一个工作循环提供一个或多个脉冲，从而实现充量成分显著的差异，例如在持续燃烧（燃烧控制）过程中喷射部分燃料。

图 7.4 显示了模块化设计的一台试验发动机，可以研究各种混合气形成设计方案，因而可以轻松实现内部混合气形成（侧向或中央喷射器位置）和外部混合气形成（汽油或氢）。

(2) 根据曲柄连杆机构的结构形式

与采用常规燃料的发动机一样，在往复运动活塞方案和旋转活塞方案之间也有

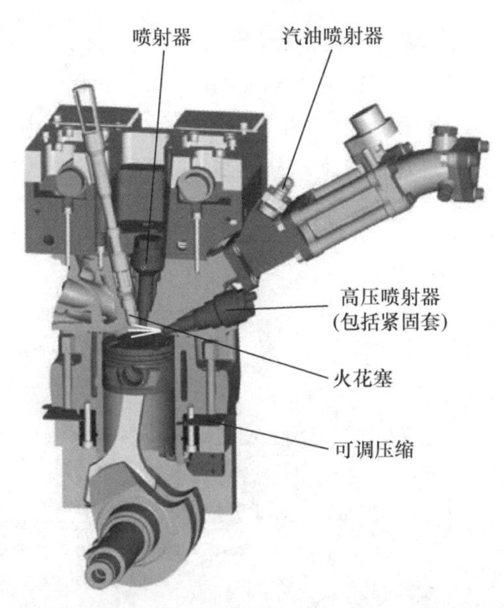

图7.4 模块化结构的试验发动机，用于气态燃料和汽油的外部和内部混合气形成

区别。除了图7.6和图7.28中所示的例子之外，氢内燃机都为往复式结构。图7.5显示了MAN公司小批量生产的往复运动式发动机，该发动机设计为自吸式和增压式，并用作公共汽车的驱动。

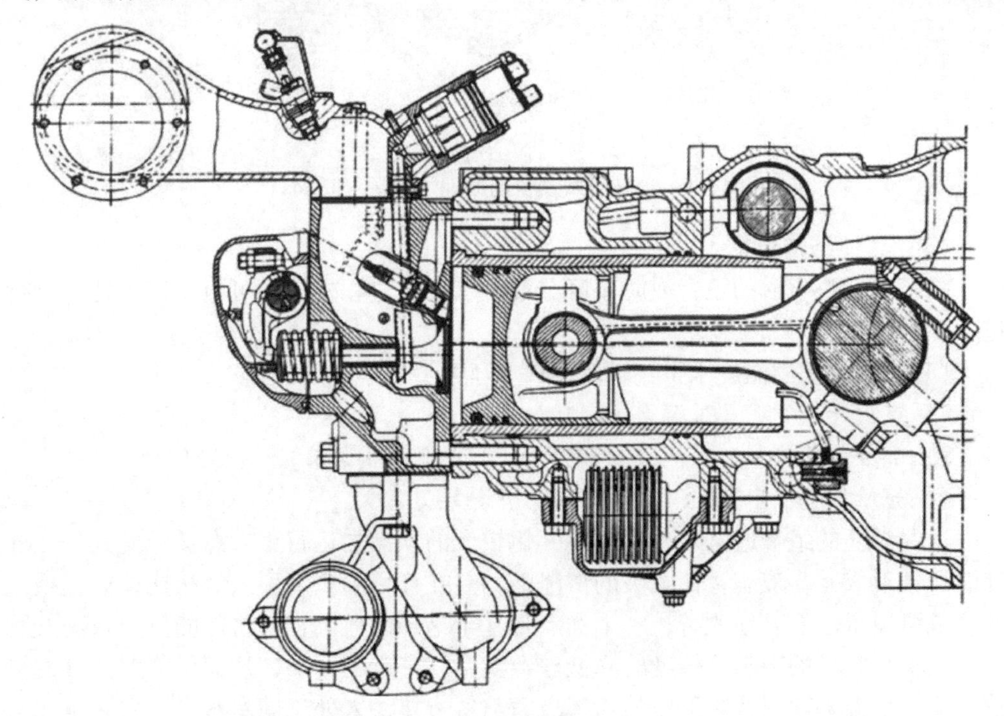

图7.5 MAN公司氢动力客车发动机（六缸直列发动机）（来源：MAN）

图7.6显示了氢转子发动机的原理，该发动机具有旋转活塞而不是往复活塞。对于汪克尔旋转活塞结构形式和相关的燃烧室形状，氢的物性与快速燃烧速度是一个有利的前提，在该发动机中，空气被吸入上室，并通过电子控制的喷射阀引入氢。燃料-空气混合气通过转子的旋转被压缩，然后通过火花塞点燃。由燃烧引起的压力增加继续驱动转子，燃烧气体通过排气管（图中左下位置）从发动机中排出。

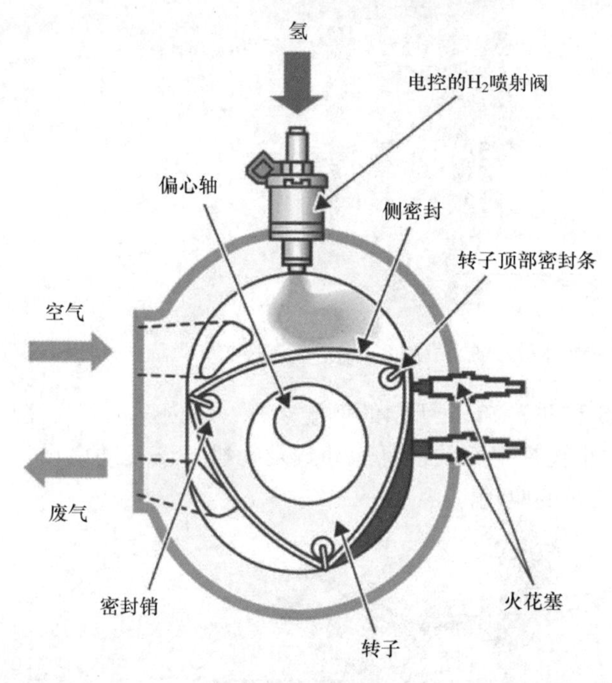

图7.6　氢转子发动机的原理（来源：Mazda）

（3）其他结构特征

除了按燃料喷射的位置或时刻区分混合气形成过程外，还可根据以下特征进行进一步分类：

1）供给的氢的温度水平：环境温度/低温。

2）点火导入类型：外源点火/自燃/点火束。

3）部分负荷调节：节流（量调节）/非节流（质调节）。

4）充量状态：自然吸气/增压或均匀/分层。

这些特征的组合通常对于车辆中变化较大的动态的运行很有意义，尤其是在外部混合气形成并与液态存储相关的情况下，与在环境温度下引入氢相比，通过喷入低温氢可以得以显著地改善。一个优点是基于这样的效果，即将冷的氢引入进气管会导致整个充量的冷却，温度的降低导致混合气密度的增加，从而增加混合气的热值。假设低温外部混合物形成的功率潜力与氢直接注入处于同一水平，那么也比汽油运行时要高约15%。同时，通过新鲜充量的冷却，对防止燃烧异常（特别是回火和早火）的发生也会起到积极的影响作用。图7.7显示了与常规的汽油机相比，各种氢混合气形成过程的理论上的全负荷潜力。

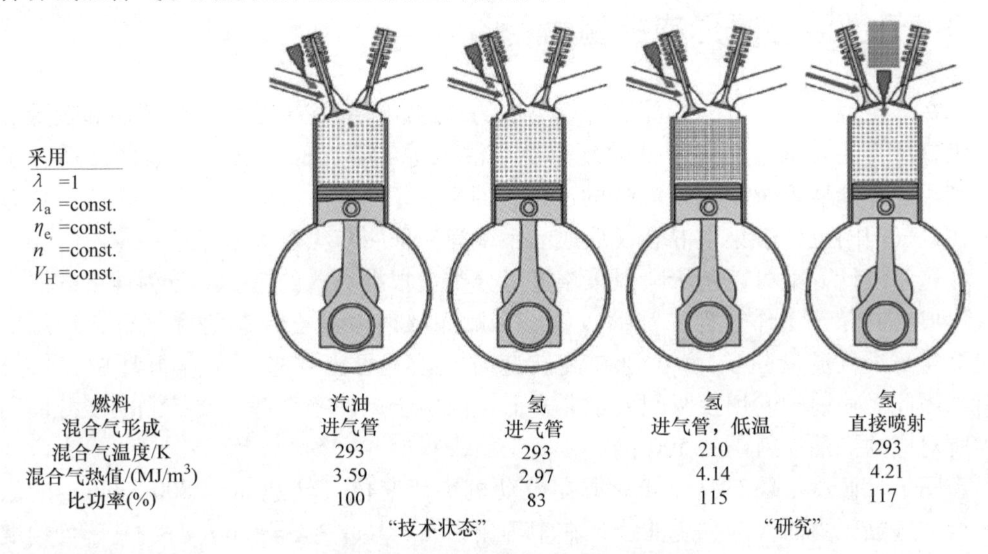

燃料	汽油	氢	氢	氢
混合气形成	进气管	进气管	进气管，低温	直接喷射
混合气温度/K	293	293	210	293
混合气热值/(MJ/m^3)	3.59	2.97	4.14	4.21
比功率(%)	100	83	115	117

“技术状态” “研究”

图7.7 氢混合气形成过程的全负荷潜力

根据点火导入的类型，氢发动机针对汽油机的、外源点火运行和柴油机的、自燃运行方面进行了区分。另外，在双燃料燃烧过程中，点火是通过柴油点火束来实现的。由于与柴油相比，氢具有高的自燃温度（约585℃，见表7.1)，因此只有在高压缩比的情况下才能实现稳定的自燃运行，在某些情况下还需要进行额外的空气预热才能实现。氢内燃机作为接近量产的乘用车驱动的应用领域只涉及汽油机的设计方案，尽管在过去并不缺乏对氢用于柴油乘用车发动机和二冲程汽油机的研究和方案设计。

在部分负荷调节方面，氢内燃机再次占据着一个特殊的位置，因为由于宽的点火界限（$0.13 < \lambda < 10$），在整个负荷范围内都可以进行质调节。首先，就可实现的效率而言，质调节运行是优于量调节运行的。节流对于优化空转时的平稳运行和较低的部分负荷下的燃烧持续期以及通过$\lambda = 1$调节与三元催化器结合的废气后处理是有利的。

最后，由于氢发动机原则上都适用于自然吸气和增压运行，因此发动机设计方案也可以基于充气状态进行区分。与由于狭窄的点火界限而在稀燃运行时必须进行分层运行的汽油机相反，因较宽的点火界限，氢既适合于均质运行，也适合于分层的稀薄运行。

对不同的设计方案的评价表明，基于热的外部混合气形成过程，直接喷射策略和低温外部混合气形成过程（均带有外源点火）在功率、效率和原始排放方面都具有巨大的发展潜力。但是，实现这些设计方案的复杂性和所需的开发费用要比常规的外部混合气形成要高得多。

7.3 外部混合气形成的氢运行

在环境温度下，氢的外部混合气形成的决定性优势在于系统的简单性和较低的氢供应压力的要求。相对较低的压力足以注入进气管，例如压力存储器（适合于可利用的存储器容量）或低温罐的过压，通常介于0.5~5bar之间。注入的位置总是在进气门附近，带集中混合气形成的系统尚未证明与氢有关联性。

这些设计方案可以基于喷射策略进行分类。根据喷入的持续期分为连续的混合气形成（在整个工作过程中都喷入氢）和顺序喷射（独立控制每个气缸，理想情况下是与进气流量同步）。由于在高转速时理论上可以在整个工作循环中提供燃料，因此对喷射阀的切换时间要求非常低，但由于燃油密度低，要控制的横截面约为所对应的汽油喷射阀的500倍。

图7.8显示了外部混合气形成在发动机负荷变化（转速 $n=2800\mathrm{r/min}$）的氢运行的气缸压力曲线和燃烧曲线，在中等压力 $p_i=3\mathrm{bar}$（$\lambda=4.6$）时，基于均匀混合气运行的燃烧持续期相对较长（约60°KW）。随着发动机负荷的增加，燃烧持续期变短，在平均压力 $p_i=7.7\mathrm{bar}$（$\lambda=1.4$）时，燃烧持续期仅20°KW多一点。在当前的配置中，进一步近似于化学当量的过量空气系数会导致回火的出现，这些燃烧异常和进气歧管中的挤压效应导致与传统汽油机相比，具有外部混合气形成的氢发动机在功率上有明显的缺点。

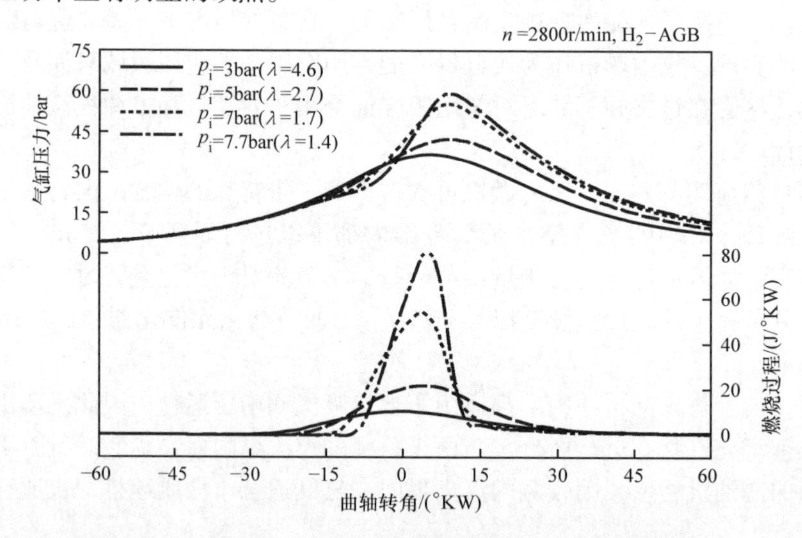

图7.8 在外部混合气形成的情况下，负荷对燃烧的影响

在排放方面，氢发动机比化石燃料驱动的内燃机具有明显的优势，因为氮氧化

物是唯一以高浓度出现的污染物成分。

对各个运行工况点的分析表明，可以在 NO_x 排放与过量空气系数或燃烧温度之间建立明确的联系（在很大程度上与发动机转速无关）。在高的过量空气系数下（$\lambda > 2.2$），实际上几乎没有形成氮氧化物排放。为此进行的发动机两个运行区域工作过程的计算表明，燃烧区的最高温度没有明显超过2000K。如果过量空气系数降至约2.2以下，则会产生 NO_x 排放。NO_x 排放随着过量空气系数减小而增加，并且过量空气系数大约在1.3时达到最大值。当进一步接近化学当量比时，由于氧含量降低，氮氧化物的排放再次降低。

BMW Hydrogen 7 的氢发动机的排放远低于欧洲和美国的适用极限值，在欧洲试验循环下，排放量不及当前有效的欧6限值的3%，单燃料设计方案甚至比SULEV的限值低90%。

因此，具有外部混合气形成的氢发动机的排放优化运行策略可以由稀薄燃烧或两个运行区域所组成，见图7.9。在第二种情况下，发动机可以稀薄燃烧直到达到 NO_x 临界的过量空气系数。由于 NO_x 排放量降到相当低的水平，因此不必进行废气后处理。如果低于定义的 λ 值，则要切换到化学当量比运行状态。在这种 $\lambda = 1$ 运行中，传统的三元催化转化器可用于废气后处理。

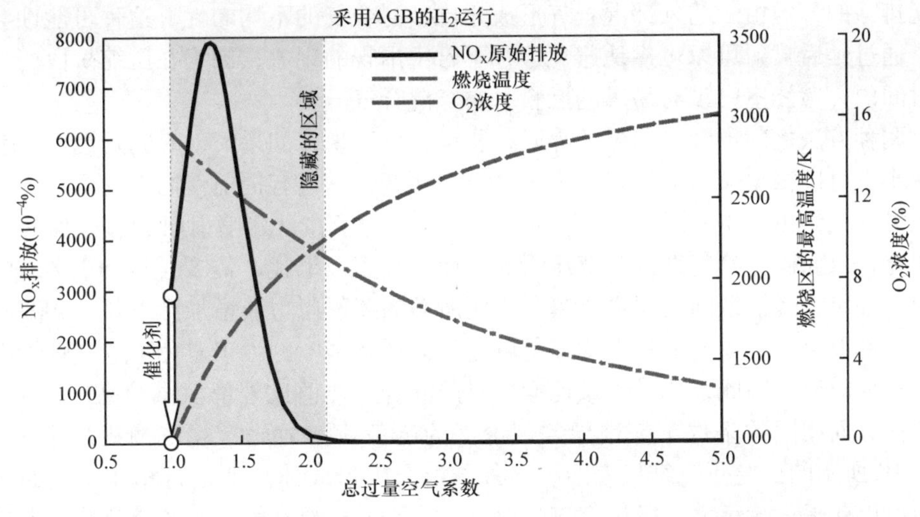

图7.9 在外部混合气形成和可能的运行策略下 H_2 – 运行中的 NO_x 排放、O_2 浓度和燃烧温度

但是，在环境温度下将氢气引入发动机的进气系统也有很明显的缺点。与常规的液态燃料相比，由于氢的密度低，因此吸入的部分新鲜空气被置换。其结果是，与汽油运行相比，在外部混合气形成的氢运行中，混合气热值大大降低（$H_G = 3.2\text{MJ/m}^3$）。在化学当量比混合气的情况下，这会导致在其他条件相同的情况下功率约有17%的劣势。由于燃烧异常，通常只能采用稀燃可实现的过量空气系数，在全负荷时的缺点更加明显。

如上所述，燃烧室外存在的易燃的氢-空气混合气可能会导致回火，这些现象主要是在发动机高负荷或接近化学当量比时发生，这是由于在热点处（例如排气门或火花塞电极或回流的燃烧气体）点燃新鲜工质或在换气阶段点火系统的残留工质引起的。开发专用于氢的点火系统时，也必须考虑这种机理。通过优化顺序喷射的喷射策略，并结合合适的喷射阀位置和进气装置以及优化的换气过程，可以控制高负荷的回火趋势，但原则上不能排除这种趋势。

7.4 内部混合气形成或氢直接喷射

在内部混合气形成的情况下，燃料直接喷入各自的气缸。可以基于每个工作循环的脉冲数（单次/多次喷入）或根据喷射时刻来细分氢直接喷入的混合气形成方案。对于后者，方案通过相对均匀的工质组成（在进气门关闭区域提前喷射，或者更早喷射）和分层的工质组成（后期喷射）来区分。如果在进气门关闭后喷射，则可以避免出现回火。

早火是燃烧异常的另一种形式，在这种状态下，在进气门已经关闭的情况下，在压缩阶段燃料-空气混合气会点燃，如果内部混合气形成得较早，则早火通常是不能排除的，但由于与外部混合气形成相比，混合气的不均匀性，这种可能性会更小。通过延后喷射可以可靠地避免这种不希望出现的现象，因为在压缩阶段的大部分时间内，燃烧室中没有易燃的燃料-空气混合气。

两种方法之间不存在明确的界限，相反，可以说，如果喷射时间延迟，二者差异变小。可以根据所需的喷射压力来区分这些变型。具有提前使内部混合气形成的系统可在大约10~40bar的氢供给压力下工作。为了在延迟喷射时能够确保超临界压力比，从而确保喷射期内与背压无关，而取决于压缩比，需要至少50bar的供给压力。如果在燃烧期间也要进行喷射，则所需的喷射压力会增加到100~300bar。

内部混合气形成的另一个优点是可达到的功率密度。由于避免了进气歧管中的空气置换效应，因此，化学当量比运行时的混合气热值比外部氢供给高出约42%。在其他方面相同的条件下，这导致理论上的全负荷潜力比常规汽油机高出17%。图7.10所示的试验研究结果表明，与外部混合气形成和汽油运行相比，氢的直接喷射可以获得很大潜力。通过直接喷射可以克服外部混合气形成的全负荷缺点，并且在所研究的范围内，与常规汽油运行相比，可以转化为约15%的优势。

喷射时刻可以被视为对点火时刻的充量分层以及燃烧过程和排放的主要影响因素。

在进气门关闭后不久进行早期喷射（图7.11中喷射开始=上止点前120°KW），有足够的时间使燃料-空气混合气实现良好的均质化，其对称的燃烧过程与汽油机非常相似，燃烧持续期如同外部混合气形成运行那样，主要取决于过量空气系数，因而也就是取决于所选的负荷点。在较晚的喷射时间（喷射开始=

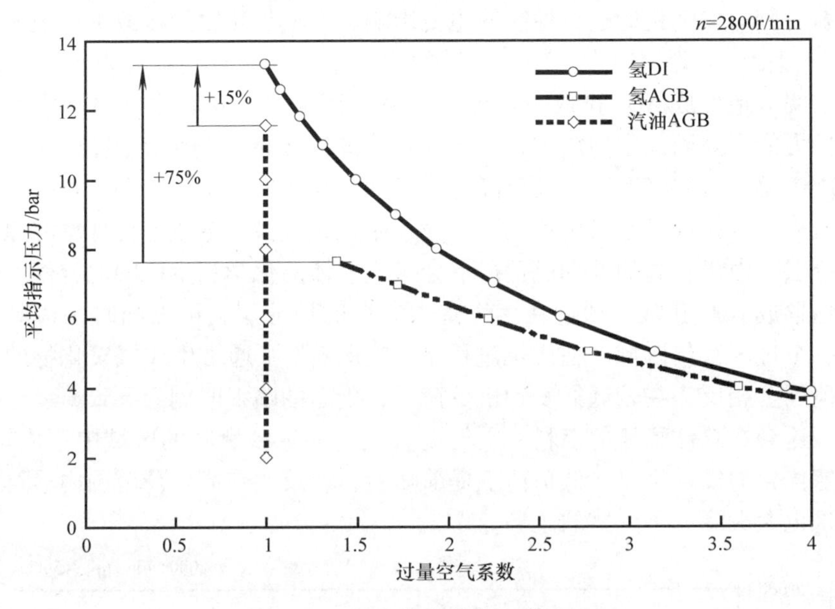

图 7.10　氢和汽油的全负荷比较

上止点 80°KW 和 40°KW）下，在点火时刻会形成明显的充量分层。火花塞区域内燃料过多的混合气雾导致非常短的、具有高的转化率的高效燃烧。火花塞附近的燃料过多的混合气还可以使发动机运行非常稳定，只有很小的周期性波动。然而，明显的分层和氢 - 空气混合气的快速燃烧也将导致非常陡峭的压力上升，其中部分压力上升超过柴油机的压力上升。

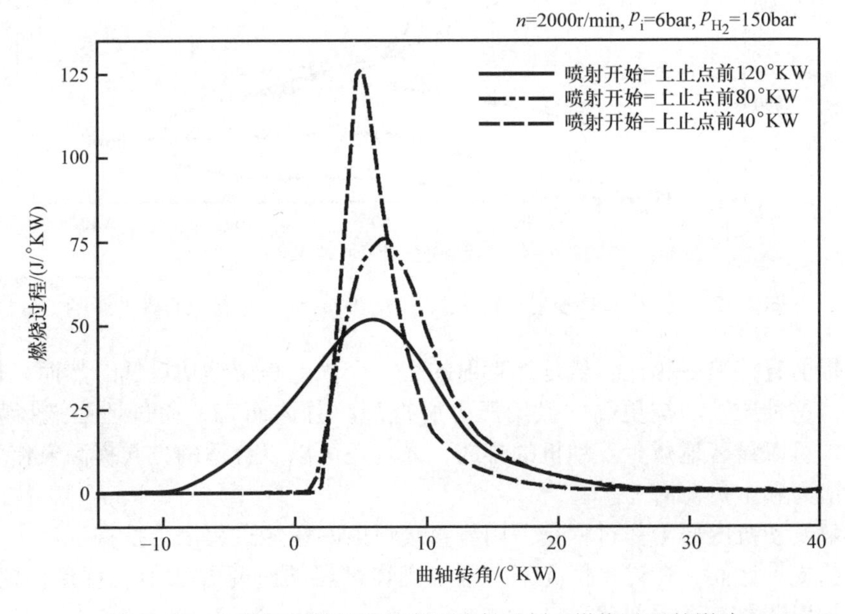

图 7.11　在直接喷射运行状态下喷射时刻对燃烧过程的影响

喷射时刻对发动机的运行性能的主要影响，在氮氧化物的排放中也很明显，见图 7.12。提前喷入燃料时发生的、均质的氢－空气混合气会在低发动机负荷下燃烧而不会明显地形成 NO_x 排放。在提前喷射的情况下，氮氧化物的排放水平会随着平均压力的升高而稳定地增加，而氮氧化物的排放量（与外部混合气形成一样）完全取决于总过量空气系数以及最高燃烧温度。高的发动机负荷和较早的氢喷射所导致的氮氧化物排放可通过延迟的燃料喷射而大大减少。造成这种现象的原因又是明显的分层。由于在高的发动机负荷下会形成总体的化学当量比的混合气，燃烧时会强烈地形成 NO_x 排放。通过在燃烧室中有目的地分层，可以同时在稀薄区域旁边形成一个过度富集区域。在燃烧过程中，“破坏”了通常生成氮氧化物的过量空气系数范围。相反，在较低的发动机负荷下，延迟的喷射时刻会导致氮氧化物排放的增加，这会在总体稀薄的燃料－空气混合气内的过多燃料的区域中形成。因此，一氧化氮优化的发动机将在低负荷下提前喷射，相反，在高负荷范围内尽可能延迟喷射，这也大大降低了爆燃的趋势。

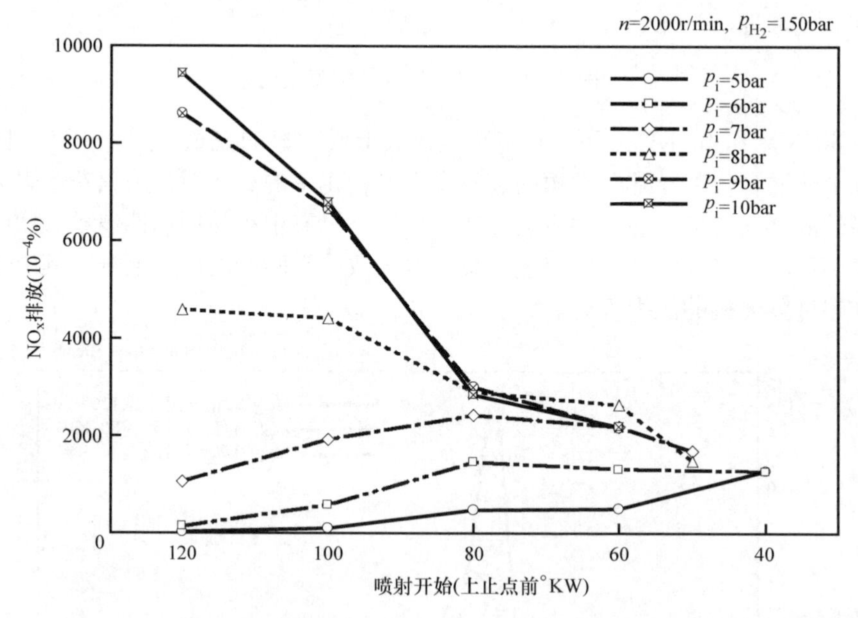

图 7.12　在 H_2 直接喷射运行状态下喷射时刻对 NO_x 排放特性的影响

与提前直接喷射相比，氢延迟喷射的另一个优点是压缩功更低。然而，根据压力生成，这种压缩功被更高的供给压力所抵消。总体而言，通过适当选择喷射时刻，不仅可以显著地减少发动机的排放，并且还可以以合适的方式提高氢作为燃料的效率潜力和全负荷潜力。

了解发动机内部工作过程是采用氢直接喷射的燃烧过程潜力挖掘和进一步开发的基本前提。然而，在许多情况下，常规燃烧过程的研究方法不能直接移植过来，而必须加以调整甚至重新建立。

从根本上来说，作为附加的开发工具使用的 3D - CFD 模拟是描述混合气形成的理想选择。但是，正如已经提到的，将 CFD 工具与氢直接喷射相结合使用绝不是标准应用，其挑战尤其来自于与常规燃料截然不同的物性。另外，还必须模拟向燃烧室中喷射氢的过程，以绘制混合气的形成图。为了能够在提供的时间窗口内将足够量的氢引入燃烧室，需要高的喷射压力，因而也就需要较高的燃料密度。其中，在喷射系统与燃烧室之间的高压比会产生在超声速区域内局部严重受限的膨胀流动，从而在最狭窄的空间中导致高的压力梯度。

图 7.13 显示了计算得到的在 2000r/min 的转速和平均压力 $p_i \approx 8bar$（$\lambda = 1.4$）时相对于点火时刻提前和延迟氢直接喷射的混合气成分。上面介绍的均匀度与 NO_x 排放之间的关系可以通过 3D - CFD 模拟（使用的程序代码：ANSYS Fluent）进行定性确认。

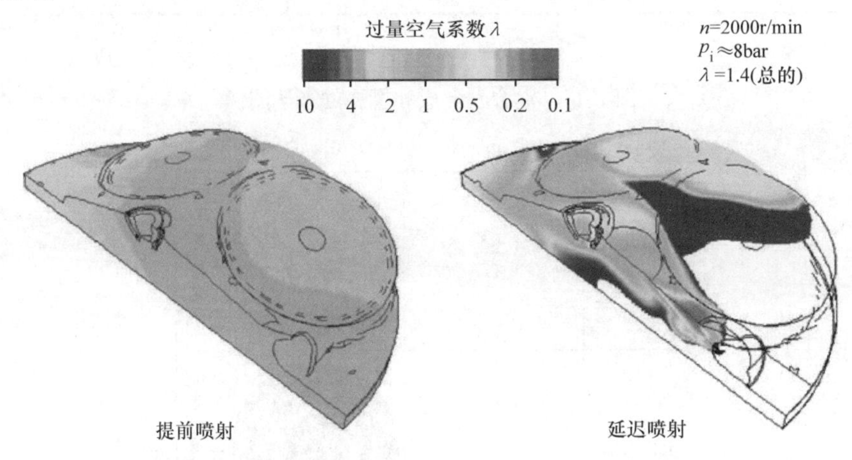

图 7.13　相对于点火时刻提前（喷射开始 = 上止点前 120°KW，左图）和延迟（喷射开始 = 上止点前 40°KW，右图）氢直接喷射的混合气成分

7.4.1　氢直接喷射的燃烧特性

由于燃烧期间复杂的变化过程以及缺乏广泛的经验基础，当前，通过 3D - CFD 模拟仍无法进行完整且普遍适用的建模。在任何情况下，现有方法都需要适合于各个发动机的几何形状和燃烧过程，因此需要进行测试技术的验证。

为了能够深入了解氢的燃烧特性，可以使用透明的发动机和内窥镜诊断工具进行详细的研究。图 7.14 显示了透明发动机上测量的光学图像示例。对此，不仅研究了混合气的形成（使用 LIF 方法激光诱导的荧光，图 7.14a ~ d），而且也研究了火焰传播（使用空气示踪方法，图 7.14e 和图 7.14f）。图 7.15 显示了使用特殊火花塞进行的测量，这些火花塞既可以分析火焰核心的扩散（AVL VisioFlame），也可以评估在燃烧室壁方向上出现的总的光的强度（AVL VisioKnock）。

通过使用 VisioFlame 测得的火焰核心速度，可以验证在不同喷射时刻下由气缸

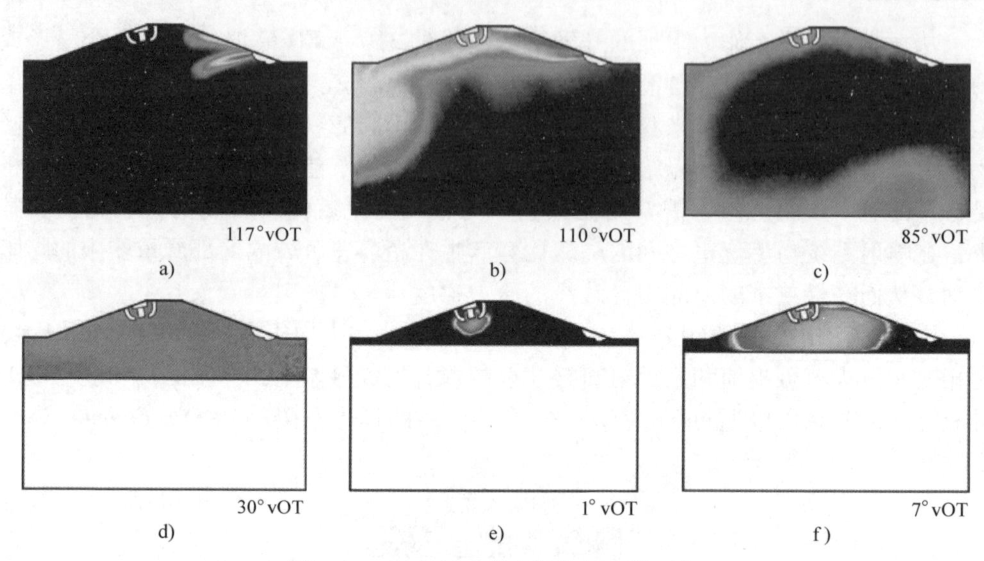

图 7.14　混合气形成和燃烧的光学图像

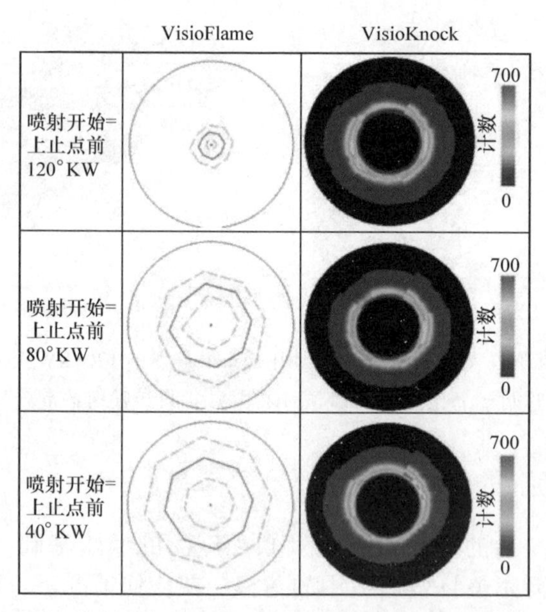

图 7.15　使用可视化工具进行燃烧过程分析

压力分析得出的燃烧特性，见图 7.15 中的左列。相关的燃烧过程还证实，当喷射从上止点前 80°KW 延迟到 40°KW 时，速度变化较小。用 VisioKnock 记录的燃烧图像在所有三种情况下均显示均匀燃烧，见图 7.15 中的右列。如果观察光的强度分布，一方面可以确认，在上止点前 40°KW 喷射时，燃烧开始较晚，但强度更高。另一方面，这也与 CFD 模拟相一致，这是因为在延迟喷射时排气侧燃烧更加明显，这表明那里的 H_2 较浓。从两种极端情况下在压力变化过程中周期性波动的比较可以看出，燃烧稳定性随着部分负荷更迟开始喷射而增加。其原因是喷射与点火之间的时间间隔较长且燃烧速率更适中，在提前喷射的情况下，点火时的混合气成分差异更大。

除了影响燃烧过程以及壁面传热之外，还可以借助直接喷射来利用相比于外部混合气形成而言的一系列其他优点，这涉及即使在总过量空气系数极高的较低的部分负荷下，发动机也不需要节流且因此以合适的效率运行的可能性。在如此低的发动机负荷下进行无节流运行，那么当采用外部混合气形成时，由于燃烧缓慢且相对不稳定，就不会如此有效。

也可以使用直接喷射，在燃烧期间以及在多个喷射脉冲中供氢，以便有针对性地影响燃烧过程（燃烧控制）。如果在燃烧期间喷入部分燃料，则会对燃烧噪声、峰值压力和 NO_x 排放特性产生积极的影响。

7.4.2 充量分层

要实现明显的充量分层运行，其前提条件是快速喷射器的可用性，该喷射器可能实现非常短的喷射持续期或者较大的喷射横截面。图 7.16 显示了与具有良好均匀性的提前喷射（喷射开始 = 上止点前 120°KW）相比，具有明显充量分层（喷射开始 = 上止点前 20°KW）的运行潜力。通过火花塞附近的燃料较浓区域明显的分层，在所关注的负荷工况点（2000r/min、p_i = 2bar）采用延迟喷射，因此燃烧持续期可以从提前喷射时的约 60°KW 减少到考虑延迟喷射时的约 15°KW。这对可获得的效率具有积极的影响作用，因为与提前喷射相比，通过充量分层还可以显著减少废气中未燃烧氢的比例。

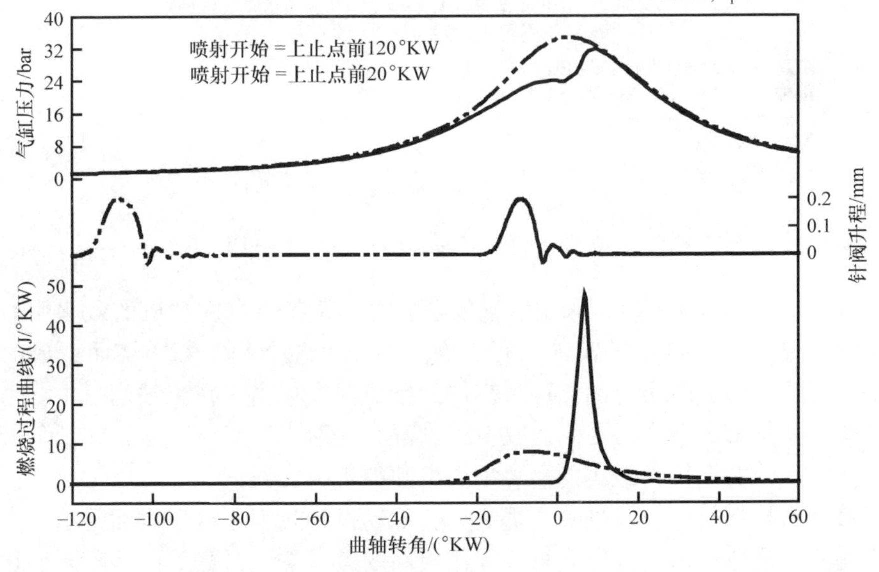

图 7.16 与提前喷射相比优化的直喷运行工况点

图 7.17（见彩插）显示了相比较的损耗分析，其中比较了平均压力 $p_i = 2bar$ 的汽油运行、带外部混合气形成和内部混合气形成的氢运行和柴油运行。以具有实际充气量（η_{vrL}）的完美发动机的效率为基点，通过多次的发动机工作过程计算来确定各个部分的损失。其中，在通过非理想喷射而造成的损失中，考虑了由于氢直接喷射的喷射时刻不同而导致的在压缩功中的差异 $\Delta\eta_{EB}$。排气中未燃烧的燃料比例存在于不完美燃烧所引起的损失 $\Delta\eta_{uV}$ 中，与理想的等容燃烧的偏差反映在实际燃烧的损失 $\Delta\eta_{rV}$ 中。在这种氢直接喷射的配置下更高的壁面热损耗通过壁热 $\Delta\eta_{WW}$ 来描述。为了能够证明无节气门发动机运行的优势，还显示了由于换气而引起的损失 $\Delta\eta_{LW}$。

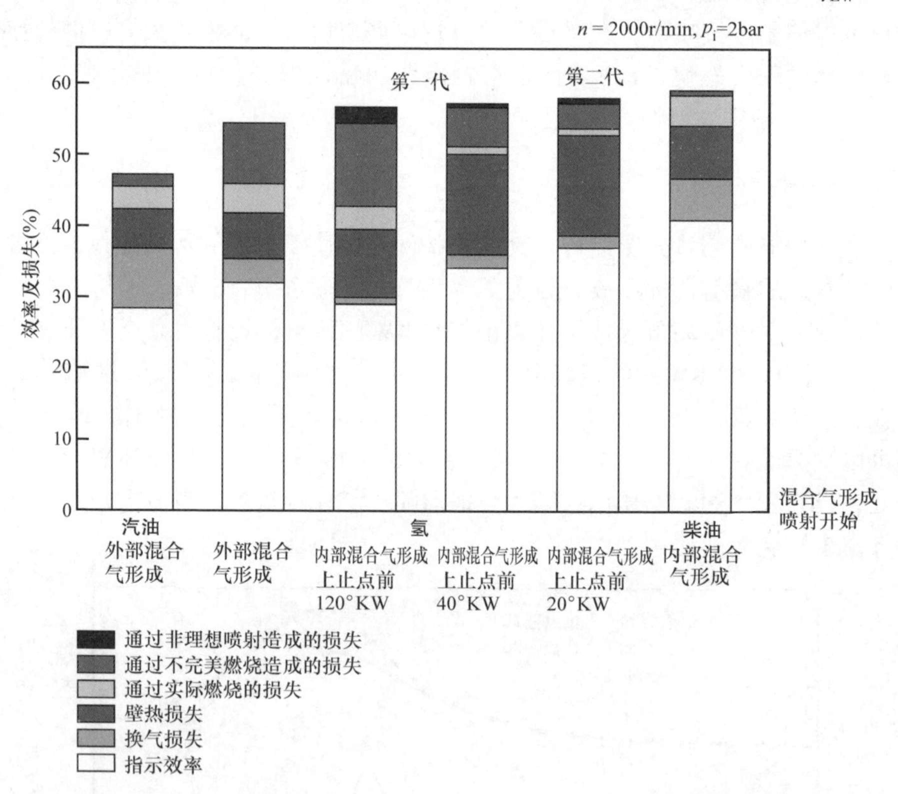

图 7.17 损失分布比较（汽油、H_2-AGB、H_2-DI、柴油）

由于稀薄运行（$\lambda > 1$），采用氢进气管喷射的完美燃烧发动机的效率明显高于采用化学当量比（$\lambda = 1$）的汽油运行。通过不完美燃烧和实际燃烧而造成的损失在外部氢混合气形成时会更高。两种变体的壁热损失相当，在汽油运行中，由于强烈的节流，换气损失又变得更高。在氢外部混合气形成运行中，必须在低负荷范围内找到非常稀薄的燃烧与最小的燃烧损失之间的折中方案。

通过氢直接喷射，可以进一步提高完美发动机的效率。这一方面是由于直接喷射带来的效率优势，另一方面是可以采用更高的过量空气系数。因为喷入燃烧室的氢也必须被压缩，所以在提前喷射时，通过非理想的喷射而造成的损失就很高。由于高的过量空气系数，通过不完美燃烧造成的损失要比外部混合气形成的损失要高。但是，可以通过调整喷射压力、喷射持续期和喷嘴几何形状进行优化。

随着喷射时刻延迟（喷射开始 = 上止点前 40°KW），由于非理想喷射而造成的损失已经可以大大减少，所形成的分层也导致由于不完美燃烧和实际燃烧的损失的减少。然而，短的燃烧持续期和靠近燃烧室壁的浓的区域的分层导致壁热损失显著增加。与常规的汽油机/柴油机相比，这是一个最大的缺点。因此形成了进一步提高效率的必不可少的方法，这是进一步燃烧过程方案设计中的核心任务。

使用优化的喷射器（第 2 代），可以进一步延迟喷射时刻（喷射开始 = 上止点前 20°KW），从而可以进一步减少由于非理想喷射造成的损失，由此加强了的充量分层还减少了燃烧损失。

直喷式柴油机的效率被设定为要达到或超过的效率目标。柴油机的决定性优势目前是在于明显更高的压缩比，这导致了完美发动机效率的提高。

充量分层运行也可以带来一些优点，但是需要仔细设计燃烧室和燃烧过程。在这方面，格拉茨工业大学（TU Graz）进行了广泛的研究。例如，类似于所谓的“完美分层”，其目的是通过将燃料集中在燃烧室的中央来减少壁热损失。这些研究包括对不同活塞类型以及大量的每个侧面或中央位置安装的喷射器的不同的孔喷嘴和槽喷嘴的分析。作为一个有代表性的例子，图 7.18 比较了在 2000r/min 的转速和 6bar 的平均指示压力时，在某些射束引导的和壁面引导的燃烧过程中，高压段所能到达的效率。

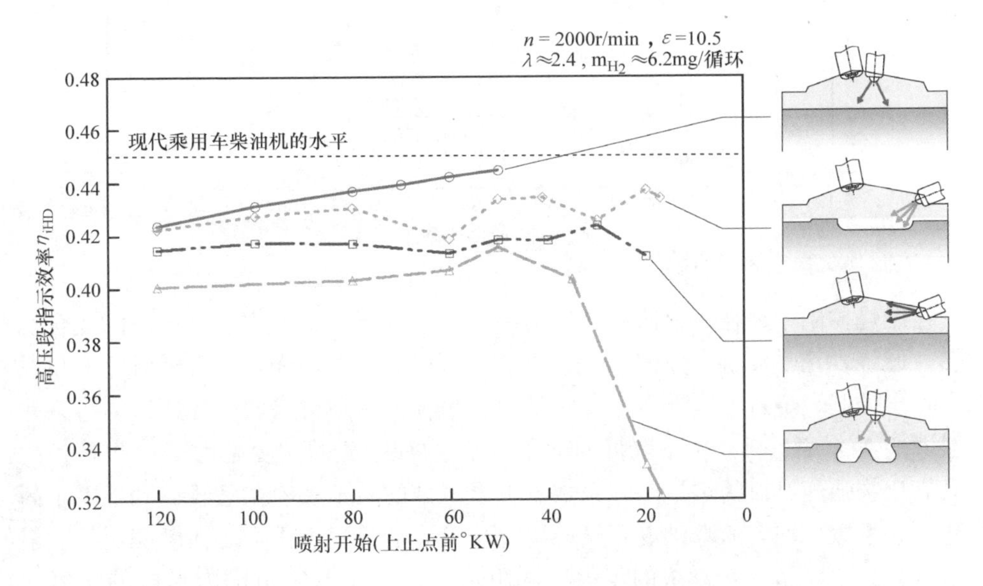

图 7.18 在 n = 2000r/min 和 p_i = 6bar 时，射束引导和壁面引导喷射的高压指示效率比较

在提前喷射（上止点前120°KW）下（除 ω 型燃烧室外），由于达到点火时刻的相对较好的均匀性，与可达到的效率差异较小。然而，随着喷射的推迟，在某些情况下可以获得明显的效率优势，最高效率来自于所显示的负荷点和经过配套的、带10孔喷嘴和60°喷射角的中央喷射的发动机，几乎达到了现代乘用车柴油机的数值。

7.4.3 燃烧控制

通过一种称为燃烧控制的方法，可以进一步有针对性地改善氢运行发动机的功能特性。通过几个喷射脉冲的理想组合，可以直接影响发动机的燃烧特性。图7.19显示了基于一种选定的工况点的该方法的优点。在氢直接喷射运行中，在高负荷或富含燃料混合气下，由于氢的较快的燃烧速度而导致燃烧持续期非常短。其结果是，在燃烧期间会出现较高的峰值压力和压力梯度，这可能不仅会导致装置承受较大的机械负荷，而且也可能会导致声学问题。

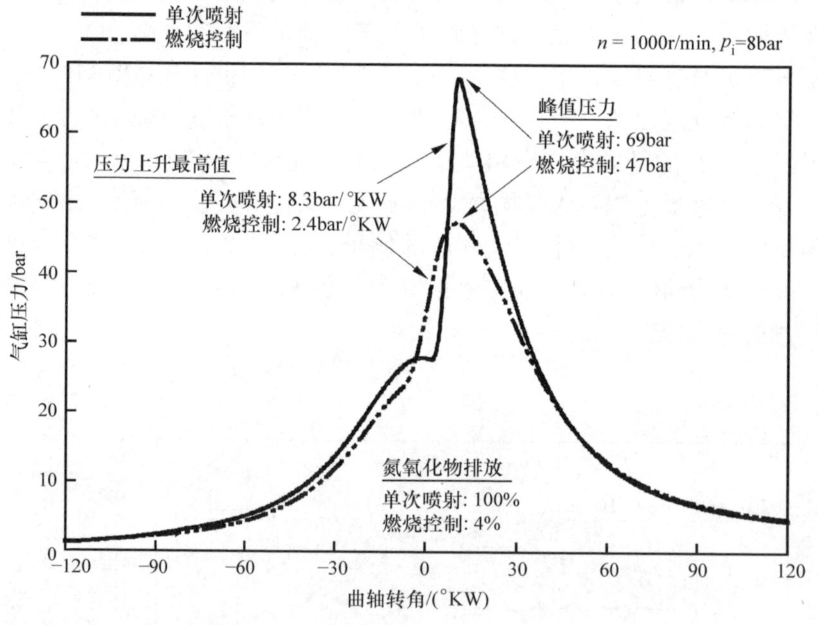

图7.19 通过燃烧控制进行改进的潜力

在燃烧控制中，在压缩阶段仅喷射一部分氢，所产生的均匀、稀薄的混合气被点燃并燃烧，几乎没有形成氮氧化物排放。可以通过在燃烧期间有针对性地喷射氢来进一步控制燃烧过程。除了显著降低机械负荷外，还可以通过燃烧控制将某些运行区域的 NO_x 原始排放水平降低90%以上。这种排放的减少是由于那些具备能促进氮氧化物强烈形成的过量空气系数的混合区域的减少。前文已经提到，由于高的过量空气系数，均匀的基础混合气燃烧几乎没有形成氮氧化物。在燃烧期间喷射的其他氢在一个 λ 范围接近浓的点火极限附近燃烧，在该 λ 范围内形成的氮氧化物比在临界 λ 范围（λ 约为1~2）形成的要少得多。

燃烧控制为减少零件负荷、降低燃烧噪声和氮氧化物排放，尤其是在更高的发动机负荷区域，提供了一种工具。

图7.20显示了不同负荷下发动机应用各种氢运行策略的氮氧化物排放变化过程。另外，作为对比显示了进气管喷射的常规汽油机的 NO_x 排放的变化过程。由于汽油运行的量调节，即使在发动机低负荷下也能达到较高的燃烧温度，并由此形成氮氧化物。在氢外部混合气形成的情况下，在发动机低负荷下，显示出排放可忽略不计的典型变化过程；而当低于临界过量空气系数时，则显著增加。通过配气定时的优化，即使外部混合气形成，也可以实现全负荷（$\lambda = 1$），而不会出现燃烧异常。在氢直接喷射的情况下，通过在整个负荷范围内适当选择喷射时刻，可以使 NO_x 原始排放低于常规汽油机。通过在发动机更高的负荷区域有针对性地应用燃烧控制，还可以进一步显著减少氮氧化物的排放。

总体而言，具有燃烧控制功能的方法显示出较大的潜力，不仅可以大大降低燃烧噪声和机械负荷，而且也可以大大减少发动机内的氮氧化物排放。同时，可以实现较高的发动机功率和良好的效率。

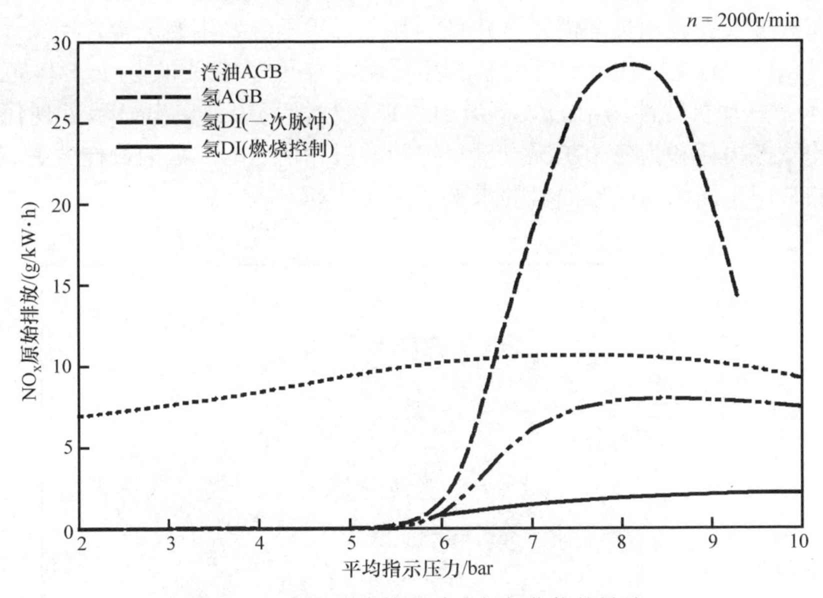

图7.20 通过燃烧控制减少氮氧化物的排放

7.4.4 采取自燃的燃烧

到目前为止，在介绍的样机和小批量生产的汽车中，以及已发表的有关乘用车氢内燃机的研究中，无论采用何种混合气形成策略，都仅使用外源点火的方案以及双燃料或点火束的方法。一方面在点火时刻，在火花塞周围需要聚集足够多易燃的混合气，另一方面要在火焰传播期间实现高度转化率，在混合气更强烈分层时，也需要很高比例的预混合气，由于存在爆燃的趋势，这也限制了压缩比的显著提高。

如果基于常规的柴油机，即使在很晚才开始直接喷射时，也可以以非预混燃烧形式转化氢，则可以消除爆燃的风险，并提高压缩比。然而，为了获得效率优势，必须同时将壁热损失降到最低，否则它们会过度补偿增加压缩的效应，甚至会导致效率下降。这必须通过对燃烧室几何形状和喷射器几何形状进行合理的设计来防止。

空气中氢具有较宽的点火极限（$0.13 \leqslant \lambda \leqslant 10$），使得该燃料似乎适合自燃的燃烧方式。呈现自燃的主要挑战是在化学当量比条件下，氢的高的自燃温度 $T_{SZ} = 858K$。假设在环境温度下直接喷射，则需要大约 1100K 的压缩终了温度以确保有足够的热量输入。仅通过增加压缩是无法达到这个温度的，因此，必须采取其他措施，例如进气预热。

实际上，即使进气被高度预热，自燃运行也被证明不适用于乘用车，因为它的可控性不足，并且其能量方面在发动机低负荷也受限。

在乘用车上使用需要一种运行策略，该策略应保留非预混合燃烧的方案，但在点火方面会远离氢的自燃。使用电热塞以及柴油点火束进行表面点火可提供这种可能性。

这种具有表面点火的氢燃烧过程已经显示出该过程具有非常好的鲁棒性，可以取消诸如对进气进行预热等措施，并且实际上几乎不会发生燃烧异常现象。燃烧过程几乎可以以任何方式进行，并且可以覆盖与乘用车有关的整个工作范围。图 7.21 显示了发动机特性场中的效率潜力，在该特性场中，突出显示了现代乘用车柴油机的摩擦损耗和为各个工况点量身定制的涡轮增压器。氢的最佳效率点相当于最有效的乘用车涡轮增压柴油机的水平。

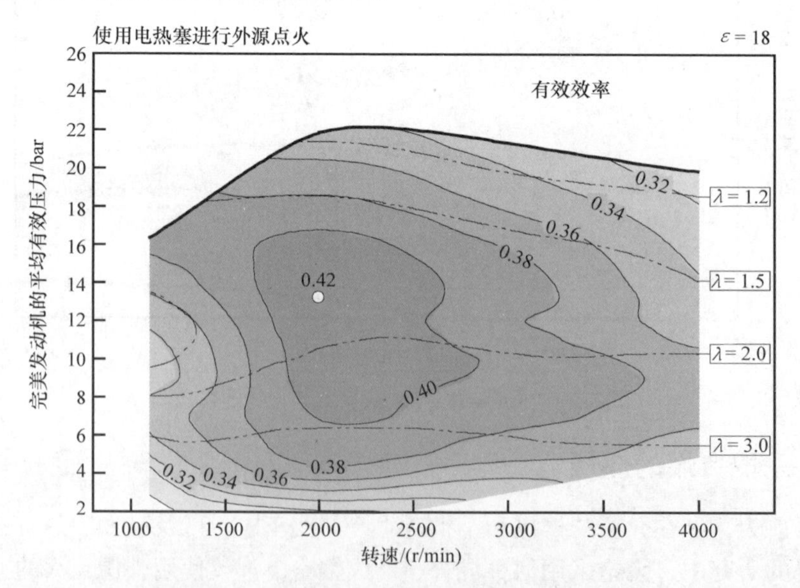

图 7.21　采用电热塞点火的有效效率的潜力

该方案的缺点是喷射时刻与燃烧开始的耦合，这可以通过从电热塞转换成火花塞作为点火源来消除。

7.5 氢发动机车辆

使用氢作为内燃机的燃料是一项长期以来众所周知的技术。近几十年来，已经制造并投入使用了许多试验车，例如，在日本有 Musashi 理工学院（现东京城市大学，Tokyo City University）和马自达，在美国有 Quantum，昆腾在德国有宝马、奔驰和 DLR，见图 7.22。详细情况可参考文献［339］。

图 7.22 1977 年的 Musashi（左）和 1980—2007 年的 BMW 氢内燃机车型（右）

（1）MAN 氢城市客车

早在 1996 年，MAN 公司便开始运营氢内燃机公共汽车。在采用外部混合气形成技术的公交车行驶超过 500000km 之后，该公司具备了一定的经验，之后氢内燃机便以内部混合气形成的形式工作。

MAN 氢城市客车的技术是基于已经使用了数十年的、富有成效的内燃机技术。长度为 12m 的 MAN CityBus 有 50 个座位，见图 7.23，由一台 12.8L 的 6 缸直列发动机驱动，该发动机已转换为使用氢运行。外部混合气形成的发动机的输出功率为 150kW，见图 7.24。在增压机型中，发动机的输出功率为 200kW，最高效率为 42%。氢以 350bar 的压力存储在公交车顶板上的 8 个压力储罐中，在城市运行状态下可行驶约 200km。

通过使用氢作为燃料，不会排放含碳化合物，因此该公交车实际上几乎没有一氧化碳、二氧化碳、碳氢化合物和颗粒排放。通过适当的燃烧过程，它可以保持较低的氮氧化物排放。这意味着氢发动机客车相比于传统的车辆具有明显的排放优势。在欧盟项目 HyFleet - CUTE 的框架范围内，在汉堡有 8 辆 MAN 氢城市客车正在试运行。

（2）宝马 Hydrogen 7

宝马多年来一直致力于氢在内燃机中的使用。2000 年 5 月，在世博会（EXPO 2000）上，宝马展示了由 15 辆 BMW 750hL 汽车组成的氢车队，这些车都配备了液态氢储罐和一个燃料电池 APU。

2007 年面世的 BMW Hydrogen 7 是首批通过量产开发和审批过程的用氢运行的

图 7.23　氢内燃机公共汽车（来源：MAN）

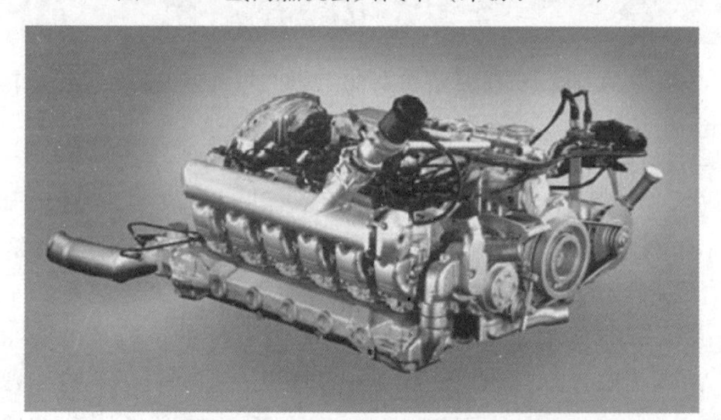

图 7.24　氢内燃机（来源：MAN）

乘用车，见图 7.25。BMW Hydrogen 7 的特点是采用氢和汽油的双燃料发动机方案。这样可以实现从氢运行到汽油运行的无缝过渡，可以在行驶时自动切换。车辆的技术数据如下：

制造商	宝马
型号	760h
排量	5972mL
运行	双燃料运行（汽油和氢）
氢和汽油输出功率	191kW
使用氢和汽油 0 – 100km/h 加速时间	9.5s
使用氢和汽油的最高车速	230km/h
氢耗量	4kg/100km
使用氢续驶里程	200km
储氢罐容量	9kg（液态）
汽油消耗量	14.8L/100km
汽油续驶里程	500km
油箱容量	74L

图 7.25 在 HyCentA 的 BMW Hydrogen 7

低温液态氢的储罐系统位于车辆后排座椅后方的行李舱中，见图 7.26。储罐系统由位于格拉茨（Graz）的麦格纳斯太尔（MAGNA STEYR）制造，并在 HyCentA 进行测试。

图 7.26 BMW Hydrogen 7 的 LH_2储罐（来源：BMW）

通过发动机电控系统调节，在汽油运行下提供与在氢运行下相同的输出功率，以便能够在两种运行模式之间进行平稳切换。在不同的行驶循环下的排放都很低，除氮氧化物外，其他排放都低于当前的欧 6 限值的 1%。在美国标准测试循环 FTP－75 中，其值只有 SULEV－Ⅱ极限值的 30% 左右，见图 7.27。在具有优化的催化剂的单燃料 BMW Hydrogen 7 中，该值降至 10%。

（3）马自达 RX－8 Hydrogen RE

2006 年 5 月，马自达推出了首批两辆双燃料氢－汽油车型，它是带转子内燃机的 RX－8 Hydrogen RE，配备一个压力 350bar、110L 的氢压力储罐。压力储罐完全塞满了轿车的行李舱。2007 年，位于斯堪的纳维亚的氢高速公路 HYNOR 上面有 30 辆马自达 RX－8 投入使用。

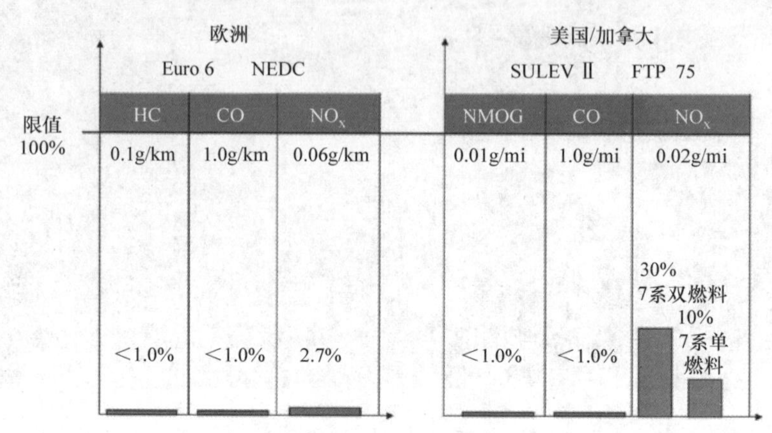

图 7.27 在行驶循环下 BMW Hydrogen 7 的排放，按照文献［292］更新

氢由于其高燃烧速度而对转子发动机有利，因为原本不利的扁平燃烧室形状已不太重要。发动机的剖视结构如图 7.28 所示。它的技术数据清楚地表明了，氢运行时自然吸气发动机的功率下降和更低的续驶里程。

制造商	马自达
型号	RX－8 Hydrogen RE
排量	2 个旋转活塞，每个 654mL
运行	氢和汽油双燃料
使用氢的功率	81kW
使用汽油的功率	154kW
氢消耗量	约 2.5kg/100km
使用氢的续驶里程	100km
氢储罐容积	110L、350bar
汽油消耗量	11L/100km
使用汽油的续驶里程	550km
油箱容量	61L

（4）阿斯顿·马丁 Rapide S

2013 年 5 月，开发用于耐力赛的由氢和汽油驱动的阿斯顿·马丁 Rapide S 顺利完成了纽博格林举行的 24 小时耐力赛，见图 7.29。

为此，设计成带进气管喷射的自然吸气发动机的量产装置在机械上适应了新的要求，采用氢外部混合气形成技术，设计了双涡轮增压系统和全新的发动机控制系统。除了存储器的设计、供给氢的部件和安全系统的设计外，双燃料赛车发动机的开发也带来了特殊的挑战。以排量为6.0L的V12自然吸气发动机和阿斯顿·马丁公司的进气管喷射技术为基础，发动机扩展了双涡轮增压配置，以实现尽可能高的比功率。尽管增加了热负荷和机械负荷，并且改变了边界条件，为了保证赛车运行的可靠性，对发动机机械结构进行了大范围的改动。其中包括锻造的赛车活塞、锻造的连杆、镍铬耐热合金排气门、增加了点火能量的点火线圈等。为节省空间而设计的汽油和氢混合气形成装置的布置如图7.30所示。

图7.28 氢转子发动机（来源：马自达）

图7.29 阿斯顿·马丁 Rapide S 氢混合动力赛车（资料来源：IVT，TU Graz）

通过在较宽的运行范围内进行稀薄混合气的协调，与汽油运行相比，可以证明其显著的效率优势和极低的氮氧化物排放，见图7.31和图7.32。

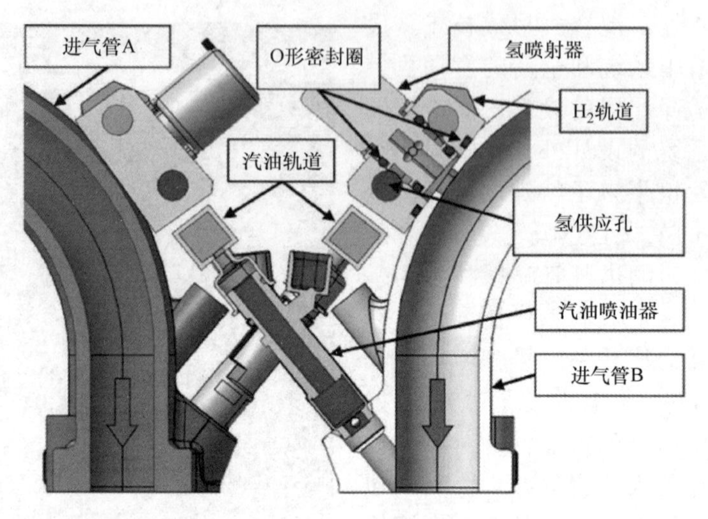

图 7.30　氢和汽油轨道的布置

然而，由于外部混合气形成，混合气的热值也较低，使其难以显示较高的平均压力，因此，该平均压力低于汽油运行的平均压力。由于较低的废气焓，所以对于所需要的增压，对增压系统，特别是在动态运行中是一个特殊的挑战。

该车还研究并协调了一种有趣的运行模式，即所谓的混合运行（氢和汽油）。图 7.33 显示了效率和 NO_x 排放的运行特性随氢的含量的变化而变化的关系。

使用所示的车辆，即使在严峻的赛车框架条件下，可以按计划完成纽博格林赛道的 24 小时耐力赛，使得这一方案的适用性也得到了令人印象深刻的证明。

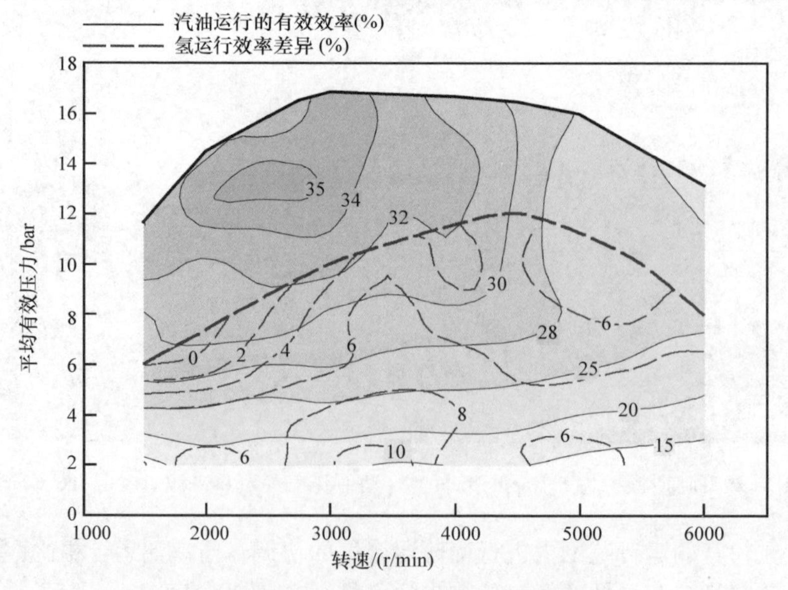

图 7.31　汽油运行有效效率以及氢运行的效率优势

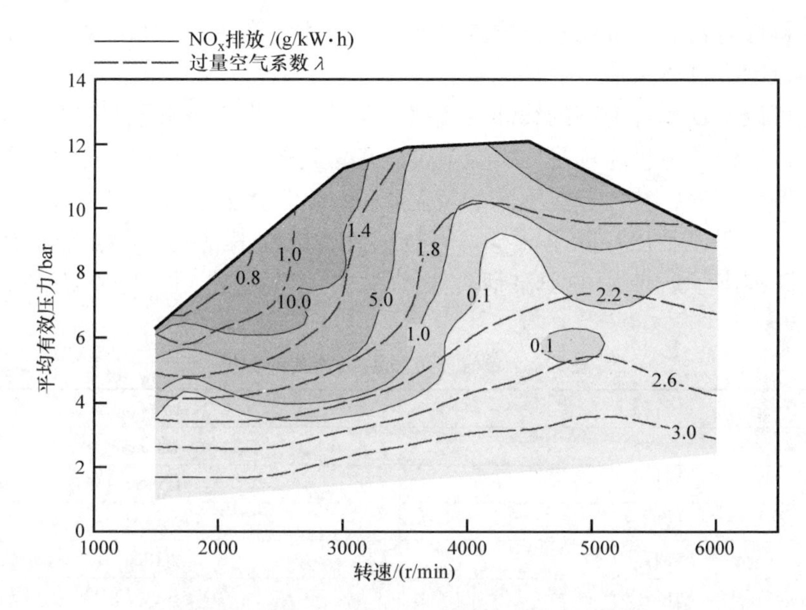

图 7.32 氢运行中的 NO_x 排放和过量空气系数

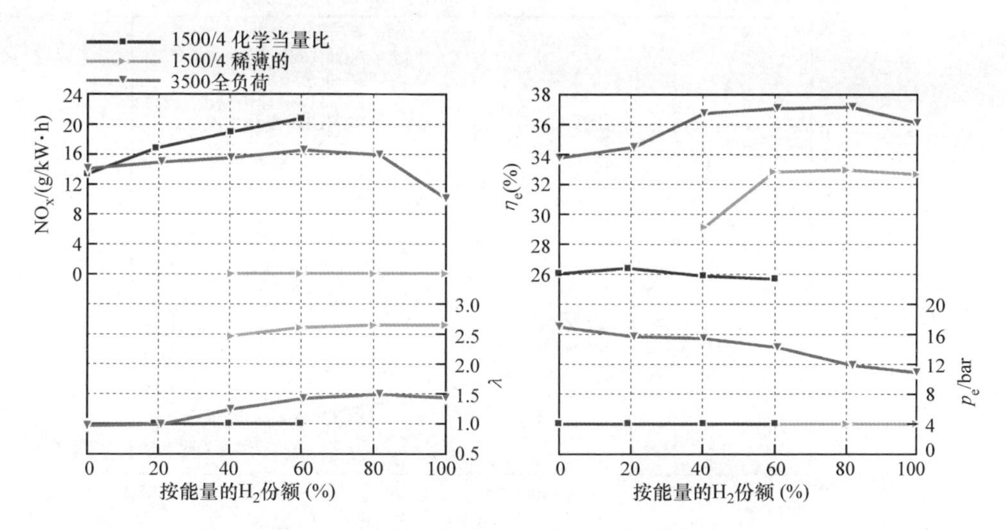

图 7.33 氢－汽油混合运行中的运行特性

（5）氢－柴油双燃料发动机在短途运输的商用车中的应用

多家商用车制造商开展了大量工作，致力于开发双燃料方案，优先考虑在柴油机中使用天然气，因为在北美、中国、阿根廷、伊朗等许多地区，用天然气运行的成本非常合适。

一个有趣的、至今尚未考虑的概念方法是使用氢和柴油引燃点火束运行的过程，该过程是在一个研究项目的框架范围内进行设计、试验研究和进一步开发。

基本目标是将非常好的有害物排放特性与最大程度减少 CO_2 排放相结合，从而确定应用范围。具体来说，这意味着在符合欧Ⅵ排放限制的同时，通过简单的废气后处理，可以实现尽可能高的柴油替代率。此外，至少应该有可能进行有限的单一柴油运行，以便在氢供应不足的情况下可以正常行驶。

与天然气相比，特性截然不同的氢需要一种特殊的运行模式，由此，从初步研究中已经可以明显看出，除了减少 CO_2 排放外，减少其他污染物排放的潜力非常大。表 7.2 列出了所使用的单缸研究发动机的关键数据，图 7.34 给出了第一个结果。

表 7.2　单缸研究发动机的关键数据

行程	150mm
缸径	130mm
排量	1.991L
压缩比	11.8～18.5
峰值压力	200bar
增压压力	0～4bar（相对）

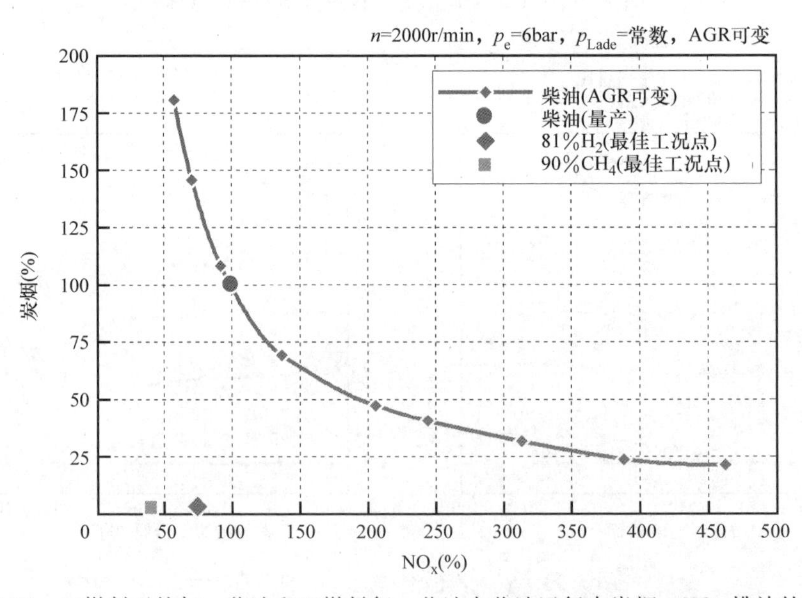

图 7.34　双燃料天然气-柴油和双燃料氢-柴油在柴油运行中炭烟-NO_x 排放的比较

与柴油机或天然气双燃料发动机的区别不仅在于混合气形成和燃烧，而且还显著地影响换气过程和气体动力学。当从单缸发动机研究中传递知识时，为了进行完整的发动机设计，预先进行换气过程模拟，以便能够将从试验研究中获得的知识尽可能地转移到完整发动机中。下面介绍的完美发动机测试车的应用和标定是在这种完整发动机（来自道依茨的设备）上进行的。完美发动机的关键数据列于表 7.3，完整发动机结构示意图如图 7.35 所示。

表 7.3 完美的发动机的关键数据

升程	136mm
缸径	110mm
排量	7.775L
压缩比	14～18.1
峰值压力	175bar
增压压力	0～2bar（相对）

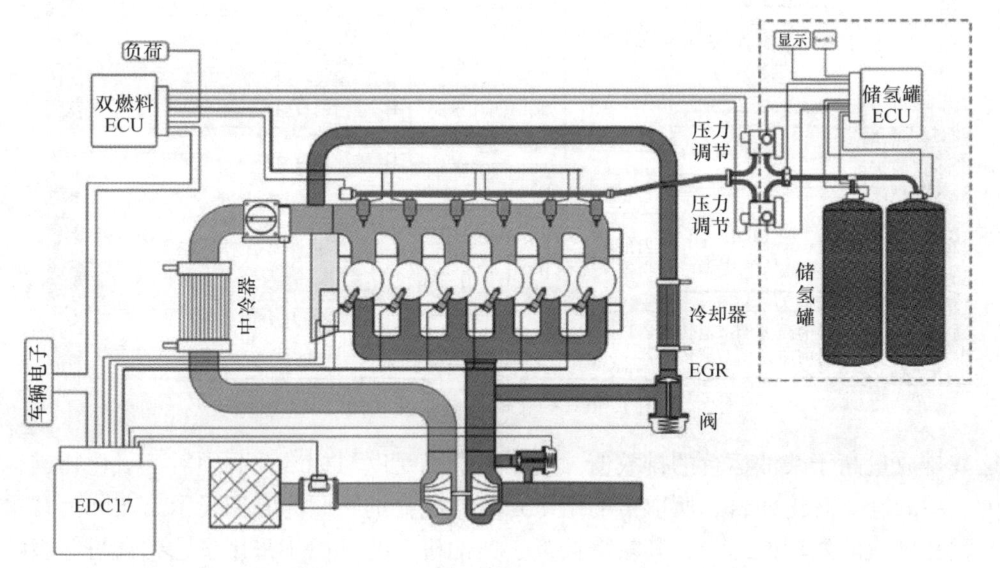

图 7.35 氢－柴油双燃料发动机的完整发动机结构示意图

为了能够尽可能高效地运行完整发动机，在样机控制单元中对所需功能进行编程。与原始的控制相结合，可在很宽的界限以及可变压力调节器中实现灵活的双燃料运行。简化的控制单元功能如图 7.36 所示。

通过对完美发动机和发动机控制的这种配置，现在可以确定氢的双燃料运行的运行特性和极限。不出所料，燃烧异常的趋势（例如爆燃和早火）限制了有代表性的全负荷。替换率在宽广的特性场范围内都很高，超过 90%，朝全负荷方向会降低。在全负荷下，超过 15bar 的有效平均压力明显是很高的，而替代率仍达到约 70%，在标称功率点处的替代率仅略高于 60%，见图 7.37。

在考虑排放特性时，首先，可以确定在中等负荷范围内可预期的颗粒排放减少量，其幅度相当大，可以注意到最多减少 97%。作为可能无法立即预期到的特殊性，可以说即使在高负荷下，柴油的能量比例达到 60% 时，排放也可以至少减少 90%。

在低负荷和中等负荷以及低速和中速范围内的原始 NO_x 排放在某些情况下明显低于柴油运行，在平均压力高于约 8bar 的负荷范围内，由于柴油比例相对较高，

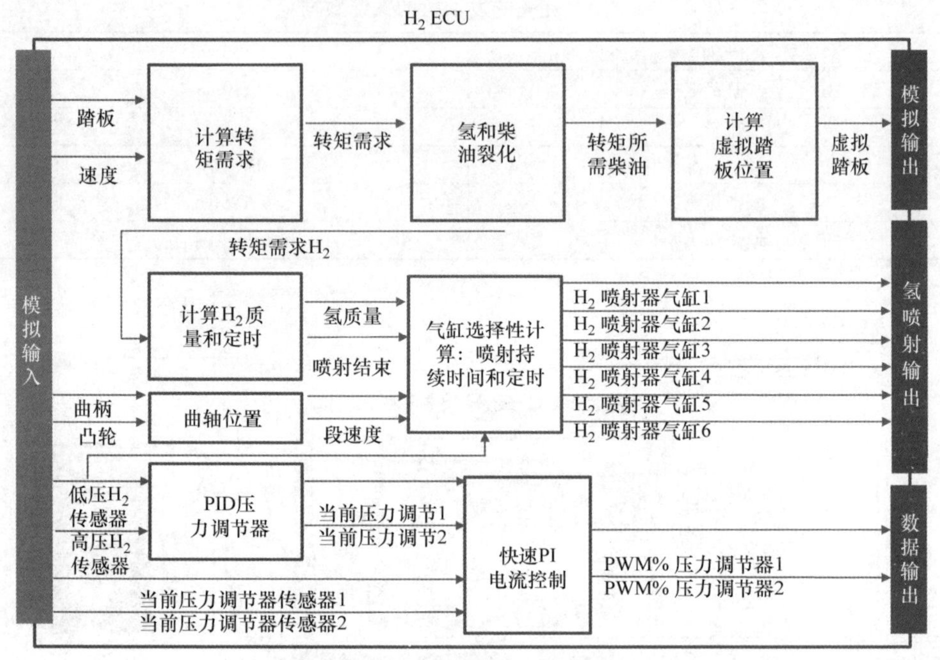

图 7.36　简化的控制单元功能

这些排放量高于柴油运行的排放值。为了确保满足欧Ⅵ标准，必须对氮氧化物进行废气后处理。总体而言，所取得的结果是令人欣喜的，因为它们显示出实际上几乎零颗粒排放的发动机运行，其效率接近于柴油机，并且由于采用了达到欧Ⅵ等级的 NO_x 废气后处理技术，就可以以极低的 CO_2 排放量运行。

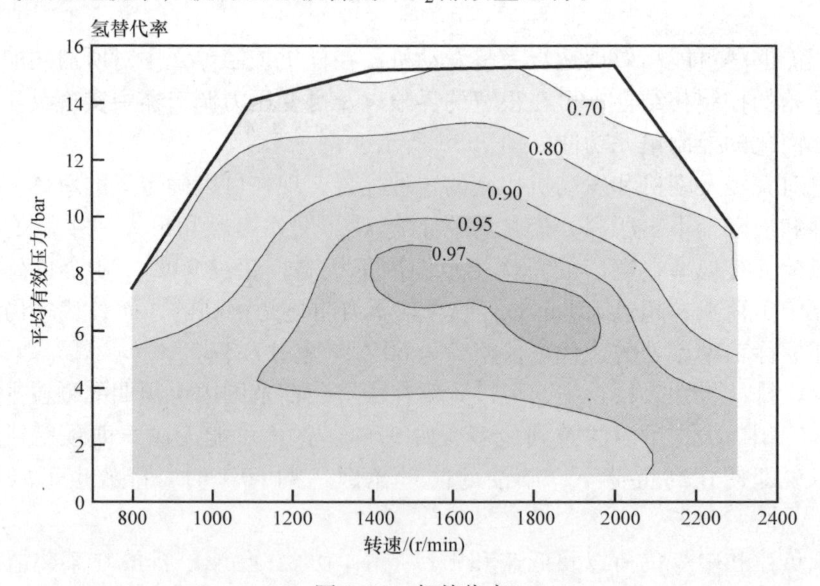

图 7.37　氢替代率

7.6 使用氢和甲烷混合气的运行

氢作为气态能源，与甲烷有许多相似之处，可以与之以任意比例混合。甲烷和氢的混合气在基础设施、存储和应用方面有一系列优势。在全球范围内开展的项目中，对各种混合比的氢-甲烷混合气（也称为HCNG、H_2NG或H_2CH_4）在内燃机中进行了稳态试验，在汽车应用中进行了测试。

在下文中，概念H_2NG用于所有可能的氢-甲烷混合气的应用，其中氢的含量以体积分数表示，H_2NG20表示20%（体积分数）的氢和80%（体积分数）的甲烷的混合气。

为了利用氢和甲烷这两种气态燃料之间的协同效应，正在研究和使用这些气体的混合气，它们具有以下优点：

1）氢混合比中碳化合物排放按比例减少。

2）通过利用H_2的较宽的点火界限，以高的过量空气系数进行稀薄燃烧以减少NO_x并提高效率。

3）通过利用H_2的高的燃烧速度来加速燃烧并因此提高效率。

4）CH_4的更高能量密度，具有续驶里程的优势。

5）与车辆中的气体引导设备（压力储罐、管路、阀门等）和基础设施（管网）协同性。

6）在消费者特性和基础设施方面从CH_4到H_2的桥接功能。

7）可能逐步引入再生H_2。

（1）天然气

德国的天然气品质由德国天然气和水专业协会的指导方针DVGW G260来控制，在奥地利则有奥地利燃气和水专业协会内容基本相同的ÖVGWG31指导方针。这些指导方针定义了在该国家/地区送气进管网所需的天然气质量要求。在标准草案DIN 51642中规定了天然气作为车辆燃料的要求，在奥地利，适用的燃料条例（《联邦法律公报》第417/2004号）中的《机动车法KFG1967》规定了气态燃料的规范。就天然气而言，可以分为H燃气和L燃气。标准草案DIN 51642规定，根据天然气的能量含量，H燃气是具有至少46MJ/kg热值的天然气，L燃气是具有至少39MJ/kg热值的天然气。德国提供两种天然气。H燃气和L燃气均适合用作车辆的燃料。奥地利仅销售H燃气，它必须包含至少96%（体积分数）的甲烷。因此，天然气的特性在很大程度上与甲烷的特性相对应。

（2）沼气

沼气可通过生物质的发酵或气化（热解）和/或废物的可生物降解部分来获得。可能的来源是农业的动物废物、农作物以及来自工业的生物废物和城市废物。根据工艺和原料，未经处理的沼气包含不同比例的不同气体成分。厌氧发酵主要产生甲烷（40%～80%）和二氧化碳（14%～55%），次要成分是氮（最高达到20%）、氧（最高达到2%）、氢（最高达到1%）和杂质（例如硫化氢，氨和氟氯化碳）。热解过程中未处理的沼气包含约2%～15%（体积分数）的甲烷，除了主要成分一氧化碳（18%～44%）外，还包含氮、二氧化碳和氢（4%～46%）。未经处理的沼气的燃烧值（高热值）对于发酵沼气为6～9.3kW·h/Nm³，对于热解流程的沼气则为3～4kW·h/Nm³。奥地利在ÖVGWG33中给出了可再生燃气的指导方针，德国是在DVGW G262中给出。来自沼气、矿井瓦斯或污水中的气体的甲烷和氢的混合气的燃烧对于稳定运行的发动机利用产热来发电显得尤为重要。除了沼气在内燃机中直接燃烧外，还可以在进行相应的处理后将其输入现有的天然气管网中。在奥地利，如果天然气的特性能满足ÖVGW G31所规定的要求，并且所供给的沼气的甲烷含量至少为96%（体积分数），则可以进行供给。如果根据上述条件处理沼气，则也称为生物甲烷。这可以直接从沼气生产商处获得，并用于天然气汽车。由于处理后的沼气（生物甲烷）具有天然气的质量，因此与天然气没有区别，其与氢的混合气也称为H_2NG。与天然气相反，沼气能以碳中和的方式生产。

（3）混合气

在正常条件下为气态的两种燃料（甲烷和氢气）以各种混合比均匀混合，并可以一起存储在压力容器中。适用于氢的材料也可用于甲烷和所有的混合气。

图7.38显示了两种燃烧气体在压缩和液化状态下能量密度的变化曲线随对数压力变化的比较。

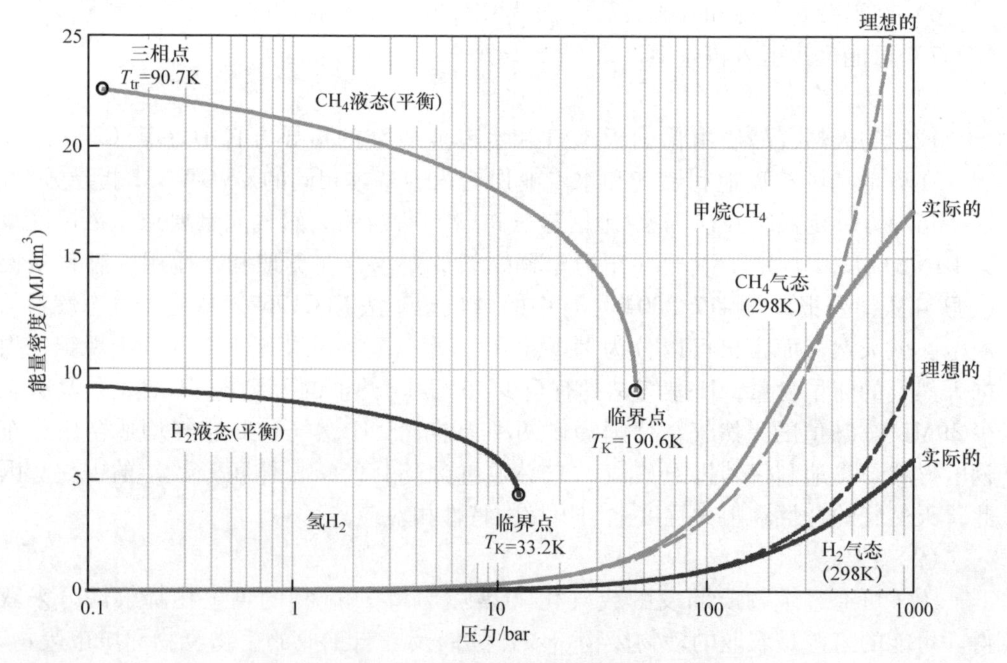

图7.38 氢和甲烷的能量密度

确定25℃时的压缩气体的值时要考虑实际气体特性，虚线对应于理想气体的特性。在高压下，不能忽略实际的气体特性。值得注意的是，高达约300bar的甲烷的实际气体因子（ρ_{ideal}/ρ_{real}比例）的值小于1，然后急剧上升，而氢在所考虑区域中的值始终大于1。为了完整起见，液相的能量密度也展示在图表中。如果要在船舶上运输大量甲烷时，应考虑甲烷的液化。

可以根据所需的混合比确定气体的分压，将具有相应分压的气体填充到压力容器中，然后将第二种气体填充至总压力，从而将两种气体静态混合。可以使用文丘里喷嘴或流量调节器实现两种气流的动态混合，但这需要一定数量的设备。由于在灌装过程中会产生强烈的湍流，因此可以假定这两种气体会在压力罐中立即均匀混合。由于高度的扩散趋势，排除了由于重力作用而产生的偏析。对于静置气体，扩散方程的维度分析表明，在特征直径为30cm的圆柱体中，氢和甲烷混合的时间常数约为1000s。只有在非常低的温度下，由于密度的差异，分子的热运动才有可能不再足以抵消由于密度差异而导致的偏析。同样，将温度降低到气体成分的沸点，会使它作为液相分离出来，这意味着发生了偏析。然而，压力储罐系统无法达到这样的温度范围。

（4）能量密度

通过H_2NG混合气中的甲烷含量，纯氢的体积能量密度低的缺点可以部分地得到弥补。适用于一种理想气体混合气的比重量的热值和比体积的热值为：

$$H_{u,vol} = \sum v_i H_{u,voli} \qquad H_{u,gr} = \sum \mu_i H_{u,gri}$$

表7.4列出了在350bar和25℃的容积为100L的储罐中不同的氢-甲烷混合气的分压、质量和能量含量。

比较理想气体混合气的质量和能量含量的值与考虑实际气体的值表明，偏差主要是氢的含量，见图7.38。实际值是在简化假设下确定的，即相应的实际气体因子单独应用于每个组分，而不考虑相互影响。

表7.4 在350bar和25℃的储罐中的分压、质量和能量含量

	CH_4	H_2NG10	H_2NG15	H_2NG30	H_2NG50	H_2NG80	H_2
H_2（%）体积分数	0	10	15	30	50	80	100
p_{H_2}/bar	0	35	52.5	105	175	280	350
p_{CH_4}/bar	350	315	297.5	245 1	75	70	0
m_{idealH_2}/kg	0.00	0.28	0.43	0.85	1.42	2.28	2.85
$m_{idealCH_4}$/kg	22.65	20.38	19.25	15.85	11.32	4.53	0.00
$H_{u\ ideal}$/(MJ/kg)	50.0	51.0	51.5	53.6	57.8	73.4	120.0
$H_{u\ ideal}$/(MJ/0.1m^3)	1132	1053	1013	895	737	500	341
$m_{real\ H_2}$/kg	0.00	0.22	0.33	0.66	1.11	1.75	2.19
$m_{real\ CH_4}$/kg	20.94	18.85	17.80	14.66	10.47	4.19	0.00
$H_{u\ real}$/(MJ/kg)	50.0	50.8	51.3	53.0	56.6	70.7	120
$H_{u\ real}$/(MJ/0.1m^3)	1047	969	929	812	655	420	263

(5) 能量流量和沃贝指数

为了将燃料喷射到发动机中，并且也为了使燃气燃烧，以及通常出于安全性原因，燃烧气体以多快速度流过开口横截面以及输送多少能量显得很重要。

如果气体静压与背压之间的压力比超过一个临界值，则燃气以声速从横截面流出。该临界值取决于等熵指数，对于许多气体，该临界值约为2。由于其较高的存储压力，因此气体通常以声速从开口中流出。假设理想的气体特性，声速 a 为:

$$a = \sqrt{\kappa \frac{R_M}{M} T} = \sqrt{\kappa p v}$$

式中，κ 为等熵指数，即比热容的比值，$\kappa = c_p/c_v$；R_M 为摩尔气体常数；$R_M = 8314.472 J/kmolK$；M 为摩尔质量（kg/kmol）；T 为温度（K）；p 为压力（Pa）；v 为比体积（m^3/kg）$v = 1/\rho$。

单位时间从横截面出现的质量对应于密度 ρ、声速 a 和横截面 A 的乘积:

$$\dot{m} = \rho a A$$

尽管不能超过临界速度，但是由于密度的增加而引起压力增加时，通过横截面的质量流量也增加。如果质量流量乘以比重量热值 H_u，则可以获得时间单位流出的能量:

$$\dot{E} = H_u \dot{m}$$

联立上述关系式，可得:

$$\dot{E} = \rho \sqrt{\frac{\kappa p}{\rho}} A H_u$$

表7.5列出了在1bar的压力下，氢和甲烷的相关物性参数：摩尔质量、密度、定熵指数、25℃时的声速和比重量热值。

表7.5　氢气和甲烷能量参数值

气体	M/(kg/kmol)	ρ/(kg/m³)	κ	a/(ms)	H_u/(MJ/kg)
氢 H_2	2.016	0.08	1.405	1315	120
甲烷 CH_4	16.04	0.64	1.306	449	50

由于较低的摩尔质量，氢的声速几乎是甲烷的3倍。氢的密度几乎比甲烷的密度低一个数量级，因此氢在声速下的质量流量大大降低。然而，由于高的比重量热值，这种差异几乎被抵消了，因此对于具有相同气压的氢和甲烷，通过相同横截面开口的能量流量几乎相同。

通过一个横截面的一种气体能量流量由根据DIN 51857定义的沃贝指数 W_o 来表征，该指数等于正常条件下的比体积热值和燃气与空气的相对密度的平方根所组成。与热值一样，根据是否包含废气中水的冷凝热，沃贝指数的下限值和上限值也有所区别。

$$W_o = \frac{H_{vol}}{\sqrt{d}}, d = \frac{\rho_{Gas}}{\rho_{Luft}}$$

式中，W_o 是沃贝指数（MJ/Nm^3）；$H_{vol}=\rho H_{gr}$，是燃烧气体的比体积热值（MJ/Nm^3）；$T=0$℃、$p=1.013$bar 时，空气密度 $\rho_{Luft}=1.2929$kg/m^3；d 是相对密度；ρ_{Gas}是燃气的密度（kg/m^3）；ρ_{Luft}是空气的密度（kg/m^3）。

根据上面得出的关系，如果忽略不同的等熵指数的影响，则具有相同气压、开口横截面的两种气体，在相同的沃贝指数下，在临界流出时给出相同的能量流量。表7.6列出了甲烷、奥地利标准天然气、各种 H_2NG 混合气和氢的沃贝指数（上限）。

甲烷和氢大致相同的沃贝指数值意味着在发动机的应用中，天然气喷射器也可以用于氢，以实现相同的能量流量，而不必大幅度地改变开口横截面或打开的持续时间。然而，设计和使用的材料是否适合于氢，仍有待检验。

表7.6 比体积热值和沃贝指数

	CH_4	天然气（奥地利标准）	H_2NG15	H_2NG30	H_2NG50	H_2NG80	H_2
$H_{o\ vol}$/(MJ/Nm^3)	39.91	39.86	35.38	31.76	26.33	18.18	12.75
W_o/(MJ/Nm^3)	54.00	53.01	52.01	50.02	47.48	44.87	48.66

注：$T=0$℃，$p=1.013$bar，空气密度 $\rho_{Luft}=1.2929$kg/m^3。

（6）减少 CO_2排放的潜力

H_2NG 混合气的主要优点是氢含量越高，燃料混合气的 C/H 比越低，温室效应的 CO_2排放也越少。可以根据理想的燃烧方程式估算降低 CO_2排放的潜力。对于甲烷和氢，有

$$CH_4+2O_2 \rightarrow CO_2+2H_2O$$

$$H_2+\frac{1}{2}O_2 \rightarrow H_2O$$

燃烧1mol 的 CH_4时，会产生1mol 的 CO_2，相当于1kg CH_4产生2.75kgCO_2，或当热值为13.9kW·h/kg（50MJ/kg）时排放约为200g CO_2/kW·h，这意味着与汽油和柴油相比，排放减少了25%以上。热值为120MJ/kg 的氢不会产生 CO_2。增加氢的含量（以体积分数计）会相应地减少 CO_2生成量。

7.6.1 对燃烧的影响

向天然气中添加氢会影响燃烧的特性，例如点火界限、点火能量、点火延迟和火焰传播速度，从而影响燃烧涉及的发动机参数，例如点火时刻、燃烧持续期、排放和效率。相关文献中详细描述了不同成分的 H_2NG 对内燃机运行特性的影响，最重要方面总结如下。

（1）火焰传播速度和燃烧持续期

甲烷在1.013bar、$\lambda=1$ 的空气中的层流火焰速度约为40cm/s。氢在相同的边界条件下的层流火焰传播速度明显更快，达到230cm/s 以上。

发动机中为湍流燃烧，其中，湍流的火焰速度是以层流火焰速度为基础建模的。氢的加入可显著地提高火焰速度并缩短燃烧持续期。

图7.39表明，在$\lambda=1$的情况下，H_2NG混合气计算得到的层流火焰速度在氢含量为7%（体积分数）的范围内最小，而在氢含量约为15%（体积分数）起，燃烧速度显著提高。该图还显示了随着H_2NG混合气中氢的体积和能量占比的增加，比体积热值也会降低。

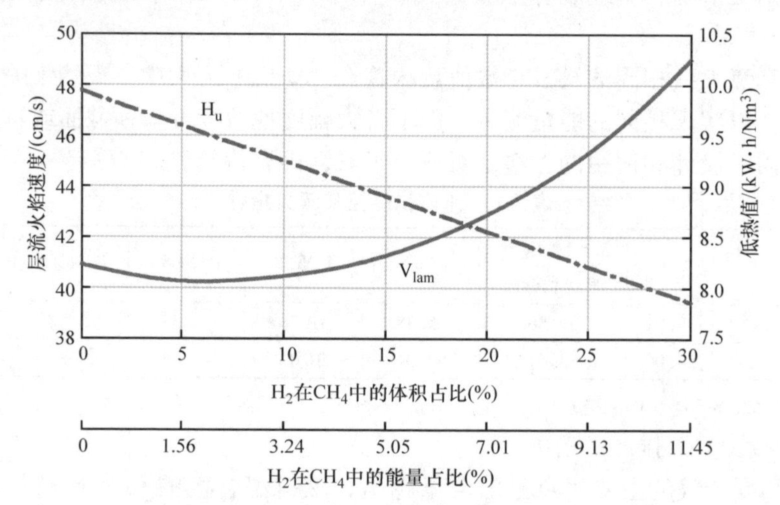

图7.39　H_2NG混合气的层流火焰速度和比体积低热值H_u

火焰传播速度在$\lambda=0.8\sim0.9$时达到最大值，因为反应物相互接触的可能性最大，所以在该区域燃烧持续期最短。在稀薄燃烧情况下，燃烧持续期随着过量空气系数的增加而增加，在相同过量空气系数的情况下，燃烧持续期随着氢含量的增加而减少。压力升高会导致火焰加速。各种化学计算模型用于模拟计算火焰传播速度，其复杂度取决于所考虑的物种的数量。

较高的火焰传播速度会导致快速燃烧并促进燃烧的稳定性，特别是混合气稀薄燃烧时。快速燃烧有益于提高效率，但是由于高压和高温，在噪声污染、氮氧化物形成以及壁热损失方面存在缺点。

（2）点火界限和点火能量

空气中甲烷的点火下限和上限为4.4%（体积分数）和15%（体积分数）（$\lambda=2.0$和$\lambda=0.6$），而空气中氢的点火下限和上限为4%（体积分数）和76%（体积分数）（$\lambda=10.0$和$\lambda=0.13$），甲烷的最小点火能量为0.29mJ，氢为0.017mJ，见表7.1。

加入氢会拓宽甲烷的点火界限，为了实现显著的扩展，要求氢的比例至少为20%～30%（体积分数）。

只有在非常稀薄的混合气中将必要的点火能量保持在极限范围内，才能充分利用宽的点火界限的优势。与其他气体相比，氢在较宽的浓度范围内的点火能量非常低，从而确保了这一点，见图7.40（对数纵坐标）。

点火界限的拓宽为负荷调节和发动机的稀燃方面带来更大的灵活性。与拓宽的点火界限相联系的快速燃烧的主要优点在于稀薄燃烧的可能性，即提高过量空气系数。一方面导致温度水平的显著降低，因此氮氧化物的排放明显减少；另一方面，发动机可以以质调节的方式工作，从而提高了效率。

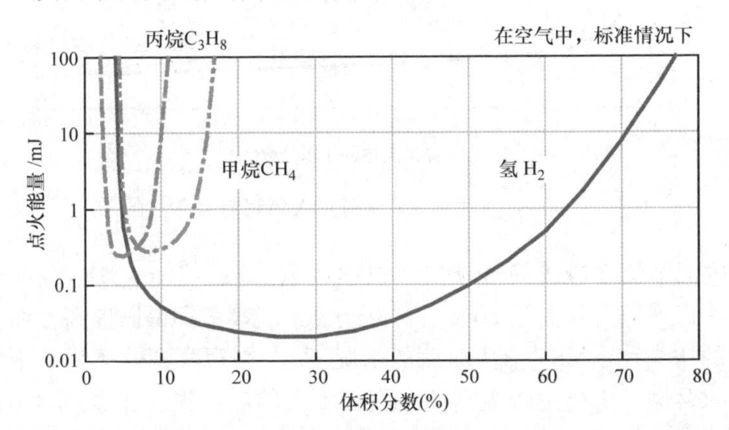

图7.40　空气中各种燃气的点火能量

（3）点火延迟和点火时刻

点火延迟和点火时刻对发动机功率、效率和排放有重大的影响。较短的点火延迟和较早的点火时刻会导致较早的燃烧，这意味着良好的热力学效率、较高的压力和温度，然而，也会有较高的热损失和 NO_x 排放。能量转换的最佳重心应为上止点后6°~10°KW。将氢加入甲烷中可大大缩短点火延迟。图7.41显示了在温度1000K和压力10bar时点火延迟与氢含量和过量空气系数的关系的模拟结果。该图显示，添加氢的比例会大大地减小点火延迟，氢的比例为5%（体积分数）时，点火延迟已缩短了50%以上。稀薄混合气的点火延迟将增大。Chemkin软件用于计算点火延迟，对于不同的氢浓度，通过输入不同的O_2、N_2、H_2和CH_4的摩尔比，也可以确定不同压力和温度下的点火延迟。

除了更短的点火延迟外，加入氢还加速了如上所述的燃烧，更早达到峰值压力。MBT（最大制动转矩，Maximum Brake Torque）点火时刻是在给定的边界条件（过量空气系数、转速、节气门位置等）下达到最大转矩的点火时刻。为了达到最佳效率，在相同的过量空气系数的情况下，随着氢含量的增加，点火时刻向“延迟”推移。氢－甲烷混合气的稀燃会导致燃烧减慢，必须再次将MBT点火时刻向前调整。

（4）效率

由于氢含量的增加而拓宽的点火界限，使得质调节成为可能，其可以通过在较

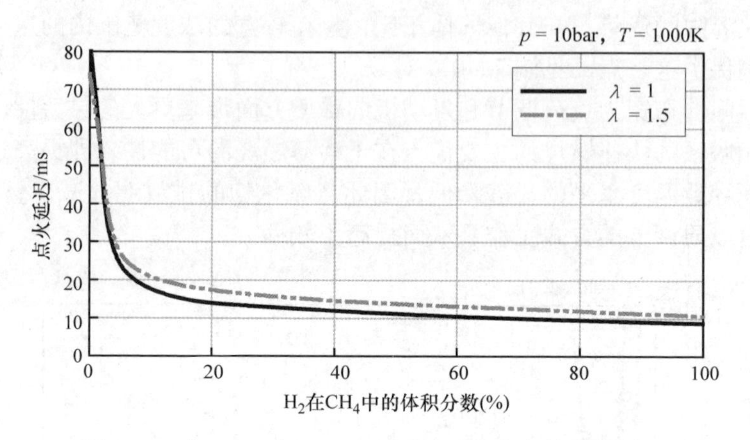

图 7.41　在 $\lambda=1$ 和 $\lambda=1.5$ 时点火延迟与氢含量的关系

低负荷范围内无节流来减少换气损失。根据文献［71，315，318］，在中等负荷到高负荷下，一直到氢含量高达 20%（体积分数），效率都得以提高，而氢含量再提高（在相同的压缩比、MBT 点火时刻的情况下），则观察到效率显著下降。这归因于越来越快的燃烧，由此出现更高的温度和更大的热损失。随着氢含量的增加，最高效率将转移到更低的负荷区。

不管氢的含量如何，更高的压缩比可以实现更高的效率。甲烷具有非常高的抗爆性，可实现高效率、高压缩比。但是，随着氢含量的增加，爆燃的趋势会增加（在恒定的点火时刻）。通过延迟点火时刻可以降低爆燃趋势，但反过来，这又会导致效率的降低。

（5）燃烧异常和功率潜力

在外部混合气形成的情况下，会由于燃烧异常（如早火和回火）而导致低混合气热值，使得在纯氢运行下最大可达到的负荷（最小过量空气系数 λ_{min}）受到了限制。如上所述，回火是进气门关闭之前新鲜燃料/空气混合气不期望的点火，早火是进气门关闭之后、但在导入的点火之前对新鲜燃料/空气混合气的不期望的点火。其中要区分的是爆燃，爆燃是突然自燃和通过火花塞点火后、火焰前锋面尚未达到的终燃气体（在燃烧室中尚未燃烧的燃料/空气混合气）的类似爆炸的燃烧。

在文献［318］中给出了专为汽油运行设计的燃烧过程的最低可达到的过量空气系数的数量级，在无燃烧异常的纯氢运行时的最低过量空气系数为 $\lambda_{min}=1.5$。对于 H_2NG 混合气，此限制仅适用于氢的含量超过约 80%（体积分数）。通过发动机控制的匹配，还可以降低过量空气系数。

一台发动机的功率潜力取决于充气效率、有效效率和混合气热值。由于氢的低密度和燃烧异常的局限，在外部混合气形成（GB）、$\lambda=1.5$ 时纯氢的混合气热值比化学当量比汽油的热值低 39%。表 7.7 比较了各种 H_2NG 混合气和纯甲烷与外部混合气形成的汽油（ =100%）的热值。可以看出，通过氢和天然气的混合，可以部分补偿混合气进气的发动机功率潜力的局限性。通过内部混合气形成，显著地减少了氢的功率劣势。补偿混合气的低热值的另一种可能性是使发动机增压。

表7.7　混合气热值的比较

	汽油 $\lambda=1$	CH_4 $\lambda=1$	H_2 $\lambda=1$	H_2 $\lambda=1.5$	H_2NG $\lambda=1$	
外部混合气形成	100%	−11.8%	−17.2%	−38.8%	15%（体积分数）H_2	−12.1%
					50%（体积分数）H_2	−13.1%
内部混合气形成	+1.8%	−2.6%	+17.5%	−21.7%	15%（体积分数）H_2	−1.8%
					50%（体积分数）H_2	+1.4%

（6）排放

1）氮氧化物 NO_x。它由发动机随空气吸入的氮在燃烧过程中非常高的温度下会分离出来，并与已存在的氧反应，氧化为 NO 和 NO_2。随着 H_2NG 混合气中氢含量的增加，燃烧速度加快，在相同的过量空气系数 λ 下，燃烧温度也会升高，这会导致 NO_x 排放量的增加。从过量空气系数 $\lambda>1.5$ 起，无论氢浓度如何，氮氧化物排放都很低，因为此时混合气稀薄，即使氢的比例较高，燃烧温度也低于 NO_x 形成阈值。

也可以通过废气再循环来增加工质中的惰性气体的比例以降低燃烧温度，从而降低 NO_x 原始排放。总之，NO_x 排放会随着氢含量的增加而增加，但是可以通过适当的内燃机机内措施，例如稀薄燃烧、废气再循环和延迟点火来实现相对更低的 NO_x 排放。

2）碳氢化合物 HC 和一氧化碳 CO。与纯天然气运行相比，添加氢可减少 HC 和 CO 的排放。这是由于随着氢含量的增加，减少了碳原子的供给，以及改善了燃烧条件。在 MBT 点火时刻，可以看到在 $\lambda=1.1$ 左右 HC 排放最少。但是在此过量空气系数下，NO_x 的排放也很高。这是由于在 $\lambda=1.1$ 时有足够的氧用于氧化，同时较高的燃烧温度会促进 NO_x 的形成。在稀薄混合气的情况下，虽然由于较低的燃烧温度而形成的 NO_x 较少，但由于较差的燃烧而产生了更高的 HC 排放。

7.6.2　运行策略

在文献［117］中指出，适用于天然气的发动机可以使用氢含量高达15%（体积分数）的 H_2NG 混合气，不需要改动便能安全运行。如果要使用更高的氢浓度，则必须采取相应的措施，并且发动机的控制必须进行匹配，以弥补任何功率上的劣势，并利用好效率和排放的潜力。

配备储罐系统、燃料管路和喷射阀的燃气汽车中燃料系统的基本结构与所使用的燃气无关，主要区别在于用于燃料引导的部件的材料。对于氢不超过30%（体积分数）的 H_2NG 混合气，可以参照文献［2］保持天然气发动机的部件不变。对于更高的氢浓度，所有与燃料接触的部件都必须针对氢的特定的属性进行设计，例如氢脆化、低润滑性能和高扩散性。因此，奥氏体不锈钢适合作为材料。

原则上，对于 H_2NG 车辆的运行，有以下几种可能的策略：

1）最佳氢含量。氢和甲烷可以存储在车上两个独立的储气罐中，并根据需要在车上混合。根据要求，可以选择最佳的 H_2NG 混合气以实现最小排放、最大效率或最大功率。由于部件和调节的成本高昂，因此该类型在本质上更具理论性质。

2）恒定氢含量。发动机和车辆针对一种确定的、不变的 H_2NG 混合气进行优化，例如使用15%（体积分数）的氢。此类型现已应用许多，在加注站必须确保相应混合比的供应。

3）可变氢含量。氢和甲烷以任何比例的混合气都填充到同一压力罐中。每次加注后，传感器都会检测混合比并将其报告给发动机控制单元。这激活了发动机控制单元相应的优化参数集。车辆可以使用差别很大的 H_2NG 混合气（氢从0%到100%），根据需要，可以填充纯氢、纯甲烷或任何比例的混合气。这种设计方案允许使用正在扩展中的天然气基础设施和在建的氢基础设施，并允许逐步适应燃料氢。下一节将介绍这种原型车的结构。

4）双燃料。在大多数情况下，在燃气驱动的车辆中也有常规的汽油燃料供应，这提供了双燃料模式的可能性，其中常规燃烧与气体供给相结合，这种组合可以通过稀薄运行来改进效率以及排放特性。

7.6.3 原型车的制造

为了说明和量化使用氢气和氢燃料和氢－天然气/生物甲烷混合气的车辆的优势，研究人员建造了一辆原型车。该项目选择一辆奔驰 E 200 NGT 作为基础车辆，见图7.42。这辆车原来可以使用汽油，也可以使用天然气。该试验研究车辆可采用双燃料汽油－天然气运行，还可以在同一储罐系统中与汽油、天然气、氢以及氢和天然气或生物甲烷的任何混合气进行多燃料运行。这款车辆是已获批准用于道路交通，并获得了世界上独一无二的单一许可的多燃料柔性运行的原型车。遗憾的是，没有制造商采用这个设计方案用于批量生产。

这种结构需要更改发动机，例如更换其他结构的喷油器、铝制进气管，尤其是发动机电控的适配性。车辆上的最重要的改变是根据符合道路批准的要求（例如储罐的气密封装），用压力储罐替换原始的压缩气瓶，以容纳350bar压力的氢、天然气或混合气。借助新型的电子燃气安全系统，可以在线监控燃气系统的储罐液位、消耗和密封性。

（1）发动机适应性

基础车辆的发动机为4缸直列发动机，排量为1796mL，具有机械增压和增压空气冷却功能。通过进气管中四个喷射器各自实现汽油以及天然气的混合气形成。发动机最重要的结构变化包括安装适合于氢运行的喷射器，以及用铝结构代替量产

图7.42 试验车

的塑料进气管。为了使发动机控制系统适合氢运行，需要对两个控制单元的参数进行全面更改。因此，必须将发动机从基础车辆上拆除并安装在稳态的发动机测试台上。最初用于奔驰 E 200 NGT 的双燃料发动机控制单元用于控制所有汽油和天然气功能，并完全集成到车辆和发动机电子设备中。除了用于汽油车辆的发动机控制单元（ECU ME）外，该双燃料车型中还使用了附加控制单元（CNG – Box）。驾驶员使用转向盘上的按钮在汽油和气体燃料之间切换。发动机可逐个气缸更换燃料，即每个气缸根据点火顺序进行单独切换，这样可以实现平稳的运行方式切换。

氢运行中的稳定性主要受到早火或进气管中回火趋势的限制。随着过量空气系数的降低，回火的趋势增加。氢有很宽的点火界限，期望进行稀燃运行，因为它限制了回火的趋势并提高了效率。为了避免在汽油运行和氢运行之间切换时转矩跳跃，要进行这样的标定：对于汽油运行和氢气运行下相同的加速踏板位置，输出的转矩也应相同。借助于气缸压力示功图，确定氢运行的点火时刻，以保证在离爆燃足够的距离的情况下获得最高的效率。

通过发动机控制单元的相应协调，可以在整个特性场范围内实现氢稳定的、质调节的运行，而不会影响汽油运行模式。汽油运行时，在 6000r/min 时可达到约 120kW 的最大输出功率，而氢运行时，在 5000r/min 时，发动机可实现约 70kW 的最大输出功率。这种功率上的劣势可以解释为更低的混合气热值和氢 – 空气混合气稀薄燃烧，这是确保避免早火或回火所需要的。在全负荷下，这里尤其是在高转速下，燃烧异常的条件最有利，因为燃烧室内的热部件和/或热残留气体会提前点燃混合气。

图 7.43 显示了氢运行中的过量空气系数特性场。全负荷时的最小的过量空气系数受燃烧异常的限制，最大过量空气系数受发动机控制的限制，在此，混合气过量空气系数不能超过 $\lambda = 2.5$。

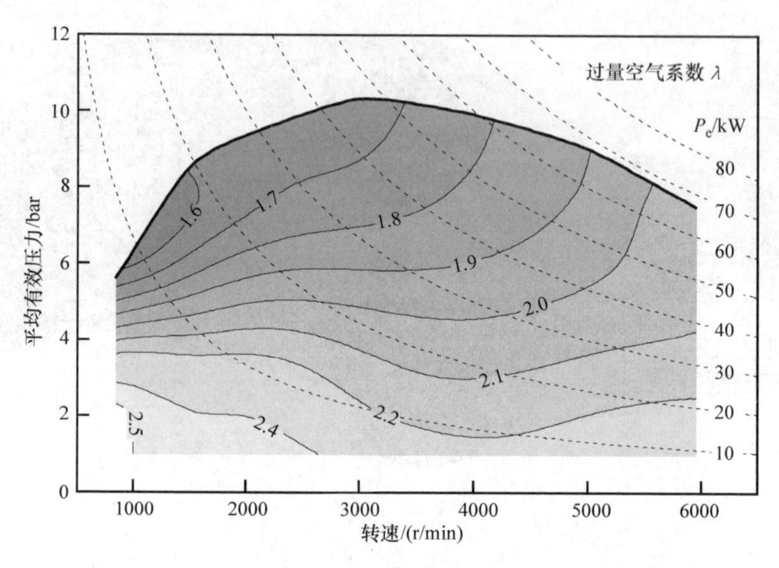

图 7.43　发动机特性场，过量空气系数 λ

通过质调节的运行，在部分负荷下，氢运行的效率具有优势。更高的过量空气系数导致热力学上更高的效率。较短的燃烧持续期有利于燃烧效率，但是随着上止点附近时的燃料转换，壁热损失增加。总体而言，在部分负荷下，氢运行比汽油运行效率最高可达 3%。由于此处使用的发动机是机械增压的，因此当负荷增加时，必须为压缩机提供更高的驱动功率，在平均压力高于 6bar 时，这会降低效率，在更高的负荷下，氢的效率与汽油相比，具有劣势。

在全负荷运行能力方面，具有外部混合气形成的氢内燃机运行受到限制，因此需要考虑通过向氢中添加天然气，从而降低回火趋势，由此实现更低的过量空气系数。借助于反应动力学计算并通过对混合气的不同点火能量需求的比较，估算了 H_2NG 的全负荷潜力，见图 7.44。结果表明，在 60%（体积分数）的氢与甲烷的混合气中（相当于约 20% 质量分数的氢），全负荷下按化学当量比运行应该是可能的。根据这种混合气的点火界限，可以在部分负荷范围内实现高达 $\lambda \approx 2.5$ 的稀薄运行。因此，这一特性场范围内的效率优势保持不变。在全负荷情况下，尽管采用化学当量比运行，由于更低的混合气热值，与汽油相比，预计功率会降低约 10%。

（2）车辆适应性

作为量产的车辆的天然气供应系统，一方面由于材料不兼容性，另一方面由于较低的工作压力（200bar）而部分需要更换，如更换喷嘴，并安装用于 350bar 氢的新的压力储罐，该压力储罐也适用于天然气和混合气。气密封装的储罐系统安装在行李舱中。专门开发了一种电子燃气安全性系统（ELGASS），用于持续监测燃气系统的功能和密封性。

由于相似的沃贝指数，天然气和氢具有相似的能量流量。因此，基本上相同的

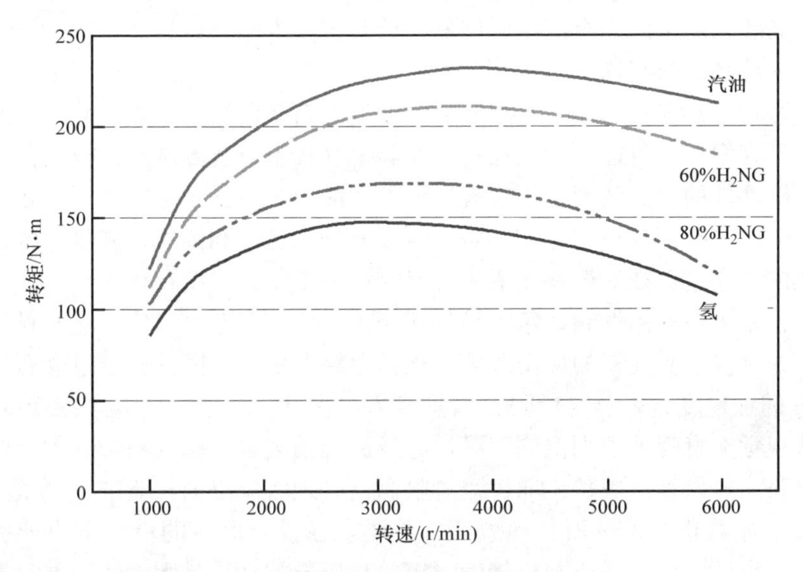

图 7.44 全负荷 H_2NG 混合气的潜力估算

喷射器可用于两种气体，而开口横截面或开启持续期不需要明显的改变。为了避免氢扩散和脆化，应使用合适的材料，例如奥氏体不锈钢。由于氢的润滑性差，存在喷嘴针在阀座上摩擦的风险。在 HyCentA 的一个试验台上，对各种类型的喷射器的内部和外部泄漏以及耐用性进行试验研究。如果喷射器关闭了但仍可检测到流量，则发生内部泄漏。外部泄漏是通过将气体与外部环境隔离的部件的泄漏所引起的。随着喷射器损伤的增加而引起流量特性的变化可表现为阀针在关闭状态下卡住，这意味着不再有气体喷入进气管。但是，阀针也可能在打开状态下卡住，这意味着燃气可能会连续流入进气管，并导致进气管出现不可控的、错误的点火。

供气系统的建造和安装是根据有关天然气和氢的各种指导方针进行的，例如 ÖVGWG95、VdTÜV 信息表 757、UN/ECE 第 110 号和第 115 号指导方针、第 79/2009 号欧盟法规（EG）和 UNECE 氢驱动汽车草案。安装在进气管中的喷射器通过自动的储罐阀、压力调节器和安全截止阀供气。为了防止在部件故障时出现不允许的高压，在每级压力调节器之后都有一个安全阀。1 型气瓶已作为量产件安装在行李舱中，用于以 200bar 的压力存储 18kg 的天然气以及相关的储罐阀门、管路等已被与氢兼容的组件所取代。安装了两个总容量为 68L 的 3 型压力储气罐（金属内胆，用碳纤维完全包裹），这意味着在 350bar 下可以存储约 1.7kg 的氢（相当于 56.6kW · h）。除了过滤器、压力传感器和温度传感器外，在储罐上还有一个自动截止阀、一个手动截止阀以及热力的和机械的安全装置。为了避免由于压力储气罐中的热负荷增加（例如发生火灾时）而导致不受控制的压力升高，在每个储气罐阀门上均装有保险装置。当达到某个确定的温度时，保险装置独立于其他的截止装置和安全装置，不可逆地打开一个排气口，以进行降压。在管路断裂的情况下，通过使用在储罐阀门上的一个流量限制器，可直接减少来自压力储气罐的气体流量。

燃料系统必须与车辆牢固地绑定，并且在正常运行时，必须确保承受预期的应力并保持密封。必须在 -20 ~ +70℃的温度范围内保证其功能性。此外，所使用的部件必须具有型式认可证书，或在机动车辆燃气技术设备测试站进行单独测试。所有燃料系统部件的固定装置均不得有任何锋利的边缘，并且必须采用防止腐蚀的中间层。车辆内部必须以气密方式密封，可以充分地送气和抽气，并且导气部件的连接点要从内部穿过。在双燃料车辆中，只能有一个燃料系统在运行。

安装在车辆中的储气罐，每个储气罐至少有两个支架，以便防止机械的或其他的损害，并且仅承受允许的冲击载荷。根据车辆类别，紧固件必须承受行驶方向上 6.6 ~ 20g 的加速度，以及与行驶方向垂直方向上 5 ~ 8g 的加速度。必须制造出一种能够从视觉上直观地识别出储气罐位移或旋转的装置。储气罐和支架之间必须附有弹性材料。如果管道破裂，通过流量限制器必须将流出的气流减少到最大可能气流的 1/10。主截止装置必须自动激活，并要求在没有电流的情况下也能关闭。连接管线可以设计为管道式或高压软管。钢制高压导管必须是无缝的，并且符合压力容器条例。管道必须完全固定，以免自身振动而产生摩擦点。

根据氢运行车辆的规定，氢的引导部件必须确保泄漏的氢不会堆积在密闭空间内形成爆炸性的气体。乘员舱必须与氢系统隔离。如果从一开始就将车辆设计为用于燃气运行，则最好将燃气引导部件安装在向外开放的底盘中。如果在行李舱中有像储气罐和管路等引导部件，则必须使用氢探测器对其进行监测，并提供强制通风，或将引导部件封装在一个受监控的、向外部通风的气密外壳中。

借助于专门开发的电子燃气安全系统 ELGASS，可以显示和监视车辆以及其他应用（诸如燃气灶或燃气加热系统）中的燃气供应系统的状态。ELGASS 由传感器（压力、温度、氢浓度等）、执行器（例如电磁阀）、ELGASS 控制单元和一个交互式显示单元组成，见图 7.45。可以根据需要集成其他的输入和输出设备（外部设备，例如强制通风）。

（3）测试车辆上的 ELGASS

ELGASS 可实现测试车辆的供气系统的显示和监视功能，具体包括：实时测量数据采集和处理；储气罐的精确液位计算；通过多种方式进行泄漏监控；燃气/汽油运行之间的切换；必要时启动紧急措施 ；系统状态的可视化；交互式电子日志。

ELGASS 接收压力和温度传感器、5 个氢探测器的信号，并通过 CAN 总线与车辆的控制单元通信。

储罐中的当前燃气质量 m_T 是根据考虑了实际气体系数 Z（p_T，T_T）的状态方程式由压力 p_T 和温度 T_T 的测量值在电控单元中计算得出，并用于精确显示液位。取决于压力和温度的实际气体系数可以在文献［258］中找到，并以表格形式存储在控制单元中。

在车辆的仪表板上安装了 8in 的 TFT 触摸屏，在触摸屏上能可视化地显示系统

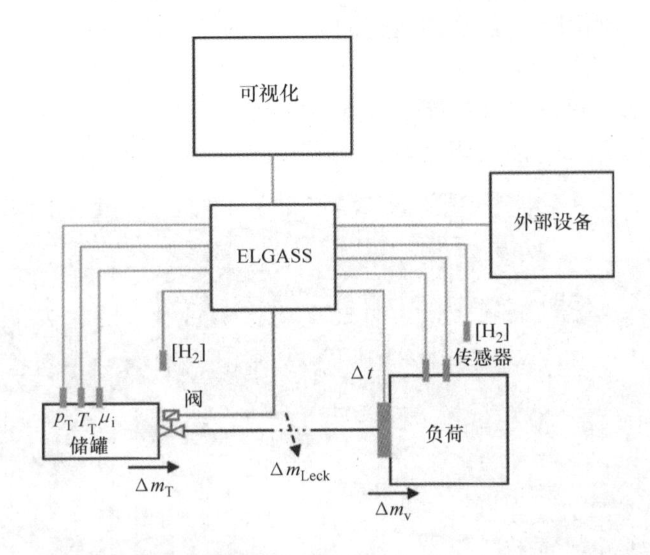

图7.45　ELGASS电子燃气安全系统示意图

状态和所采集的数据以及调用电子日志，见图7.46a。燃气供应系统的最重要信息，例如氢检测器的状态（绿色/红色）、系统状态、运行模式，压力储气罐液位和当前氢的消耗量，可以在ELGASS主菜单上显示，见图7.46b。可以通过在子菜单中的相应按钮来调用有关燃气系统和车辆的其他数据。当前的测量数据和计算数据（例如压力储气罐中的压力和温度、抽气量和耗气量）的变化过程可以显示在的电子日志时间轴上。为了方便可视化和交互，所有数据都从ELGASS控制单元传输到与触摸屏相连的车载PC上。

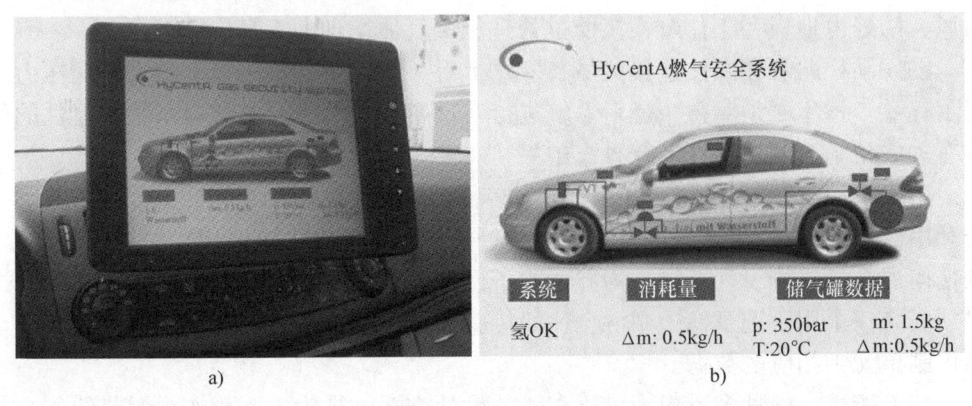

图7.46　ELGASS的触摸屏和主菜单

（4）许可证

导气部件的安装和整个系统都要符合欧盟关于机动车辆供气系统的规定。在HyCentA对其进行了如前所述的压力测试并记录。根据奥地利TÜV的评估，通过州政府授予该车辆用于一般道路运行的无限制的一次性许可。它是在奥地利唯一批准用于道路运行的氢动力汽车，它已于2009年11月4日展示给媒体，见图7.47。在HyCentA，氢通过电解（电能来自水力发电）产生，而没有CO_2排放，因此，测试车实现了零排放CO_2的氢能交通。

图7.47 在HyCentA的HYCAR 1

只能由专业公司实施燃料系统的维修和保养。对这些专业公司的要求包括：带爆炸格栅的通风室；燃气浓度为20% UEG的报警传感器；报警传感器响应时强制通风；防静电地板和工作鞋；接受过处理相关气体培训的人员。

在发动机舱和在灌注连接区域，应贴上有关所使用的燃气及其最大存储压力的提示标签。每年必须对整个燃料系统进行一次密封性检查，与燃料系统重复性的检查有关的记录必须保存在运行日志中。

由于资源有限，试验车最初计划在汽油运行和纯氢运行之间切换。为了能够充分利用已确定的氢/天然气混合气的潜力，下一步是针对同一储罐中的氢和天然气的任何混合气成分设计车辆。为此，除了已经进行的发动机和车辆的适配之外，还必须安装一个用于记录储罐中混合比的传感器。根据其组成，该传感器会激活发动机控制单元中相应的数据。

如上所述，一种多燃料内燃机车辆的设计方案被视为引入氢作为燃料的一个有前途的桥接方案，也可以使用现有的天然气基础设施并以合理的成本在短时间内大规模实施。

第8章 其他应用

迄今为止讨论的氢在能源技术和运输技术中的应用主要处于开发阶段，目前仅占全球使用量的百分之几。在哈伯－博世（Haber－Bosch）工艺中，目前工业上使用的氢中约有一半用于生产氨，氨被用作生产氮肥的原料。氢的另外四分之一是在炼油工艺中，用于加工原油，特别是用于加氢精制和加氢裂化。氢和一氧化碳（合成气）也成为采用费舍尔－特罗普施（Fischer－Tropsch）工艺从天然气、生物质或煤炭中生产液态燃料以及生产甲醇的原料。氢还可以应用于半导体工业、分析化学、食品化学、水处理和冶金。此外，氢在代谢过程中起着重要作用。表8.1概述了氢的这些应用领域。

表8.1 氢的应用领域

化学和炼制	哈伯－博世（Haber－Bosch）工艺（氨生产） 加氢精制 加氢裂化 费舍尔－特罗普施工艺 甲醇生产 半导体工业 分析化学 食品化学 水处理 冷藏
冶金	金属的还原和处理 焊接和切割
航空和航天	火箭推进 涡轮燃料
新陈代谢	三磷酸腺苷（ATP）的合成

8.1 哈伯－博世工艺

氨是化肥生产中最重要的物质，哈伯－博世工艺可以用于大批量生产氨。哈伯－博世工艺由德国化学家弗里茨·哈伯（Fritz Haber，1868—1934）和工程师卡尔·博世（Carl Bosch，1874—1940）于1905—1913年开发的。

在这个方法中，根据以下反应方程式，借助于基本元素氮和氢合成氨：

$$N_2 + 3H_2 \leftrightarrow 2NH_3 \qquad \Delta_R H = -92\,\mathrm{kJ/mol}$$

经过多年的研究，哈伯和博世发现，在以下条件下，平衡反应时可实现最大的氨产量：500℃的温度；450bar 的高压；原材料的体积比例为氮∶氢 =3∶1（富氮）；存在加速反应的催化剂。

在非常高的压力下，平衡向右移动，产量增加。但是，根据勒·夏特利埃（Le Chatelier）原理，高温又会降低产量。因此，人们选择一条中间路线，并使用能加快反应速度的催化剂。哈伯 - 博世系统的示意图如图 8.1 所示。

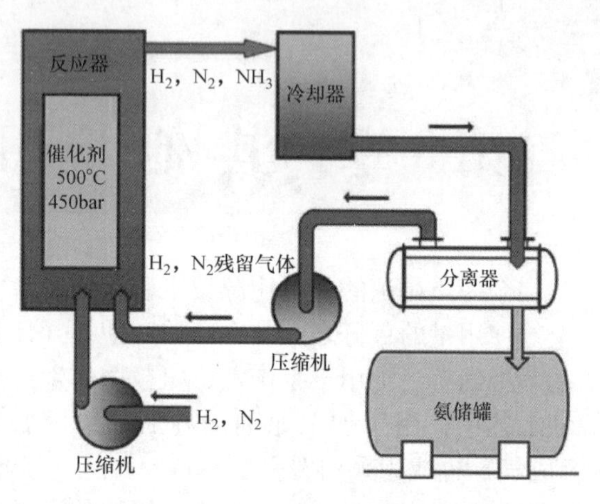

图 8.1　哈伯 - 博世系统中的氨合成

氮和氢的气态混合物在一台压缩机中被压缩到 450bar。在一个气体纯化器中去掉气体混合物中不希望存在的杂质，例如硫化合物或一氧化碳。在接触炉中，根据上述反应方程式发生实际反应。将气体混合物在圆柱形的耐压反应管中在 450bar 下加热至 500℃。其中，气体混合物流过涂有催化剂的表面并反应形成氨气。催化剂由氧化铁和氧化铝的混合物组成。反应管的外部用耐压钢加固，内部不能使用钢，因为氢会与钢中的碳发生反应，因此，内管由低碳的铁制成。仍然很热的氨气在冷却器中冷却。在分离器中，氨气与未反应的起始产物（氢和氮）分离。在接触炉中，尽管有优化的反应条件，但只有约 15% 的原料转化为氨。未转化的残留气体重新引入流程中。

所需的合成气可以从天然气中重整。现代哈伯 - 博世系统每天消耗约 72000Nm³天然气，并产生 1350t 氨气，见图 8.2。

图 8.2　氨生产设施（来源：Aral）

8.2 加氢精制

在催化剂存在下，用氢对中间馏分进行脱硫称为加氢精制、加氢处理或加氢脱硫。加氢精制在石油行业中，经济上是可行的，因为通过甲烷重整可提供足够量的氢。

中间馏分在加氢精制器中与氢混合并被加热，将热的混合物与催化剂（例如铂）一起导入反应器中。在约350℃的温度和最高达50bar的压力下，来自中间馏分的硫与氢结合形成硫化氢（H_2S）。然后在分离塔中将纯化的产物、硫化氢和剩余的氢彼此分离。氢可再次用于脱硫，硫化氢在特殊的燃烧反应器中与氧一起转化为纯硫（克劳斯工艺）。在加氢装置中，硫含量可降至$<50\times10^{-6}$，通过高的氢的分压和两级工艺，硫含量可降到$<10\times10^{-6}$。

8.3 加氢裂化

裂化时，在高温下，高沸点的长链碳氢化合物分裂为低沸点的短链碳氢化合物，通过裂化提高了汽油和中间馏分的产出率。热裂化、催化裂化和加氢裂化之间有所差别。在一定压力和温度约500℃时发生热裂化。催化裂化不需要高压，但不得引入会损害催化剂的硫化合物，所产生的焦炭会随着时间的推移而堆积在催化剂表面，必须燃烧掉。

如果引入氢，焦炭的形成是可以避免的，氢附着在所形成的分子断裂位点上。尽管工艺流程成本更高，但由于产品种类繁多，加氢裂化在工业上变得越来越重要。对此，原材料在温度为300～500℃、压力为80～200bar的条件下与氢和镍－钼催化剂分解为短链的碳氢化合物。在加氢裂化过程中生成以下产物：7%～18%低沸点的碳氢化合物（$C_1\sim C_5$）、28%～55%汽油（$C_5\sim C_{12}$）、15%～56%中间馏分以及11%～12%高沸点成分。

加氢裂化的另一个优点是易于除去杂质，例如硫化氢和氨，并且可以将硫和氮作为副产物回收。

8.4 费舍尔－特罗普施工艺

该工艺是由德国化学家弗朗兹·费舍尔（Franz Fischer）和汉斯·特罗普施（Hans Tropsch）于1925年开发的，它用于将合成气转化为液态和固态的长链碳氢化合物。它又被称为煤－煤气－汽油工艺。在第二次世界大战期间，德国采用该工艺从硬煤中生产燃料。

在费舍尔－特罗普施工艺中，在铁或钴催化剂作用下，纯的合成气在20～40bar压力、200～350℃的温度下发生转化，通过反应：

$$CO+2H_2\rightarrow -CH_2- +H_2O$$

反复运行，形成饱和烷烃（以前称为石蜡）的长直链。反应是放热的，需要适当的冷却以保持工艺流程温度恒定。H_2与 CO 的优化比例为二比一。更高的工艺流程温度促进短链的低沸点组分的形成，而更低的温度有利于生成长链烷烃和蜡。可以通过有针对性地选择工艺参数和将特殊合金添加剂加入催化剂中（碱金属、铜、镍、氨、锰等）来影响产物的组成。

通过这种合成工艺法，可以用不同的原材料重复地生产具有特定沸点和着火性能的高纯度的无硫和无芳香烃燃料。根据用于气化生产合成气的原料，可以分为以下几种：①BTL 燃料：生物质到液体（Biomass to liquid），太阳燃料（SunFuel），乔伦（Choren）-工艺）；②GTL 燃料：燃气到液体（Gas to liquid），合成燃料（Synfuel）；③CTL 燃料：煤到液体（Coal to liquid）。对于 CTL 和 BTL，采用气化和合成的燃料生产效率达到 50%，对于 GTL，高达 70%。合成的燃料减少了发动机中的排放，并用于所谓的替代燃烧过程。它们的体积能量密度比传统的化石燃料低几个百分点。

壳牌公司于 1993 年在马来西亚的宾图卢（Bintulu）开设了一家应用这种工艺的工厂，该厂于 2005 年进行了扩建，每天可生产 14700 桶以天然气为原料的高纯度燃料，见图 8.3。

图 8.3 宾图卢工厂（来源：Shell [294]）

8.5 甲醇生产

甲醇（CH_3OH）根据以下反应方程从合成气体中大量生产：

$$CO + 2H_2 \rightarrow CH_3OH \qquad \Delta_R H = -90.8\text{kJ/mol}$$

$$CO_2 + 3H_2 \rightarrow CH_3OH + H_2O \qquad \Delta_R H = -49.6\text{kJ/mol}$$

甲醇用作液态燃料和在化学工业中应用。醇在 200~300℃的温度下脱氢会生成醛和酮。伯醇的脱氢产生相应的醛，而仲醇的脱氢产生相应的酮。甲醛

(CH_2O) 也是由甲醇使用所谓的银接触工艺生产的。银接触过程是一种氧化的脱氢反应，在环境压力和温度约600～700℃的条件下，以银晶体作为催化剂进行反应：

$$CH_3OH \rightarrow CH_2O + H_2 \qquad \Delta_R H = 84\text{kJ/mol}$$

$$H_2 + \frac{1}{2}O_2 \rightarrow H_2O \qquad \Delta_R H = -243\text{kJ/mol}$$

总反应：

$$CH_3OH + \frac{1}{2}O_2 \rightarrow CH_2O + H_2O \qquad \Delta_R H = -159\text{kJ/mol}$$

8.6 半导体工业

在半导体工业中，氢用作掺杂和外延的运载气体。掺杂是有意识地将外来原子掺入半导体的晶格中，其目的是改变半导体的电导率。外延是在载体层上有序地生长晶体。其中，载体层的原子序被转移到在生长的基层上。根据载体层是由相同的还是不同的材料组成来区分是同质外延或异质外延。

氢气作为运载气体的优点包括：可大量供应；与其他工艺流程气体相比，成本更低；易于纯化（通过钯箔扩散，只有 H_2 分子小到足以通过晶格扩散）；合适的流体动力学特性（氢可在大气压下实现层流，并获得较高的层质量）。

氢作为运载气体的缺点包括：

即使在低的浓度下，与氧爆炸性地形成混合物，要求整个生产系统具有高的安全性标准；氢使掺杂的受体饱和并减少载流子的数量；氢作为惰性的碰撞伙伴参与反应，会导致层中可逆沉积，从而降低长期稳定性。

奥地利最大的氢消耗者位于维拉赫（Villach）的英飞凌技术公司，在芯片和印制电路板的制造过程中，氢被用作掺杂气体。

8.7 分析化学

在分析化学中，氢可作为工作气体和燃烧气体。氢在气相色谱中可作为运载气体，其中要注意的是在样品中无法检测到氢。另外，在火焰离子检测器中氢可作为燃烧气体。将氢添加到燃烧气体中导致火焰温度升高，从而可以实现更高的电离电位，这使得具有更高电离电位的化合物和元素被电离，而无法在更低的温度下检测到。

8.8 食品化学

植物油和脂肪的硬化是将液态油转化为固态脂肪的工艺，例如在人造黄油的生产中。植物油和未经处理的脂肪由于其双键（不饱和脂肪酸）而具有更低的熔点，因此，通常不能用于食品的加工。在约200℃的温度、高压和有催化剂的条件下，氢会附着在脂肪酸的双键（$-CH=CH-$）上，并将它们还原为反应性较低的单键（$-CH_2-CH_2-$），从而可以提升脂肪（饱和脂肪酸）的熔点。

氢在食品化学中的另一个应用是食物的保存。在标签上的 E949 表示使用氢代替含氧大气，使食物保质期更长。

8.9 水处理

由于农业地区过度使用液体肥料、矿物肥料和污水污泥施肥，地下水中的硝酸盐含量持续增加。来自工业和交通运输的氮氧化物排放也导致地下水中硝酸盐含量的增加。硝酸盐（NO_3^-）本身仅具有较低的初始毒性，因此，成人的致死剂量为8～30g。但是，亚硝酸盐（NO_2^-）可以通过化学反应在体内形成，这会破坏血红蛋白的氧吸收。对于婴儿，10～20mg 亚硝酸盐可导致缺氧症状。另外，亚硝酸盐也可产生强烈致癌的亚硝胺（硝酸盐的三级毒性）。

氢可用于净化水。在催化硝酸盐和亚硝酸盐还原中，在双金属催化剂（钯和铜、锡或铟）上，硝酸盐与氢还原为亚硝酸盐。然后可将亚硝酸盐与钯还原为氮，从而 NO 和 N_2O（笑气）作为中间产物出现，而铵（NH_4^+）也可能作为不期望的副产物出现。如下面的反应式所示，硝酸盐和亚硝酸盐的还原会产生氢氧根离子。这意味着，如果形成的氢氧根离子不通过添加酸来中和，则在反应过程中 pH 值会增加。

$$NO_3^- + H_2 \rightarrow NO_2^- + 2OH^-$$

$$2NO_2^- + 3H_2 \rightarrow N_2 + 2OH^- + 2H_2O \text{ 期望的}$$

$$NO_2^- + 4H_2 \rightarrow NH_4^+ + 2H_2O \text{ 不期望的}$$

8.10 金属的还原和处理

在冶金工业中，根据以下反应，使用氢来还原金属氧化物：

$$MeO + H_2 \rightarrow Me + H_2O$$

此外，氢作为保护气来使用，以防止金属处理过程中可能发生的副反应。

8.11 焊接和切割

氢在焊接和切割中作为保护气来使用。在常规的氩保护气中添加氢和氦可改善流动性能。像氧一样，氢会降低熔体的黏度并确保良好的流动性能。在4000℃时，氢的导热系数高于所有其他保护气。含氢量为2%的效果可以等同于含量约30%的氦。氢实际上是否可用取决于溶解度以及从熔体到固态过渡过程中溶解度的跃迁。这对于铝尤为重要。但是，即使是具有以立方空间为中心的金属晶格的非合金钢，其强度也会倾向于氢脆化。相反，奥氏体钢中保护气的氢含量不是问题，通过添加氢，可以显著提高渗透率和大大提高焊接速度。

在机械化 WIG 焊接中，可以将更高的能量输入转化为速度，氢含量在 5% ~ 7.5% 是可能的。手工焊接时，氢含量应低于 5%。

图 8.4 显示了在用和不用氢作为氩添加剂的情况下焊缝的比较。氢的加入可以获得更深的渗透以及更好的流动性能和更高的流动速度。

由于没有炭烟和热的火焰，氢 - 氧混合物也特别适合在非常高的温度下切割。这种混合物也是处理石英玻璃和玻璃纤维的理想选择，见图 8.5。

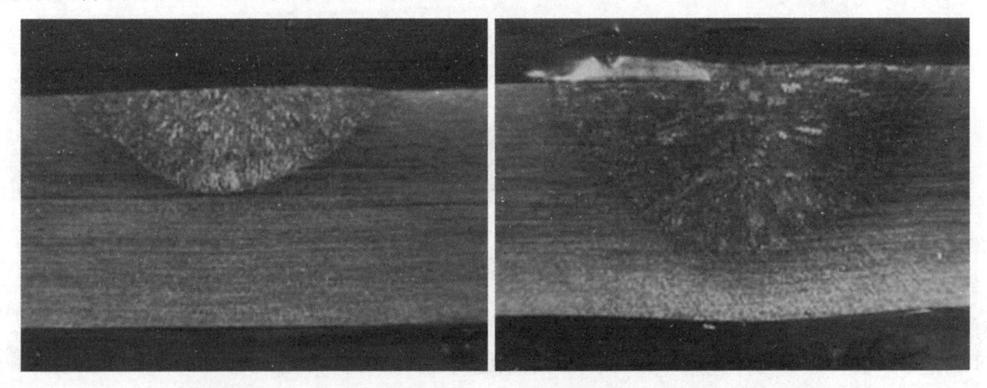

图 8.4 用氢（左）和不用氢（右）添加剂的焊缝（来源：Westfalen AG）

图 8.5 用氢切割（来源：Linde）

8.12 能源工程和交通工程

如前文所述，核聚变是宇宙中最重要的能源，长期的国际研究项目正在技术层面上进行核利用研究，预计要到几十年后才能取得成果。用于能源生产的传统的氢的燃烧已经可用，这意味着一方面在内燃机中进行“热”燃烧，另一方面在燃料电池中进行“冷”燃烧。

在相应的章节中详细介绍了关于在车辆中燃料电池和内燃机的应用。在能源技术方面，固定式发动机对于发电很有意义，其优点是可以燃烧大量的含氢燃气。热电联产的燃气轮机也用氢燃烧，由于燃烧温度高，总体效率可高达 60%。

由于高的导热性，氢还用于制冷工程，例如在发电厂中用于冷却发电机。由于易于扩散和爆炸，因此需要采取适当的安全性预防措施。

为了完整起见，这里还应提及氢在航天和航空中的应用。

(1) 航天中的氢

火箭由液氢和液氧来驱动。氢作为燃料，氧作为氧化剂。两种成分都以低温液态形式存储在单独的容器中，航天飞机的外部储罐见图 8.6。

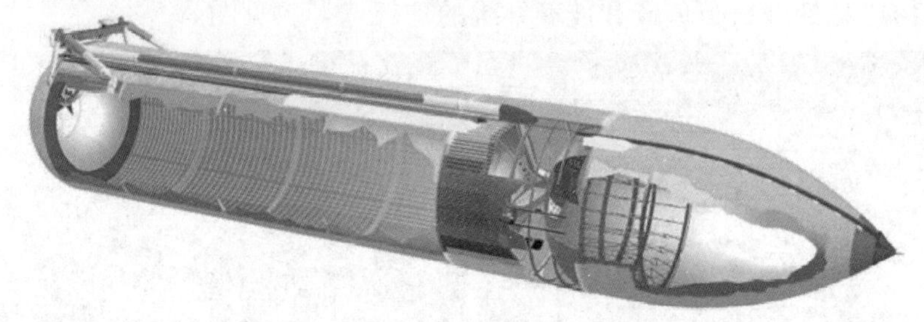

图 8.6 航天飞机的外部储罐（来源：NASA）

在燃烧期间，通过高功率涡轮泵以 20 ~ 30bar 的压力将燃料压入燃烧室。燃烧时会产生 200 ~ 300bar 的压力。水蒸气以超声速冲出来，通过拉伐尔喷嘴推动火箭运行。尽管低温液体的存储和技术都很复杂，但该推进系统自 20 世纪 50 年代以来一直用于航天，图 8.7 为推进方案示意图和阿丽亚娜火箭的发射。

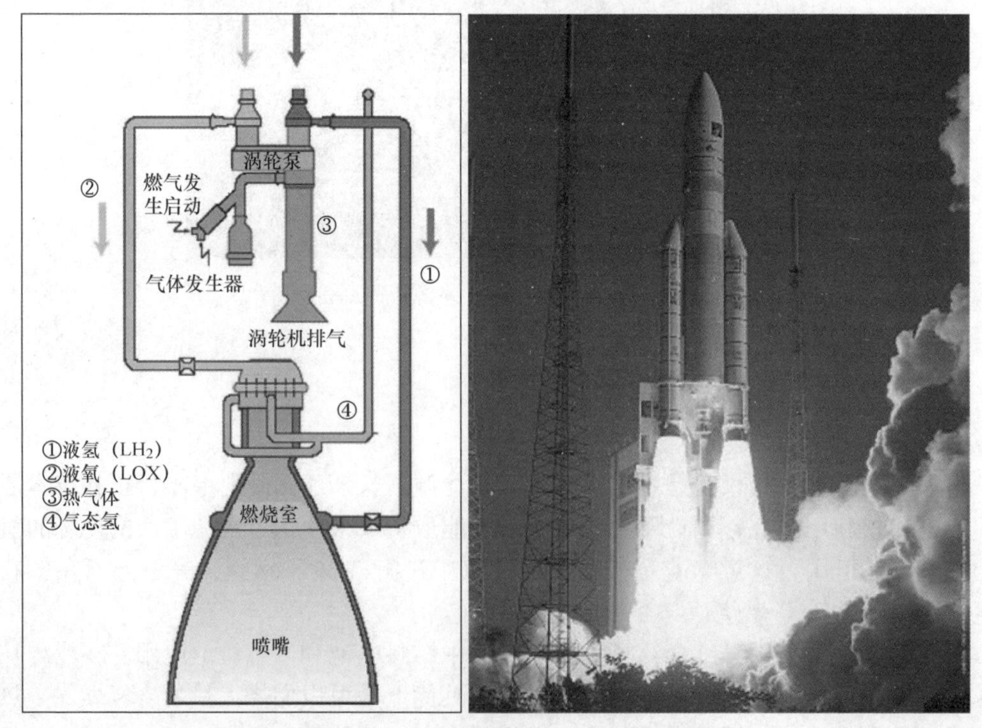

图 8.7 阿丽亚娜火箭中的推进方案（来源：Arianespace）

（2）航空中的氢

航空中燃料电池的使用在第6章已经做了介绍。在2000—2002年，由一些欧洲公司参与的低温飞机项目框架内，研究了以液氢作为涡轮机燃料的飞机的可行性。氢对航空业很有吸引力，因为它不会产生二氧化碳，并且其质量能量密度是煤油的2.8倍。但是，它在存储时占用了4倍的体积，所以这需要新的飞机设计方案。例如，考虑在乘客舱上方的液态氢燃料存储，见图8.8。飞机在技术上可以实现氢驱动，但是真要投入应用还需要相应的前期准备时间，并且成本较高。

图8.8 低温飞机项目

第9章 材料、法律和安全性

为了完整起见，下面简要概述氢的与安全性相关的方面及其工程应用。安全处理氢需要了解其特性并遵守以下安全性措施，从正确选择材料到遵守防爆指导方针。近年来，人们为制定相应的国际适用规章制度做出了越来越多的努力。

9.1 材料

氢会影响材料的特性，在选择正确的材料时，必须根据应用情况来考虑。

（1）氢扩散

如果氢与材料接触，氢会渗入材料内部并显著地改变材料的性能。氢分子在材料表面分离并以原子形式渗透到材料结构。一方面，氢会通过材料扩散，另一方面，它会导致材料本身变形，从而引起局部应力和材料脆化。

（2）氢脆化

结构中的夹杂物和缺陷，特别是在金属材料中，由于切口效应而导致局部应力过大，从而仍低于材料强度极限的载荷可能已经导致组件损坏。氢原子具有相同的作用，会局部扭曲结构。此外，在空位和位错以及晶界处，氢原子可以重新组合成氢分子。由于在这个重组过程中，体积大大增加，结构中可能会出现局部高压，从而导致材料损坏。氢会影响钢的屈服点、拉伸强度、断裂收缩、断裂韧性和耐久性。

几个因素对氢脆化程度很重要，例如材料特性、外部应力、周围氢的分压和温度。在低温应用场合中，低温脆化效果更明显。硬质高强度钢易发生氢脆，软质低碳钢、奥氏体钢、某些含铝合金和多种塑料均不易受到影响。

（3）润滑性

与其他气体相比，氢的润滑性很差。因此，对于存在相对运动的零部件必须使用合适的材料。对用于内燃机的喷射器的研究表明，由钢制成的喷射器（如天然气用的喷射器）在氢环境中使用，其寿命非常短。

（4）钢

钢对氢应用的适用性取决于结构和合金元素。

1）铁素体钢。铁素体是金属结构中的 Fe－C 混合晶体，具有立方空间为中心的晶格。由于结合了良好的强度和韧性，含 CrMo 和 NiCrMo 的低合金铁素体钢用于压力容器的制造。在氢环境中，强度、延展性（可变形性）和断裂韧性的降低取决于屈服强度、氢压力、温度和材料组成。如果考虑到这些相应的特性，在氢环境中也可以安全地使用这些材料。高合金铁素体不锈钢的特征在于铬的含量高，这样可确保在较宽的温度范围内保持稳定的铁素体结构。由于碳含量低，这些钢在良好的延展性下具有相对较低的强度。

2）奥氏体钢。对于具有原子立方面为中心排列的铁原子的奥氏体钢，即使在氢环境中，材料性能也基本得到保留。具有至少 18% Cr 和 8% Ni 的、低含碳量的奥氏体不锈钢也适用于低温应用场合，并且直到 -273℃绝对零度仍具有足够的韧性。

3）双相钢。如果高合金铁素体钢除立方空间为中心铁素体外还具有立方面为中心奥氏体，则称为双相不锈钢。这种结构是通过使用合适的合金元素（奥氏体形成物，例如 Ni、Co、Mn；铁素体形成物，例如 Cr、Mo、V、Al）并经过特殊的热处理而获得。通过组合两个相，也可以实现特性的组合。双相不锈钢比铁素体钢坚韧，比奥氏体钢坚固。它们适用于需要高的抗应力裂纹腐蚀、良好的焊接性和高强度的应用场合。

（5）有色金属

以商品名 Inconel 和 Monel 命名的知名的高合金镍合金和镍 - 铜合金，具有高的抗氧化性和耐腐蚀性，适合于氢应用场合。它们在一个很宽的温度范围内具有永久的强度特性。其缺点是可处理性差和焊接性差。某些含铝、镁、钽、铌或钛的合金也可用于低温氢应用场合。

（6）陶瓷

适用于氢应用场合的是所谓的基于氧化物、氮化物、碳化物或硼化物的高性能陶瓷，具有特殊的机械的、电气的、热的和化学的特性。

（7）塑料

许多塑料适合于在氢环境中使用，例如用于 O 形圈、阀座和垫圈。UHMWPE（超高分子量聚乙烯）的主要特点是具有高的耐化学性、高的切口冲击强度、高的耐磨性和低的滑动摩擦系数，可在 -200 ~ 120℃的氢环境中使用。特氟龙（Teflon）是聚四氟乙烯（PTFE）的商品名，它具有最高的耐化学性和非常低的摩擦系数，不易燃烧，并可在 -200 ~ 260℃的温度范围内使用。维通（Viton）是合成橡胶的商品名，用于 O 形圈，市售类型的氟含量为 66% ~ 70%。氟橡胶不易点燃，具有相当高的耐热性和耐化学性，可在 -20 ~ 230℃的温度范围内使用。

9.2　法律和安全性

在欧盟（EU）条例和指导方针中确定了产品安全性的基本要求，以保护欧洲市场内消费者的健康。此外，统一的指导方针和安全性标准有助于拆除贸易壁垒。欧盟条例和指导方针的实施受个别指导方针或联合国欧洲经济委员会相关规定的约束。在这种情况下，通常会涉及技术标准和规章制度，这些标准和规章制度代表了有关产品和流程的制造或使用的认证建议。

9.2.1 欧盟相关条例和指导方针

欧盟的机构，例如欧洲议会、欧洲联盟理事会和欧洲委员会，在某些领域对当前27个成员国具有立法权限。条例作为对所有成员国直接有效的法律具有直接约束力，指导方针则是必须在确定时期内在成员国的国家立法中被纳入或被采纳。所有条例和指导方针都可以通过EUR－Lex（欧盟法律门户网站）在互联网上获取。

（1）化学品指导方针

最初于1967年通过的关于危险物质分类、包装和标签的化学品指导方针67/548/EEC包含了化学品的危险特性的基本定义和清单。在欧洲化学品立法修订的框架范围内，2015年5月31日，条例（欧盟）第1272/2008号（CLP指导方针）废除了化学品指导方针。此外，还制定了关于化学物质（REACH）注册、评估、授权和限制的条例（欧盟）第1907/2006号，并成立了欧洲化学物质管理局（ECHA）。

根据CLP，先前的欧盟化学品法规已与GHS（全球统一体系，global harmonisiertes System）保持一致，以进行化学品分类和标签。氢像甲烷一样归类为“极易燃气体”，其在EC安全性数据表中的标签相同，见表9.1。

表9.1 氢和甲烷的标签

危险图形	危险说明	安全性说明
GHS02： GHS04： 信号词：危险	氢和甲烷，压缩	
	H220：极易燃气体 H280：包含压力气体；加热时会爆炸	P210：远离热源/火花/明火/热表面。禁止吸烟 P377：气体泄漏的火灾：在泄漏可以安全消除之前，请勿灭火 P381：如无危险，移开所有火源 P403：存放在通风良好的地方
	氢，深度冷却，液态	
	H220：极易燃气体 H281：包含深度的气体；可能导致冷灼伤或冻伤	同上，此外： P282：戴防护手套/戴面罩/戴防寒眼罩 P336＋P315：用温水解冻冰冷的区域。 请勿摩擦患处。立即获得医疗建议/医疗帮助

根据CLP，如果气体在20℃和101.3kPa标准压力下与空气混合时具有爆炸性，则将其分类为“极易燃气体”。

危险说明描述了由危险物质或混合物引起的危险的类型和可能的严重程度。

安全性说明描述了为了限制或避免在使用或处置过程中由于接触危险物质或混合物而造成有害影响的措施。

氢或甲烷的毒性（有毒、刺激性、腐蚀性、致癌性、诱变性）作用或对环境的有害影响尚不清楚。因此，没有规定MAK值（最大允许工作场所浓度），不需要呼吸防护或皮肤防护。如果吸入高浓度的气体，可能由于空气中氧不足（约30%体积分数）而出现运动障碍、意识不清和窒息。

（2）机械指导方针

欧洲议会和理事会于2006年5月17日发布了关于机械的2006/42/EG指导方针，于2006年6月9日公布了用于修订的第95/16/EG号指导方针和关于协调成员国机械法律、行政规定的第98/37/EG号指导方针。它在发布后20天生效，必须在之后的最晚24个月内在欧盟成员国全国范围内实施。

机械指导方针2006/42/EG规定了具有约束力的通用的对机械的安全性和健康要求，处理典型的运行状态、确定的工作过程、独立的机械组以及所考虑的机械和装置可能存在的危险和风险。除安装在车辆上的机械外，车辆及其部件应排除在这个指导方针的应用范围之外。

（3）压力设备指导方针

欧洲议会和理事会于1997年5月29日颁布了第97/23/EG号指导方针，该指导方针协调了成员国有关压力设备的法律条文，并于1999年11月29日生效。自2002年5月29日起，压力设备指导方针在整个欧盟具有约束力。这个指导方针于2016年7月18日被2014/68/EU指导方针所取代。连同有关简易压力容器2014/29/EU、移动式压力容器2010/35/EU和气溶胶包75/324/EEC的指导方针，这为存在压力风险的设备在欧洲层面上建立了适当的法律框架。德国和奥地利通过相应的国家法律实施了压力设备指导方针，参见文献［34，38］。

压力设备指导方针适用于在最大允许压力超过0.5bar的情况下运行的压力设备和组件的设计、制造和符合性评估，涵盖以下领域：材料、结构设计和尺寸标注、制造、测试和符合性评估、制造商运行评估和监督、标签和文档。

如果压力设备和组件符合本条例的要求，则可以投放市场并投入使用。相对于压力设备条例，必须向容器施加最大压力，具体取决于应用情况，该最大压力应对应于最大工作压力的倍数。还必须考虑容器加热时的压力升高。此外，压力容器必须配备安全阀或爆破装置，最晚在达到两倍工作压力时做出响应，并可靠地防止压力进一步升高。车辆及其零部件不属于本指导方针的应用范围。

（4）ATEX指导方针

欧洲议会和理事会于1994年3月23日颁布的第94/9/EG号指导方针，协调成员国关于在潜在爆炸区域使用的设备和保护系统的法律条文，从1996年3月1日起对整个欧盟具有约束力。该指导方针也称为ATEX产品指导方针或ATEX 95。它适用于在潜在的爆炸性大气环境中使用的产品的制造商。2016年4月20日，它被2014/34/EU号指导方针所废除。

此外，还发布了ATEX操作员指导方针1999/92/EG（也称为ATEX 137）以保护操作人员。其中包含了可能面临爆炸性环境危害的工人的健康保护和安全性的改善的最低要求。该指导方针于2003年6月30日在整个欧盟实施。

这些ATEX（大气爆炸性，Atmospheres Explosibles）指导方针旨在确保安全处理易爆气体。大气条件下的空气和可燃气体的混合物，在点火后燃烧过程传递到整个未燃烧的混合物中，这被认为是爆炸性气氛。由于局部和运行特性而导致大气爆炸的区域被认为具有潜在爆炸性。雇主有义务创建一份防爆文件，其中规定了危险性、评估了风险性并定义了保护员工健康和安全性的措施。这主要是通过一级防爆（避免形成爆炸性气氛）、二级防爆（避免点火源）以及将潜在爆炸区域划分为多个区域来实现。除在潜在爆炸区域中使用的车辆外，机动车辆及其部件均不属于本指导方针的范围。

2004年，在奥地利法律中，通过爆炸性气氛条例VEXAT在员工保护法的框架内针对工作场所和建筑工地实施了该指导方针。

像任何燃料一样，如果引入的能量高于最小点火能量，则氢会与空气形成可在点火界限内点燃的混合物。表9.2所列各种燃料的物性的汇总显示，氢与空气形成的可点燃的混合物的浓度范围很广，为4%～75.6%（体积分数）。此外，0.017mJ的最小点火能量小于其他燃料点火能量的1/10以上。然而，电火花或静电火花的能量约为10mJ数量级，因此足以点燃大多数燃料混合物。此外，如前文所述，如果通过湍流使火焰前锋加速或壁面上的反射叠加了冲击波，则会发生爆炸，并形成具有超声速的冲击锋，这与明显的压力波动有关。对于空气中的氢，可发生爆炸的极限的比例为18.3%～58.9%（体积分数）。原则上，氢只能用于其他任何气体都无法达到的目的。

表9.2 不同燃料与点火相关的特性

材料	爆炸下限（%）体积分数	爆炸上限（%）体积分数	着火点/℃	点火温度/℃	最低点火能量/mJ
乙炔	1.5	82	-136	305	0.019
氨（1）	15	34	132	651	14
汽油（1）	0.6	8	>-20	240～500	0.8
天然气	4.5	13.5	>-188	600	0.3
一氧化碳	12.5	75	-191	605	>0.3
甲烷	5	15	-188	595	0.3
石油（1）	0.7	5	55	280	0.25
丙烷（1）	2.1	9.5	-104	470	0.25
氢	4	75.6	-270.8	585	0.017

注：l为液体，其他为气体。

标准 ISO 9038 定义了以下温度来表征可燃物质的特征，即液体的可燃性检测：

可燃液体的“着火点”是最低的液体温度，在该温度下，在特定的条件下蒸气会以一定的量增长，从而在液位以上产生可通过外源点火点燃的蒸气/空气混合物。如果移开点火源，火焰将熄灭。

“点火温度”是燃料在敞开的容器中自行点火的最低温度。

为了在适当程度上公平对待各种气体的与安全性相关的特性，将这些气体的危害分为爆炸组和温度等级。另外，通过定义不同的区域，来考虑发生爆炸性气氛的可能性，这意味着可以根据区域采取适当的措施和安全性预防措施。

可燃气体的爆炸性危险区域按程度、频率和持续时间分为以下区域：

0 区：长期或频繁地持续存在爆炸性气氛。

1 区：偶尔会出现爆炸性气氛。

2 区：极少有爆炸性气氛，仅在短时间内存在。

爆炸性危险区域应标有“爆炸性气氛警告”和“禁止明火、明光和吸烟”的警示标志，见图 9.1。

图 9.1 爆炸性危险区域的标志

在存在潜在爆炸性危险区域的空间中，只能使用不可燃或难燃的建筑材料，门和大门必须朝着逃生方向打开，并且地板的电阻不得超过 100MΩ。

处理易燃物质时，必须采取以下措施：

1）一级防爆：应尽可能避免爆炸性气氛的形成。含有易燃物质的系统应设计成尽可能封闭和密封。容器和管道在技术上是密封的，并由合适的材料制成。在管道连接的情况下，应提供尽可能不可拆卸的焊接或铜焊连接。在可拆卸连接的情况下，夹紧环配件优于切割环配件。应避免易燃物质或将其降至最低程度。如果释放出易燃物质，则必须通过自然通风或机械通风来防止形成爆炸性危险区域。如果不能排除可能爆炸性危险区域的形成，则应使用连续性测量装置来监测浓度，当达到警告条件时，即浓度最大为爆炸下限（UEG）的 20% 时，会触发声学警告和可能的光学警告。对于机械抽吸或通风，必须尽早激活，使得浓度不能超过 UEG 的 20%。对于地下作业，警告条件必须以最大不超过 UEG 的 10% 时触发。

2）二级防爆：如果不能排除爆炸性气氛的形成，则必须避免点火源。应避免有效的点火源，例如热的表面、明火和明光、机械或电气产生的火花、电气系统、静电、超声和辐射。阀门工作时的摩擦热、物料流中夹带的颗粒的摩擦热或在压力波动情况下气体的加热都可能作为潜在的点火源。物体和工质必须适合于运行，电气系统的设计必须符合防爆条例的1G、2G或3G类别。

3）可能的损坏的限制：如果不能排除点火源，则在发生火灾时必须采取措施以限制可能的损害。其中包括自动的和手动的紧急切断设备，这些设备在启动后会中断氢的供应并关闭所有用电设备，还要有可防止压力波而构建的防爆压力释放装置（防爆挡板）。如果发生事故或在失去能源时，必须确保运行设备中的燃气排空，并且工质保持在安全状态。可以使用静态阻火器来防止管道中的火焰蔓延，在狭窄的间隙或通道中通过热量的去除消除燃烧反应。最简单的阻火层是由钢丝制成的筛网。阻火器是通过缠绕平滑的、波纹状的金属带而制成的，滤盘的特征间隙宽度（波深）可很好地复位，易于调整，如图9.2所示。

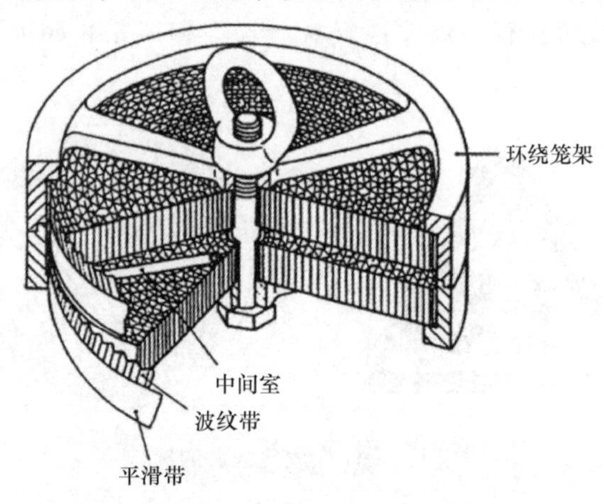

图9.2 由带有环绕笼架的卷带制成的阻火器

如果氢着火了，应通过切断氢的供应来灭火。由于爆炸的危险，禁止使用灭火剂，尤其是水。在白天，人们几乎看不见氢火焰，因为它们在紫外线范围内发光。由于缺少碳化合物，因此热辐射非常弱，在燃烧过程中不会产生CO_2，也不会产生炭烟。其火焰具有很高的燃烧温度和很高的燃烧速度。处于点火下限的氢/空气混合物的密度与空气的密度相似，因此混合物可以在短时间内向侧面移动。氢火焰迅速蔓延，气体上升，火势迅速扩散。周围的危险物体（例如高压气瓶）应该用水冷却。

除了这些措施外，还规定了在一定时间间隔内的浓度测量、测试、危害分析和员工培训。

9.2.2 欧盟对于机动车的批准

（1）指导方针、个别指导方针和UN/ECE规章制度

欧洲议会和理事会于2007年9月5日通过第2007/46/EG号指导方针，关于建

立批准车辆和车辆挂车以及这些车辆的系统、组件和独立的技术单元的框架，并于2007年10月9日颁布。它是70/156/EEC指导方针的新版本，自2009年4月29日起在整个欧盟具有约束力。

框架指导方针2007/46/EG规范了欧盟的车辆的型式批准和个别批准，其创建了一个与行政法规和通用技术要求相统一的框架，以批准适用于其范围的所有新的车辆以及这些车辆所使用的确定的系统、组件和独立技术单元；其目的是便于在共同体内的批准、销售和导入服务。这个指导方针还包含已根据本指导方针（第Ⅰ章，第1条）批准的车辆的零部件和装备的销售和导入服务。

对于用于公路赛车的车辆或在道路上进行某些测试的样车，可能会获得个别批准。这里需要注意的是，个别批准仅在获批的成员国的领土内有效。

欧盟指导方针的实施受欧盟的个别指导方针的约束或通过在指导方针附件中指定的UN/ECE指导方针来约束。

在2007/46/EC框架指导方针的附件Ⅳ的第Ⅰ部分中，列出了58项个别的规定，其中描述了对各个系统和零部件的确切的要求，例如：

1）排放：715/2007/EG。

2）转向系统：1999/7/EG。

3）制动系统：661/2009/EG。

4）停车灯：1999/16/EG。

5）头枕：661/2009/EG。

6）CO_2排放/燃料消耗：661/2009/EG。

7）正面撞击：1999/98/EG。

8）氢系统：条例（EG）第79/2009号。

联合国欧洲经济委员会（United Nations，Economic Commission for Europe，UN/ECE）是联合国五个区域经济委员会之一，通过联合国经济和社会理事会（ECOS-OC）于1947年成立，旨在促进成员国之间的经济合作，其总部在日内瓦。

根据理事会第97/836/EG号决定，欧盟已加入UN/ECE关于采用轮式车辆统一的技术规范的协议，因此，UN/ECE规章制度可作为EG型式批准的要求或替代方法。在2007/46/EG框架指导方针的附件Ⅳ第Ⅱ部分中列出了UN/ECE规章制度，它们等同于相应的个别规范，例如：

1）转向系统：UN/ECE R 79。

2）制动系统：UN/ECE R 13。

3）停车灯：UN/ECE R 77。

4）正面撞击：N/ECE R 94。

由于其国际上的重要性，ECE规章制度可视为全球指导方针的初步阶段。可以在互联网上查阅最新版本的UN/ECE规章制度。

以下附加内容适用于氢驱动车辆的批准：

2015 年 6 月 15 日，联合国欧洲经济委员会（UN/ECE）第 134 号规章制度，关于批准氢运行车辆中的车辆和零部件的统一条件。

以下内容适用于批准使用天然气驱动的车辆以及液化天然气和天然气的改装：

2000 年 12 月 18 日联合国欧洲经济委员会（UN/ECE）第 110 号规章制度，关于批准的统一条件：①使用压缩天然气驱动系统的车辆的专用部件；②在驱动系统中安装经型式批准的使用压缩天然气的专用部件的车辆。

2003 年 10 月 30 日联合国欧洲经济委员会（UN/ECE）第 115 号规章制度，关于批准的统一条件：①安装在其驱动系统使用液态燃气的车辆中的液态燃气的专用改装系统；②安装在其驱动系统使用压缩天然气的车辆中的压缩天然气的专用改装系统。

（2）氢运行车辆的个别条例

欧洲议会和理事会于 2009 年 1 月 14 日颁布的（EG）第 79/2009 号个别条例关于氢运行车辆型式批准和第 2007/46/EG 号指导方针的修订，于 2009 年 2 月 24 日生效。从 2011 年 2 月 24 日起，它对整个欧盟具有约束力。

该条例的目的是协调氢动力车辆、车辆挂车以及这些车辆的系统、零部件和技术单元的型式批准的技术要求。其中涉及带基本要求的条例，具体细节和技术规格在单独的实施措施中确定。这些统一的批准规范的确定旨在增强潜在用户和公众对氢技术的信心。此外，还应有加速氢运行汽车的市场导入。

在（EG）第 79/2009 号个别条例的导言中指出，氢动力被认为是未来的清洁车辆动力，因此，氢应以可持续的方式由可再生能源来产生。氢和天然气/生物甲烷的混合物的使用可以在利用现有的天然气基础设施基础上促进氢运行车辆的导入。

该条例适用于至少有四个车轮，用于载客运输（M 类）和货物运输（N 类）的车辆。除了制造商的概念定义和一般义务外，该条例还包含：

1）引导氢的零部件和氢系统的一般规范（第 5 条）。附录 I 包含必须经过型式批准的引导氢的零部件的清单。其中包括容器、自动和手动操作的阀门、止回阀和泄压阀、压力调节器、燃料管路、传感器、配件等。为了获得批准，根据使用气态或液态氢的零部件和配件，必须通过其他附件中指定的测试。

2）液氢的储罐的规范（第 6 条）。为了获得批准，必须通过附件Ⅱ中给定的测试（爆破测试、防火安全性测试、最大填充水平测试、压力测试和密封性测试）。

3）除容器外的引导液氢的零部件的规范（第 7 条）。为了获得批准，根据零部件的不同，必须通过附件Ⅲ中给定的测试，例如压力测试、密封性测试、温度循环测试等。

4）压缩（气态）氢的氢容器的规范（第 8 条）。为了获得批准，根据 1 ~ 4 型容器，必须通过附件Ⅳ中给定的测试，例如爆破测试、环境温度下的压力循环测试、泄漏预断裂特性、消防安全性测试、击穿强度试验、耐化学性测试、复合材料的耐裂纹性测试、坠落测试、密封性测试、渗透测试、连接件的扭转强度测试、氢循环测试等。

5）除容器外的引导压缩（气态）氢的零部件的规范（第9条）。为了获得批准，根据零部件的不同，必须通过附件Ⅴ中给定的测试（材料测试、耐腐蚀性测试、耐久性测试，压力循环测试以及内部和外部密封性测试）。

6）引导氢的零部件和氢系统的安装的一般规范（第10条）。为了获得批准，必须遵守附件Ⅵ中列出的规范，例如，氢系统的安装应避免受到损伤，应将乘员舱与氢系统隔离开来，或者以气密方式密封引导氢的零部件或采取其他可靠的方式，以避免从这些零部件中泄漏出来的氢释放到车辆中的不通风空间中。

根据第12条，委员会发布了一系列实施措施以确保遵守本指导方针的要求，这些措施参考UN/ECE规章制度和相关标准，并且包含有关边界条件和精确试验研究过程的详细的规章制度，例如2010年4月26日颁布的（EU）第406/2010号条例。

9.2.3　标准和技术规定

标准和技术规定中包含了对产品的结构设计、工艺流程的进展或测量的实施的具体要求。标准和技术规定内容的基础是来自科学和技术的可靠结果。来自各个领域的专家可以创建、更新和编辑新的或已经存在的标准和技术规定。立法机关可以对一个标准或一套技术规定或其中一部分作为法律或具有约束力的条例进行解析。欧盟指导方针通常在附件中包含相关标准和技术规定的清单。

（1）氢技术的ISO标准

在许多国家，由标准机构发布国家标准。奥地利标准（ÖNORM）的制定者是奥地利标准化研究所。在德国，国家标准称为DIN，由德国标准化研究所制定。在日本，国家标准称为JIS（日本工业标准，Japanese Industrial Standards），由日本标准协会（JSA）制定。在美国，国家标准称为ANSI（美国国家标准研究所，American National Standards Institute）[5]。

欧洲标准（EN）在欧盟的所有国家都具有约束力。欧洲标准化工作由欧洲标准化委员会（CEN）进行。国际标准由国际标准化组织（ISO）制定，在全世界范围内适用。ISO标准可以、但不必纳入国家标准体系中。在理想情况下，国家和国际标准是等同的，通常它们也具有相同的名称，如ISO7225/ÖNORM EN ISO7225/DIN EN ISO 7225“移动式气瓶－气瓶－标志”。但是，国家标准经常在细节上有所不同，这使得在国际层面上的氢应用的批准过程变得复杂化。

ISO/TC 197是ISO内部的氢技术国际技术委员会，它制定了在生产、存储、运输、测量和应用领域开发氢零部件和氢系统的标准。在设计流程方面目前涉及21个国家，当前的标准罗列在互联网上。表9.3中列出了迄今为止已由ISO/TC

197 发布的文件。

表 9.3 ISO/TC 197 的已发布的标准列表

标准	标题
ISO 13984：1999	液态氢 - 陆地车辆加注系统接口
ISO 13985：2006	液态氢 - 陆地车辆燃料箱
ISO 14687 - 1：1999	氢燃料 - 产品规范 - 第 1 部分：除燃料电池道路车用的 PEM 之外的所有应用
ISO 14687 - 2：2012	氢燃料 - 产品规格 - 第 2 部分：道路车辆质子交换膜（PEM）燃料电池应用
ISO 14687 - 3：2014	氢燃料 - 产品规格 - 第 3 部分：固定器具质子交换膜（PEM）燃料电池应用
ISO/TS 15869：2009	气态氢和氢混合物 - 陆地车辆燃料箱
ISO/TR 15916：2015	氢系统安全的基本注意事项
ISO 16110 - 1：2007	使用燃料加工技术的氢发生器 - 第 1 部分：安全
ISO/FDIS 16110 - 2：2010	使用燃料加工技术的氢发生器 - 第 2 部分：性能的测试方法
ISO/TS 16111：2008	可运输的气体储存装置 - 可逆金属氢化物中吸收的氢
ISO 17268：2012	气态氢道路车辆加注连接装置
ISO/TS 19880 - 1：2016	气态氢 - 加注站 - 第 1 部分：一般要求（这是一些正在进行的修订版，例如：分配器、阀门、软管、燃料质量等）
ISO/TS 19883：2017	用于氢分离和纯化的变压吸附系统的安全性
ISO 22734 - 1：2008	使用水电解过程的氢发生器 - 第 1 部分：工业和商业应用
ISO 22734 - 2：2011	使用水电解过程的氢发生器 - 第 2 部分：住宅应用领域
ISO 26142：2010	氢检测仪 - 固定式应用

（2）氢运行汽车规定

与没有标准化机构参与的标准不同，技术规定由国际研究机构、制造商、供应商或大用户制定，见文献［65，271］。可以在互联网上找到有关氢的国家和国际规定的完整的清单。

2003 年底，在 UN/ECE 的主持下成立了 SGS（安全性分组，Subgroup on Safety）和 SGE（环境分组，Subgroup on Environment），其目的是在不超过 10 年的时间里为汽车行业的氢的应用制定全球技术指导方针（GTR）。这两个工作组成为 WP. 29 工作小组（世界车辆指导方针协调论坛）以及 GRSP（被动安全工作组，Working Party on Passive Safety）和 GRPE（污染和能源工作组，Working Party on Pollution and Energy）的两个子组。

2013 年 6 月 27 日发布了 GTR 第 13 号氢运行车辆全球技术指导方针。GTR 还包含一个氢动力车辆的安全性技术要求以及零部件和子系统的特殊要求，考虑了在车辆中液态的存储以及压缩的、气态的存储。

下文将以一些应用中的安全性问题为例进行讨论，更多的有关信息可参考文献［176，178，182，255，327］。

9.2.4 车辆燃料容器上的火灾试验对比

图 9.3 中的一系列图像显示了两辆带有氢压力储罐（左）和常规汽油油箱

（右）的车辆的火灾对比测试。两辆车的燃料容器上均开有1.6mm的开口，容器着火后的试验过程如下：

图9.3　在0s、3s、60s、90s、140s和160s后用氢（左）和汽油（右）的燃料容器进行的燃烧试验系列

1）两辆车在泄漏处附近均被点燃。

2）3s后，在氢运行车辆的储罐上，高压流出的燃气产生了强烈的喷射火焰；在汽油运行车辆中，车辆下方的汽油箱着火。

3）60s后，储氢罐中的压力下降到足以使火焰变小的程度；汽油火势蔓延。

4）90s后，氢几乎完全逸出，火焰熄灭，氢运行车辆内的温度在达到19.4℃的峰值后再次下降，后窗的峰值温度为47℃；汽油运行车辆中的轮胎和车身的塑料件着火。

5）140s后，氢运行车辆上的火完全熄灭，除了泄漏处周围的区域外，该车没有损坏；汽油火焰已蔓延到内部空间。

6）160s后，汽油运行车辆完全着火燃烧。

9.2.5　氢应用试验台架

在调试或加注引导氢的零部件之前，必须通过抽真空或冲洗将空气和氧从系统中完全清除。通常用氮交替冲洗，其中容器在压力作用下反复充入氮，然后再次排空。在低温应用场合下，仅用氦吹扫才有意义，因为氦是唯一的凝固点低于氢的气体。氮会冻结，固态时会阻塞或损坏管道和阀门。

在试验台上，使用像氢等可燃气体（无论是直接用于试验研究还是用作发动机的燃料），必须配备相应的安全性装置。在试验台架上评估气态燃料的潜在危险性是基于形成和点燃爆炸性危险气氛的趋势，例如点火界限、可燃性（最小的点火能量）和燃烧速度。氢与常规的燃气（例如天然气或液化气）有很多相似之处，而与液态燃料（例如汽油）也有相似之处。

燃气在大气中的扩散特性对试验台架和系统的安全性尤为重要，其扩散特性由下列因素来确定：与大气的密度差、扩散特性、通风，以及泄漏处的喷射压力和气体流出率。

氢是一种非常轻的元素，具有很高的扩散率。因此，释放出的氢迅速向上逸出并很快稀释，从而使氢混合物的浓度可以相对容易地降至低于爆炸下限（UEG）。因此，用于氢的系统应尽可能放置在室外。在封闭的空间中，必须提供强制通风、屋顶开口以及房间中设置氢浓度的监控，当达到爆炸下限的20%（氢在空气中占0.8%体积分数）时，必须触发相应的警报并启动通风。

为了获得关于正常通风的试验台单元中泄漏气体的扩散和分布的更精确的信息，以氢运行内燃机的发动机试验台架为例，采用CFD程序进行3D流动模拟。

研究采用带有新鲜空气/排气（无循环）的发动机试验单元和具有氢供给的发动机。试验台架应在试验发动机正上方配备一个抽吸罩，以在氢扩散到整个试验单元之前抽出逸出的氢气。假设在试验发动机附近的氢供给设备有一个直径为3mm气体泄漏，模型如图9.4所示。针对三种压力为7bar的流出气体的变体进行模拟：300K的“热氢”、150K的“冷氢”和300 K的“热甲烷”。

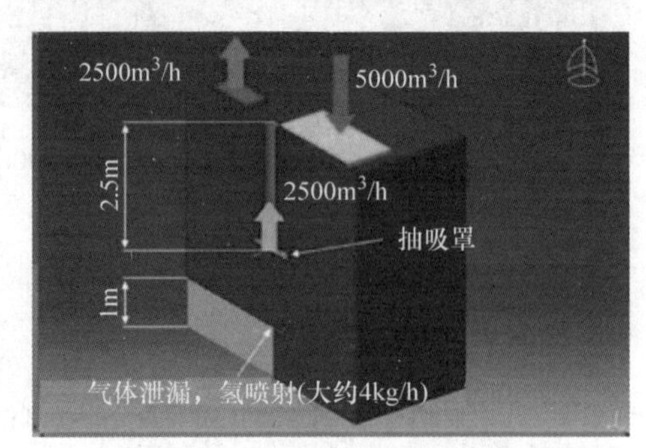

图9.4　用于气体扩散计算的CAD模型

在图9.5～图9.7显示了流速和气体浓度的空间场的模拟结果。

结果可以总结如下：

1）对于热氢，有一个易燃气体混合物的窄的柱状，其中氢含量超过40000×10^{-6}。混合物由抽吸罩完全抽吸，以使在试验室中不会形成爆炸性的气体浓度。

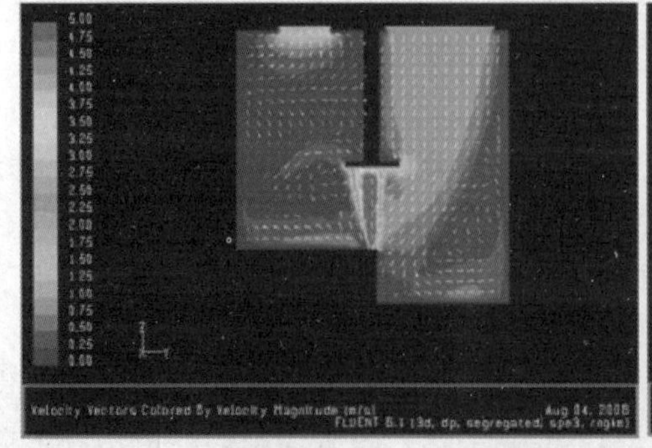

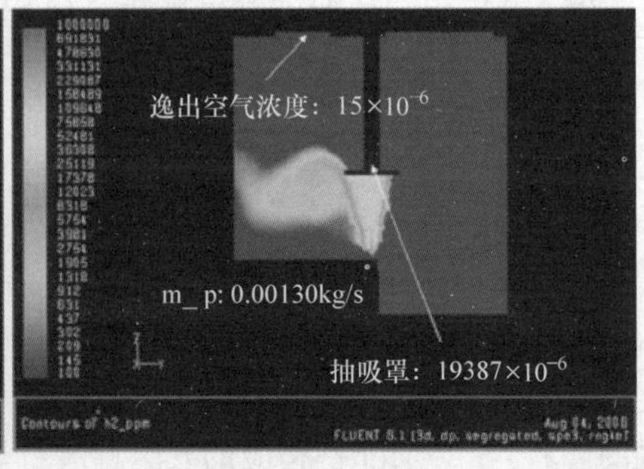

图9.5　氢（300K）流动速度（左）和气体浓度（右）

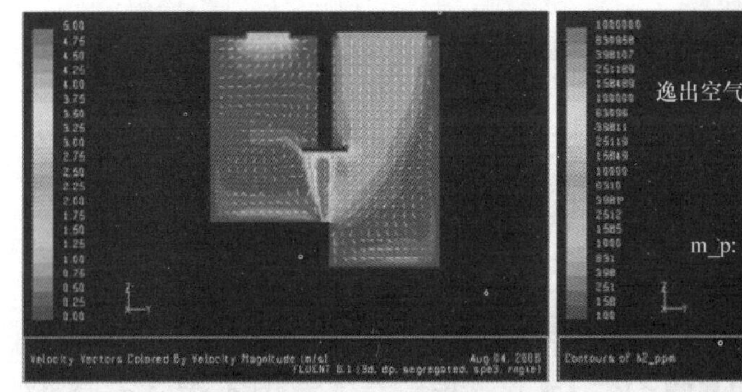
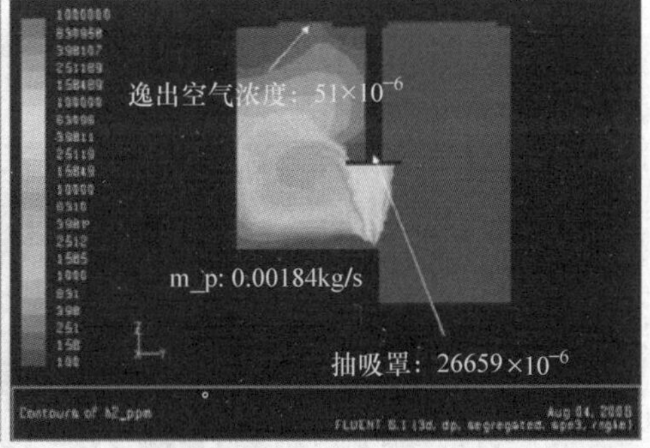

图9.6 氢（150K）流动速度（左）和气体浓度（右）

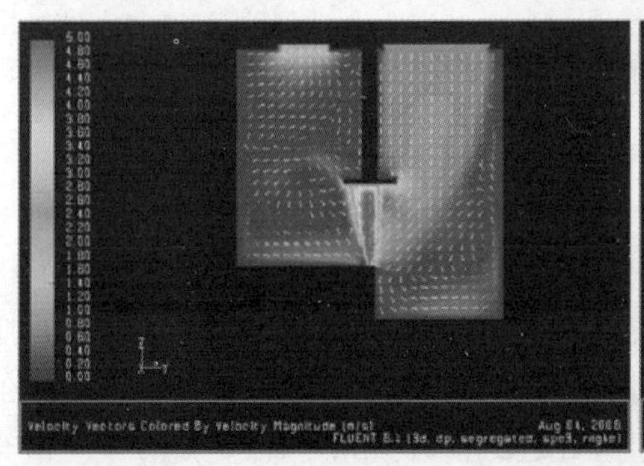
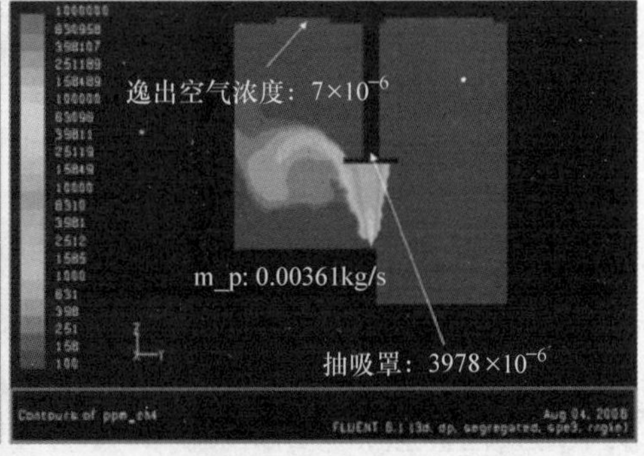

图9.7 甲烷（300K）流速（左）和气体浓度（右）

2）对于冷氢，获得了非常相似的结果。由于引入的燃气的更高的密度，不仅引入的质量更多，而且可燃气体混合物的柱状也更高和更宽。无论如何，燃气都是从抽吸罩中去除的。

3）对于热甲烷，可以形成可燃混合物（$UEG_{CH4}=44000\times10^{-6}$）的区域要小得多。在整个测试阶段未超过可燃性极限。

在所有三种情况下，在泄漏喷束核心都观察到较高的气体速度。在水平泄漏的情况下，必须假定大部分逸出的气体会分散到整个房间，直到撞到墙壁为止。氢供给的压力管线的压力越高，就越会出现这种效果。

最后，应该还要提到的是，由于质量流量和浓度的缘故，LPG或丙烷的潜在危险肯定要比氢还要高，因为达到1.7%（体积分数）时混合物就比较易燃，并且由于更高的密度，更多的可燃物质从同一泄漏处逸出。

研究还对隧道和停车场进行了流场和气体浓度分布的模拟。

在下文中，讨论氢试验台的零部件，这些零部件在使用燃烧气体时需要进行特殊更改或进行额外的构建。图9.8显示了一个完整的试验台架。

（1）浓度测量

在试验台架上测量燃气浓度时，原则上必须区分以下两种应用情况：

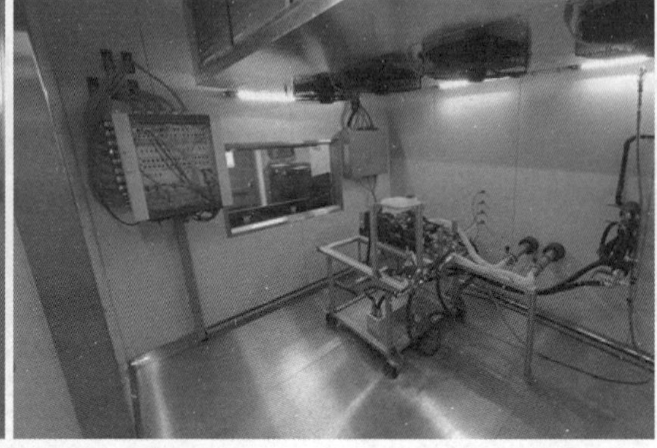

图 9.8　在 HyCentA 的控制室和燃料电池试验台 HIFAI RSA

1）用于检测泄漏和安全应用的检测范围可达大约爆炸下限。

2）用于控制和调节目的的浓度测量，在不同介质中燃烧气体的测量范围为 0～100%（体积分数）。

表 9.4 列出了用于测量氢浓度的传感器的常用测量原理和典型的测量范围，其中前四个可用于检测氢，后三个主要用于控制和调节任务。另外，正在使用或正在开发中的其他传感器可以检测氢的其他特性的变化，例如光学性质、黏度等。相关的详细信息可参见文献［11，18，28，48，59，74，93，253，267］。

表 9.4　氢传感器的测量原理和测量范围

测量原理	测量范围（%）体积分数	
	检测极限	上限
热色调（催化传感器）	0.003	4
半导体金属氧化物的电阻	0.0015	2
带 O_2 电化学	0.0015	0.3
热电	—	10
无 O_2 电化学	<0.01	100
声速	—	100
导热系数	—	100

发生燃气泄漏时，传感器必须非常迅速地检测到逸出的燃气，以便尽快采取必要的措施。传感器的位置选择取决于气体的类型。对于比空气密度更高的燃气，传感器应靠近地板，对于比空气密度更低的气体（例如氢），传感器应安装在空间的最高点，该位置最好应靠近发动机或通风系统。对于氢应用，还应在排气系统中安装灵敏度更高（$<1000\times10^{-6}$）的传感器，以便在试验台架被氢污染之前检测到泄漏。

（2）试验台架通风系统

试验台架通风的任务是防止逸出燃气积聚达到临界浓度以及散发废热，从而限制最高表面温度（热的机械部件、排气罐、冷却器）。

带有独立的新鲜空气风机和排气风机的交叉通风可防止燃气再循环。为避免不必要的高能耗和控制测试室的温度，应使用可调速风机为测试室通风。由温度传感器来控制通风，该温度传感器根据发动机当前的热量输出调节通风。如果燃气检测仪记录到氢达到临界浓度，则将通风切换到最大，以便尽快除去形成的燃气并阻止形成爆炸性气氛。通风设备的通气流量取决于空间的大小和发动机的预期散热量。为了防止形成爆炸性危险的混合物，按标准，通风应为每小时换气50～100次。每100kW废热应引入约30000m^3/h的新鲜空气。

（3）电子控制系统

如前文所述，有两种方法可以防止爆炸的危险：第一种方法是防止形成爆炸性气氛；第二种方法是避免出现点火源。

如果在一个氢应用试验台架上，在正常的运行情况下，预计会出现爆炸性气氛，则所有的电气设备都必须设计为防爆型。这意味着从照明到测量设备、实验室设备再到电气设备需要大量的财务支出。

在发动机试验台架上，在正常的运行情况下不会发生燃气泄漏，这是一种故障，因此，只有设计成防爆的电子设备才能在发生燃气泄漏时采取安全措施，所有其他装置都针对正常的大气条件而设计。发生故障时，如果检测到氢，则必须立即关闭这些设备。由于发动机试验台架始终具有点火源（热表面，例如排气管上的最高温度达800℃），不可能从试验台架上消除所有点火源。因此，有必要将所有安全性预防措施都集中到防止可燃气体混合物上。其中，使用电子控制系统对燃气探测系统和火灾探测系统、电源供给、燃料供给和通风系统进行持续的监测。发生故障时，控制系统会触发警报并确定在哪里切断电源，通风系统是否已切换到最大或所有通风口是否以防火方式关闭，在任何情况下都应切断燃油供给。

（4）燃气存储和燃气供给

根据应用情况，供给试验台架的氢以液态或气态的形式存储在相邻房间或室外的压力容器中。在压力气体存储设备中，氢以每捆12～16瓶的形式存储在通风室内的高压气瓶中。安全性标准规定了与建筑物和公共道路、防爆设施、照明设备和气室的相应的风机之间的最小距离。根据氢的消耗量，必须经常交付新的气瓶。氢以液态或气态形式通过管路送入试验台架。在低温应用情况下，所有管路都必须真空绝缘设计，并且需要注意的是液态氢系统设计为开放式系统。对于灌注系统，需要设计回气管路。在大约4～8bar的液态存储和气态消耗的情况下，氢在一个蒸发器中利用环境热量蒸发，并在需要时提高压力。对此，与蒸发器之后的压缩机相比，在蒸发之前通过低温泵进行压缩在能量上更有利，但在技术上更复杂。

为了向测试单元提供氢，需要一个带有安全性装置并且可以用惰性气体（氮）冲洗的模块。图 9.9 显示了带有相应的安全性装置、质量流量计以及压力和温度传感器的模块。此外，可以将惰性气体注入管道中用于冲洗，以便在更长的运行中断或维护工作中使系统保持设备惰性化。

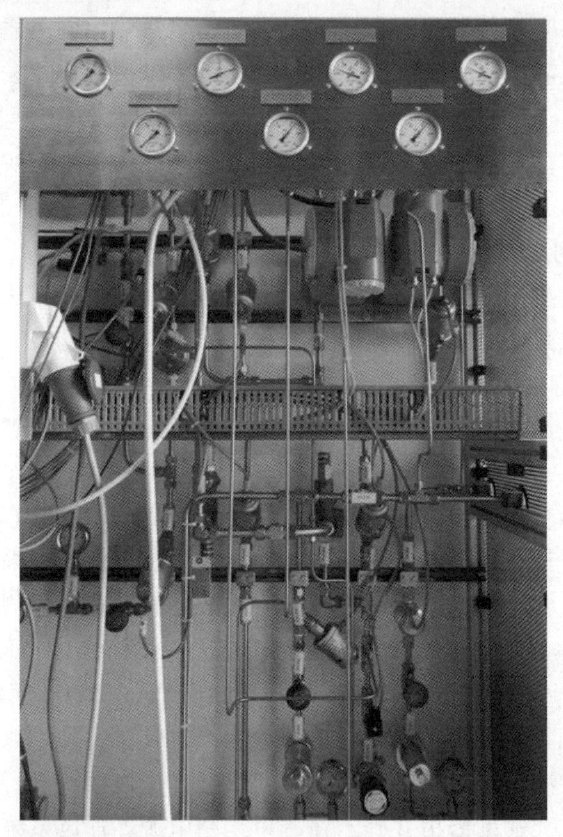

图 9.9　在燃料电池试验台架上的氢供给

（5）规章制度和标准

发动机试验台架应遵守当地安全性标准和试验台架要求。自 1995 年以来，奥地利的要求一直以“欧洲标准”为基础，需要满足的标准和要求包括：供气系统标准、液化气供应指导方针、ÖVGW 指导方针、工作场所指导方针、机械的安全性指导方针、压力设备标准、移动式压力设备、ATEX 标准和 VEXAT 文件，以及在发生故障时制定技术的和组织的预防措施和活动。

9.2.6　在 HyCentA 的安全性

以 HyCentA 的系统为例（图 9.10），本节旨在说明使用氢的商用系统的安全性技术规定。

图9.10 在HyCentA的系统

(1) 安全性鉴定

安全性设计方案的基础是由独立的土木工程师编写的安全性技术鉴定意见，并提供以下措施：

1）借助于2.5m高的防护栅栏，可以防止未经授权擅自使用氢的存储设施、输送系统和输送点。该防护栅栏的设计要求是确保在储存容器周围形成5m的保护区。

2）保护区的定义如下：

① 加注设施周围0.2m：1区。

② 加注设施周围2m：2区。

③ 喷嘴周围0.2m的球半径：1区。

④ 车辆周围5.0m的球半径：2区。

保护区内不得有火源、公共交通路线、竖井或下水道入口、地窖出口和任何形式的存储。

3）存放区域和交货地点应相应地竖立路标，并提供警告和禁止标志，见图9.11。

4）交付点以及加注区均配备了顶棚，以防止太阳辐射和降雨。

5）交付点的电气照明采用防爆保护设计（根据VEXAT）。将根据日光进行自

图 9.11 在 HyCentA 的警告和禁止标志（从左到右）

1—禁止标志“禁止烟火、开灯和吸烟” 2— 禁止标志“禁止未经授权的人员进入”
3—禁止标志“禁止移动通信” 4—禁止标志“禁止摄影” 5、6—强制性标志“佩戴护目镜和听力保护装置
7—警告标志“爆炸性危险物质警告” 8— 警告标志“爆炸性气氛警告”

动控制，并保证最低 300 lx 的光照强度。

6）提供燃气警报装置，该燃气警报装置在加注站和中央控制室内显示光学和声学警报消息：

① 警告：达到 20% UEG 时。

② 警报：当达到 40% UEG 时，启动应急程序响应。

7）加注区域设计为密封的混凝土表面，因此，泄漏电阻不得超过 0.1MΩ，以避免产生静电荷。

（2）应急矩阵

所谓的应急矩阵（Not - Aus - Matrix）描述了在电子系统控制中实现的应急电路以及它们之间的相互联系。应急矩阵是安全性方案的重要组成部分。在 HyCentA 安装了以下应急电路：

1）主要应急触发/响应：

① 试验台架上的主要应急按钮。

② 现场应急按钮（压盘）。

③ 控制室内的 H_2 浓度为 40% UEG。

2）切断区域：

① 整个系统的电力电子设备（220V）。

② 关闭供应阀。

③ 压缩机处于安全关闭状态。

④ 系统处于安全关闭状态（USV、门驱动、安全性控制技术、照明设备除外）。

3）应急 H_2 储罐系统触发/响应：

① 储罐系统上的应急按钮。

② LH_2 储罐压力监控。

③ 接地问题（加注时）。

4）切断区域：

① 储罐系统上的电气连接。

② 关闭储罐上的阀门。

5）应急 LH_2泵触发/响应：泵上的应急按钮

6）切断区域：

① LH_2泵：关闭冷阀。

② 空调箱：关闭冷阀。

7）应急右和左测试单元触发/响应：

① 控制室中的应急按钮。

② 测试单元中两个传感器之一的 H_2浓度为40% UEG。

8）切断区域：

① 关闭所有供应管线。

② 试验场地无电压（传感器、照明、通风除外）。

③ 启用交叉通风。

9）应急压缩机触发/响应：

① GH_2泵上的应急按钮。

② 压缩机控制室中的应急按钮。

③ 冷却温度 > 70℃。

④ 供气压力太低。

⑤ 泵输入压力。

⑥ 燃气室中两个传感器之一的 H_2浓度为40% UEG。

10）切断区域：

① 关闭压缩机上的所有阀门。

② 压缩机上的警告灯。

（3）TÜV

为了确保系统的功能，系统制造商规定，某些元件的功能和安全性必须由TÜV 测试。这些元件中的一部分元件必须周期性地检查，而某些元件安装时只需检查一次。系统中的以下元件具有 TÜV 证书：

1）电气 TÜV。必须周期性地检查系统的整个电气部分，这包括防雷和接地电阻的测量。根据系统的区域，每年或每 3 年进行一次检查。

2）压力 TÜV。应根据潜在危险，在不同的时间间隔后定期检查压力容器。通常，最初的外部检查在 2 年后进行，内部检查在 6 年后进行，压力和密封测试在 12 年后进行；每 3 年检查一次加注站。

3）门 TÜV。必须确保现场入口处的滑移门的功能和安全性。TÜV 每年进行相应的检查。

（4）CE 符合性声明

对于包括压缩机单元、气态氢泵、测试集装箱、调节容器、氦气站、液体加注站、液态氢和液态氮的直立罐以及必要的管道和设备的整个系统要给出 CE 符合性声明。这涉及以下的指导方针：压力设备指导方针、机械指导方针、低压指导方针、电磁兼容性指导方针、简易压力容器指导方针以及防爆指导方针。

在符合性声明中确认系统和所有元件均符合上述指导方针。除其他事项外，还包括以下文件：危害鉴定（根据工业安全性条例和职业保护法）、防爆风险评估文件（根据 VEXAT）以及 EX 区计划。

（5）商业批准

基于当前的安全性方案、符合性声明和 TÜV 证书，HyCentA 研究公司根据贸易法规第 81 条获得了作为氢交付站和测试系统的商业批准。

参考文献

[1] Abanades, S.; Charvin, P.; Flamant, G.; Neveu, P.: Screening of water-splitting thermochemical cycles potentially attractive for hydrogen production by concentrated solar energy. Energy 31, S. 2805–2822, 2006

[2] Akansu, S.; Dulger, Z.; Kahraman, N.; Veziroglu, T.; Internal combustion engines fueled by natural gas-hydrogen mixtures. Int. J. Hydrogen Energy 29, S. 1527–1539, 2004

[3] Alstom, http://www.alstom.com/press-centre/2017/03/alstoms-hydrogen-train-coradia-ilint-first-successful-run-at-80-kmh/, 20.10.2017

[4] Althytude Website; www.althytude.info

[5] American National Standards Institute – ANSI, http://www.ansi.org

[6] American Physical Society, http://www.aps.org

[7] AMS, American Metereological Association, Kiehl, J. T.; Trenberth K.: Earth's Annual Global Mean Energy Budget. Bulletin of the American Meteorological Society 78 (2), S. 197–208, 1997 http://journals.ametsoc.org/doi/abs/10.1175/1520-0477(1997)078%3C0197%3AEAGMEB%3E2.0.CO%3B2 (24.07.2017)

[8] Aral AG, http://www.aral.de

[9] ARC Ivy Mike ID 558592, http://www.archives.gov/research/arc/index.html (14.01.2010)

[10] Arianespace, http://www.arianespace.com/site/index.html (14.01.2010)

[11] Aroutiounian, V. M.: Hydrogen Detectors. Int. Sc. J. for Alternative Energy and Ecology, ISJAEE 3 (23), S. 21–31, 2005

[12] Arpe, H.-J.: Industrielle Organische Chemie. 6. Auflage. ISBN 9783527315406 Verlag Wiley-VCH, Weinheim 2007

[13] ASTM International Standards Worldwide (American Society for Testing and Materials), http://www.astm.org

[14] ATEX Richtlinien, Druckgeräte online, http://www.druckgeraete-online.de/seiten/frameset10.htm (20.10.2017)

[15] Atkins, P.; de Paula, J.: Physikalische Chemie. 4. Auflage. Verlag Wiley-VCH, Weinheim, ISBN 9783527315468, 2006

[16] Baehr, H,; Kabelac, S.: Thermodynamik. 13. Auflage, Springer Verlag Wien New York, ISBN 9783540325130, 2006

[17] Barnstedt, K., Ratzberger, R., Grabner, P., Eichlseder, H.: Thermodynamic investigation of different natural gas combustion processes on the basis of a heavy-duty engine. SAGE International Journal of Engine Research, 2016, Vol. 17(1), S. 28–34

[18] Baselt, D.R.; Fruhberger, B.; Klaassen, E. et.al: Design and performance of a microcantilever-based hydrogen sensor. Sensors and Actuators B 88, S. 120–131, 2003

[19] Basshuysen, R. van; Schäfer, F. (Hrsg): Handbuch Verbrennungsmotor. 7. Auflage. Springer Fachmedien, Wiesbaden, ISBN 9783658046774, 2015

[20] Basshuysen, R. van; Schäfer, F. (Hrsg): Handbuch Verbrennungsmotor. 5. Auflage. Vieweg+Teubner Verlag, Wiesbaden, ISBN 9783834806994, 2009

[21] Barsoukov, E.; Macdonald, J.R. (Hrsg.): Impedance Spectroscopy: Theory, Experiment, and Applications, 2nd Edition, Wiley, ISBN: 978-0-471-64749-2, 2005

[22] Beister, U.; Smaling, R.: Verbesserte Verbrennung durch Wasserstoffanreicherung. Motortechnische Zeitschrift MTZ 66 (10), S. 784–791, 2005

[23] Bensmann, B.; Hanke-Rauschenbach, R.; Peña Arias, I.; Sundmacher, K.: Energetic evaluation of high pressure PEM electrolyzer systems for intermediate storage of renewable energies, Electrochimica Acta, Volume 110, Pages 570–580, 2013

[24] Bezmalinovic, D.; Simic, B.; Barbir, F.: Characterization of PEM fuel cell degradation by polarization change curves, Journal of Power Sources, Volume 294, 2015, Pages 82–87, ISSN 0378-7753, https://doi.org/10.1016/j.jpowsour.2015.06.047 (20.10.2017)

[25] Bliem, M. et al: Energie [R]evolution Österreich 2050, Endbericht, Studie im Auftrag von Greenpeace Zentral- und Osteuropa, 2011

[26] BMW AG, http://www.bmw.com

[27] Brandstätter, S., Striednig, M., Aldrian, D., Trattner, A. et al., "Highly Integrated Fuel Cell Analysis Infrastructure for Advanced Research Topics," SAE Technical Paper 2017-01-1180, 2017, doi:10.4271/2017-01-1180.

[28] Bronkhorst High-Tech B.V., http://www.bronkhorst.com

[29] Brueckner-Kalb, J. R.; Kroesser, M.; Hirsch, C.; Sattelmayer, T.: Emission characteristics of a premixed cyclic-periodical-mixing combustor operated with hydrogen-natural gas fuel mixtures. ASME Turbo Expo: Power for Land, Sea and Air, No. GT2008-51076, Berlin 2008

[30] Bundesgesetz zum Schutz vor Immissionen durch Luftschadstoffe (Immissionsschutzgesetz – Luft, IG-L), BGBl. I Nr. 115/1997, BGBl, II Nr, 417/2004 https://www.ris.bka.gv.at/GeltendeFassung.wxe?Abfrage=Bundesnormen&Gesetzesnummer=10011027 (24.07.2017)

[31] Bundesgesetzblatt der Republik Deutschland [45], Gesetz für den Ausbau erneuerbarer Energien (ErneuerbareEnergien-Gesetz – EEG 2017)

[32] Bundesgesetzblatt der Republik Deutschland [45], Gesetz zum Schutz vor gefährlichen Stoffen, Chemikaliengesetz in der Fassung der Bekanntmachung vom 20. Juni 2002 (BGBl. I S. 2090), zuletzt geändert durch Artikel 231 der V. v. 31. Oktober 2006 (BGBl. I S. 2407)

[33] Bundesgesetzblatt der Republik Deutschland [45], Neunte Verordnung zum Geräte- und Produktsicherheitsgesetz (Maschinenverordnung) vom 12. Mai 1993 (BGBl. I S. 704), zuletzt geändert durch Artikel 1 V v. 18. 6. 2008 I 1060

[34] Bundesgesetzblatt der Republik Deutschland [45], Vierzehnte Verordnung zum Geräte- und Produktsicherheitsgesetz (Druckgeräteverordnung) (14. GPSGV)

[35] Bundesgesetzblatt für die Republik Österreich [44], BGBl II Nr. 309/2004 Verordnung explosionsfähige Atmosphären 2004 (VEXAT)

[36] Bundesgesetzblatt für die Republik Österreich [44], BGBl Nr. 450/1994 i. d. F. BGBl. I Nr. 159/2001, Arbeitnehmerinnenschutzgesetz 2001 (AschG)

[37] Bundesgesetzblatt für die Republik Österreich [44], BGBl. I Nr. 53/1997 Chemikaliengesetz 1996 (ChemG)

[38] Bundesgesetzblatt für die Republik Österreich [44], BGBl. II Nr. 426/1999 Druckgeräteverordnung 1999 (DGVO)

[39] Bundesgesetzblatt für die Republik Österreich [44], BGBl. Nr. 194/1994 Gewerbeordnung 1994 (GewO)

[40] Bundesgesetzblatt für die Republik Österreich [44], Maschinen-Sicherheitsverordnung 2010 – MSV 2010, BGBl. Nr. 282/2008

[41] Bundesgesetzblatt für die Republik Österreich [44], Ökostromgesetz – ÖSG, BGBl. I Nr. 149/2002, zuletzt geändert durch das Bundesgesetz BGBl. I Nr. 44/2008

[42] Bundesgesetzblatt für die Republik Österreich, Schwerarbeitsverordnung, BGBl. II Nr. 201/2013

[43] Bundesgesetzblatt für die Republik Österreich. BGBl, II Nr, 417/2004 Änderung der Kraftstoffverordnung 1999, http://www.ris.bka.gv.at

[44] Bundeskanzleramt Österreich, http://www.ris.bka.gv.at (24.07.2017)

[45] Bundesministerium für Justiz und Verbraucherschutz (Deutschland), http://www.gesetze-im-internet.de/ (24.07.2017)

[46] Bundesministerium für Wissenschaft, Forschung und Wirtschaft: Energie in Österreich, bm.wfw, 2017, https://www.bmwfw.gv.at/EnergieUndBergbau/Energiebericht/Seiten/default.aspx (24.07.2017)

[47] Bundesministerium für Verkehr, Innovation und Technologie: Technologiekompetenz Verkehr in Österreich. bm.vit 2007

[48] Butler, M. A.; Sanchez, R.; Dulleck, G. R.: Fiber Optic Hydrogen Sensor. Sandia National Laboratories, May 1996

[49] Bysveen, M.: Engine characteristics of emissions and performance using mixtures of natural gas and hydrogen. Energy 32, S. 482–489, 2007

[50] California Fuel Cell Partnership, MEDIUM- & HEAVY-DUTY FUEL CELL ELECTRIC TRUCK ACTION PLAN FOR CALIFORNIA, www.cafcp.org, Oktober 2016

[51] CANTERA. Object-oriented open-source software for reacting flows. http://www.cantera.org

[52] Carter, Robert, et al. "Membrane electrode assemblies (MEAs) degradation mechanisms studies by current distribution measurements", in: Handbook of Fuel Cells – Fundamentals, Technology and Applications (Eds.: W. Vielstich, H. Yokokawa, H. A. Gasteiger), John Wiley & Sons, Ltd. (Weinheim), vol. 5 (2009): pp. 829.

[53] Casaregola L. J., (Stephen F. Skala), U. S. Patent 4,189,916, "Vehicle system for NaK-water-air internal combustion engines", 26-02-1980

[54] CCS Network EU, http://ccsnetwork.eu/content/ccs-projects (23.10.2017)

[55] Chambers, A.; Park, C.; Terry, R.; Baker, K.: Hydrogen storage in graphite nanofibers. J. Phys. Chem. B. 102, S. 4254–4256, 1998

[56] Charvin, P.; Abanades, S.; Flamant, G.; Lemort, F.: Two-step water splitting thermochemical cycle based on iron oxide redox pair for solar hydrogen production. Energy 32, S. 1124–1133, 2007

[57] Collier, K.; Mulligan, N.; Shin, D.; Brandon, St.: Emission Results from the New Development of A Dedicated Hydrogen – Enriched Natural Gas Heavy Duty Engine. SAE paper 2005-01-0235, 2005

[58] Conference of the Parties, COP 21, Paris 2015, http://www.cop21paris.org/ (21.07.2017)

[59] COSA Instrument, Industrial Instrumentation for Laboratory and Process, http://www.cosa-instrument.com

[60] Crutzen, P. J.; Mosier, A. R.; Smith, K. A.; Winiwarter, W.: N_2O release from agro-biofuel production negates global warming reduction by replacing fossil fuels. Atmos. Chem. Phys. Discuss. 7, S. 11191–11205, 2007

[61] Dadieu, A.; Damm, R.; Schmidt, E.: Raketentreibstoffe. Springer Verlag, Wien New York, ISBN 9783211808566, 1968

[62] Daimler AG, http://www.daimler.com

[63] Deutsche Marine, http://www.marine.de

[64] Das, D.; Veziroglu, T.: Hydrogen production by biological processes: a survey of literature. IJHE 26, S. 13–28, 2001

[65] Deutsche Vereinigung für das Gas- und Wasserfach, http://www.dvgw.de

[66] Deutsches Museum München, http://www.deutsches-museum.de

[67] Deutsches Zentrum für Luft- und Raumfahrt (DLR), http://www.dlr.de

[68] Deutsches Zentrum für Luft- und Raumfahrt (DLR), http://www.dlr.de/fb/desktopdefault.aspx/tabid-4859/8069_read-13095/, http://www.dlr.de/dlr/desktopdefault.aspx/tabid-10204/296_read-931/#/gallery/2079 (24.10.2017)

[69] Deutsches Zentrum für Luft- und Raumfahrt (DLR), http://www.dlr.de/dlr/desktopdefault.aspx/tabid-10203/339_read-8244#/gallery/12336 (24.10.2017)

[70] Deutsches Zentrum für Luft- und Raumfahrt (DLR), http://www.dlr.de/dlr/desktopdefault.aspx/tabid-10081/151_read-19469/#/gallery/24480 (24.10.2017)

[71] Dimopoulos, P.; Rechsteiner, C.; Soltic, P.; Laemmle, C.; Boulouchos, K.: Increase of passenger car engine efficiency with low engine out emissions using hydrogen natural gas mixtures: A thermodynamic analysis. Int. J. Hydrogen Energy 32, S. 3073–3083, 2007

[72] DIN Deutsches Institut für Normung e. V., http://www.din.de

[73] DOE – Department of Energy USA, DOE Technical Targets for Fuel Cell Systems and Stacks for Transportation Applications, https://energy.gov/eere/fuelcells/doe-technical-targets-fuel-cell-systems-and-stacks-transportation-applications (20.10.2017)

[74] Drägersafety, http://www.draeger.at

[75] Duggan, J.: LS 129 "Hindenburg" – The Complete Story. Zeppelin Study Group, Ickenham,

UK, ISBN 9780951411483, 2002
[76] Easley, W. L.; Mellor, A. M. ; Plee, S. L.: NO formation and decomposition models for DI Diesel engines. SAE paper 2000-01-0582, 2000
[77] Ebner, H.; Jaschek, A.: Die Blow-by-Messung – Anforderungen und Messprinzipien. Motortechnische Zeitschrift MTZ 59 (2), S. 90–95, 1998
[78] ECHA, European Chemicals Agency, www.echa.europa.eu
[79] Edwards, R.; et al: Well-to-Wheels Analysis of Future Automotive Fuels and Powertrains in the European Context, Well-to-Tank Report Version 4.a, ISBN 978-92-79-33888-5, European Union, 2014
[80] Eichlseder, H.: Thermodynamik. Vorlesungsskriptum, Technische Universität Graz, 2009
[81] Eichlseder, H.; Grabner, P.; Gerbig, F.; Heller, K.: Advanced Combustion Concepts and Development Methods for Hydrogen IC Engines. FISITA World Automotive Congress, München, Paper F2008-06-103, 2008
[82] Eichlseder, H., Grabner, P., Hadl, K., Hepp, C., Luef, R.: Dual-Fuel-Konzepte für mobile Anwendungen. Beitrag zum 34. Internationalen Wiener Motorensymposium, Wien, 25.–26. April 2013
[83] Eichlseder, H., Hausberger, S., Wimmer, A.: Zukünftige Otto-DI-Brennverfahren – Thermodynamische Potenziale und Grenzen im Vergleich zum Dieselmotor, 3. Motortechnische Konferenz 2007 „Der Antrieb von Morgen“, Neckarsulm/DE, 22.–23. Mai 2007
[84] Eichlseder, H.; Klell, M.; Schaffer, K.; Leitner D.; Sartory M.: Synergiepotential eines Fahrzeugs mit variablem Erdgas/Wasserstoff-Mischbetrieb. Beitrag zur 3. Tagung Gasfahrzeuge, Berlin, 17.–18. September 2008
[85] Eichlseder, H.; Klell, M.; Schaffer, K.; Leitner, D.; Sartory, M.: Potential of Synergies in a Vehicle for Variable Mixtures of CNG and Hydrogen. SAE paper 2009-01-1420 in: Hydrogen IC Engines, SP-2251, ISBN 9780768021479, S. 19–28, SAE International 2009
[86] Eichlseder, H.; Klüting, M.; Piock, W.: Grundlagen und Technologien des Ottomotors. In der Reihe: List, H. (Hrsg.): Der Fahrzeugantrieb. Springer-Verlag Wien New York, ISBN 9783211257746, 2008
[87] Eichlseder, H.; Spuller, C.; Heindl, R.; Gerbig, F.; Heller, K.: Brennverfahrenskonzepte für dieselähnliche Wasserstoffverbrennung. Motortechnische Zeitschrift MTZ 71 (1), S. 60–66, 2010
[88] Eichlseder, H.; Wallner, T.; Freymann, R.; Ringler, J.: The Potential of Hydrogen Internal Combustion Engines in a Future Mobility Scenario. SAE – International Future Transportation Technology Conference, SAE paper 2003-01-2267, 2003
[89] Eichlseder, H.; Wallner, T.; Gerbig, F.; Fickel, H.: Gemischbildungs- und Verbrennungskonzepte für den Wasserstoff-Verbrennungsmotor. 7. Symposium „Entwicklungstendenzen bei Ottomotoren“. Esslingen, Dezember 2004
[90] Eichner, T.: Kryoverdichtung, Erzeugung von Hochdruckwasserstoff. Diplomarbeit, Technische Universität Graz, 2005
[91] ElringKlinger AG, https://www.elringklinger.de/de/produkte-technologien/brennstoffzellen (24.10.2017)
[92] Emans, M.; Mori, D.; Krainz G.: Analysis of back-gas behaviour of an automotive liquid hydrogen storage system during refilling at the filling station. Int. J. Hydrogen Energy 32, S. 1961–1968, 2007
[93] Endress und Hausner, http://www.endress.de
[94] Energiesparverband Österreich, http://www.energiesparverband.at/fileadmin/redakteure/ESV/Info_und_Service/Publikationen/Checkliste_Buerogeraete.pdf, (14.08.2017)
[95] Energy Economics Group, TU Wien: Szenarien der gesamtwirtschaftlichen Marktchancen verschiedener Technologielinien im Energiebereich. 2. Ausschreibung der Programmlinie Energiesysteme der Zukunft. Wien, 2008
[96] Enke, W.; Gruber, M.; Hecht, L.; Staar, B.: Der bivalente V12-Motor des BMW Hydrogen 7.

Motortechnische Zeitschrift MTZ 68 (6), S. 446–453, 2007
[97] Erren, R. A.: Der Erren-Wasserstoffmotor. Automobiltechnische Zeitschrift ATZ 41, S. 523–524, 1939
[98] EU FP6 Integrated Project STORHY, http://www.storhy.net (14.10.2017)
[99] EU Integtrated Project HyFLEET CUTE, http://www.global-hydrogen-bus-platform.com (14.10.2017)
[100] EUR-Lex – Der Zugang zum EU Recht, http://eur-lex.europa.eu
[101] Europäische Kommission: Klimapolitik https://ec.europa.eu/clima/policies/strategies/2030_de (24.07.2017)
[102] Europäische Kommission: Eurostat: Energy – Yearly statistics 2017. http://epp.eurostat.ec.europa.eu (24.07.2017)
[103] Europäische Kommission: Energy in figures – Statistical Pocketbook 2016 https://ec.europa.eu/energy/sites/ener/files/documents/pocketbook_energy-2016_web-final_final.pdf (24.07.2017)
[104] Europäisches Komitee für Normung, Comité Européen de Normalisation CEN, http://www.cen.eu
[105] Europäisches Zentrum für erneuerbare Energie Güssing GmbH, http://www.eee-info.net
[106] European Hydrogen and Fuel Cell Technology Platform, http://ec.europa.eu/research/fch/index_en.cfm (14.10.2017)
[107] European Network of Transmission System Operators for Electricity, ENTSO Statistical Yearbook 2016, http://www.entsoe.eu (24.07.2017)
[108] Faaß, R.: Cryoplane, Flugzeuge mit Wasserstoffantrieb. Airbus Deutschland GmbH 2001, http://www.fzt.haw-hamburg.de/pers/Scholz/dglr/hh/text_2001_12_06_Cryoplane.pdf (14.10.2017)
[109] Falbe, J.: Chemierohstoffe aus Kohle. Thieme Verlag, Stuttgart 1977
[110] FCHEA, http://www.fchea.org/portable/, Fuel Cell and Hydrogen Energy Association, (20.10.2017)
[111] FCH JU: Fuel Cell Electric Buses – Potential for Sustainable Public Transport in Europe, The Fuel Cells and Hydrogen Joint Undertaking, 2015
[112] FCH JU: New Bus Refuelling for European Hydrogen Bus Depots, Press Release, www.newbusfuel.eu, 2017
[113] Fellinger, T.: Entwicklung eines Simulationsmodells für eine PEM – Hochdruckelektrolyse, Masterarbeit, TU Graz – HyCentA, 2015
[114] Fischer, F.; Tropsch, H: Berichte der deutschen chemischen Gesellschaft 59 (4), S. 832–836, 1926
[115] Ford Motor Company, http://www.ford.com
[116] Foust, O. J. (Hrsg.): Sodium-NaK Engineering Handbook. Vol. 1, Gordon and Breach Science Publishers Inc., New York London Paris, ISBN 9780677030203, 1972
[117] Francfort, J.; Darner, D.: Hydrogen ICE Vehicle Testing Activities. SAE paper 2006-01-433, 2006
[118] Fritsche, U.: Treibhausgasemissionen und Vermeidungskosten der nuklearen, fossilen und erneuerbaren Strombereitstellung. Öko-Institut e. V., Institut für angewandte Ökologie, Darmstadt, 2007, https://www.oeko.de/oekodoc/318/2007-008-de.pdf (24.10.2017)
[119] Fronius International GmbH, http://www.fronius.com
[120] Fuel Cell Boat, http://www.opr-advies.nl/fuelcellboat/efcbabout.html, http://www.opr-advies.nl/fuelcellboat/efcbhome.html (24.10.2017)
[121] Fuel Cell Energy, http://www.fuelcellenergy.com
[122] Furuhama, S., Kobayashi, Y., Iida, M.: A LH_2 Engine Fuel System on Board – Cold GH_2 Injection into Two-Stroke Engine with LH_2 Pump. ASME publication 81-HT-81, New York, 1981
[123] Furuhama, S.; Fukuma, T.: Liquid Hydrogen Fueled Diesel Automobile with Liquid Hydrogen

Pump. Advances in Cryogenic Engineering (31), S. 1047–1056, 1986
[124] General Electric Company, http://www.gepower.com/prod_serv/products/gas_turbines_cc/en/h_system/index.htm (14.10.2017)
[125] Gerbig, F.; Heller, K.; Ringler, J.; Eichlseder, H.; Grabner, P.: Innovative Brennverfahrenskonzepte für Wasserstoffmotoren. Beitrag zur 11. Tagung – Der Arbeitsprozess des Verbrennungsmotors. VKM-THD Mitteilungen, Heft 89, Institut für Verbrennungskraftmaschinen und Thermodynamik der Technischen Universität Graz, 2007
[126] Gerbig, F.; Strobl, W.; Eichlseder, H.; Wimmer, A.: Potentials of the Hydrogen Combustion Engine with Innovative Hydrogen-Specific Combustion Processes. FISITA World Automotive Congress, Barcelona 2004
[127] Geringer, B.; Tober, W.; Höflinger, J.: Studie zur messtechnischen Analyse von Brennstoffzellenfahrzeugen Hyundai ix35 FCEV, Österreichischer Verein für Kraftfahrzeugtechnik, 2017
[128] Glassman, I.: Combustion. 3. Auflage, Academic Press, San Diego, ISBN 9780122858529, 1996
[129] Godula-Jopek, A.: Hydrogen Production: by Electrolysis; 1. Auflage, Wiley-VCH-Verlag GmbH & Co. KG, Weinheim, ISBN 978-3-527-33342-4, 2015
[130] Göschel, B.: Der Wasserstoff-Verbrennungsmotor als Antrieb für den BMW der Zukunft! 24. Internationales Wiener Motorensymposium, Wien 2003
[131] Grabner, P.: Potentiale eines Wasserstoffmotors mit innerer Gemischbildung hinsichtlich Wirkungsgrad, Emissionen und Leistung, Dissertation, Technischen Universität Graz, 2009
[132] Grabner, P.; Eichlseder, H.; Gerbig, F.; Gerke, U.: Opimisation of a Hydrogen Internal Combustion Engine with Inner Mixture Formation. Beitrag zum 1st International Symposium on Hydrogen Internal Combustion Engines. VKM-THD Mitteilungen, Heft 88, Institut für Verbrennungskraftmaschinen und Thermodynamik der Technischen Universität Graz, 2006
[133] Grabner, P.; Wimmer, A.; Gerbig, F.; Krohmer, A.: Hydrogen as a Fuel for Internal Combustion Engines – Properties, Problems and Chances. 5th International Colloquium FUELS, Ostfildern, 2005
[134] Grochala, W.; Edwards, P.: Thermal Decomposition of the Non-Interstitial Hydrides for the Storage and Production of Hydrogen. Chemical Reviews 104, No 3, S. 1283–1315, 2004
[135] Groethe, M.; Merilo, E.; Colton, J.; Chiba, S.; Sato, Y., Iwabuchi, H.: Large-scale hydrogen deflagrations and detonations, Int. J. Hydrogen Energy, 32, S. 2125–2133, 2007
[136] Grossel, S. S.: Deflagration and Detonation Flame Arresters. American Institute of Chemical Engineers, New York, ISBN 9780816907915, 2002
[137] Grove, W. R.: On a Gaseous Voltaic Battery. Philosophical Magazine 21, S. 417–420, 1842
[138] Grove, W. R.: On Voltaic Series and the Combination of Gases by Platinum. Philosophical Magazine 14, S. 127–130, 1839
[139] Gstrein, G.; Klell, M.: Stoffwerte von Wasserstoff. Institut für Verbrennungskraftmaschinen und Thermodynamik, Technische Universität Graz 2004
[140] Gursu, S.; Sherif, S. A.; Veziroglu, T. N.; Sheffield, J. W.: Analysis and Optimization of Thermal Stratification and Self-Pressurization Effects in Liquid hydrogen Storage Systems – Part 1: Model Development. Journal of Energy Resources Technology 115, S. 221–227. 1993
[141] Gutmann, M.: Die Entwicklung eines Gemischbildungs- und Verbrennungsverfahrens für Wasserstoffmotoren mit innerer Gemischbildung. Dissertation Universität Stuttgart, 1984
[142] H2Stations, https://www.netinform.de/H2/H2Stations/Default.aspx, TÜV Süd (20.10.2017)
[143] Haberbusch, M.; McNelis, N.: Comparison of the Continuous Freeze Slush Hydrogen Production Technique to the Freeze/Thaw Technique. NASA Technical Memorandum 107324, 1996
[144] Hacker, V.: Brennstoffzellensysteme. Neue Konzepte für Brennstoffzellen und für die Wasserstofferzeugung. Habilitationsschrift, Technische Universität Graz 2003
[145] Hamann, C. H.; Vielstich W.: Elektrochemie. 4. Auflage, Verlag Wiley-VCH, Weinheim, ISBN 9783527310685, 2005

[146] Hasegawa, T., Imanishi, H., Nada, M., and Ikogi, Y., "Development of the Fuel Cell System in the Mirai FCV," SAE Technical Paper 2016-01-1185, doi:10.4271/2016-01-1185., 2016

[147] Haslacher, R.; Skalla, Ch.; Eichlseder, H.: Einsatz optischer Messmethoden bei der Entwicklung von Brennverfahren für Wasserstoff-Erdgas-Gemische, 6. Dessauer Motoren-Konferenz 2009

[148] Heffel, W.; Das, L.M.; Park, S.; Norbeck, M.: An Assessment of Flow Characteristics and Energy Levels from a Gaseous Fuel Injector using Hydrogen and Natural Gas. SAE paper 2001-28-0031, 2001

[149] Heffel, W.; Norbeck, J.; Park, Ch.; Scott, P.: Development of a Variable Blend Hydrogen-Natural Gas Internal Combustion Engine. Part 1 – Sensor Development, SAE paper 1999-01-2899, 1999

[150] Heindl, R.; Eichlseder, H.; Spuller, C.; Gerbig, F.; Heller, K.: New and Innovative Combustion Systems for the H2-ICE: Compression Ignition and Combined Processes. SAE paper 2009-01-1421, 2009, SAE Int. J. Engines 2 (1), S. 1231–1250, 2009

[151] Heitmeir, F.; Jericha, H.: Turbomachinery design for the Graz cycle: an optimized power plant concept for CO_2 retention. Proceedings of the Institution of Mechanical Engineers Part A: Journal of Power and Energy 219, S. 147–158, 2005

[152] Heitmeir, F.; Sanz, W.; Göttlich, E.; Jericha H.: The Graz Cycle – A Zero Emission Power Plant of Highest Efficiency. 35. Kraftwerkstechnisches Kolloquium, Dresden 2003

[153] Helmolt, R. von; Eberle, U.: Fuel cell vehicles: Status 2007. Journal of Power Sources 165, S. 833–843, 2007

[154] Herdin, G.; Gruber, F.; Klausner, J.; Robitschko, R.: Use of hydrogen and hydrogen mixtures in gas engines. Beitrag zum 1st International Symposium on Hydrogen Internal Combustion Engines. VKM-THD Mitteilungen, Heft 88, Institut für Verbrennungskraftmaschinen und Thermodynamik der Technischen Universität Graz, 2006

[155] HEXIS AG, http://www.hexis.com

[156] Heywood, J. B.: Internal Combustion Engine Fundamentals. McGraw Hill, New York, ISBN 9780070286375, 1988

[157] Hiroyasu, H.; Kadota, T.; Arai, M.: Development and use of a spray combustion modeling to predict Diesel engine efficiency and pollutant emissions. Part 1, 2, 3, Bulletin of the JSME, Vol. 26, No. 214, S. 569–591, 1983

[158] Hirscher, M. (Hrsg.): Handbook of Hydrogen Storage. Wiley-VCH Verlag, Weinheim, ISBN 9783527322732, 2010

[159] Hirscher, M.; Becher, M.: Hydrogen storage in carbon nanotubes. Journal of Nanoscience and Nanotechnology Vol. 3, Numbers 1–2, S. 3–17, 2003

[160] Hirsh, St.; Abraham, M.; Singh, J.: Analysis of Hydrogen Penetration in a Developing Market such as India for use as an Alternative Fuel. Beitrag zum 2nd International Hydrogen Energy Congress & Exhibition, Istanbul, Turkey July 13–15 2007

[161] Hoekstra, R.; van Blarigan, P.; Mulligan, N.: NO_x-Emissions and Efficiency of Hydrogen, Natural Gas, and Hydrogen/Natural Gas Blended Fuels. SAE paper 961103, 1996

[162] Hofmann, Ph.; Panopoulos, K.; Fryda, L.; Schweiger, A.; Ouweltjes J.; Karl, J.: Integrating biomass gasification with solid oxide fuel cells: Effect of real product gas tars, fluctuations and particulates on Ni-GDC anode. Int. J. Hydrogen Energy 33, S. 2834–2844, 2008

[163] Holladay, J.D.; Hu, J.; King, D.L.; Wang, Y.: An overview of hydrogen production technologies. Catalysis Today 139, S. 244–260, 2009

[164] Holleman, A.; Wiberg, E.; Wiberg N.: Lehrbuch der anorganischen Chemie. 102. Auflage. Walter de Gruyter, Berlin New York, ISBN 9783110177701, 2007

[165] Honda Motor, http://world.honda.com/FuelCell; http://www.honda.de/cars/honda-welt/news-events/2015-10-28-honda-enthuellt-clarity-fuel-cell-auf-der-tokyo-motor.html (24.07.2017)

[166] Hornblower Cruises, https://hornblowernewyork.com/wp-content/uploads/2014/05/hornblower-hybrid-1.jpg (23.10.2017)

[167] Höflinger, J.; Hofmann, P.; Müller, H.; Limbrunner, M.: FCREEV – A Fuel Cell Range Extended Electric Vehicle. In: MTZworldwide 77 (2017), No. 5, pp. 16–21, 2017

[168] HyLift, http://www.hylift-europe.eu/, HyLIFT-EUROPE – Large scale demonstration of fuel cell powered material handling vehicles, (20.10.2017)

[169] Hyundai Motor Company, https://www.hyundai.com/worldwide/en/eco/ix35-fuelcell/highlights (24.07.2017)

[170] Hydrogen Council, http://hydrogencouncil.com/ (20.10.2017)

[171] Hydrogenics Corporation, http://www.hydrogenics.com/hydrogen-products-solutions/fuel-cell-power-systems/stationary-stand-by-power/fuel-cell-megawatt-power-generation-platform/ (20.10.2017)

[172] http://www.diebrennstoffzelle.de

[173] http://www.initiative-brennstoffzelle.de

[174] Hunag, Z.; Wang J.; Liu, B.; Zeng, M.; Yu, J.; Jiang, D.: Combustion characteristics of a direct-injection engine fueled with natural gas-hydrogen blends under different ignition timings. Fuel 86, S. 381–387, 2007

[175] Huynh, H. (Christopher T. Cheng), U. S. Patent 6,834,623 B2, “Portable hydrogen generation using metal emulsion”, 28-12-2004

[176] HyApproval – Handbook for Approval of Hydrogen Refuelling Stations, http://www.hyapproval.org (14.10.2017)

[177] Hydrogen and Fuel Cell Safety, http://www.hydrogenandfuelcellsafety.info (14.10.2017)

[178] Hydrogen Cars Now, http://www.hydrogencarsnow.com/index.php/fuel-cells/allis-chalmers-farm-tractor-was-first-fuel-cell-vehicle/ (22.08.2017)

[179] Hydrogen Center Austria, HyCentA Research GmbH, http://www.hycenta.at

[180] Hydrogen Council 2017, http://hydrogeneurope.eu/wp-content/uploads/2017/01/20170109-HYDROGEN-COUNCIL-Vision-document-FINAL-HR.pdf (24.07.2017)

[181] Hydrogen/Fuel Cell Codes and Standards, http://www.fuelcellstandards.com/home.html (22.12.2011)

[182] HySafe, Network of Excellence for Hydrogen Safety, http://www.hysafe.org

[183] hySOLUTIONS GmbH, http://www.hysolutions-hamburg.de

[184] Idealhy, EU project, http://www.idealhy.eu/

[185] IHT – Industrie Haute Technologie: http://www.iht.ch/technologie/electrolysis/industry/high-pressure-electrolysers.html (24.10.2017)

[186] IIFEO: ITER International Fusion Energy Organization, 2017, http://www.iter.org

[187] Infineon Technologie Austria AG, http://www.infineon.com

[188] Intelligent Energy, http://www.intelligent-energy.com/our-products/drones/overview/ (24.10.2017)

[189] Intergovernmental Panel on Climate Change. http://www.ipcc.ch/index.htm (21.07.2017)

[190] International Energy Agency: Key World Energy Statistics 2015. http://www.iea.org (21.07.2017)

[191] International Energy Agency: Hydrogen Production and Storage, 2006 https://www.iea.org/publications/freepublications/publication/hydrogen.pdf (21.07.2017)

[192] International Organization for Standardization ISO, http://www.iso.org

[193] International Union of Pure and Applied Chemistry (IUPAC), http://www.acdlabs.com/iupac/nomenclature (14.10.2017)

[194] Ishihara, T., Kannou, T., Hiura, S., Yamamoto, N., Yamada, T. (2009) Steam Electrolysis Cell Stack Using LaGaO3-Based Electrolyte. Präsentation Int. Workshop on High Temperature Electrolysis, Karlsruhe, 9.–10. Juni 2009

[195] Jacobsen, R.; Leachman, J.; Penoncello, S.; Lemmon: Current Status of Thermodynamic Properties of Hydrogen. Int. J. Thermophys. 28, S. 758–772, 2007

[196] Japanese Standards Association, http://www.jsa.or.jp

[197] Jury, G.: Potential biologischer und fossiler Treibstoffe im konventionellen und alternativen Motorbetrieb. Diplomarbeit am Institut für Verbrennungskraftmaschinen und Thermodynamik

der Technischen Universität Graz, 2008
[198] Kabat, D. M.; Heffel J. W.: Durability implications of neat hydrogen under sonic flow conditions on pulse-width modulated injectors, Int. J. Hydrogen Energy 27, S. 1093–1102, 2002
[199] Kaltschmitt, M.; Streicher, W.; Wiese, A.: Erneuerbare Energien – Systemtechnik, Wirtschaftlichkeit, Umweltaspekte, Springer Vieweg, ISBN 978-3-642-03248-6, 2013
[200] Kancsar, J.; Striednig, M.; Aldrian, D.; Trattner, A.; Klell, M.; Kügele, Ch.; Jakubek, St.: A novel approach for dynamic gas conditioning for PEMFC stack testing; International Journal of Hydrogen Energy, September 2017
[201] Karl, J.; Saule, M.; Hohenwarter, U.; Schweiger, A.: Benchmark Study of Power Cycles Integrating Biomass Gasifier and Solid Oxide Fuel Cell. In: 15th European Biomass Conference & Exhibition ICC International Congress Center, Berlin 2007
[202] Ketchen, E.; Wallace, W.: Thermal Properties of the Alkali Metals. II. The Heats of Formation of Some Sodium-Potassium Alloys at 25 °C. J. Am. Chem. Soc. 73 (12), S. 5812–5814, 1951
[203] Kilpatrick, M.; Baker, L.; McKinney, C.: Studies of fast reactions which evolve Gases. The Reaction of Sodium-Potassium alloy with water in the presence and absence of oxygen. J. Phys. Chem. 57(4), S. 385–390, 1953
[204] Kindermann, H.: Thermodynamik der Wasserstoffspeicherung. Diplomarbeit, HyCentA Graz, Montanuniversität Leoben, 2006
[205] Kizaki, M. et al.: Development of New TOYOTA FCHV-adv Fuel Cell System. SAE paper 2009-01-1003, 2009
[206] Klebanoff, L. (Hrsgb.): Hydrogen storage technology, materials and applications. CRC Press, ISBN 9781439841075, 2012
[207] Klell, M.: Elektronisches System zur exakten Massebestimmung und Dichtheitsüberwachung von Gassystemen. Erfindungsmeldung Nr. 1581007 an die Technische Universität Graz, 25.10.2007
[208] Klell, M.: Explosionskraftmaschine mit Wasserstofferzeugung. Erfindungsmeldung Nr. 540905 an die Technische Universität Graz, 14.05.2005
[209] Klell, M.: p_i-Messungen und deren Auswertung am VW Golf Dieselmotor sowie am AVL Forschungsmotor. Diplomarbeit am Institut für Verbrennungskraftmaschinen und Thermodynamik, Technische Universität Graz, 1983
[210] Klell, M.: Storage of Hydrogen in Pure Form. In: Hirscher, M. (Hrsg.): Handbook of Hydrogen Storage. Wiley-VCH Verlag, Weinheim, ISBN 9783527322732, 2010
[211] Klell, M.: Thermodynamik des Wasserstoffs. Habilitationsschrift, Technische Universität Graz, 2010
[212] Klell, M.: Höhere Thermodynamik. Skriptum der Technischen Universität Graz, 2016
[213] Klell, M.: Storage of hydrogen in the pure form. In: Hirscher, M. (Editor): Handbook of hydrogen storage, Wiley-VCH Verlag, ISBN 9783527322732, S. 1–37, 2010
[214] Klell, M.; Eichlseder, H.; Sartory, M.: Variable Mixtures of Hydrogen and Methane in the Internal Combustion Engine of a Prototype Vehicle – Regulations, Safety and Potential. International Journal of Vehicle Design, Vol. 54, No. 2, S. 137–155, 2010
[215] Klell, M.; Eichlseder, H.; Sartory, M.: Mixtures of Hydrogen and Methane in the Internal Combustion Engine – Synergies, Potential and Regulations. International Journal of Hydrogen Energy, Vol. 37, S. 11531–11540, 2012
[216] Klell, M.; Kindermann, H.; Jogl, C.: Thermodynamics of gaseous and liquid hydrogen storage. Beitrag zum 2nd International Hydrogen Energy Congress & Exhibition, Istanbul, Turkey July 13–15, 2007
[217] Klell, M.; Zuschrott, M.; Kindermann, H.; Rebernik, M.: Thermodynamics of Hydrogen Storage. 1st International Symposium on Hydrogen Internal Combustion Engines, Report 88, Institute for Internal Combustion Engines and Thermodynamics, Graz University of Technology, Graz 2006
[218] Klimafonds, Die Folgeschäden des Klimawandels in Österreich, Wien, 2015

[219] Klimafonds, Wasserstoff- und Brennstoffzellentechnologie im zukünftigen Energie und Mobilitätssystem, energy innovatio Austria 2/2015, http://www.energy-innovation-austria.at/wp-content/uploads/2015/07/eia_02_15_D_FIN.pdf, 2015

[220] Kordesch, K.; Simader, G.: Fuel cells and Their Applications. Verlag Wiley-VCH, Weinheim, ISBN 3527285792, 1996

[221] Kothari, R.; Buddhi, D.; Sawhney, R.: Comparison of environmental and economic aspects of various hydrogen production methods. Renewable and Sustainable Energy Reviews 12, S. 553–563, 2008

[222] Kreuer, K.: Fuel Cells, Selected Entries from the Encyclopedia of Sustainability Science and Technology, Springer Verlag, New York, ISBN 978-1-4614-5784-8, 2012

[223] Krewitt, W.; Pehnt, M.; Fischedick, M.; Temming, H.V.: Brennstoffzellen in der Kraft-Wärme-Kopplung. Erich Schmidt Verlag, Berlin, ISBN 9783503078707, 2004

[224] Kurzweil, P.: Brennstoffzellentechnik. Vieweg Verlag Wiesbaden, ISBN 978-3-658-00084-4, 2. Auflage, 2012

[225] Kurzweil, P.; Dietlmeier, O.: Elektrochemische – Speicher Superkondensatoren, Batterien, Elektrolyse-Wasserstoff, Rechtliche Grundlagen, Springer Vieweg, ISBN 978-3-658-10899-1, 2015

[226] Lavoi, G. A.; Heywood, J. B.; Keck, J. C.: Experimental and theoretical study of nitric oxide formation in internal combustion engines. Combustion science and technology 1, S. 313–326, 1970

[227] Leitner, D.: Umrüstung eines Erdgasmotors auf Wasserstoffbetrieb. Diplomarbeit, Technische Universität Graz, 2008

[228] Lemmon, E.; Huber, M.; Leachman, J.: Revised Standardized Equation for Hydrogen Gas Densities for Fuel Consumption Applications. J. Res. Natl. Stand. Technol. 113, S. 341–350, 2008

[229] Léon, A. (Editor): Hydrogen Technology. Mobile and portable applications. Springer-Verlag Berlin Heidelberg, ISBN 9783540790273, 2008

[230] Levin, D.; Pitt, L.; Love, M.: Biohydrogen production: prospects and limitations to practical application. Int. J Hydrogen Energy 29, S. 173–185, 2004 http://www.iesvic.uvic.ca/publications/library/Levin-IJHE2004.pdf (07.08.2017)

[231] Lin, C. S.; Van Dresar, N. T.; Hasan, M.: A Pressure Control Analysis of Cryogenic Storage Systems, Journal of Propulsion and Power 20 (3), S. 480–485, 2004

[232] Linde Engineering, http://www.linde-engineering.com

[233] Luef, R., Heher, P., Hepp, C., Schaffer, K., Sporer, H., Eichlseder, H.: Konzeption und Entwicklung eines Wasserstoff-/Benzin-Motors für den Rennsport. Beitrag zur 8. Tagung Gasfahrzeuge, Stuttgart, 22.–23. Oktober 2013

[234] Ma, F.; Wang, Yu.; Liu, H.; Li, Y.; Wang, J.; Zhao, S.: Experimental study on thermal efficiency and emission characteristics of a lean burn hydrogen enriched natural gas engine. Int. J. Hydrogen Energy 32, S. 5067–5075, 2007

[235] Mackay, K. M.: The Element Hydrogen, Ortho- and Para-Hydrogen, Atomic Hydrogen. In: Trotman-Dickenson, A. F. (Hrsg.): *Comprehensive Inorganic Chemistry*. Pergamon Press, Oxford, Volume 1, S. 1–22, ISBN 9780080172750, 1973

[236] Magna International Inc., http://www.magna.com/, http://www.magna.com/capabilities/vehicle-engineering-contract-manufacturing/innovation-technology/energy-storage-systems/alternative-energy-storage-systems (9.8.2017)

[237] MAN Nutzfahrzeuge, http://www.man-mn.de

[238] Marks, C.; Rishavy, E.; Wyczalek, F.: Electrovan – A Fuel Cell Powered Vehicle. SAE paper 670176, 1967

[239] Matsunaga, M.; Fukushima, T.; Ojima, K.: Advances in the Power train System of Honda FCX Clarity Fuel Cell Vehicle. SAE paper 2009-01-1012, 2009

[240] Max-Planck-Institut für Plasmaphysik: Energieperspektiven. Ausgabe 02/2006: Wasserstoff.

http://www.ipp.mpg.de/ippcms/ep/ausgaben/ep200602/0206_algen.html (07.08.2017)

[241] Mazda Motor Corporation, http://www.mazda.com, http://www.mazda.com/en/innovation/technology/env/hre/ (14.10.2017)

[242] McTaggart-Cowan, G.P.; Jones, H.L.; Rogak, S.N.; Bushe, W.K.; Hill, P.G.; Munshi, S.R.: Direct-Injected Hydrogen-Methane Mixtures in a Heavy-Duty Compression Ignition Engine. SAE paper 2006-01-0653, 2006

[243] Mercedes-Benz, https://www.mercedes-benz.com/de/mercedes-benz/fahrzeuge/personenwagen/glc/der-neue-glc-f-cell/ (20.10.2017)

[244] Merker, G.; Schwarz, Ch. (Hrsgb.): Grundlagen Verbrennungsmotoren. Simulation der Gemischbildung, Verbrennung, Schadstoffbildung und Aufladung. 4. Auflage, Vieweg+Teubner, Wiesbaden, ISBN 9783834807403, 2009

[245] Messner, D.: Wirkungsgradoptimierung von H_2-Verbrennungsmotoren mit innerer Gemischbildung. Dissertation, Technische Universität Graz, 2007

[246] Morcos, M.; Auslegung eines HT-PEFC Stacks der 5 kW Klasse, Diplomarbeit am Institut für Verbrennungskraftmaschinen und Thermodynamik, Technische Universität Graz, 2007

[247] Munshi, S. R., Nedelcu C., Harris, J., Edwards, T., Williams, J., Lynch, F., Frailey, M., Dixon, G., Wayne, S., Nine, R.: Hydrogen Blended Natural Gas Operation of a Heavy Duty Turbocharged Lean Burn Spark Ignition Engine, SAE Paper No. 2004-01-2956, 2004

[248] Munshi, S.: Medium/Heavy duty hydrogen enriched natural gas spark ignition IC-Engine operation. Beitrag zum 1st International Symposium on Hydrogen Internal Combustion Engines. VKM-THD Mitteilungen, Heft 88, Institut für Verbrennungskraftmaschinen und Thermodynamik, Technische Universität Graz, 2006

[249] Munshi, S.; Nedelcu, C. Harris, J. et. al: Hydrogen Blended Natural Gas Operation of a Heavy Duty Turbocharged Lean Burn Spark Ignition Engine. SAE paper 2004-01-2956, 2004

[250] Müller, H.; Bernt, A.; Salman, P.; Trattner, A.: Fuel Cell Range Extended Electric Vehicle FCREEV Long Driving Ranges without Emissions, ATZ worldwide 05|2017, S. 56–60, 2017

[251] Müller, K.; Schnitzeler, F.; Lozanovski, A.; Skiker, S.; Ojakovoh, M.: Clean Hydrogen in European Cities, D 5.3 – CHIC Final Report, FCH JU, 2017

[252] Myhre, Ch. J. et al., (Stephen F. Skala): "Internal combustion engine fueled by NaK". U. S. Patent 4.020.798. 03-05-1977

[253] Nakagawa, H.; Yamamoto, N.; Okazaki, S.; Chinzei, T.; Asakura, S.: A room-temperature operated hydrogen leak sensor. Sensors and Actuators B 93, S. 468–474, 2003

[254] Nakhosteen, C. B.: Einfluss von Wasserstoff bei der Verarbeitung und Anwendung metallischer Werkstoffe. Galvanotechnik 94 (8), S. 1921–1926, 2003

[255] NASA (National Aeronautics and Space Administration), Safety Standard for Hydrogen and Hydrogen Systems. Washington D.C., 1997 http://www.hq.nasa.gov/office/codeq/doctree/canceled/871916.pdf (14.01.2010)

[256] NASA (National Aeronautics und Space Administration), http://www.nasa.gov

[257] National Fire Protection Agency, http://www.nfpa.org/Training-and-Events/By-topic/Alternative-Fuel-Vehicle-Safety-Training/Emergency-Response-Guides/Honda, http://www.nfpa.org/Training-and-Events/By-topic/Alternative-Fuel-Vehicle-Safety-Training/Emergency-Response-Guides/Hyundai (24.10.2017)

[258] National Institute of Standards and Technology NIST, NIST Chemistry WebBook, http://www.nist.gov, http://webbook.nist.gov/chemistry

[259] National Museum of American History, http://americanhistory.si.edu/collections/search/object/nmah_687671

[260] Natkin, R. J.; Denlinger, A.R.; Younkins, M.A.; Weimer, A. Z.; Hashemi, S.; Vaught, A. T.: Ford 6.8L Hydrogen IC Engine for the E-450 Shuttle Van. SAE paper 2007-01-4096, 2007

[261] Nikolaides, N.: Sodium Potassium Alloy. In: Paquette, L.A. (Hrsg.): Encyclopedia of Reagents for Organic Synthesis. 2. Auflage. John Wiley and Sons, New York, ISBN 9780470017548, 2009

[262] NOW, Wasserstoff-Infrastruktur für die Schiene, Ergebnisbericht, NOW GmbH Nationale Organisation Wasserstoff und Brennstoffzellentechnologie, 2016

[263] Nöst, M.; Doppler, Ch.; Klell, M.; Trattner, A.: Thermal Management of PEM Fuel Cells in Electric Vehicles, Buchkapitel, Comprehensive Energy Management – Safe Adaptation, Predictive Control and Thermal Management, Seite 93–112, Springer, ISBN 978-3-319-57444-8, 2017

[264] OECD, Organisation for Economic Co-operation and Development, The Cost of Air Pollution, 2014, http://www.oecd.org/environment/the-cost-of-air-pollution-9789264210448-en.htm (24.07.2017)

[265] Oehmichen, M.: Wasserstoff als Motortreibmittel. Deutsche Kraftfahrzeugforschung Heft 68, VDI-Verlag, 1942

[266] Ohira, K.: Development of density and mass flow rate measurement technologies for slush hydrogen. Cryogenics 44, S. 59–68, 2004

[267] Okazaki, S.; Nakagawa, H.; Asakura, S.; Tomiuchi Y.; Tsuji, N.; Murayama, H.; Washiya, M.: Sensing characteristics of an optical fiber sensor for hydrogen leak. Sensors and Actuators B 93, S. 142–147, 2003

[268] OMV AG, http://www.omv.at

[269] Österreichische Energieagentur – Austrian Energy Agency, Dampfleitfaden, klima:aktiv, http://www.energyagency.at, 2011

[270] Österreichische Energieagentur – Austrian Energy Agency, Effiziente Beleuchtungssysteme – Leitfaden für Betriebe und Gemeinden, klima:aktiv, http://www.energyagency.at, 2012

[271] Österreichischen Vereinigung für das Gas- und Wasserfach, http://www.ovgw.at

[272] Österreichisches Normungsinstitut, http://www.on-norm.at

[273] Ostwalds Klassiker der exakten Wissenschaften, Band 37: Betrachtungen über die bewegende Kraft des Feuers von Sardi Carnot 1824; Die Mechanik der Wärme von Robert Mayer 1842 und 1845; Über die bewegende Kraft der Wärme von Rudolf Clausius 1850. Verlag Harri Deutsch, Frankfurt, ISBN 9783817134113, 2003

[274] Otto, A. et al.: Power-to-Steel: Reducing CO2 through the Integration of Renewable Energy and Hydrogen into the German Steel Industry, Energies 2017, 10, 451, MDPI AG, Basel 2017 http://www.mdpi.com/1996-1073/10/4/451/pdf (24.07.2017)

[275] Petitpas, G.; Benard, P.; Klebanoff, L.; Xiao, J.; Aceves, S.: A comparative analysis of the cryo-compresiion and cryo-adsorption hydrogen storage methods. Int. J. Hydrogen Energy 39, S. 10564–10584, 2014

[276] Peschka, W.: Flüssiger Wasserstoff als Energieträger – Technologie und Anwendung. Springer Verlag, Wien New York, ISBN 9783211817957, 1984

[277] Peters, R. (Hrsg.): Brennstoffzellensysteme in der Luftfahrt, Springer Vieweg, ISBN 978-3-662-46797-8, 2015

[278] Pischinger, R; Klell, M.; Sams, Th.: Thermodynamik der Verbrennungskraftmaschine. 3. Auflage. In der Reihe: List, H. (Hrsg.): Der Fahrzeugantrieb. Springer Verlag Wien New York, ISBN 9783211992760, 2009

[279] Planck, M.: Vorlesungen über Thermodynamik. 11. Auflage, Verlag de Gruyter, Berlin, ISBN 9783110006827, 1964

[280] Prechtl, P.; Dorer, F.: Wasserstoff-Dieselmotor mit Direkteinspritzung, hoher Leistungsdichte and geringer Abgasemission, Teil 2: Untersuchung der Gemischbildung, des Zünd- und des Verbrennungsverhaltens. Motortechnische Zeitschrift MTZ 60 (12) S. 830–837, 1999

[281] Proton Motor Fuel Cell GmbH, http://www.proton-motor.de

[282] Quack, H.: Die Schlüsselrolle der Kryotechnik in der Wasserstoff-Energiewirtschaft. Wissenschaftliche Zeitschrift der Technischen Universität Dresden, 50 Volume 5/6, S. 112–117, 2001

[283] Rabbani, A.; Rokni, M.: Dynamic characteristics of an automotive fuel cell system for transitory load changes, Sustainable Energy Technologies and Assessments, Ausgabe 1, Seiten 34–43, Elsevier, 2013

[284] Radner, F.: Regelung und Steuerung von PEM-Brennstoffzellensystemen und Vermessung eines Brennstoffzellenfahrzeuges, Bachelorarbeit, TU Graz – HyCentA, 2017

[285] REGIO Energy, Regionale Szenarien erneuerbarer Energiepotenziale in den Jahren 2012/2020, Klima- und Energiefonds, Projekt Nr. 815651, Endbericht, 2010

[286] Richardson, A.; Gopalakrishnan, R.; Chhaya, T.; Deasy, St.; Kohn, J.: Design Considerations for Hydrogen Management System on Ford Hydrogen Fueled E-450 Shuttle Bus. SAE paper 2009-01-1422, 2009

[287] Riedel, E.; Janiak, Ch.: Anorganische Chemie. 7. Auflage. Walter de Gruyter, Berlin New York, ISBN 9783110189032, 2007

[288] Riedler, J.M.; Klell, M.; Flamant, G.: High Efficiency Solar Reactor for Hydrogen Production Using Iron Oxide, Beitrag zum 9. Symposium Gleisdorf Solar 2008

[289] Rifkin, J.: Die H2-Revolution. Campus Verlag, Frankfurt New York, ISBN 9783593370972, 2002

[290] Ringler, J.; Gerbig, F.; Eichlseder, H.; Wallner, T.: Einblicke in die Entwicklung eines Wasserstoff-Brennverfahrens mit innerer Gemischbildung. 6. Internationales Symposium für Verbrennungsdiagnostik, Baden Baden 2004

[291] Rossegger W.; Posch U.: Design Criteria and Instrumentation of Hydrogen Test Benches. Beitrag zum 1st International Symposium on Hydrogen Internal Combustion Engines, Mitteilungen des Instituts für Verbrennungskraftmaschinen und Thermodynamik, Technische Universität Graz, 2006

[292] Rottengruber, H.; Berger, E.; Kiesgen, G.; Klüting, M.: Wasserstoffantriebe für leistungsstarke und effiziente Fahrzeuge. Tagungsbeitrag Haus der Technik Gasfahrzeuge, Dresden 2006

[293] Roy, A.; Watson, S.; Infeld, D.: Comparison of electrical energy efficiency of atmospheric and high-pressure electrolysers. Int. J. Hydrogen Energy 31, S. 1964–1979, 2006

[294] Royal Dutch Shell plc, http://www.shell.com

[295] Ruhr-Universität-Bochum, http://www.ruhr-uni-bochum.de/pbt (14.10.2017)

[296] SAE, Fueling Protocols for Light Duty Gaseous Hydrogen Surface Vehicles, SAE J2601, Dezember 2016

[297] Salchenegger, S.: Emissionen von Wasserstofffahrzeugen. Umweltbundesamt GmbH, 2006, http://www.umweltbundesamt.at/fileadmin/site/publikationen/REP0012.pdf (14.01.2010)

[298] Salman, P., Wallnöfer-Ogris, E., Sartory, M., Trattner, A. et al., "Hydrogen-Powered Fuel Cell Range Extender Vehicle – Long Driving Range with Zero-Emissions," SAE Technical Paper 2017-01-1185, doi:10.4271/2017-01-1185, 2017

[299] San Marchi, C.: Technical Reference on Hydrogen Compatibility of Materials, Austenitic Stainless Steels Type 316 (code 2103). Sandia National Laboratories, March 2005 http://www.sandia.gov/matlsTechRef/chapters/2103TechRef_316SS.pdf (14.10.2017)

[300] San Marchi, C.: Technical Reference on Hydrogen Compatibility of Materials, Austenitic Stainless Steels A-286 (code 2301). Sandia National Laboratories, May 2005 http://www.sandia.gov/matlsTechRef/chapters/2301TechRef_A286.pdf (14.10.2017)

[301] San Marchi, C.: Technical Reference on Hydrogen Compatibility of Materials, Low Alloy Ferritic Steels: Tempered Fe-Cr-Mo Alloys (code 1211). Sandia National Laboratories, December 2005 http://www.sandia.gov/matlsTechRef/chapters/1211TechRef_FeCrMo_T.pdf (14.10.2017)

[302] San Marchi, C.: Technical Reference on Hydrogen Compatibility of Materials, Low Alloy Ferritic Steels: Tempered Fe-Ni-Cr-Mo Alloys (code 1212). Sandia National Laboratories, December 2005, (14.10.2017) http://www.sandia.gov/matlsTechRef/chapters/1212TechRef_FeNiCrMo_T.pdf

[303] San Marchi, C.; Somerday, B. P.; Robinson, S. L.: Hydrogen Pipeline and Material Compatibility Research at Sandia. Sandia National Laboratories, (14.10.2017) http://www.fitness4service.com/news/pdf_downloads/h2forum_pdfs/SanMarchi-SNL.pdf

[304] Sartory, M.; Sartory, M.; Analyse eines skalierbaren Anlagenkonzepts für die dezentrale Was-

serstoffversorgung, Dissertation, Technische Universität Graz, 2018

[305] Sartory M., Wallnöfer-Ogris E., Salman P., Fellinger Th., Justl M., Trattner A., Klell M. Theoretical and Experimental Analysis of an Asymmetric High Pressure PEM Water Electrolyser up to 155 bar Article Type. International Journal of Hydrogen Energy, 2017

[306] Sartory, M., Wallnöfer-Ogris, E.,Justl, M., Salman, P., Hervieux, N., Holthaus, L., Trattner, A., Klell, A.; Theoretical and Experimental Analysis of a High Pressure PEM Water Electrolyser for a 100 kW power to gas application. International Journal of Hydrogen Energy 2018; derzeit in Review

[307] Sartory, M.; Justl, M.; Salman, P.; Trattner, A.; Klell, M.; Wahlmüller, E.: Modular Concept of a Cost-Effective and Efficient On-Site Hydrogen Production Solution. SAE Technical Paper, 10.4271/2017-01-1287

[308] Schlapbach, L.; Züttel, A.: Hydrogen storage-materials for mobile applications. Nature 414, S. 23–31, 2001

[309] Schmieder, H.; Henrich, E.; Dinjus, E.: Wasserstoffgewinnung durch Wasserspaltung mit Biomasse und Kohle. Institut für Technische Chemie, Forschungszentrum Karlsruhe GmbH, Bericht FZKA 6556, Karlsruhe 2000 http://bibliothek.fzk.de/zb/berichte/FZKA6556.pdf (14.01.2010)

[310] SciELO Argentina, Lat.Am.Appl.Res.v.32n.4., (14.01.2010) http://www.scielo.org.ar/scielo.php?pid=S0327-07932002000400005&script=sci_arttext

[311] Scurlock, R.: Low-Loss Storage and Handling of Cryogenic Liquids: The Application of Cryogenic Fluid Dynamics. Kryos Publications, Southampton, UK, ISBN 0955216605, 2006

[312] SFC Smart Fuel Cell AG, https://www.efoy-comfort.com/de

[313] Sharma, R. P.: Indian Scenario on the Use of Hydrogen in Internal Combustion Engines. Beitrag zum 1st International Symposium on Hydrogen Internal Combustiuon Engines, Mitteilungen des Instituts für Verbrennungskraftmaschinen und Thermodynamik, Technische Universität Graz, 2006

[314] Shell Deutschland Oil GmbH (Hrsg.): SHELL WASSERSTOFF-STUDIE ENERGIE DER ZUKUNFT? Nachhaltige Mobilität durch Brennstoffzelle und H_2, www.shell.de/wasserstoffstudie (20.10.2017)

[315] Shioji, M.; Kitazaki, M.; Mohammadi, A.; Kawasaki, K.; Eguchi, S.: Knock Characteristics and Performance in an SI Engine With Hydrogen and Natural-Gas Blended Fuels. SAE paper 2004-01-1929, 2004

[316] Shudoa, T.; Suzuki, H.: Applicability of heat transfer equations to hydrogen combustion. JSAE Rev. 23, S. 303–308, 2002

[317] Siemens AG, http://www.industry.siemens.com/topics/global/de/pem-elektrolyseur/silyzer/Seiten/silyzer.aspx (24.10.2017)

[318] Sierens, R.; Rosseel, E.: Variable Composition Hydrogen/Natural Gas Mixtures for Increased Engine Efficiency and Decreased Emissions. Journal of Engineering for Gas Turbines and Power 122, S. 135–140, 2000

[319] Sigma-Aldrich Handels GmbH, http://www.sigmaaldrich.com

[320] Silbernagl, S.; Despopoulos, A.: Taschenatlas der Physiologie. 7. Auflage, Thieme Verlag, Stuttgart 2007, ISBN 9783135677071

[321] Skalla, Ch.; Eichlseder, H.; Haslacher, R.: Fahrzeugkonzepte für Wasserstoff-Mischgase als Brückentechnologie. Beitrag zur 4. Tagung Gasfahrzeuge, 13.–14. Oktober, Stuttgart 2009

[322] Smolinka, T.: Wasserstoff aus Elektrolyse – Ein technologischer Vergleich der alkalischen und PEM-Wasserelektrolyse. Fraunhofer Institute for Solar Energy, 2007, (14.10.2017) http://www.fvee.de/fileadmin/publikationen/Workshopbaende/ws2007/ws2007_07.pdf

[323] Smolinka, T.; Günther, M.; Garche, J.: Stand und Entwicklungspotenzial der Wasserelektrolyse zur Herstellung von Wasserstoff aus regenerativen Energien, Frauenhofer, FCBAT, Kurzfassung des Abschlussberichts, NOW-Elektrolysestudie, 2011

[324] Spuller, C.; Eichlseder, H.; Gerbig, F.; Heller, K.: Möglichkeiten zur Darstellung diesel-

motorischer Brennverfahren mit Wasserstoff. VKM-THD Mitteilungen, Heft 92, Institut für Verbrennungskraftmaschinen und Thermodynamik der TU Graz, 2009

[325] Statistik Austria: Energie – Preise, Steuern. https://www.statistik.at/web_de/statistiken/energie_umwelt_innovation_mobilitaet/energie_und_umwelt/energie/preise_steuern/index.html (16.08.2017)

[326] Statistik Austria: Statistische Übersichten 2016. http://www.statistik.at/web_de/statistiken/energie_umwelt_innovation_mobilitaet/energie_und_umwelt/energie/energiebilanzen/index.html (24.07.2017)

[327] Steen, H.: Handbuch des Explosionsschutzes, Verlag Wiley-VCH, Weinheim, ISBN 9783527298488, 2000

[328] Steinmüller, H.; Friedl, Ch.; et al: Power to Gas – eine Systemanalyse. Markt- und Technologiescouting und -analyse, Endbericht, 2014 http://www.energieinstitut-linz.at/v2/wp-content/uploads/2016/04/KURZFASSUNG-Power-to-Gas-eine-Systemanalyse-2014.pdf (24.10.2017)

[329] Stockhausen, W.; Natkin, R.; Kabat, D.; Reams, L.; Tang, X.; Hashemi, S.; Szwabowski, S.; Zanardelli, V.: Ford P2000 Hydrogen Engine Design and Vehicle Development Program. SAE paper 2002-01-0240, 2002

[330] Swain, M. R.: Fuel Leak Simulation. Proceedings of the 2001 DOE Hydrogen Program Review, U. S. Department of Energy, NREL/CP-570-30535, 2001 https://www1.eere.energy.gov/hydrogenandfuelcells/pdfs/30535be.pdf (14.10.2017)

[331] Szwabowski, J.; Hashemi, S.; Stockhausen, F.; Natkin, R.; Reams, L.; Kabat, D.; Potts, C.: Ford Hydrogen Engine Powered P2000 Vehicle. SAE paper 2002-01-0243, 2002

[332] Teichmann, D.; Arlt, W.; Schlücker, E.; Wasserscheid, P.: Transport and Storage of Hydrogen via Liquid Organic Hydrogen Carrier (LOHC) Systems. In: Stolten, D.; Emonts, B. (Hersgb): Hydrogen Science and Engineering: Materials, Processes, Systems and Technology. Wiley-VCH Verlag, ISBN 9783527332380, 2016

[333] The Lancet Commission on Pollution and Death, 2017 http://www.thelancet.com/journals/lancet/article/PIIS0140-6736(17)32345-0/fulltext (23.10.2017)

[334] Töpler, J.; Lehmann, J. (Hrsg.) : Wasserstoff und Brennstoffzelle Technologien und Marktperspektiven, Springer Vieweg, ISBN 978-3-642-37414-2, 2014

[335] Toyota Motor, http://www.toyota.com, https://www.toyota.at/new-cars/new-mirai/index.json#1 (20.10. 2017)

[336] Toyota Motor Corporation, http://www.toyota-global.com/, http://corporatenews.pressroom.toyota.com/releases/toyota+zero+emission+heavyduty+trucking+concept.htm, (20.10.2017)

[337] Tunestål, P.; Christensen, M.; Einewall P.; Andersson, T.; Johansson, B.: Hydrogen Addition For Improved Lean Burn, Capability of Slow and Fast Burning Natural Gas Combustion Chambers. SAE paper 2002-01-2686, 2002

[338] Turns, St.: Thermodynamics, Concepts and Applications. Cambridge University Press, USA, ISBN 9780521850421, 2006

[339] TÜV SÜD AG, http://www.netinform.net/h2/H2Mobility (23.10.2017)

[340] U. S. Department of Energy, http://www.energy.gov

[341] Ullmann's Encyclopedia of Industrial Chemistry. 6th Edition, Verlag Wiley-VCH, Weinheim 2002, ISBN 9783527303854

[342] Umweltbundesamt Deutschland, http://www.umweltbundesamt.de

[343] Umweltbundesamt Österreich, http://www.umweltbundesamt.at

[344] Umweltbundesamt Österreich, Klima-Zielpfade für Österreich bis 2050 Wege zum 2 °C-Ziel, BMLFUW, 2015

[345] UNECE / EUCAR / JRC / CONCAWE: Well-to-Wheels analysis of future automotive fuels and powertrains in the European context, 2007 http://www.unece.org/trans/doc/2008/wp29grpe/EFV-01-08e.ppt (14.10.2017)

[346] UNECE, Global Technical Regulation No. 13 (Hydrogen and fuel cell vehicles) https://www.

unece.org/trans/main/wp29/wp29wgs/wp29gen/wp29glob_registry.html (27.09.2017)
[347] United Nations Economic Commission for Europe, UNECE, http://www.unece.org
[348] United Nations Framework Convention on Climate Change: Kyoto Protocol. http://unfccc.int/kyoto_protocol/items/2830.php (14.10.2017)
[349] United Nations Population Division: World Population Prospects: The 2017 Revision. http://www.un.org/esa/population/unpop.htm (21.07.2017)
[350] United Nations Statistics Division: World Statistics Pocketbook 2016, http://unstats.un.org/unsd/pubs/gesgrid.asp?mysearch=pocketbook (24.07.2017)
[351] Ursua, A.; Gandia, L.; Sanchis, P.: Hydrogen Production from Water Electrolysis: Current Status and Future Trends. Proceedings of the IEEE 100, No. 2, S. 410–426, 2012
[352] Van Hool, https://www.vanhool.be/en/public-transport/agamma/hybrid-fuel-cell (20.10.2017)
[353] VdTÜV Merkblatt 757; Hochdruck-Erdgasanlagen (CNG), Anforderungen an Hochdruck-Erdgasanlagen zum Antrieb von Kraftfahrzeugen; Fassung 08.04
[354] Verhelst, S.; Wallner, Th.: Hydrogen-fueled internal combustion engines. Progress in Energy and Combustion Science (35), S. 490–527, 2009
[355] Verhelst, S.; Woolley, R.; Lawes, M.; Sierens, R.: Laminar and unstable burning velocities and Markstein lengths of hydrogen-air mixtures at engine-like conditions. Proceedings of the Combustion Institute 30, S. 209–216, 2005
[356] Viessmann, https://www.viessmann.at/de/wohngebaeude/kraft-waerme-kopplung/mikro-kwk-brennstoffzelle/vitovalor-300-p.html (20.10.2017)
[357] Vogel, C.: Wasserstoff-Dieselmotor mit Direkteinspritzung, hoher Leistungsdichte und geringer Abgasemission. Teil 1: Konzept, Motortechnische Zeitschrift MTZ 60 (10), S. 704–708, 1999
[358] Wakerley, D.; Kuehnel, M.; Orchard, K.; Ly K.; Rosser, T.; Reiser, E.: Solar-driven reforming of lignocellulose to H2 with a CdS/CdOx photocatalyst. Nature Energy, Volume 2, Issue 4, S. 17021 ff, 2017
[359] Wallner, T.: Entwicklung von Brennverfahrenskonzepten für einen PKW-Motor mit Wasserstoffbetrieb. Dissertation, Technische Universität Graz, 2004
[360] Wang, J.; Huang, Z.; Fang, Y.; Liu, B.; Zeng, Z.; Miao, H.; Jang, D.: Combustion behaviors of a direct-injection engine operating on varios fractions of natural gas-hydrogen blends. Int. J. Hydrogen Energy 32, S. 3555–3564, 2007
[361] Warnatz, J.; Maas, U.; Dibble, R. W.: Verbrennung – Physikalisch-Chemische Grundlagen, Modellierung und Simulation, Experimente, Schadstoffentstehung, 3. Aufl. Springer, Berlin Heidelberg New York, ISBN 9783540421283, 2001
[362] WEH GmbH Gas Technology, http://www.weh.de
[363] Weir, S. T.; Mitchell, A. C.; W. J. Nellis, W. J.: Metallization of Fluid Molecular Hydrogen at 140 GPa (1.4 Mbar) Physical Review Letters Vol. 76, Number 11, S. 1860–1863, 1996
[364] Weisser, G., Boulouchos, K.: NOEMI – Ein Werkzeug zur Vorabschätzung der Stickoxidemissionen direkteinspritzender Dieselmotoren. 5. Tagung „Der Arbeitsprozess des Verbrennungsmotors“, Mitteilungen des Instituts für Verbrennungskraftmaschinen und Thermodynamik, Graz, 1995
[365] Westfalen AG, http://www.westfalen-ag.de
[366] Westport Innovations Inc., www.westport.com
[367] White, C.M.; Steeper, R.R.; Lutz, A.E.: The hydrogen-fueled internal combustion engine: a technical review. Int. J. Hydrogen Energy 31, S. 1292–1305, 2006
[368] WHO, World Health Organisation, Global Causes of Death 2000–2015, 2017 http://www.who.int/mediacentre/factsheets/fs310/en/ (24.07.2017)
[369] Willand, J.; Grote, A.; Dingel, O.: Der Volkswagen-Wasserstoff-Verbrennungsmotor für Flurförderzeuge. Autotechnische Zeitschrift ATZ, Sondernummer offhighway, Juni 2008, S. 24–35, 2008
[370] Williamson, S.: Energy Management Strategies for Electric and Plug-in Hybrid Electric Ve-

hicles, Springer, New York, ISBN 9781461477105, Springer, 2013

[371] Wimmer, A.: Analyse und Simulation des Arbeitsprozesses von Verbrennungsmotoren. Habilitationsschrift, Technische Universität Graz, 2000

[372] Wimmer, A.; Wallner, T.; Ringler, J.; Gerbig, F.: H_2-Direct Injection – A Highly Promising Combustion Concept. SAE paper 05P-117, 2005 SAE World Congress, Detroit, 11.–14. April 2005

[373] Winter, C.-J.; Nitsch, J. (Hrsg.): Wasserstoff als Energieträger: Technik, Systeme, Wirtschaft. 2. Auflage. Springer Verlag, Berlin Heidelberg, ISBN 9783540502210, 1989

[374] Wolz, A.: Nanostrukturierte PEM-Brennstoffzellenelektroden aus alternativen Materialien, Dissertation, Technische Universität Darmstadt, 2014

[375] World Energy Council: World Energy Resources 2016, World Energy Scenarios 2016, http://www.worldenergy.org (24.07.2017)

[376] Xiqiang, Y.; Ming, H.; et al: AC impedance characteristics of a 2kWPEM fuel cell stack under different operating conditions and load changes, International Journal of Hydrogen Energy 32, S. 4358–4364, 2007

[377] Yamaguchi, J.: Mazda fired up about internal combustion. Automotive engineering international 16, S. 16–19, SAE International 2009

[378] Yamane, K.; Nakamura, S.; Nosset, T.; Furuhama, S.: A Study on a Liquid Hydrogen Pump with a Self-Clearence-Adjustment Structure. Int. J. Hydrogen Energy 21 (8), S. 717–723, 1996

[379] Yang, Ch.; Ogden, J.: Determining the lowest-cost hydrogen delivery mode. Int. J. Hydrogen Energy 32, S. 268–286, 2007

[380] Yoshizaki, K.; Nishida, T.; Hiroyasu, H.: Approach to low nox and smoke emission engines by using phenomenological simulation. SAE paper 930612, 1993

[381] Zeldovich, Y. B.: The oxidation of nitrogen in combustion and explosions. Acta Physicochimica USSR, Vol. 21, 1946

[382] Zhang, Jingxin, et al. “FC Catalyst Degradation Review”, in Encyclopedia of Electrochemical Power Sources (Ed.: J. Garche), Elsevier, vol. 2 (2009): pp. 626.

[383] Zhang, Jingxin, et al. “Recoverable Performance Loss Due to Membrane Chemical Degradation in PEM Fuel Cells”, J. Electrochem. Soc., 159 (2012): F287–F293.

[384] Zils, S.: Elektronenmikroskopische Untersuchungen der Elektrodenstrukturen von Polymerelektrolytmembran-Brennstoffzellen – 3D und in situ –, Dissertation, Technische Universität Darmstadt, 2012

[385] Züttel, A.: Materials for hydrogen storage. Materials today, Elsevier, S. 24–33, 2003

[386] Züttel, A.; Borgschulte, A.; Schlapbach, L. (Hrsg.): Hydrogen as a Future Energy Carrier. WILEY-VCH Verlag, Weinheim, ISBN 9783527308170, 2008

[387] Züttel, A.; Wenger, P.; Rentsch, S.; Sudan, P.; Mauron, Ph.; Emmenegger, Ch.: $LiBH_4$ a new hydrogen storage material. Journal of Power Sources 118, S. 1–7, 2003

图书在版编目(CIP)数据

汽车工程中的氢：生产、存储与应用：原书第 4 版/（奥）曼弗雷德·克莱尔，（奥）赫尔穆特·艾希尔赛德，（奥）亚历山大·特拉特纳著；倪计民团队译. —北京：机械工业出版社，2021. 7
（汽车先进技术译丛. 新能源汽车系列）
ISBN 978-7-111-68540-1

Ⅰ. ①汽… Ⅱ. ①曼… ②赫… ③亚… ④倪… Ⅲ. ①氢气 – 应用 – 汽车工程 Ⅳ. ①U46

中国版本图书馆 CIP 数据核字（2021）第 122513 号

机械工业出版社（北京市百万庄大街 22 号 邮政编码 100037）
策划编辑：孙 鹏 责任编辑：孙 鹏 徐 霆
责任校对：陈 越 封面设计：鞠 杨
责任印制：郜 敏
三河市宏达印刷有限公司印刷
2022 年 1 月第 1 版第 1 次印刷
169mm×239mm · 16. 5 印张 · 6 插页 · 338 千字
0 001—1 900 册
标准书号：ISBN 978 - 7 - 111 - 68540 - 1
定价：169. 00 元

电话服务 网络服务
客服电话：010-88361066 机 工 官 网：www. cmpbook. com
010-88379833 机 工 官 博：weibo. com/cmp1952
010-68326294 金 书 网：www. golden-book. com
封底无防伪标均为盗版 机工教育服务网：www. cmpedu. com